"十三五"普通高等教育本科系列教材

（第二版）

建设工程
项目管理

主　编　陈　群

副主编　余成柱　刘　林　张杰辉

编　写　林　平　林振思　陈　哲
　　　　鲍振华　朱赛敬

主　审　林知炎

中国电力出版社

CHINA ELECTRIC POWER PRESS

内 容 提 要

本书为"十三五"普通高等教育本科系列教材。

本书以建设工程项目为对象,以整个项目的生命周期为主线,全面论述了建设工程项目决策过程、范围管理、组织管理、招投标与合同管理、三大目标控制、资源管理、HSE 管理、信息管理和工程建设监理等有关内容。本书借鉴了建设工程项目管理发展的前沿理论成果,注重项目管理理论和工程建设实践相结合,深入浅出,系统完善。

本书可作为高等院校工程管理、工程技术及相关专业的教科书,也可以作为在实际建设工程项目中从事工程技术和工程管理工作的专业人员学习和工作的参考书。

图书在版编目(CIP)数据

建设工程项目管理/ 陈群主编. —2 版. —北京:中国电力出版社,2016.9(2021.8重印)

"十三五"普通高等教育本科规划教材

ISBN 978 - 7 - 5123 - 9699 - 9

Ⅰ. ①建… Ⅱ. ①陈… Ⅲ. ①基本建设项目-项目管理-高等学校-教材 Ⅳ. ①F284

中国版本图书馆 CIP 数据核字(2016)第 203412 号

中国电力出版社出版、发行

(北京市东城区北京站西街 19 号 100005 http://www.cepp.sgcc.com.cn)

三河市百盛印装有限公司印刷

各地新华书店经售

*

2010 年 8 月第一版

2016 年 9 月第二版 2021 年 8 月北京第九次印刷

787 毫米×1092 毫米 16 开本 19 印张 480 千字

定价 **55.00** 元

前　言

　　项目管理学科形成于 20 世纪 60 年代，其主要内容是各管理主体运用知识和经验，对建设工程项目实行全过程和全方位的策划、组织、控制、协调和监督等活动。我国自 20 世纪 80 年代初开始，在政府的推动下进行了"项目法"施工和建设监理的实践。近年来，工程项目管理的两大重要分支——建设项目管理和施工项目管理，在我国得以迅猛发展，在工程项目的工期、费用和质量目标控制等方面也取得了一定成效。但由于种种原因，很多部门和单位关于建设工程项目管理的认识还停留在施工阶段的目标控制和合同管理等方面；而在建设监理领域，尽管监理企业规模日趋扩大，但其工作大多局限在质量控制和安全管理上，与国际通行的工程顾问服务还有较大差距。随着 PPP 模式、BIM 技术、"营改增"制度、全新清单计价规范、项目总承包方式与建筑产业化等相继出台或陆续推出，整个建筑行业和固定资产投资领域面临巨大变革，这也给建设工程项目管理带来了前所未有的机遇与挑战。

　　经济全球化的最大特征就是竞争，市场经济特别讲求规则。从这个意义上说，所有的竞争者除了自身的实力，还必须懂得市场运行规则。因此，本书在借鉴前人建设工程项目管理研究成果的基础上，根据对其的理解和认识，比较完整地阐述了建设工程项目管理的基本原理、方法及其应用。以建设工程项目为对象，以整个项目的生命周期为主线，全面论述了建设工程项目决策过程、范围管理、组织管理、招投标与合同管理、目标控制、资源管理、HSE 管理、信息管理和工程建设监理等有关内容。力求深入浅出，与实践紧密结合，以满足建设领域工程管理、土木工程专业以及其他相关专业学生和各界读者的学习需要，实现人才培养目标。

　　本书是由福建工程学院管理学院主持的工程项目管理省级精品课程教学团队合作编写的，全书由陈群教授主编、统稿。具体编写分工如下：第一～四章由陈群撰写，第五章由陈群、朱赛敬撰写，第六章由鲍振华、刘林撰写，第八章由林平、刘林撰写，第七、九、十章由刘林、陈哲撰写，第十一、十二章由余成柱、林振思、柳丕辉撰写，第十三章由张杰辉、陈哲、余成柱撰写。全书由同济大学博士生导师林知炎教授主审。

　　本书的出版得到了东南大学博士生导师成虎教授的大力支持。在本书编写过程中还得到了我的历届学生江如树、徐铃燕、杨中仁、郑娜、游生洲、陈奎、高华军、吴俊杰、张兆溪等同学的热心帮助。在本次修订过程中，柳丕辉、李文峰、黄骞等几位研究生协助完成了前期资料收集、文字校对等工作，国内高校的专家同行也提出了很好的修改建议，在此一并致以谢忱！

　　在本书的写作过程中参阅了工程项目管理相关教材、论著和资料，在此谨向相关作者表示由衷的感谢！由于编写时间仓促，且限于编者的学术水平和实践经验，书中难免存在不妥和疏漏，敬请同行专家和广大读者批评指正，不胜感激。

陈　群

2016 年 7 月

目　　录

第一章 建设工程项目系统

第一节 项目的概念和基本特征

有建设就有项目，有项目就有项目管理，项目管理是一项古老的人类实践活动。然而项目管理成为一门学科却是 20 世纪 60 年代的事。当时，由于项目管理实践的需要，人们便把成功的管理理论和方法引进项目管理之中，作为动力，使项目管理越来越具有科学性，终于使项目管理作为一门学科迅速发展起来了，现在它与计算机结合，更使这门年轻学科出现了勃勃生机。实践证明，实行项目管理的工程，在投资控制、质量控制和进度控制等方面可以收到良好的效果，也就是说，综合效益均得到显著提高。

在现代社会中，"项目"一词已越来越广泛地应用于社会经济和文化生活的各个方面。人们经常用"项目"来表示一类事物，最常见的项目有：各类开发项目，如资源开发项目、经济开发区项目、新产品研发项目等；各种建设工程项目，如城市基础设施建设、住宅区建设、机场建设、港口建设、高速公路建设等项目；各种科研项目，如高科技 863 计划、科技攻关项目、企业的研发项目等；各种环保和规划项目，如城市环境规划、地区规划等；各种社会项目，如星火计划、希望工程和扶贫工程、社会调查等；各种投资项目，如银行的贷款项目、政府及其企业的各种投资和合资项目等；各种军事和国防工程项目，如新型武器的研制项目、"两弹一星"工程、航天航空计划等。

一、项目

（一）项目的定义

项目是指在一定的约束条件下（主要是限定的资源，限定的时间）具有专门组织、具有特定目标的一次性任务。其中，任务包括活动的过程和成果。

（二）项目的特征

1. 项目的一次性（单件性）

项目的一次性是项目的最主要特征，也可称为单件性。指的是没有与此完全相同的另一项任务，其不同点表现在任务本身和最终成果上。只有认识项目的一次性，才能有针对性地根据项目的特殊情况和要求进行管理。

2. 项目具有一定的约束条件

项目的目标有成果性目标和约束性目标。成果性目标是指项目的功能性要求，约束性目标是指限制条件，凡是项目都有自己的约束条件，项目只有满足约束条件才能成功。限定的质量、限定的投资、限定的时间，通常称这三个约束条件为项目的三大目标，它是项目目标完成的前提。

（1）质量目标。每个项目须达到预定的工程项目对象系统的要求，包括满足预定的工程特性、使用功能、质量、技术标准等方面的要求。

项目的总目标是通过提供符合预定质量和使用功能要求的产品或服务实现的。

（2）成本目标。成本目标即以尽可能少的费用消耗（投资、成本）完成预定的项目任务，达到预定的功能要求，提高项目的整体经济效益。任何工程项目必然存在着与任务（目标、工程项目范围和质量标准）相关的（或者说相匹配的）投资、费用或成本预算。

（3）时间目标。人们对工程项目的需求有一定的时间限制，希望尽快地实现工程项目的目标，发挥工程的效用，没有时间限制的工程项目是不存在的。

3. 项目作为管理对象的整体性

一个项目，是一个整体管理对象，在按其需要配置生产要素时，必须以总体效益的提高为标准，做到数量、质量、结构的总体优化。由于内外环境是变化的，所以管理和生产要素的配置是动态的。项目中的一切活动都是相关的，构成一个整体。

4. 项目的不可逆性

项目按一定的程序进行，其过程不可逆转，必须一次成功，失败了便不可挽回，因而项目的风险很大，与批量生产的过程（重复的过程）有着本质的区别。

5. 项目具有独特的生命周期

项目过程的一次性决定了每个项目具有自己的生命周期，任何项目都有其产生时间、发展时间和结束时间，在不同时期有不同的任务、程序和工作内容。如建设项目的生命周期包括项目建议书、可行性研究、设计工作、建设准备、建设实施、竣工验收与交付使用工程以及项目的结束阶段；而施工项目的生命周期包括投标与签约、施工准备、施工、竣工验收、保修。成功的项目管理是将项目作为一个整体系统，进行全过程的管理和控制，是对整个项目生命周期的系统管理。

二、建设工程项目

建设工程项目是一项固定资产投资，它是最为常见也是最为典型的项目类型。建设工程项目是指需要一定量的投资，在一定的资源约束条件下（时间、质量等），经过决策、设计、施工等一系列程序，以形成固定资产为明确目标的一次性事业。建设工程项目除了以上与其他项目具有相同的基本特征外，还存在着其他项目所没有的特征，具体如下：

（1）建设工程项目投资额巨大。一个建设工程项目少则投资几百万元，多则上千万元、数亿元的资金投入。例如，举世闻名的三峡工程项目，其建设期间的静态投资达900亿元，著名的英吉利海峡隧道项目的总投资高达120亿美元。

（2）建设工程项目建设周期长。由于建设工程项目规模大，技术复杂，涉及的专业面广，从其设想的提出、建设实施，直至投入使用，少则几年，多则几十年。如我国在建与不建三峡工程的问题上几乎争论了百年，1994年12月14日，三峡工程在长期的争论之后，终于正式开工，但三峡工程所涉及的一系列问题还将持续地受到公众的关注。

（3）建设工程项目风险大。建设工程项目由于露天作业、受外部环境影响大，且生产周期长，因此面临的不确定因素较多，风险大。例如，2008年，由美国次贷金融危机引发的全球性金融风暴对中国的影响加剧，许多建设工程项目的投资者和承包商承受了极大的经济损失。

（4）建设工程项目的参与者众多。建设工程项目是一项复杂的系统工程，参与人员众多，他们分别来自业主方、承包方和咨询方等，在不同的层次上开展工作，其间关系错综复杂。为了处理好这些关系，就需要进行组织协调，加强沟通，使协作各方达到动态平衡。在此，项目经理起核心作用。

（5）建设工程项目复杂多变。现代建设工程项目的复杂性体现在投资大、规模大和科技含量高等，是多专业的综合。我国有许多工程项目，如三峡工程、青藏铁路建设工程、南水北调工程、大型国防工程、城市地铁建设工程等，它们都是特大型的、复杂的、综合性的工程项目，常常是研究过程、开发过程、工程施工过程和运行过程的统一体，而不是传统意义上的仅按照设计任务书或图纸进行工程施工的过程；而且资本组成方式（资本结构）、承包方式、管理模式、合同形式也是多种多样的。

由于建设工程项目的以上特征，使得建设工程项目管理显得尤为重要，因此必须进行全面的组织、计划、协调和控制，开展有效的项目管理。一般地，建设工程项目按照管理主体和管理内容的不同，又分为建设项目、设计项目、施工项目和咨询项目等。

三、建设项目

（一）建设项目的概念

建设项目也称为基本建设项目，是项目中最重要的一类，指按一个总体设计进行建设的各个单项工程所构成的总体。

在我国，通常以建设一个企业事业单位或一个独立工程作为建设项目。凡属于一个总体设计中分期分批进行建设的主体工程和附属配套工程、综合利用工程、供水供电工程都作为一个建设项目；不能把不属于一个总体设计的工程，按各种方式归属于一个建设项目，也不能把同一总体设计内工程，按地区或施工单位分为几个建设项目。建设项目除了具备一般项目特征外，还具有以下特征：

（1）投资额巨大，生产周期长。

（2）在一个总体设计或初步设计范围内，由一个或若干个可以形成生产能力或使用价值的单项工程所组成。

（3）一般在行政上实行统一管理，在经济上实行统一核算。

建设项目一般可以进一步划分为单项工程、单位工程、分部工程和分项工程。

（二）建设项目的分解体系

1. 单项工程

单项工程是建设项目的组成部分，一般是指具有独立的设计文件，在竣工投产后可以独立发挥效益或生产设计能力的产品车间（联合企业的分厂）生产线或独立工程等。

一个建设项目可以包括若干个单项工程，如一个新建工厂的建设项目，其中的各个生产车间、辅助车间、仓库、住宅等工程都是单项工程。有些比较简单的建设项目本身就是一个单项工程，如只有一个车间的小型工厂，一条森林铁路等。一个建设项目在全部建成投产以前，往往陆续建成若干个单项工程，所以单项工程是考核投产计划完成情况和新增生产能力的基础。

单项工程由若干个单位工程组成。

2. 单位工程

单位工程是建筑业企业的产品，是指具有独立设计，可以独立施工，但完成后不能独立发挥效益的工程。民用建筑物或构筑物的土建工程连同安装工程一起称为一个单位工程，工业建筑物或构筑物的土建工程是一个单位工程，而安装工程又是一个单位工程。

只有建设项目、单项工程、单位工程才能称为项目，因为它们都具有项目的特性，如单件性、一次性、生命周期、约束条件，而建筑工程的分部、分项工程就不能称为项目。

3. 分部工程

由于组成单位工程的各部分是由不同工人用不同材料和工具完成的，可以进一步把单位工程分解为分部工程。土建工程的分部工程是按照建筑工程的主要部位划分的，如基础工程、主体工程、地面工程、装饰工程等；安装工程的分部工程是按工程的种类划分的，如管道工程、电气工程、通风工程以及设备安装工程等。

4．分项工程

按照不同的施工方法、构造及规格可以把分部工程进一步划分为分项工程，分项工程是能用较简单的施工过程就能生产出来的，可以用适当的计量单位计算并便于测定或计算的工程基本构成要素。土建工程的分项工程是按建筑工程的主要工种工程划分的，如土方工程、钢筋工程、抹灰工程等；安装工程的分项工程是按用途或输送不同介质、物料以及设备组别划分的，如给水工程、排水工程、通风工程和制冷工程等。

（三）建设项目的分类

为了加强基本建设项目管理，正确反映建设项目的内容和规模，建设项目可按不同标准分类。

1．按建设性质分类

建设项目按其建设性质不同，可划分成基本建设项目和更新改造项目两大类。

（1）基本建设项目。基本建设项目是投资建设用于进行以扩大生产能力或增加工程效益为主要目标的新建、扩建工程及有关工作。基本建设项目有下列四类：

1）新建项目。新建项目是根据国民经济和社会发展的近远期规划，从无到有的建设项目。现有企业、事业和行政单位一般不应有新建项目，若新增的固定资产价值超过原有全部固定资产价值 3 倍以上时，才可算为新建项目。

2）扩建项目。扩建项目是指现有企业为扩大生产能力或新增效益而增建的生产车间或工程项目，以及事业、行政单位增建业务用房等。

3）迁建项目。迁建项目是指现有企、事业单位为改变生产布局或出于环境保护等其他特殊要求，搬迁到其他地点的建设项目。

4）恢复项目。恢复项目是指原固定资产因自然灾害或人为灾害等原因已全部或部分报废，又投资重新建设的项目。

（2）更新改造项目。更新改造项目是指建设资金对于企事业单位原有设施进行技术改造或固定资产更新，以及相应配套的辅助性生产、生活福利等工程和有关工作。

更新改造项目包括挖潜工程、节能工程、安全工程、环境工程。更新改造措施应按"专款专用，少搞土建不搞外延原则"进行。

2．按投资作用分类

基本建设项目按其投资在国民经济各部门中的作用，分为生产性建设项目和非生产性建设项目。

（1）生产性建设项目。生产性建设项目是指直接用于物质生产或直接为物质生产服务的建设项目，主要包括以下四个方面：

1）工业建设。工业建设包括工业国防和能源建设。

2）农业建设。农业建设包括农、林、牧、渔、水利建设。

3）基础设施。基础设施包括交通、邮电、通信建设、地质普查、勘探建设，建筑业建设等。

4）商业建设。商业建设包括商业、饮食、营销、仓储、综合技术服务事业的建设。

（2）非生产性建设项目。非生产性建设项目是用于满足人民物质和文化福利需要的非物质生产部门的建设，主要包括以下几个方面：

1）办公用房。例如，各级国家党政机关，社会团体、企业管理机关的办公用房。

2）居住建筑。例如，住宅、公寓和别墅等。

3）公共建筑。公共建筑包括科教文卫、广播电视、博览、体育、社会福利事业、公用事业、咨询服务、宗教、金融、保险等建设项目。

4）其他建设。不属于以上各类的其他非生产性建设。

3. 按项目规模分类

按照国家规定的标准，基本建设项目划分为大型、中型、小型三类；更新改造项目划分为限额以上和限额以下两类。不同等级标准的建设项目，国家规定的审批机关和报建程序也不尽相同。

（1）划分项目等级的原则。

1）按批准的可行性研究报告（或初步设计）所确定的总设计能力或投资总额的大小，依国家颁布的《基本建设项目大中小型划分标准》进行分类。

2）凡生产单一产品的项目，一般以产品的设计生产能力划分；生产多种产品的项目，一般按其主要产品的设计生产能力划分；产品分类较多，不易分清主次，难以按产品的设计能力划分时，可按投资额划分。

3）对国民经济和社会发展具有特殊意义的某些项目，虽然设计能力或全部投资达不到大、中型项目标准，经国家批准已列入大、中型计划或国家重点建设工程的项目也按大、中型项目管理。

4）更新改造项目一般只按投资额分为限额以上和限额以下项目，不再按生产能力或其他标准划分。

（2）基本建设项目规模划分标准。基本建设项目按上级批准的建设总规模或计划总投资，按工业建设项目和非工业建设项目分别划分为大、中、小型。

四、施工项目

施工项目是建筑业企业自施工承包投标开始到保修期满为止的全过程中完成的产品，也就是建筑业企业的生产对象。它可能是一个建设项目的施工，也可能是其中一个单项或单位工程的施工。施工项目除了具备一般项目特征外，还具有自己的四个特征：

（1）施工项目是建设项目或其中的单项工程或单位工程的施工任务。

（2）施工项目作为管理对象，是以建筑业企业为管理主体的。

（3）施工项目的任务的范围由工程承包合同界定。

（4）施工项目具有多样性、固定性、体积庞大和生产周期长的特点。

只有单位工程、单项工程和建设项目的施工活动才能称得上施工项目，因为它们才是建筑业企业的最终产品。分部、分项工程不是建筑业企业的最终产品，所以不能称之为施工项目，而是施工项目的组成部分。

第二节　建设工程全寿命周期和项目建设程序

一、建设工程全寿命周期的构成

工程全寿命周期，即工程（工程系统）的生命周期，英文是 Engineering life cycle 或

Engineering whole life cycle。它是用生物学全寿命周期思想与社会有机体理论及系统理论对建筑工程、桥梁工程、道路轨道等工程系统，应用工业产品全寿命周期思想进行分析的过程。建设工程全寿命周期是从建设工程或工程系统的萌芽到拆除、处置、再利用及生态复原整个过程，包括前期策划阶段、设计计划阶段、工程形成阶段、使用维护阶段、拆除处置阶段或（和）生态复原等五个阶段，如图1-1所示。

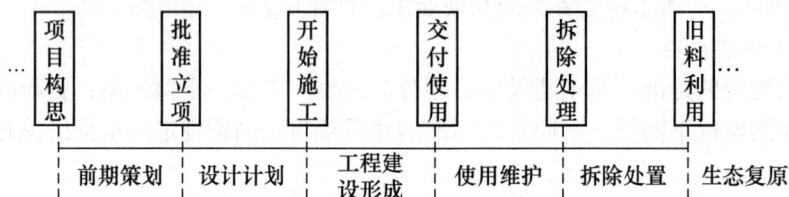

图1-1　建设工程全寿命周期

1. 前期策划阶段

在前期策划阶段，要从总体上考虑问题，提出总目标、总功能要求。这个阶段从工程构思到批准立项为止，其工作内容包括项目构思、目标设计、可行性研究和工程立项。该阶段在建设工程全寿命周期中的时间不长，往往以高强度的能量、信息输入和物质迁移为主要特征。

2. 设计计划阶段

设计计划阶段是从批准立项到现场开工为止，其主要工作包括设计、计划、招标投标和施工准备。在该阶段要将工程分解到各个子系统（功能区）和专业工程（要素），将工程项目分解到各个阶段和各项具体的工作，对它们分别进行设计、估算费用、计划、安排资源和实施控制。

3. 工程形成阶段

这个全寿命周期阶段包括工程及工程系统形成的一系列活动，包括规划、立项、勘察设计直至建筑物交付使用为止。通常来说，此阶段历时也较短，伴随着高强度的物质、信息输入，此阶段的物质和信息输入直接影响建筑成品的使用与维护。

4. 使用维护阶段

这个生命阶段是工程及工程系统在整个生命历程中较为漫长的阶段之一，是满足其消费者用途的阶段。此阶段往往持续几十年甚至上百年，物质、信息和能量的输入输出虽然强度不大，但是由于时间漫长，其物质、信息输入输出仍然占据整个全寿命周期的很大比重。

5. 拆除处置阶段

这个生命阶段可以被认为是工程及工程系统建造阶段的逆过程，发生在工程及工程系统无法继续实现其原有用途或是由于出让地皮、拆迁等原因不得不被拆除之时，包括工程及工程系统的拆除和拆除后废弃建筑材料的运输、分拣、处理、再利用和无用废弃建材在最终处置场所处置的过程。因此，此阶段能量、信息和物质的输入输出强度都很小。

6. 生态复原阶段（生命期的延续）

经过拆除的有利用价值的旧料，经过相应的专业处置之后能够再次被用作原材料或是工程材料，重新参与另一工程系统的全寿命周期的循环，而其余部分的废弃建材及旧址根据环境要求做生态复原处理。

因此，建设工程全寿命周期实际上涵盖了形成工程及工程系统前的材料加工与前期准备、规划、设计、施工和竣工验收等阶段和形成工程及工程系统后的维护、修缮、更新、拆除、处理和再利用与生态复原等阶段。可见，工程全寿命周期既包含了建设工程的全寿命周期和工程材料生产使用过程，也包含了形成工程及工程系统使用维护、拆除处置的生命周期，前一阶段建设项目和建筑材料生产的信息同时也是后阶段工程系统的信息。

二、建设工程项目管理的时间范围

项目一词在现实生活中使用十分广泛，其基本意义是指"有特定内涵的事项"。它有简单与复杂之分，当你和朋友在咖啡厅喝咖啡时，自然会收到一份写明"消费项目"的账单，显然这里的项目就是简单的有特定内涵的消费事项。建设工程项目就复杂多了，一项拟建工程在策划与决策阶段，将有关建设事项以"项目建议书"提出立项申请，此时所称工程项目，其特定内涵仍指工程建设事项，即拟建工程本身。然而，在工程进入建设实施阶段，拟建工程被赋予一个管理项目的内涵，其管理事项除了实现工程本身的预期目标——使用功能、规格、质量标准和价值外，同时还要考虑实现这一目标的时间、成本、安全及环境等不在工程实体上直接体现的其他相关目标要求。因此，作为项目管理对象的项目，其特定内涵除了工程建设事项外，还赋予更多管理内容的事项。由此可见，工程项目和作为工程项目管理的项目，其内涵既有内在联系又有外延范围的不同，正确理解这一关系，对于正确理解建设工程全寿命周期项目管理的过程和任务是非常必要的。

在工程项目管理的理论研究和实践中，对工程项目管理的时间范畴以及与工程全寿命周期管理的关系，学者和专家们的基本共识是：

（1）建设工程项目管理一般是指工程项目实施阶段——设计准备、设计、采购、施工和动用准备的管理，包括项目管理策划和项目目标控制。

（2）建设工程全寿命周期项目管理是指建设工程决策阶段的前期开发管理、实施阶段的项目管理和使用阶段的设施（或物业）管理的集成管理模式。

建设工程全寿命周期项目管理概念示意如图1-2所示。

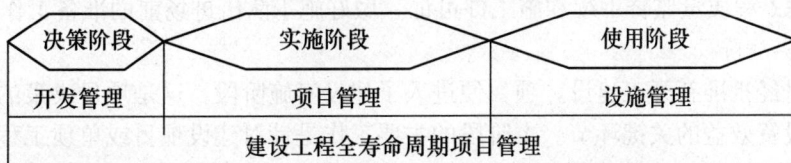

决策阶段	实施阶段	使用阶段
开发管理	项目管理	设施管理
建设工程全寿命周期项目管理		

图1-2　建设工程全寿命周期项目管理概念示意图

三、建设工程项目的建设程序

建设工程项目的建设程序习惯称作基本建设程序，指建设工程项目从构思选择直至交付使用全过程中，各项工作必须严格遵循的先后次序和相互联系，其先后顺序不能颠倒，但是可以进行合理的交叉。建设程序是工程建设项目的技术经济规律的反映，也是工程建设项目科学决策和顺利进行的重要保证。

（一）我国现行政府投资项目建设程序

按照我国现行规定及建设工程项目生命周期的特点，政府投资项目的建设程序可以分为项目建议书、可行性研究、设计工作、建设准备、建设实施、竣工验收及项目后评价七个阶段。

1. 项目建议书阶段

项目建议书是业主单位向国家提出的要求建设某一建设项目的建议文件，是对建设项目的轮廓设想。客观上，建设项目必须符合国民经济长远规划，符合部门、行业和地区发展规划的要求。

2. 可行性研究阶段

可行性研究是技术经济的深入论证阶段，为项目决策提供依据，可行性研究的任务是在市场研究、技术研究和经济研究的基础上，通过多方案比较，提出评价意见，推荐最佳方案。可行性研究报告是初步设计的依据，不得随意更改。

3. 设计工作阶段

一般项目进行两阶段设计，即初步设计和施工图设计。技术上比较复杂而又缺乏设计经验的项目，在初步设计阶段后加上技术设计。

（1）初步设计。初步设计是根据可行性研究报告的要求所做的具体实施方案，并通过对工程项目所做的基本技术经济规定，编制总概算。

（2）技术设计。技术设计是根据初步设计和更详细的调查研究资料编制的，以使建设项目的设计更完善，技术经济指标更好。

（3）施工图设计。施工图设计能够完整地表现建筑物外形、内部空间分割、结构体系和构造状况等，在该阶段应编制施工图预算。

4. 建设准备阶段

初步设计已经批准的项目可列为预备项目，它在进行建设准备过程中的投资活动，不计算建设工期。在项目开工建设之前要切实做好各项准备工作，其主要内容包括：

（1）征地、拆迁和场地平整。

（2）完成施工用水、电、道路和通信等的接通工作。

（3）组织招标择优选定建设监理单位、施工承包单位及设备、材料供应商。

（4）准备必要的施工图纸。

（5）办理工程质量监督手续和施工许可证，做好施工队伍进场前的准备工作。

5. 建设实施阶段

建设项目经批准新开工建设，项目便进入了建设实施阶段，这是项目决策的实施、建成投产并发挥投资效益的关键环节。本阶段的主要工作是针对建设项目或单项工程的总体规划安排施工活动；按照工程设计要求、施工合同条款、施工组织设计及投资预算等，在保证工程质量、工期、成本、安全等目标的前提下进行施工；加强环境保护，处理好人、建筑、绿色生态环境三者的协调关系，满足项目的可持续发展需要。项目达到竣工验收标准后，由施工单位移交给建设单位。

对于生产性建设项目，企业在项目实施期还必须进行生产准备，一般包括下列内容：

（1）组织管理机构，制定管理制度和有关规定。

（2）招收并培训生产人员，组织生产人员参加设备的安装、调试和工程验收。

（3）签订原料、材料、协作产品、燃料、水、电等供应和运输的协议。

（4）进行工具、器具、备品和备件等的制造及订货。

（5）其他必需的生产准备。

6. 竣工验收交付使用阶段

当建设项目按设计文件的规定内容全部施工完成之后，便可组织验收。竣工验收工作的主要内容包括整理技术资料、绘制竣工图、编制竣工决算等。通过竣工验收，可以检查建设项目实际形成的生产能力和效益，也可避免项目建成后继续消耗建设费用。竣工验收报告经批准后，可进行竣工结算，并可交付使用，完成建设单位和使用单位的交易过程。

7. 项目后评价阶段

项目后评价是指项目建成投产、生产运营一段时间后，再对项目的立项决策、设计施工、竣工投产等全过程进行系统分析；对项目实施过程，实际所取的效益与项目前期评估时预测值（如净现值、内部收益率和投资回收期等）相比，评价其间的差异并分析其原因。项目后评价是政府投资项目投资管理的最后一个环节，通过项目后评价可以总结经验、教训，扬长避短，改进项目管理水平，提高决策能力，并为制订科学的建设计划提供依据。

（二）国外的建设程序

国外工程项目的建设程序基本与我国相似，大致可以划分为项目决策阶段，项目组织、计划、设计阶段，项目实施阶段，项目试生产、竣工验收阶段四个阶段，如图1-3所示。

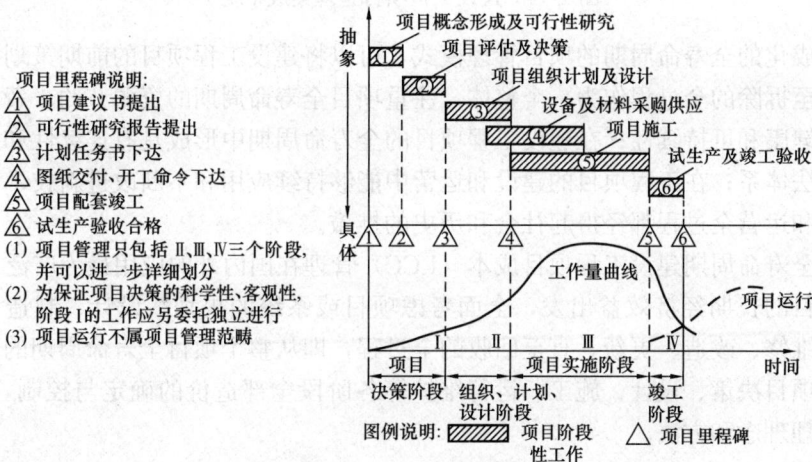

图1-3 国外工程项目生命周期及阶段划分

四、建设工程项目管理新趋势

目前，全寿命周期的项目管理模式以其系统化、集成化和信息化的特征成为现代项目管理的新趋势。根据系统论的观点，可以将项目看作一个系统。系统由多个子系统构成，在不同的维度划分为不同的子系统。以建设工程项目为例，将项目的时间维（过程维）、要素维、工程系统维进行三维的集成，构成建设工程项目管理的集成系统，如图1-4所示。在系统中以信息管理为手段，贯穿项目管理的全过程，覆盖工程的各个子系统。

时间维（过程维）是实施全寿命周期的建设工程项目管理的各时间段的集成，包括了决策阶段、设计阶段、招投标阶段、施工阶段、运营阶段直至项目报废或延伸发展的全过程；要素维是各个管理要素的集成，包含了范围管理、进度管理、质量管理、费用管理、人力资源管理、合同管理、HSE管理、风险管理和信息管理等内容；工程系统维则是对建设工程项目进行系统分解，据其功能可分为基础工程，结构工程，给、排水工程，暖通工程，电气工程，以及装饰工程等。

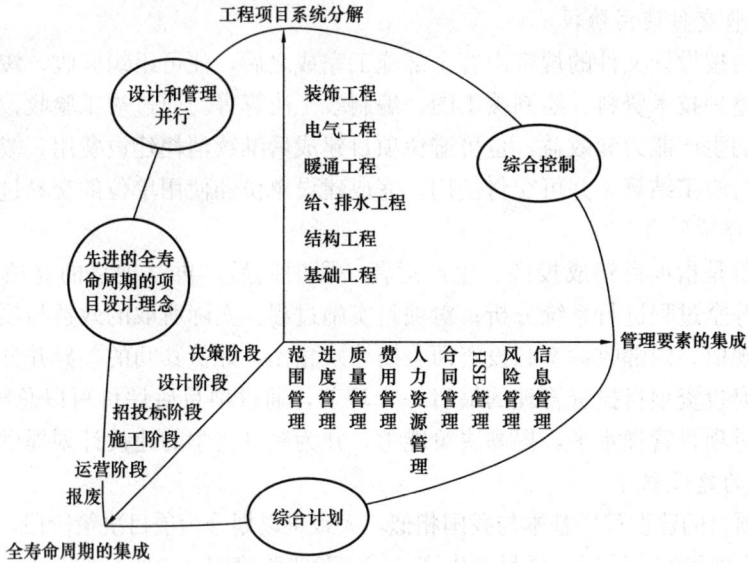

图 1-4　建设工程项目管理集成系统

　　借助集成化的全寿命周期的项目管理模式，可以将建设工程项目的前期策划、设计、建造、运营直至拆除的全过程作为一个整体，注重项目全寿命周期的资源节约、费用优化、与环境协调、健康和可持续性；在建设工程项目的全寿命周期中形成具有连续性和系统性的管理理论和方法体系；在工程项目的建设和运营中能够持续应用和不断改进新技术；要求工程项目在建设和运营全过程都经得起社会和历史的推敲。

　　其中，全寿命周期建设工程项目成本（LCC）管理在国内外的应用最为广泛。它是指从建设工程项目的长期经济效益出发，全面考虑项目或系统的规划、设计、制造、购置、安装、运营、维修、改造、更新，直至回收的全过程，即从整个项目全寿命周期的角度进行思考，侧重于项目决策、设计、施工、运行维护等各阶段全部造价的确定与控制，使 LCC 最小的一种管理理念和方法。

第三节　建设工程项目的系统环境

一、建设工程项目系统概述

　　在建设工程项目管理中，系统方法是最重要，也是最基本的思想方法和工作方法，这体现在项目和项目管理的各个方面。在相关的诸多学科中，项目管理与系统工程有最大的交集。任何项目管理者首先必须确立基本的系统观念，具体包括如下内容：

　　1. 树立全局观念，强调综合管理

　　系统地观察问题，解决问题，进行全面的整体的计划和安排，减少系统失误。同时要考虑各方面的联系和影响，关注建设工程项目结构各单元之间的联系，熟悉各个阶段、各个管理职能和组织成员之间的联系，而且还要考虑到项目与上层系统、与环境系统的联系，使它们之间相互协调。建设工程项目管理强调综合管理，鼓励综合运用知识和采取综合措施。

　　2. 追求项目整体目标的最优化

　　强调项目的总体目标和整体效益。在此常常不仅指整个项目的建设过程，而且指建设工程项目的全寿命期，甚至还包括对项目的整个上层系统（如企业、地区、国家）的影响，追求项目整体目标的最优化。

3. 集成化管理要求项目管理具有更高层次的系统性

在现代建设工程项目中，人们越来越强调集成化管理，这要求项目管理具有更高层次的系统性，它包括许多方面的含义，具体如下：

（1）将建设工程项目的目标系统设计、可行性研究、决策、设计和计划、采购（供应）、施工和运行（维护）管理等集成起来，形成一体化的管理过程。

（2）把建设工程项目的目标、工程系统、资源、信息、工程活动及组织单位结合起来，通过编制计划使之形成一个协调运行的综合体。

（3）将建设工程项目管理的各个职能，如成本管理、进度管理、质量管理、合同管理和信息管理等综合起来，形成一个集成化的管理系统。

（4）将业主、承包商、设计单位和项目管理公司的管理集成为一个一体化的管理过程。

总之，建设工程项目管理的集成化是目前项目管理研究的热点之一。它要求项目管理者必须进行项目全寿命期的目标管理，统一计划，综合控制，实现良好的界面管理、组织协调和信息管理。

二、建设工程项目环境系统

任何建设工程项目都是处于一定的社会历史阶段，存在于特定的时间和空间中。建设工程项目的环境是指围绕建设工程项目或影响其成败的所有外部因素的总和，它们构成项目的边界条件。环境对建设工程项目有重大影响，主要体现在：

1. 建设工程项目产生于上层系统和环境的需求

上层系统和环境需求决定着建设工程项目的存在价值。通常环境系统的问题，或上层组织新的战略，或环境的制约因素产生项目目标。建设工程项目必须从上层系统，从环境的角度来分析和解决问题。

2. 建设工程项目的实施过程又是项目与环境之间互相作用的过程

建设工程项目需要外部环境提供各种资源和条件，受外部环境条件的制约。环境决定着建设工程项目的技术方案和实施方案，并影响着项目的优化成效。如果该建设工程项目决策选择或生产建设时未能充分地利用环境条件，或忽视环境的影响，必然会造成实施中的障碍和困难，增加实施费用，导致项目技术不先进、经济不合理，也影响项目的可持续发展。

3. 环境是建设工程项目产生风险的根源

建设工程项目处在一个迅速变化的环境中。这里的环境包括自然环境、技术环境、政治环境、经济环境、社会环境、工程管理环境和劳动环境等。环境的变化形成对建设工程项目的外部干扰，会造成项目不能按计划实施，偏离目标，甚至造成整个项目的失败。因此，环境的不确定性和环境变化对项目的影响是风险管理的重点。

为了充分地利用环境条件，降低环境风险对建设工程项目的干扰，必须开展全面的环境调查，获取大量的环境资料，在建设工程项目的全寿命期中注意研究和把握环境与项目的交互作用。

三、建设工程项目的相关者

（一）项目相关者概念

项目相关者，又叫项目的干系人，或项目利益相关者，或项目的受益者，他们是在建设工程项目的全生命周期中与项目有着某种利害关系的人或组织，他们还会对项目的目标和可交付结果施加影响。ISO 10006 定义项目相关者可能包括："顾客，如项目产品的接受者；消费者，如项目产品的使用者；所有者，如启动项目的组织；合作伙伴，如在合资项目中；资金提供者，如金融机构；分承包方，如为项目组织提供产品或服务的组织；社会，如司法机构或法定机构和广大公众；内部人员，如项目组织的成员"。

（二）项目相关者对建设工程项目的影响

项目相关者参与建设工程项目的决策和建设，为项目提供资金、材料和设备、劳务或服务，承包工程，或使用项目的产品或服务。他们对项目的立项、实施和运行都发挥了各自的作用，作出了应有的贡献，项目既是他们合作的平台也是他们合作的成果。每一个建设工程项目的成功必须依托所有项目相关各方的共同努力。

项目相关者参与项目，有着自己的目标和期望。他们对建设工程项目的支持程度、认可程度和他们在项目中的组织行为，是由他们对项目的满意程度、目标和期望的实现程度决定的。因此，建设工程项目的总目标应该包含项目相关各方的目标和利益，体现各方的利益并使之平衡，保证各相关者满意。这样，不仅有利于项目相关者团结协作、互相信任，确保项目的整体利益，也有利于该建设工程项目的成功。

在国际上，人们曾研究过许多建设工程项目的案例，将项目成功的因素分为 4 个方面，67 个相关因素。其中，参与者各方的努力程度、积极性、组织行为及其对项目的支持等是主要因素，而这一切往往是由他们对项目的满意程度决定的。

以前，人们过于强调建设工程项目的投资者或业主的利益，而忽视项目其他相关者的利益。实践证明，在这种情况下，没有各方面的满意，会出现对抗情绪和行为，不可能取得项目的成功。近十几年来，现代国际工程项目越来越显示出以下趋向：

（1）人们强调项目相关者之间的合作，讲究诚实守信，强调利益的一致性，淡化利益冲突、争执、利己。业主与承包商、供应商是伙伴关系，在建设工程项目运作中争取实现"多赢"。

（2）更理性地认识到项目相关者各方面的权利和责任的平衡，公平地对待各方，公平合理地分配建设工程项目的各种风险和解决项目中的冲突。

（3）在建设工程项目中，人们加强组织协调，重视合同管理和项目的组织行为的研究，强调项目的组织文化和团队精神。在项目相关者之间形成大家认同的价值观念、行为准则、项目精神和道德习惯，以增强各方的合作，减少矛盾和冲突。

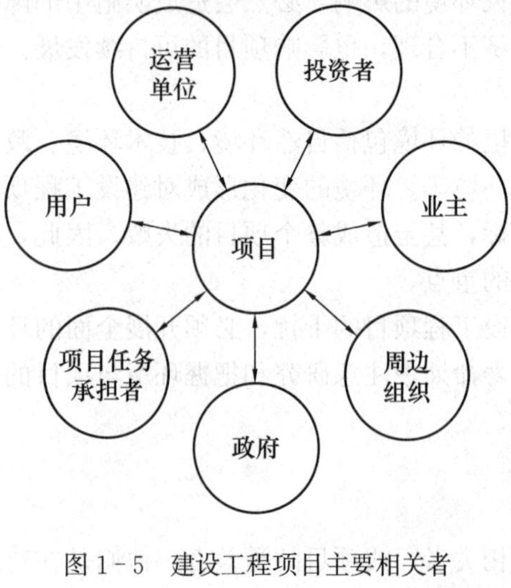

（三）建设工程项目的相关者各方对项目的需求

由于建设工程项目的特殊性，项目相关者的范围非常广泛，超出传统的建设工程项目组织的范围。从总体上，建设工程项目主要相关者如图 1-5 所示，主要包括以下 6 个方面：

1. 建设工程项目产品的使用者

建设工程项目产品的使用者即用户（顾客），

图 1-5 建设工程项目主要相关者

他们是直接购买或使用或接受工程运营所提供的最终产品或服务的人群或单位。例如，房地产开发项目产品的使用者是房屋的购买者或用户，城市轨道交通建设工程项目最终产品的使用者是乘客。有时建设工程项目产品的用户就是项目的投资者，例如，某高校投资新建一座办公大楼，则该校使用此大楼的职能科室是该项目的用户。

用户购买项目的产品或服务，决定项目的市场需求和存在价值。项目的产品和服务要有市场，就必须使"用户满意"，通常用户对建设工程项目的要求有：产品或服务的价格合理；在功能上符合要求，同时讲究舒适、健康、安全性、适用性；有周到、完备、人性化的服务；"以人为本"，符合人们的文化、价值观、审美要求等。

由于建设工程项目的使用者是所有项目参加者最终的"用户"，在所有项目相关者中，用户是最重要的。因此，不管是对建设工程项目产品或服务进行市场定位、功能设计，还是确定产品销售量和价格，都必须从产品使用者的角度出发，当使用者和其他相关者的需求发生矛盾时，应首先考虑使用者的需求。

2. 建设工程项目的所有者

建设工程项目的所有者包括两个层次：项目的投资者和业主（或以业主身份进行项目决策和控制的单位）。一般在小型建设工程项目中，业主和项目的投资者（或项目所属企业）的身份是一致的；但在大型建设工程项目中，他们的身份常常是不一致的，这体现在项目所有者和建设管理者的分离，这样更有利于建设工程项目的成功。

（1）项目投资者。项目投资者是为建设工程项目提供现金或财务资源的个人或集体。如项目的直接投资单位、参与项目融资的金融单位，或项目所属的企业。在现代社会，建设工程项目的融资渠道和方式很多，资本结构是多元化的，可能有政府投资，也可能是企业、金融机构或私人投资；既有本国资本，也有外国资本。

例如：某城市轨道交通建设工程项目的投资者为该市政府；某企业独资新建一条生产流水线，则投资者是该企业；某企业与一家外商合资建设一个新的工厂，则该企业和外商均为该建设工程项目的投资者；某发电厂工程是通过 BOT 融资的，参与 BOT 融资的有一家外资银行、一个国有企业和一个国外的设备供应商，这三家都是该项目的投资者。

投资者为建设工程项目提供资金，承担投资风险，行使与风险相对应的管理权利，如参与项目重大问题的决策，在项目建设和运营过程中进行宏观管理，并分配项目收益。

一般地，投资者对建设工程项目具有以下目标和期望：承担较低的投资风险，以一定量的投资完成建设工程项目；通过项目的运营取得预定的投资回报，达到预定的投资回报率等。

（2）业主。"业主"一词主要应用于建设工程项目的建设实施过程中，相对于设计单位、承包商、供应商、项目管理单位（咨询、监理）而言，业主以项目所有者的身份出现。实施一个建设工程项目，投资者或项目所属企业必须成立专门的组织或委派专门人员以业主的身份负责整个建设工程项目的管理工作，如许多单位的基建部门、通常所说的建设单位。

业主的目标是实现建设工程项目全寿命期整体的综合效益，他不仅代表和反映投资者的利益和期望，而且要反映项目任务承担者的利益，更应注重建设工程项目相关者各方面利益的平衡。

3. 建设工程项目任务的承担者

建设工程项目任务的承担者包括承包商、供应商、勘察和设计单位、咨询单位（包括项目管理公司、监理单位）、技术服务单位等。他们接受业主的委托完成项目或项目管理任务。不同的项目任务承担者在项目建设中扮演的角色往往不同。

（1）项目管理（咨询或监理）公司。在现代建设工程项目中，业主通常将具体的项目管理工作委托给项目管理（咨询或监理）公司承担。项目管理（咨询或监理）公司受业主委托管理项目，协调好与承包商、设计单位和供应单位的关系，主要代表和反映业主的利益和期望，追求建设工程项目全寿命期的整体综合效益。

（2）承包商、供应商、勘察和设计单位、技术服务单位等。承包商、供应商、勘察和设计单位和技术服务单位通常接受业主委托，在规定工期内完成合同规定的专业性工作任务，包括设计、施工、提供材料和设备。他们希望通过项目的实施取得合理的工程价款和利润、赢得商誉，塑造良好的企业形象。

4. 建设工程项目的运营单位

运营单位在建设工程项目建成后接受运营管理任务，直接使用工程生产产品，或提供服务。例如，对城市地铁建设工程项目而言，运营单位可指地铁的运营公司和相关生产者（包括运营操作人员和维护管理人员）。

运营单位的任务是促使该建设工程项目达到预定的产品生产能力或服务能力，满足质量要求等。运营单位（或员工）希望拥有安全、舒适、人性化的工作环境，且工程运行成本低廉、维护方便。

5. 工程所在地的相关主管部门和服务单位

政府、司法、执法机构，以及为项目提供服务的政府部门、基础设施的供应和服务单位，他们为建设工程项目做好各种审批工作（如城市规划审批），提供相关服务（如发放项目需要的各种许可），并实施监督和管理（如监督招标投标过程和工程质量）。

政府注重建设工程项目的社会效益、环境效益，希望通过这些项目促进地区经济的繁荣和社会的可持续发展，解决当地的就业和其他社会问题，增加地方财力，改善地方和政府的形象。

6. 项目所在地的周边组织

项目所在地的周边组织，如项目所在地上的原居民、周边的社区组织、居民、媒体、环境保护组织、其他社会大众等。项目周边组织要求保护环境，保护景观和文物，要求就业、拆迁安置或赔偿，有时还包括对项目的特殊的使用要求。

如，我国在对三峡工程进行前期策划时，不仅考虑兴建三峡工程的必要性、技术上的可行性和经济上的合理性，还应关注水库移民安置、生态环境问题和兴建时机等。

从以上分析可知，建设工程项目相关者的目标往往彼此相距甚远，甚至互相冲突。在建设工程项目管理中，对项目相关者的界定和对其目标、期望、组织行为的研究和确定是十分重要的。项目管理者必须在建设工程项目的全寿命期中解决好项目总目标和项目相关者需求之间的矛盾和冲突，并一直关注项目相关者需求的变化，以确保工程项目的成功。

思　考　题

1. 收集不同书籍中对项目的定义，并分析其间的差异。

2. 列举常见的项目的可交付成果。

3. 建设工程项目的寿命期可分为哪几个阶段？分别包含哪些工作内容？

4. 如何理解建设工程项目管理的时间范畴？

5. 不同的建设工程项目的相关者对项目的要求有何不同？

6. 如何理解建设工程项目管理的集成化发展趋势？

第二章　建设工程项目管理概述

第一节　建设工程项目管理的产生与发展

20世纪50年代末，一些工业发达国家开始重视建设工程项目管理的研究，而后成立了许多建设工程项目管理研究的学会和进行建设工程项目管理的咨询机构，在高等学校里也开设了建设工程项目管理及相关课程，多年来有关理论研究和实践应用的结果，使建设工程项目管理学成为管理科学的一门重要的分支学科。

一、建设工程项目管理产生的背景和原因

1. 项目规模日趋扩大，技术日趋复杂

随着科学技术的发展、工业和国防建设以及人民生活水平不断提高的要求，需要建设很多大型、巨型工程，如航天工程、大型水利工程、核电站以及城市轨道交通工程等。这些工程技术复杂、规模大，对项目建设的组织与管理提出了更高的要求。对于这些大型工程，投资者和建设者都难以承担由于项目组织和管理的失误而造成的损失。竞争激烈的社会环境，迫使人们重视项目的管理。

2. 人们认识到建设工程项目总目标控制的重要性

投资者对一个建设工程项目的建设，往往有许多目标，如建设地点、建筑形式、结构形式、功能、使用者的满意程度、经济性、时间等。这些目标形成了一个目标系统，此目标系统控制的核心问题就是如何确保其总目标的实现。

一个建设工程项目的总目标可以归纳为投资/成本、工期、质量和安全。

3. 人们认识到建设工程项目组织协调的重要性

一个大、中型工程项目在运行中会涉及很多方面，如建设单位、设计单位、施工单位、供应单位、监理单位、运输单位、政府部门、金融机构、司法部门、服务部门以及科研单位等。

所谓建设工程项目的组织协调，指的是以上单位之间的协调，以及各有关单位内部的协调。协调的方面包括技术、经济、组织、质量和进度等。

大量工程实践表明：以上各种关系、各个方面的协调直接影响着建设工程项目总目标的实现。人们逐渐认识到协调也是一项专门的技术，它被称为协调技术。

4. 人们认识到建设工程项目信息管理的重要性

一个建设工程项目从投资决策至项目建成、交付使用，其间需要多方面和多种形式的信息，如可行性研究资料、设计任务书、设计文件、委托设计和施工的合同、概预算文件、施工文件、来往信件、会议记录、谈话记录、情况汇报和各种统计表等。对以上这些有关的信息进行收集、存储、加工和整理，称为信息管理。

长期建设的实践，使项目决策者、参加者认识到，在建设工程项目进展过程中由于缺乏信息、难以及时获取信息、所得到的信息不准确或信息的综合程度不满足项目管理的要求等，造成项目控制、决策的困难，以致影响项目总目标的实现。这使人们越发意识到建设工程项目信息管理的重要性。而电子计算机是高效信息处理的工具，应考虑使用计算机辅助项

目管理。

二、建设工程项目管理在我国的发展

（一）项目管理的引进

我国进行建设工程项目管理的实践活动至今有 2000 多年的历史。我国许多伟大的工程，如都江堰水利工程、宋朝丁渭修复皇宫工程、北京故宫工程等，都是名垂史册的建设工程项目管理实践活动。其中许多工程运用了科学的思想和组织方法，反映了我国古代建设工程项目管理的水平和成就。新中国成立后，我国建设工程项目管理的实践活动得到了很大发展，创造了许多项目管理的经验，并进行了总结，只是没有系统地上升为学科理论。

改革开放以来，我国首先从德国和日本引进了项目管理理论，之后美国和世界银行的项目管理理论和实践经验随着文化交流和项目建设陆续传入我国。1987 年开始推广的鲁布革经验，使我国建设工程项目管理实践和理论研究跨上了一个新台阶。1988 年开始试行的建设监理和施工项目管理至今已取得很大成就，转入推广阶段。

鲁布革水电站引水系统工程是我国第一个利用世界银行贷款，并按世界银行规定进行国际竞争性招标和项目管理的工程。1982 年国际招标，1984 年 11 月正式开工，1988 年 7 月竣工。在 4 年多的时间里，创造了著名的"鲁布革工程项目管理经验"，受到中央领导同志的重视，号召建筑业企业进行学习。国家计委等五单位于 1987 年 7 月 28 日以"计施（1987）2002 号"发布《关于批准第一批推广鲁布革工程管理经验试点企业有关问题的通知》之后，于 1988 年 8 月 17 日发布"（88）建施综字第 7 号"通知，确定了 15 个试点企业共 66 个项目。1990 年 10 月 23 日，建设部和国家计委等五单位以"（90）建施字第 511 号"发出通知，将试点企业调整为 50 家。在试点过程中，建设部先后五次召开座谈会并进行了检查、推动。1991 年 9 月，建设部提出了《关于加强分类指导、专题突破、分步实施全面深化施工管理体制综合改革试点工作的指导意见》，把试点工作转变为全行业推进的综合改革。

鲁布革工程的项目管理经验主要有以下几点：

（1）最核心的是把竞争机制引入工程建设领域，实行铁面无私的招标投标。

（2）工程建设实行全过程总承包方式和项目管理。

（3）通过有效激励，现场的项目管理机构和作业队伍精干灵活，真正能战斗。

（4）科学组织施工，讲求综合经济效益。

（二）我国推行建设工程项目管理的意义

1. 建设工程项目管理是国民经济基础管理的重要内容

新中国成立以来，建筑行业飞速发展，进行了大量的建设工程项目管理实践活动，远的像"一五"时期完成的 156 个重点建设工程项目，这 156 个项目奠定了中华人民共和国的工业基础和国民经济基础。从管理来讲，我们有成功的经验，也有失败的教训。有的教训还是很深刻的，比如在那个年代搞的"三小"工程，有些工程至今还是废铜烂铁一堆。从好的方面来说，京—津—塘高速公路、南浦大桥以及西气东输、南水北调和三峡工程等，这些建设工程项目对我们国民经济的发展起到了积极的促进作用。因此，建设工程项目管理的好坏直接影响到国家、地区的经济效益和社会效益。

2. 建设工程项目管理是建筑业成为支柱产业的必要支撑

项目管理是建筑业企业顺利运营的关键手段。发展建筑业这一国民经济支柱产业，要依靠技术与管理的创新。面对新常态下复杂的国内外环境，建筑业发展更要重视管理创新，因时因地提高项目管理水平。

3. 项目管理是工程建设和建筑业改革的着眼点、立足点和出发点

建筑业已经进行和正在进行的各项改革，包括进行"营改增"、股份制投资、实行总承包方式、采用 FIDIC 合同条件、等同采用 ISO 系列标准进行质量保证和管理、安全方面执行国际劳工组织 167 号公约、推行工程顾问服务等，都要落实到项目上。

（三）我国推行建设工程项目管理的特点

（1）我国推行建设工程项目管理是在政府的领导和推动下进行的，有法规、有制度、有规划、有步骤。这与国外所进行的自发性和民间性的项目管理有些差异。

（2）推行建设工程项目管理与我国改革开放是同步的，改革的内容是多方面的，都和建设工程项目紧密相关。

（3）学习国际惯例，结合国情发展我国的建设工程项目管理，为世界项目管理学科的发展作出贡献。

（4）我国产生了一大批建设工程项目管理典型，如北京国际贸易工程、京津塘高速公路工程和黄河小浪底工程等，并得到推广。

（5）建设工程项目管理的两个重要分支，即工程建设监理和施工项目管理，得到迅猛发展，推动了项目管理理论的发展。

（四）建设工程项目管理理论的发展

项目管理作为一门学科 50 年来在不断发展，传统的项目管理 Project Management 是该学科的第一代，其第二代是 Program Management（指的是包含一个建设工程项目全过程的管理，不仅限于项目的实施阶段，即整个项目的建设管理，也称多个有相互关联的项目的项目管理），第三代是 Portfolio Management（指的是多个项目组成的项目群的管理，这多个项目不一定有内在联系，可称为组合管理），第四代是 Change Management（指的是变更管理）。

把开发管理（Development Management，DM）、实施管理（Project Management，PM）和使用管理（Facility Management，FM）集成为一个管理系统，这就形成建设工程项目全寿命期管理（Lifecycle Management）系统，其含义如图 2-1 所示。建设工程项目全寿命期管理可避免上述 DM、PM 和 FM 相互独立的弊病，有利于建设工程项目的保值和增值。

在建设工程项目管理的发展过程中，一个非常重要的方向是应用信息技术，它包括项目管理信息系统（Project Management Information System，PMIS）的应用和在互联网平台上进行建设工程项目管理等。同时，随着项目规模的扩大化、工程技术的日趋复杂化，以及国内外建筑市场竞争的不断加剧，不同主体的项目管理者均应注意树立现代化的建设项目管理观念，以进一步增强我国建筑业企业的核心竞争力，提高规模经济效益。

三、现代化的项目管理观念

项目管理是一门应用学科，经过多年的潜心研究和工程实践，它已经具有了一套较完整的理论体系和方法体系，并且用于指导项目管理实践活动，使大量的建设工程项目取得成功。随着我国改革开放，与国际惯例接轨速度不断加快，科学技术迅猛发展，足以使建设工程项目管理实现高度科学化，并服务于管理的现代化。现代化的管理思想，一是管理观念的

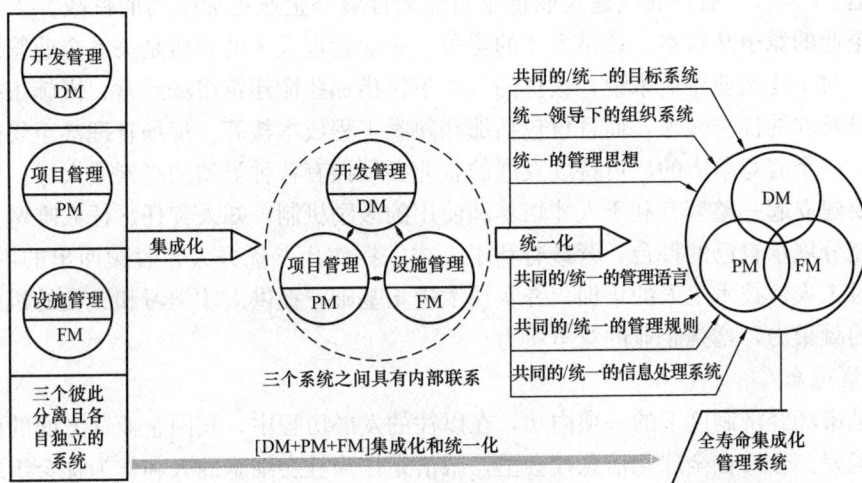

图 2-1　建设工程项目全寿命期管理

现代化，二是管理原理的现代化。其中，现代化的项目管理观念主要包括以下 7 个方面的内容：

1. 市场观念

我国正在建立和完善社会主义市场经济，市场经济是用市场关系管理经济的体制。建设工程项目是产品，也是商品，它的生产和销售都离不开市场。我们推行的建设工程项目管理，是市场经济的产物，市场是建设工程项目管理的环境和条件。没有市场经济，也就没有项目管理。因此，进行建设工程项目管理，应该尊重市场经济条件的竞争规律、价值规律和市场运行规则等，让这些管理活动与市场接轨，依靠市场取得建设工程项目管理效益。

2. 用户观念

市场是由实行交换的供需双方构成的，企业是市场的主体，必须以战略的眼光，把握产品的未来和市场的未来，通过市场竞争（投标）获取建设工程项目，从市场上取得生产要素并进行优化配置，认真履约经营，以质量好、工期合理、造价经济取胜，实施名牌战略，搏击市场风浪。而用户是构成市场的主要一方，建筑业企业要树立一切为了用户的观念，全心全意地为用户服务，把对国家的责任建立在对用户负责的基础上。

3. 效益观念

社会主义企业的效益观念是经济效益与社会效益相统一的综合观念。在经济效益上要注意微观经济效益服从宏观经济效益，而赢利能力是企业生存和发展的重要标志。建设工程项目是建筑业企业生产经营的主战场，各种生产要素配置的集结地，企业管理工作的基点，获取经济效益的源头。因此，建筑业企业要摆脱长期以来效益低、积累少、资金紧张的困扰，必须切实转变观念，强化成本意识，建立健全项目责任成本集约化管理体系。

4. 人才观念

在新的经济时期，知识日益成为决定企业生存和发展的重要资源。人作为知识的主人、作为企业知识资源的驾驭者，人的主动性、积极性和创造性调动和发挥的程度将最终决定着企业的命运。"入世"后，我国建筑业企业面临来自境外企业更加强劲的挑战。人才是企业的生命，企业的竞争从根本上说是人才的竞争。企业管理人才的素质是关系企业管理效率的关键因素。对于建筑业企业来说，这里的人才不仅指那些懂建筑市场经营、懂施工技术、熟悉国际建设条款的优秀人才，而且也包括那些熟悉工程成本核算、现场管理甚至思想政治方面的人才。一个有竞争力的、可持续发展的企业必须拥有各种类型的高素质人才。因此，建筑业企业要建立起一整套有利于人才培养和使用的激励机制，知人善任、任人唯贤，为人才提供一个充分展示自己的舞台，营造有利于人才发挥作用、优秀人才脱颖而出的内部环境，高度重视对工人、技术工人的培训，夯实技术进步基础，提供人才学习和成长的机会，从而提高企业的凝聚力，增强企业的竞争实力。

5. 诚信观念

诚信是市场经济制度下的一项内功，在以往的发展历程中，我国企业这方面的建设还存在一定的偏差。今后在全球化信息社会里，诚信是作为社会细胞的人和作为社会组织的企业的生存之道，需要着力打造。谁不诚信，谁就将无立锥之地。建筑业企业在市场经济条件下，要勇于承认自己是承包人，从"完成任务的工具"向承包商转变，不断提高商业信誉，这是企业的无形资产，没有诚信就不能在市场竞争中取胜。因此，建筑业企业要把产品质量和服务水平，以及良好的企业形象和信誉，视为企业在激烈竞争中求得生存、赢得优势的关键，具体体现在对合同、工程质量、工期和伙伴关系的重视。

6. 时间观念

现代社会充满竞争，项目管理者应树立时间观念，把握好决策战机，加快资金周转，讲求资金的时间价值，讲究工作效率和管理效率，从而赢得时间，赢得效益。

7. 创新观念

没有不变的建设工程项目管理模式，要根据项目和环境的变化进行调整和变革，故要讲预测，有对策。赢得竞争胜利的关键在创新，广泛采用新工艺、新技术、新材料、新设备、新的管理组织、方法和手段。

第二节　建设工程项目管理的类型和任务

一、项目管理的概念和特征

（一）项目管理的概念

项目管理是指在一定的约束条件下，为达到项目目标，对项目所实施的计划、组织、指挥、协调和控制的过程。因此，项目管理的对象是项目。项目管理的职能同所有管理的职能相同。需要特别指出的是，项目的一次性，要求项目管理的程序性和全面性，也需要科学性，主要是用系统工程的观念、理论和方法进行项目管理。

（二）项目管理的特征

1. 每个项目管理都有自己特定的管理程序和步骤

项目管理的特点决定了每个项目都有自己特定的目标，项目管理的内容和方法要针对项目目标而定，因此每个项目均有所不同。

2. 项目管理是以项目经理为中心的管理

由于项目管理具有较大的责任和风险，其管理涉及生产要素的诸多方面和多元化关系，为更好地进行项目计划、组织、指挥、控制和协调，必须实施以项目经理为中心的管理体制。在项目管理过程中应授予项目经理充分的权力，以处理各种可能遇到的实际问题。

3. 项目管理应使用现代的管理方法和手段

现代项目大多数是先进科学的产物或是一种涉及多学科、多领域的系统工程，要使项目圆满地完成就必须综合运用科学技术和现代化管理方法，如预测技术、决策技术、网络技术、行为科学、价值工程和系统理论等。

4. 项目管理应实施动态控制

为了确保项目目标的实现，在项目实施过程中要进行动态控制，即阶段性地检查实际值和计划目标值的差异，分析产生偏差的原因，采取措施纠偏，制订新的计划目标值，使项目最终目标得以实现。

二、建设工程项目管理的内涵

建设工程项目管理是项目管理的一类，其管理对象是建设工程项目。建设工程项目管理的含义有多种表述，英国皇家特许建造学会（CIOB）对其作了如下的表述：自建设工程项目开始至项目完成，通过项目策划（Project Planning）和项目控制（Project Control），以使项目的费用目标、进度目标和质量目标得以实现。该解释得到许多国家建造师组织的认可，在工程管理业界有相当的权威性。

"自项目开始至项目完成"指的是项目的实施期；"项目策划"指的是目标控制前的一系列筹划和准备工作；"费用目标"对业主而言是投资目标，对施工方而言是成本目标。项目决策期管理工作的主要任务是确定项目的定义，而项目实施期项目管理的主要任务是通过管理使项目的目标得以实现。

建设工程项目的决策阶段和实施阶段如图 2-2 所示。

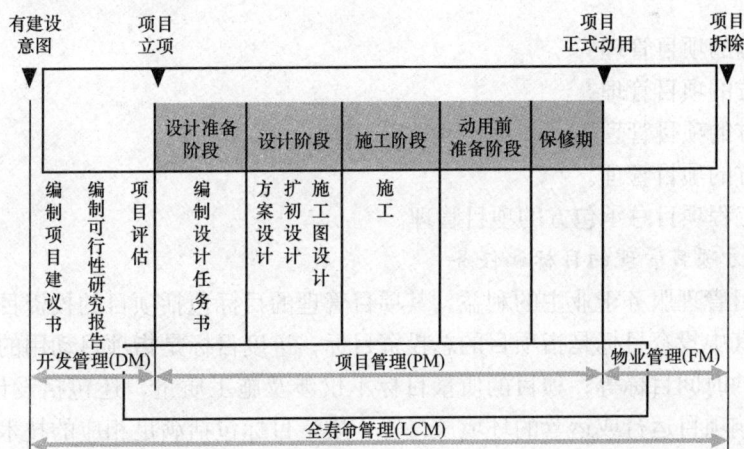

图 2-2　建设工程项目的决策阶段和实施阶段

一般地，建设工程项目管理是指以建设工程项目为对象，在既定的约束条件下，为最优地实现建设工程项目目标，根据建设工程项目的内在规律，对项目从构思到建设完成（指项目竣工并交付使用）的全过程所进行的计划、组织、协调和控制等工作，以确保该建设工程项目在允许的费用和要求的质量标准下按期完成。

成功的建设工程项目管理从总体上至少必须满足如下条件：

（1）满足预定的使用功能要求。

（2）在预算费用范围内完成。

（3）在预定的时间内完成项目的建设。

（4）能为使用者接受、认可。

（5）与自然环境及人文环境的和谐统一。

（6）项目能合理、充分、有效地利用各种资源，具有可持续发展的能力和前景。

（7）项目实施按计划、有秩序地进行。

三、建设工程项目管理的类型和任务

建设工程项目的管理者应由建设活动的参与各方组成，包括业主单位、设计单位和施工单位和供货单位等，一般由业主单位进行工程项目的总管理。全过程项目管理包括从编制项目建议书至项目竣工验收交付使用的全过程。由设计单位进行的建设项目管理一般限于设计阶段，称为设计项目管理；由施工单位进行的项目管理一般限于建设项目的施工阶段，故称为施工项目管理；由业主单位进行的建设项目管理，如委托给监理单位进行监督管理则称为工程项目建设监理。

按照建设工程项目生产组织的特点，一个项目往往由许多参与单位承担不同的建设任务，而各参与单位的工作性质、工作任务和利益不同，这样就形成了不同类型的项目管理。由于业主方是建设工程项目生产过程的总集成者——人力资源、物质资源和知识的集成，业主方也是建设工程项目生产过程的总组织者，因此对于一个建设工程项目而言，虽然不同主体代表不同方面的利益，但业主方的项目管理一直作为管理的核心。

（一）建设工程项目管理的类型

按照建设工程项目不同参与方的工作性质和组织特征，建设工程项目管理可划分为如下类型。

（1）业主方的项目管理。

（2）设计方的项目管理。

（3）施工方的项目管理。

（4）供货方的项目管理。

（5）建设工程项目总承包方的项目管理。

（二）业主方项目管理的目标和任务

业主方项目管理服务于业主的利益，其项目管理的目标包括项目的投资目标、进度目标和质量目标。其中投资目标是指项目的总投资目标；进度目标是指项目动用的时间目标，即项目交付使用的时间目标等；项目的质量目标不仅涉及施工质量，还包括设计质量、材料、设备质量和影响项目运行或运营的环境质量等；质量目标包括满足相应的技术规范和技术标准的规定，以及满足业主方相应的质量要求。

建设工程项目的投资目标、进度目标和质量目标之间既有矛盾的一面，也有统一的一面。要加快进度常常需要增加投资，过度地缩短工期会影响质量目标的实现，甚至出现质量安全事故，且若要提高质量往往也要增加投资，这说明了目标之间关系矛盾的一面；但通过有效的管理，在不增加投资的前提下，也可缩短工期和提高工程质量，这体现了其间关系统一的一面。质量、进度和投资三大目标对一个建设工程而言，其理想值是高质量，低投资、短工期，它们三者是一个既统一又对立的矛盾整体。质量、进度和投资三者的关系见图2-3。

业主方的项目管理工作涉及建设工程项目的全寿命周期，即要求在项目的前期策划阶段、设计与计划阶段、施工阶段以及运行维护阶段分别进行范围管理、合同管理、费用管理、进度管理、质量管理、HSE管理、资源管理、信息管理、风险管理和组织管理，并进行系统集成，以执行决策目标为责任、实现运营目标为导向，实施项目管理。其项目管理的任务见表2-1，表中共有10行、4列，构成了40个分块项目管理的任务。其中，安全管理是项目管理中最重要的任务，因为人是不可再造的，安全管理关系到人身的健康与安全，而投资控制、进度控制、质量控制和合同管理等则主要涉及物质利益。

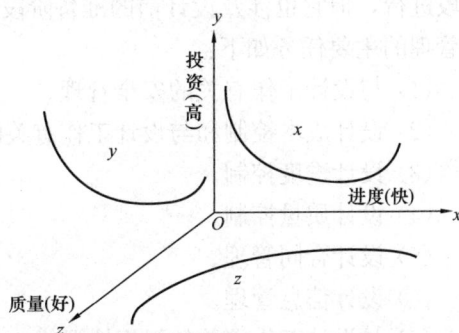

图2-3　质量、进度和投资三大目标关系图

表2-1　　　　　　　　　　　**业主方项目管理的任务**

管理＼阶段	前期策划	设计与计划	施工阶段	运行维护
范围管理				
组织管理				
合同管理				
费用管理				
进度管理				
质量管理				
HSE 管理				
信息管理				
资源管理				
风险管理				

（三）设计方项目管理的目标和任务

设计方作为项目建设的一个参与方，其项目管理主要服务于项目的总体利益和设计单位自身的利益。设计方项目管理的目标包括设计的成本目标、设计的进度目标和设计的质量目标，以及项目的投资目标。项目的投资目标能否实现与设计工作紧密相关。

根据国外数据统计表明，在整个工程的全寿命期中，设计阶段项目的累计费用在建设工程项目总投资额中的比例不到20％，但是对工程项目的影响程度达到75％以上，如图2-4所示。

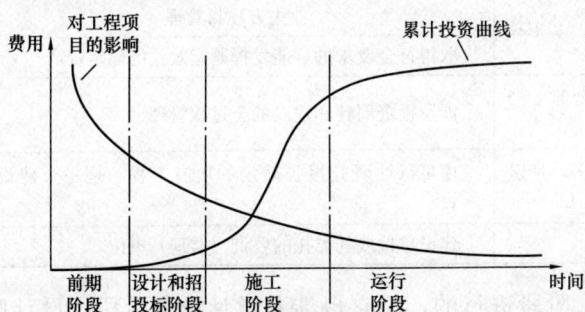

图2-4　工程累计投资和影响对比

设计方项目管理工作主要在设计

阶段进行，但它也涉及设计前的准备阶段、施工阶段、动用前准备阶段和保修期。设计方项目管理的主要任务如下：

（1）与设计工作有关的安全管理。

（2）设计成本控制和与设计工作有关的工程造价控制。

（3）设计进度控制。

（4）设计质量控制。

（5）设计合同管理。

（6）设计信息管理。

（7）与设计工作有关的组织协调。

（四）施工方项目管理的目标和任务

施工方作为项目建设的一个参与方，它可以将建设蓝图转化为现实。施工方项目管理的目标包括施工的成本目标、施工的进度目标和施工的质量目标。

施工方项目管理是指建筑业企业运用系统的观点、理论和方法对施工项目进行的计划、组织、指挥、控制、协调等进行全过程、全面的管理。它和业主方项目管理一起作为建设工程项目管理的两个主要分支，在建设工程项目管理中发挥着重要作用，其特点如下：

（1）以建筑业企业为管理主体。建设单位和设计单位都不进行施工项目管理，建筑业企业一般也不委托咨询公司进行施工项目管理。

（2）仅以施工项目为管理对象。施工项目的特点是多样性、固定性和体积庞大，施工项目管理的主要特殊性是生产活动与市场交易活动同时进行，很难分开，这种特殊的生产交易活动决定了施工方项目管理的艰难性和复杂性。

（3）由于施工项目分阶段进行，则其管理具体内容不同。每个施工项目必须按建设程序进行，管理者必须随着项目的进展作出设计、签订合同、提出措施等有针对性的动态管理，强调生产要素的优化配置，提高施工效率和效益。

（4）由于项目的一次性和复杂性，其组织协调工作显得十分重要和复杂。由于施工生产活动的独特性、流动性、工期长和露天作业等特点，且施工活动涉及的关系错综复杂，故特别强调组织协调工作，并通过计算机手段使协调工作科学化。

（5）施工方项目管理不同于业主方项目管理。施工方项目管理是以施工项目为管理对象，以工程承包合同确定的内容为最终管理目标，以项目经理部为管理主体，对施工项目进行的管理，它和业主方项目管理的不同点见表2-2。

表2-2　　　　　　　　施工方项目管理与业主方项目管理的区别

区别特征	施工方项目管理	业主方项目管理
管理任务	生产出建安产品，取得利润	取得符合要求的，能发挥既定效益的固定资产
管理内容	涉及从投标开始到交工为止的全部生产组织与管理及维修	涉及投资周转和建设的全过程管理
管理范围	由工程承包合同规定的承包范围，是建设项目、单项工程或单位工程的施工	由可行性研究报告确定的所有工程，是一个建设项目
管理主体	建筑业企业	建设单位或其委托的咨询（监理）单位

施工方的项目管理工作主要是在施工阶段进行的，但它也涉及设计准备阶段、设计阶段、动用前准备阶段和保修期。在工程实践中，设计阶段和施工阶段往往是交叉的，为此施

工方的项目管理有时也涉及设计阶段。施工方项目管理的主要任务如下：

（1）施工安全管理。

（2）施工成本控制。

（3）施工进度控制。

（4）施工质量控制。

（5）施工合同管理。

（6）施工信息管理。

（7）与施工有关的组织协调。

（五）供货方项目管理的目标和任务

供货方作为项目建设的一个参与方，其项目管理主要服务于项目的整体利益和供货方本身的利益。供货方项目管理的目标包括供货方的成本目标、供货的进度目标和供货的质量目标。

供货方的项目管理工作主要在施工阶段进行，但它也涉及设计准备阶段、设计阶段、动用前准备阶段和保修期。供货方项目管理的主要任务如下：

（1）供货安全管理。

（2）供货成本控制。

（3）供货进度控制。

（4）供货质量控制。

（5）供货合同管理。

（6）供货信息管理。

（7）与供货有关的组织协调。

（六）建设工程项目总承包方项目管理的目标和任务

建设工程项目总承包方作为项目建设的一个参与方，其项目管理主要服务于项目的整体利益和建设工程项目总承包方自身的利益。其项目管理的目标包括建设工程项目的总投资目标和总承包方的成本目标、项目的进度目标和项目的质量目标。

建设工程项目总承包方项目管理工作涉及项目实施阶段的全过程，即设计前的准备阶段、设计阶段、施工阶段、动用前准备阶段和保修期。总承包方项目管理的主要任务如下：

（1）安全管理。

（2）投资控制和总承包方的成本控制。

（3）进度控制。

（4）质量控制。

（5）合同管理。

（6）信息管理。

（7）与建设工程项目总承包方有关的组织协调。

第三节　建设工程项目计划体系

一、建设工程项目目标和项目计划

（一）建设工程项目管理的基本目标

目标是指需要在一定时间内完成的具有一定约束条件（质量、投资、规模等）的客观标的。它的主要功能包括提供一个中心点来分配各种资源和拟定各种计划，提供一个尺度作为评价各种指标的标准。

项目目标是指一个项目为了达到预期成果所必须完成的各项指标的数量标准。建设工程项目管理的指标很多，但最核心的是质量目标、工期目标和投资目标，它们共同构成项目管理的目标体系，如图2-5所示。

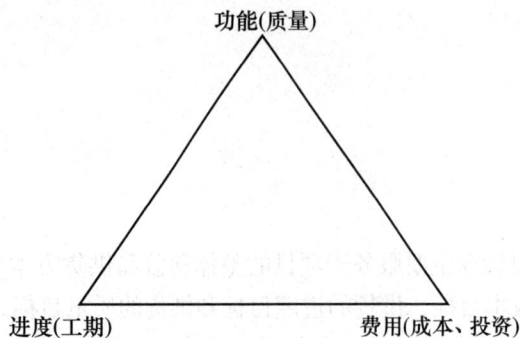

图2-5　项目管理的目标体系

建设工程项目管理的三大目标通常由项目任务书、技术设计和计划文件及合同文件（承包合同和管理合同）等具体地定义。这三者在项目生命期中具有以下特征：

（1）建设工程项目管理作为项目工作的一部分，其目标应作为建设工程项目全寿命期总目标的组成部分。

（2）质量、工期和费用三大目标之间互相联系，互相影响，共同构成建设工程项目管理的目标系统。但这三重制约是矛盾的，某一方面的变化必然引起另两个方面的变化，如过于追求缩短工期，必然会损害项目的功能（质量），引起成本增加。为此项目管理应追求它们三者之间的均衡性和合理性，任何强调最短工期、最高质量、最低成本都是片面的。三者的均衡性和合理性不仅体现在项目总体上，而且体现在项目的各个单元上，它们构成项目管理目标的基本逻辑关系。

（3）质量、工期和投资三大目标在项目的策划、设计、计划过程中经历由总体到具体、由概念到实施、由简单到详细的过程。项目管理的三大目标必须分解落实到具体的各个项目单元（子项目、活动）和项目组织单元上，这样才能保证总目标的实现，形成一个控制体系，所以项目管理又是目标管理。

在现代社会，人们要求建设工程项目承担更多的、更大的责任，使得项目管理的目标在进一步扩展，这样不仅赋予项目管理更多的职能和工作任务，同时会带来项目管理理论和方法的创新。在传统的三大目标的基础上，在现代建设工程项目管理中人们又强调了环境保护、职业健康和安全和各方面满意等新目标。

（1）环境目标，即在项目的实施和运行中必须与环境协调，不污染环境。这是ISO 14000对工程项目管理的要求。

（2）职业健康和安全目标，即在项目的实施和运营中必须保证施工工人、现场周边的人员、在工程运营中的操作人员、项目产品的使用者的健康和安全，不出现事故。

（3）各方面满意，与业主及其他相关者建立友好合作关系，企业商誉佳，形象好等。

争取项目的成功是建设工程项目管理的总体目标，因此成功的项目指标就是项目管理的总目标，各个层次的项目管理者都必须有这个理念。

但成功的项目指标主要是针对建设工程项目全寿命期的，是项目的总体目标。项目参加者和项目管理者在某个阶段参与项目，承担阶段性任务，又有各自的具体的阶段性目标和任务。对仅以工程项目的建设阶段作为基本任务的项目管理，其具体的目标是在限定的时间内，在限定的资源（如资金、劳动力、设备材料等）条件下，以尽可能快的进度、尽可能低的费用（成本或投资）提交满足要求的产品、服务，圆满完成项目任务。

（二）项目计划

凡事预则立，不预则废，目标的实现必须依托于周密而切实可行的计划。项目计划是为实现项目的既定目标，对未来项目实施过程进行规划、安排的活动。计划就是预先决定要去做什么，如何做，何时做和由谁做。项目的计划职能是项目进行控制的前提和条件，在具体内容上，它包括项目目标的确立，确定实现项目目标的方法，预测、决策、计划原则的确立，计划的编制以及计划的实施。

1. 建设工程项目计划的基本内容

计划作为一个阶段，它位于项目批准之后、项目施工之前，而计划作为项目管理的一个职能，它贯穿于建设工程项目生命周期的全过程。

（1）按照建设程序分类的计划内容。

1）工程项目的目标设计和项目定义就已包括一个总体计划。

2）可行性研究中包括较为详细的全面的计划。

3）项目审批作为一个控制计划。

4）在项目实施中一方面随着情况不断变化，每一个阶段都必须研究修改，调整原则；另一方面由于在计划期编制的计划较粗，在实施中，必须不断地采用滚动的方法详细地安排近期计划。

（2）按照项目控制目标分类的计划内容。

1）工期计划。

2）成本（投资）计划。

3）质量标准计划。

（3）按资源范围分类的计划内容。

1）劳动力的使用计划、招聘计划、培训计划。

2）机械使用计划、采购计划、租赁计划、维修计划。

3）物资供应计划、采购订货计划、物资运输计划等。

（4）其他计划：如现场平面布置、后勤管理计划、项目的运营准备计划等。

2. 建设工程项目（成本）投资计划

（1）项目定义阶段的投资匡算。项目定义阶段的投资匡算一般只能按照以往同类工程的资料或估算指标大致确定。

（2）可行性研究阶段投资总计划。由于在可行性研究阶段建设工程项目的主要技术方案已经确定，可绘制成本（投资、费用）—时间图（表），可行性研究经过批准后即作为项目确定的投资计划。

（3）预算成本。伴随着每一步设计一般都有一套计划，都有一个预算成本。业主最后的预算成本对于招标的工程即为标底，而承包人相应的详细的预算成本即为报价的基础。

（4）合同价。合同价是业主通过选择最终与一家承包商确定的工程价格，最终在双方签订的合同文件中确认，它作为工程结算的依据。对承包商而言，是通过报价竞争获得承包资格而确定的工程价格。

（5）在建设工程项目施工过程一般包含以下几个方面的成本：

1）已完成或已支付成本。已完成或已支付成本是指实际工程上的成本消耗。

2）追加成本（费用）。追加成本（费用）是由于工程变更、环境变化、合同条件变化所应该追加的部分。

3）剩余成本计划。按照当时的环境，要完成余下的工程还要投入的成本量。

4）最终实际成本和结算价格。施工结束后必须按照统一成本分解规则对建设工程项目的成本状况进行统计分析，储存资料，作为以后工程成本计划的依据。

二、建设工程项目管理规划

（一）建设工程项目管理规划的概念

建设工程项目管理规划是指导项目管理工作的纲领性文件，它从总体上和宏观上对以下几个方面问题进行分析和描述：

（1）为什么要进行项目管理。

（2）项目管理需要做什么工作。

（3）怎样进行项目管理。

（4）谁做项目管理哪方面的工作。

（5）什么时候做哪些项目管理工作组织。

（6）项目的总投资。

（7）项目的总进度。

建设工程项目管理规划涉及项目整个实施阶段，它属于业主方项目管理的范畴。若采用建设工程项目总承包管理的模式，业主方也可以委托项目总承包方编制建设工程项目管理规划，这是因为建设工程项目总承包方的工作涉及项目整个实施阶段。

（二）建设工程项目管理规划的内容

建设工程项目管理规划一般包括以下内容：

（1）项目概述。

（2）项目的目标分析和论证。

（3）项目管理的组织机构。

（4）项目采购和合同结构分析。

（5）投资控制的方法和手段。

（6）进度控制的方法和手段。

（7）质量控制的方法和手段。

（8）安全、健康与环境管理的策略。

（9）信息管理的方法和手段。

（10）技术路线和关键技术的分析。

（11）设计过程的管理。

（12）施工过程的管理。

（13）风险管理的策略等。

此外，建设工程项目的其他参与单位，如设计单位、施工单位和供货单位等，为进行其项目管理活动也需要编制相应的项目管理规划，但它仅涉及项目实施的一个方面，并体现一个方面的利益，可分别称为设计方项目管理规划、施工方项目管理规划和供货方项目管理规划。

三、施工方项目管理规划

（一）施工方项目管理规划的概念

施工方项目管理规划包括施工项目管理规划大纲和施工项目实施规划两种文件。

1. 施工项目管理规划大纲

施工项目管理规划大纲是投标之前由投标小组（企业经营决策层）编制的施工项目管理规划，用以作为编制投标书的依据，旨在体现该企业的竞争力，提高中标率。由于此时尚未中标，难以对实施过程做出较具体的安排，故只能是纲领性的。

2. 施工项目实施规划

施工项目实施规划是签订合同以后由项目经理部（项目管理层）编制的施工项目管理规划，用以指导自施工准备、开工、施工、直到交工验收的全过程，旨在提高施工效率和效益。由于其编制是为指导实施过程，依据现实具体可靠，因此要求它具有可操作性。

进而言之，施工项目管理规划大纲和施工项目实施规划，实际上类似于通常所说的施工组织设计。实行项目管理以后，单有合同签订后的施工组织设计还不能满足要求，必须编制投标前的施工组织设计（施工项目管理规划大纲），才能满足投标竞争的需要。所以规划大纲称作"标前施工组织设计"（简称"标前设计"），合同签订后编制的施工组织设计（施工项目实施规划）可称作"标后施工组织设计"（简称"标后设计"）。

（二）施工方项目管理规划的内容

1. 标前设计的内容

由于标前设计的作用是为编制标书和进行签约谈判提供依据，因此它应包括以下内容：

（1）施工方案。施工方案包括施工方法选择，施工机械选用，劳动力和主要材料、半成品投入量。

（2）施工进度计划。施工进度计划包括工程开工日期、竣工日期、施工进度控制图及说明。

（3）主要技术组织措施。技术组织措施主要包括保证质量的技术组织措施、保证安全的技术组织措施、保证进度的技术组织措施和环境污染防治的技术组织措施。

（4）施工平面布置图。施工平面布置图包括施工用水量计划、用电量计划、临时设施需用量及费用计算，以及施工平面布置图。

（5）其他有关投标和签约谈判需要的设计。

2. 标后设计的内容

无疑，建筑业企业在项目实施中都应当贯彻标前设计的有关规定。为了满足施工方项目管理和施工现场管理的需要，使之发挥指导施工准备和施工、提高施工效率和经济效益的作用，应当在上述内容框架下，对传统的施工组织设计所涉及的内容进行扩展，并突出施工方项目管理目标控制的需求重点。因此，施工项目实施规划的主要内容如下：

（1）施工部署。施工部署应对重大的组织问题和技术问题作出规划和决策，因此其主要内容包括：项目经理部的组织结构和人员配备，质量、工期和进度、成本，总分包的范围和交叉施工部署，拟投入的施工力量总规模和物资供应方式，资金供应规划，临时设施建设项目规划。

（2）施工方案。施工方案应包括：施工方法和施工机具的选择，施工段划分，施工顺序，新工艺、新技术、新机具、新材料、新管理方法的使用，有关该工程的科学实验项目安排等。

（3）施工技术组织措施。施工技术组织措施可满足施工部署中目标控制的需要，是提高施工效率和经济效益的潜力所在。它应包括以下具体措施：

1）保证质量的技术组织措施。特别应重视质量管理方针目标的制定、质量体系的建立、质量控制点的设计、TQC 方法的应用、质量管理小组活动的开展、工法的应用、工艺标准的实施等。

2）安全防护技术组织措施。特别应重视安全保证体系的建立，对安全风险的预测及预防措施，贯彻施工安全法规及制度的措施。

3）控制施工进度和保证工期的措施。特别是在施工总进度计划基础上，加强施工作业计划、施工任务书的应用，加强调度工作，定期检查和调整施工进度计划，应用先进计划方法和检查方法，分析施工进度等。

4）环境污染防护措施。

5）文明施工措施。文明施工措施包括现场容貌、材具管理、消防保卫、环境保护、职工生活设施和清洁卫生等。

6）降低费用措施。其中最主要的是降低材料费用的措施，其次是降低人工费用。

（4）施工进度计划。

（5）资源供应计划。

（6）施工平面图。

（7）施工准备工作计划。

（8）技术经济指标。

综上所述，施工方项目管理规划的内容如图 2-6 所示。

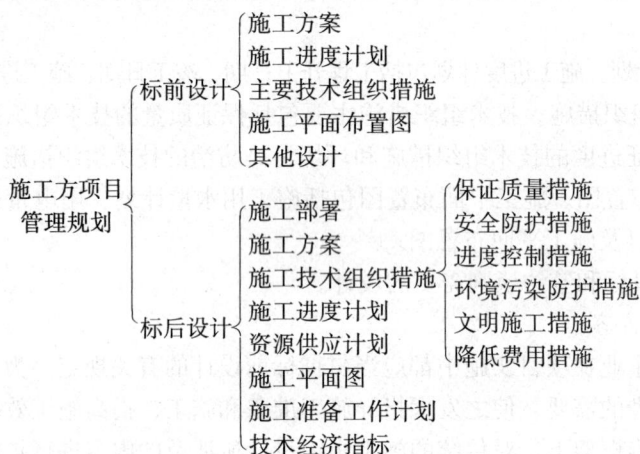

图 2-6　施工方项目管理规划的内容

施工方项目管理中还必须用到现代化管理方法来提高管理水平。例如，在编制施工方案时的设备选用法、排序法、技术经济比较法等；在编制施工技术组织措施时，可应用盈亏分析法、价值分析法、全面质量管理方法、看板管理法等；在编制施工进度计划时的流水作业法、网络计划法、S 形曲线法以及"香蕉"形曲线法等。

特别值得提出的是，在编制施工进度计划时可同时绘出 S 形曲线（见图 2-7）和"香蕉"形曲线（见图 2-8）。该方法在国外应用十分普遍，外商承包施工项目一般都采用这种方法，其绘制方法简单，进度控制有效。

图 2-7 所示是一份 S 形曲线图。其中 T_1 是人为设置的检查点，工程量比原计划增加了 a，工期提前了 b，在该店重新制订计划，预期可提前 t 完成。图 2-7 中的纵坐标还可以用 C_1、总工程量用总造价代替，可以用来表示控制工程款的计划。

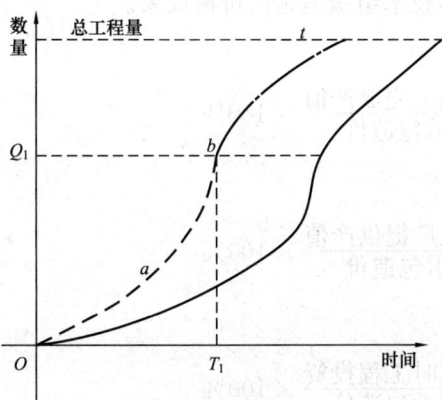

图 2-7 S 形曲线

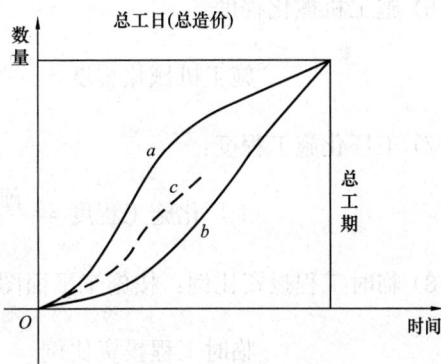

图 2-8 "香蕉"形曲线

图 2-8 所示为"香蕉"形曲线图，当曲线 c 在 a、b 曲线之间时，那么原有计划正常，当曲线 c 在 a 之上时表明超额完成工程量，工期提前，在 b 之下时表明工期拖延，需要调整。同时该曲线也可用来表示工程造价，控制方法与 S 形曲线相似。

（三）施工方项目管理规划的指标计算和分析

1. 指标体系的设置

指标体系的设置原则是必须反映施工项目管理规划目标达到的水平，并为对其评价提供方便。具体设置见表 2-3。

表 2-3　　　　　　　　　施工方项目管理规划的指标体系设置表

目　标	指　标
施工期	施工准备期，部分投产期，单位工程工期
劳动生产率	全员劳动生产率，单方用工，劳动力不均衡系数
工程质量	分项工程优良率，单位工程质量指标
降低成本	降低成本额，降低成本率
施工安全	事故频率控制指标
机械使用	机械化程度，施工机械完好率，施工机械使用率
工厂化水平	工厂化施工程度
临时工程	临时工程投资比例，临时工程费用比例
"三材"节约	节约钢材百分比，节约木材百分比，节约水泥百分比

2. 指标的计算

（1）施工准备期：施工准备工作计划安排的从现场准备开始到主要项目开工止的全部时间。

（2）部分投产期：从项目开工到第一批投产的全部施工时间。

（3）单位工程工期：由单位工程进度计划安排的施工期。

（4）劳动力不均衡系数：按施工进度计划安排的劳动力动态曲线所示的人数计算。

$$劳动力不均衡系数 = \frac{施工期高峰人数}{施工期平均人数}$$

（5）降低成本额：施工组织设计中的降低成本技术组织措施的价格成果。

（6）施工机械化程度：

$$施工机械化程度 = \frac{机械化施工完成产值}{工程承包造价} \times 100\%$$

（7）工厂化施工程度：

$$工厂化施工程度 = \frac{预制加工厂提供产值}{工程承包造价} \times 100\%$$

（8）临时工程投资比例：按施工平面图计算。

$$临时工程投资比例 = \frac{全部临时工程投资}{工程承包造价} \times 100\%$$

（9）临时工程费用比例：

$$临时工程费用比例 = \frac{全部临时工程投资 - 回收费 + 租用费}{工程承包造价} \times 100\%$$

3. 指标分析

指标分析是对评价指标计算结果的分析。可以与同类工程的历史实际水平比，以评价施工组织设计效果；也可以对不同施工组织方案的指标进行比较，以优选方案；还可以给予一定的权数（分数），根据计算结果求加权分数，作为评标的依据。工期提前所造成的经济结果必须计算清楚。计划工期的提前应与合同工期比较。工期提前的经济效益计算公式是

$$E_t = E_b Q_t (T_j - T_s)$$

式中　E_t——提前工期的经济效益；

　　　E_b——行业投资效果系数；

　　　Q_t——工程每工期单位造价；

　　　T_j——承包合同工期；

　　　T_s——施工进度计划工期。

（四）施工方项目管理规划的实施

（1）根据施工方项目管理规划建立施工项目组织，明确组织成员的职责分工，落实工作责任，建立规章制度。

（2）由项目经理主持，对施工方项目管理规划进行交底，使项目组织成员明确其责任分工，根据施工方项目管理规划确定自己的目标，并考虑如何执行，尤其要注意拟定技术组织措施。

（3）在施工准备和施工全过程中要进行适时监控，动态分析，特别要注意检查施工方项目管理规划的执行情况，了解其执行效果，发现问题并分析其产生的原因，作出是否调整规划的决策，并跟踪了解调整后的效果。

（4）在执行过程中，应做好记录，记录与规划有关的重大事项，这项工作应结合《施工日志》进行记载。

（5）在施工总结中，对施工方项目管理规划的执行情况进行总结，以便取得经验、教训。施工方项目管理规划要作为档案文件予以保存。

第四节　建设工程项目实施控制体系

一、建设工程项目目标控制的基本理论

（一）项目控制的基本理论

控制的需要产生于社会化的生产活动，要完成目标必须对其实施有效的控制。控制是项目管理的重要职能。最早把控制作为管理职能的是法国古典管理学家法约尔。"控制"的原意是：注意是否一切都按制定的规章和下达的命令进行。真正使控制成为一门科学的是在1949 年美国学者诺伯特·维纳创立了控制论以后，控制论目前在世界各国被广泛应用，其要点如下：

（1）控制是一定主体为实现一定的目标而采取的一种行为。要实现最优化控制，必须满足两个条件：一是要有一个合格的控制主体；二是有明确的系统目标。

（2）控制是按事先拟订的计划和标准进行的。

（3）控制的方法是检查、分析、监督、引导和纠正。

（4）控制是针对被控制系统而言的。既要对被控制系统进行全过程控制，又要对所有要素进行控制。三个阶段应以事前控制为主，控制要素包括人力、物力、财力、信息、技术、组织和时间等。

（5）提倡主动控制，即在偏离发生之前预先分析偏离的可能性，采取预防措施，防止发生偏离。

（6）控制是一个大系统。控制系统包括组织、程序、手段、措施、目标和信息 6 个分系统。其中信息分系统贯穿施工项目实施的全过程。

（7）控制是动态的。图 2-9 是动态控制原理图。

综上所述，所谓控制就是指行为主体在实现行为对象目标过程中，按预定的计划实施，在实施的过程中会遇到许多干扰，行为主体通过检查，收集到实施状态的信息，将它与原计划作比较，发现偏差，采取措施纠偏，从而保证计划正常实施，达到预定目标的全部活动过程。这个过程就是通常所说的 PDCA 循环。

（二）项目计划与控制的关系

总的来说，项目控制的基础是项目计划，而项目计划的基础是确定项目目标。

（三）建设工程项目动态控制

1. 建设工程项目实施的干扰因素

图 2-9 中，因为在工程进展中有现实的干扰因素，所以必须对建设工程项目进行动态控制，以不断排除干扰，实现控制目标。建设工程项目的干扰因素来自多方面，具体如下：

（1）人为的干扰因素。

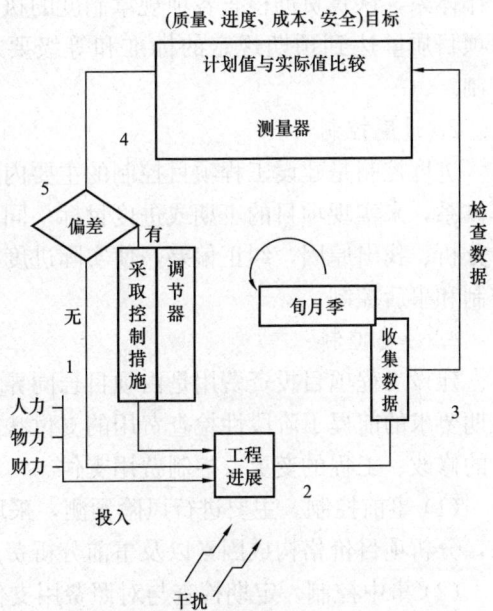

图 2-9　动态控制原理图
1～5—控制顺序

（2）材料的干扰因素。

（3）机械设备干扰因素。

（4）工艺及技术干扰因素。

（5）资金方面干扰因素。

（6）环境干扰因素。

对干扰因素的排除，只能通过认真分析、研究，采取有针对性的措施，并加以实施使之成功，才能见效，这就是建设工程项目动态控制的作用。

2. 建设工程项目的目标控制措施

建设工程项目目标控制中应采用组织措施、技术措施、经济措施和合同措施。

（1）组织措施。建立健全建设工程项目目标控制组织，完善项目组织内各部门及人员的职责分工，落实控制的责任，制定有关规章制度，保证制度的贯彻与执行，建立健全控制信息流通的渠道。

（2）技术措施。建设工程项目目标控制中所用的技术措施有两大类：一类是硬技术，即工艺技术；一类是软技术，即管理技术。

（3）经济措施。经济是建设工程项目管理的保证，是目标控制的基础。建立健全经济责任制，根据不同的控制目标，制定完成目标值和未完成目标值的奖惩制度，制定一系列保证目标实现的奖励措施。

（4）合同措施。严格执行和完成合同规定的一切内容，阶段性检查合同履行的情况，对偏离合同的行为应及时采取相应措施加以纠正。

二、建设工程项目控制的内容

1. 质量控制

质量控制是建设工程项目三大目标控制的重点，其任务是通过建立健全有效的质量监督工作体系，认真贯彻检查各项规章制度的执行，随时检查质量目标与实际目标的一致性，确保项目质量达到预期规定的标准和等级要求。质量控制包括事前控制、事中控制、事后控制。

2. 进度控制

进度控制是建设工程项目控制的主要内容，其任务是通过完善以事前控制为主的进度工作体系，来实现项目的工期或进度目标。同时，阶段性地检查实际进度与计划进度的差别，并分析、找出原因，纠正偏差，使实际进度接近计划进度。进度控制也包括事前控制、事中控制和事后控制。

3. 投资控制

建设工程项目投资费用是由项目合同界定的，因此应在保证项目使用功能、质量要求和工期要求的前提下阶段性检查费用的支付状况，控制费用支付不超过规定值，并严格审核设计的修改、工程的变更，控制费用支付。

（1）事前控制。主要进行风险预测，采取相应的防范措施。熟悉项目设计图纸和设计要求，分析项目价格构成因素以及事前分析费用最易突破的环节，从而明确投资控制的重点。

（2）事中控制。定期检查与对照费用支付情况，定期或不定期对项目费用超支或节约情况进行分析，并提出改进方案，完善信息制度，掌握国家调价范围和幅度。

（3）事后控制。审核项目结算书，公正地处理索赔。

三、建设工程项目控制的任务和方法

1. 建设工程项目控制的任务

建设工程项目控制的任务就是保证建设工程项目总目标的实现。

2. 建设工程项目控制的方法

建设工程项目控制的方法随控制目标的不同而不同，对建设工程项目进行控制可以采用现代化的管理手段，见表 2-4。

表 2-4　　　　　　　　　　　　　　适用的目标控制方法

目标控制	主 要 适 用 方 法
进度控制	横道计划法，网络计划，"S"形法，"香蕉"形法
质量控制	检查对比法，试验方法，多单位控制法，数理统计方法，图表方法
费用控制	量本利法，价值工程法，偏差控制法，估算法
安全控制	树枝图法，瑟利模式法，多米诺模型法
现场控制	PASS方法，看板管理法，责任承担法

四、建设工程项目变更管理

由于项目实施情况与目标、计划存在差异，这就产生了对建设工程项目系统调整的要求，由此也引起了建设工程项目的变更。变更管理是建设工程项目综合性的管理工作，它既是项目实施控制的一部分，同时又包括新的决策、计划和控制。

（一）建设工程项目变更的种类

项目的变更种类繁多，从建设工程项目系统的角度，建设工程项目的变更主要包括以下6种情况：

（1）建设工程项目环境系统和上层组织战略的变化。

（2）建设工程项目目标的变更（修改）。由于环境出现新的情况，上层组织有新的要求，需要对原定的目标系统进行修改，或确定新的目标。如重新确定工期、追加投资等，而最严重的情况是中断项目，放弃原来的目标。

（3）建设工程项目技术系统的变更，如功能的修改、质量标准的提高、工程范围的扩大。

（4）建设工程项目施工方案、实施过程和实施计划的变更。

（5）建设工程项目范围的变更，即项目范围内的工程活动的增加或减少、逻辑关系的变化、工程活动内容和工作量的变化等。

（6）其他，如投资者退出和管理模式变更等。

建设工程项目变更的次数、范围和影响的大小与该工程所处环境的稳定性、项目目标的完备性和确定性、技术设计的正确性以及实施方案和实施计划的科学性等直接相关。

（二）建设工程项目变更的影响

不同的变更影响范围是不同的，有的仅需局部调整，有的却需要调整整个建设工程项目系统。通常，变更会导致项目系统状态的变化，其影响主要体现在以下5个方面：

（1）定义项目目标、工程技术系统和工程实施的各种文件（如图纸、规范、计划、合同、施工方案、供应方案等），都要进行相应的修改，有些重大变更甚至会打乱整个项目计划。

（2）建设工程项目变更将引起项目组织责任的变化和组织争执。

（3）有些变更会对建设工程项目范围、时间、费用和质量产生全方位的影响，有些变更还会引起已完工程的返工、现场施工的停滞、施工秩序打乱以及已购材料的损失等。

（4）变更导致项目控制的基础和依据发生变化，产生新的目标的分解和计划版本。这样实际工程施工状态与原计划甚至原目标（指实施前制定的）缺乏可比性，容易导致错误的结果。对项目控制（特别对成本分析和责任分析）更有实际意义的是在原计划的基础上考虑已经发生的各种变更的影响，将变更了的新计划和目标与实际状况进行比较。

（5）频繁的变更会使人们轻视计划的权威性，而不执行计划，或不提供有利的支持，会导致项目的混乱和失控，项目不能随意变更。

（三）建设工程项目变更的处理要求

1. 项目组织要建立一套严格的变更管理制度

这涉及变更的审查、批准的授权、变更程序、变更的责任划分、变更相关的各种管理规定等。

2. 尽快做出变更决策

变更的影响程度常常取决于做出变更的时间，同样一个变更，若发生在项目初期，对项目目标和实施过程的影响往往要比发生在项目实施中小。

3. 变更指令做出后，应迅速、全面、系统地落实变更指令

（1）全面修改（调整）相关的各种文件，如图纸、规范、施工计划、采购计划等，使它们一直反映和包容最新的变更。

（2）在相关实施者的工作中落实变更指令，并提出相应的措施，对新出现问题进行解释，同时又要做好与项目其他工作的协调。

工程变更是一个新的计划过程，但它又没有合理的计划期和计划过程，由于时间紧迫，难以详细地计划和分析，使责任落实不全面，容易造成计划、安排和协调方面的漏洞，引起管理混乱，导致损失。

（四）建设工程项目变更的程序

变更是一个复杂的决策过程，会带来许多问题，变更管理应有一个规范化的程序，且应有一整套申请、审查、批准、通知（指令）等手续。变更的决策应避免个人决断的随意性，重大的变更决策必须通过决策会议。

1. 提出变更要求

变更要求可以由业主、设计单位、项目管理者提出，可以是书面形式，或先以口头形式，再用书面形式追加（如 FIDIC 对工程师的口头指令的规定）。在工程承包合同（如 FIDIC）中，业主在一定程度上授予工程师指令变更的权力，也可以由承包商以合理化建议的形式提出。变更通常要经过一定的申请手续，变更申请表的格式和内容可以根据具体需要设计。

2. 变更审查与批准

（1）按照项目目标控制的要求，变更必须经过相应层次的管理者审查与批准。通常承包商工程范围内的变更必须由工程师或业主批准，涉及项目总目标的变更、技术系统、重大技术方案的变更、实施过程重大的调整，必须经过上层组织的决策，并应经用户及其他相关者同意。

（2）提出变更的需求和影响说明文件。任何变更措施都会带来新的问题和风险，例如，投入附加劳动力以解决工期的拖延，则需要追加费用，同时可能影响工程质量。对重大变更，应

提出影响报告，要预测变更对项目目标的影响，如工期是否拖延、成本是否超过预算等。

（3）应将变更的情况通知项目参加者。对一般的工程变更，项目经理必须与业主进行充分协商，在达成共识后，再发布正式变更令。对项目范围、进度计划和预算有重大影响的变更，则应通知项目各相关者。在采取变更措施前广泛听取相关者各方、职能人员以及下层操作人员的意见，必须与他们充分沟通，达成共识。

3. 发布变更令

变更文件一般由正式的变更令和变更令附件构成。变更令一般包括以下内容：

（1）变更令编号和签发变更令的日期。

（2）项目名称和合同号。

（3）产生变更的原因和详细的变更内容说明，包括依据合同的哪一条款发出变更令、申请人、变更的相关位置、标准、资料、变更的类型、变更工作实施时间。

（4）变更所涉及的工程设计、项目实施计划、合同等的调整，还可能要求调整费用估算，重新安排活动的顺序，提出新的资源要求，以及重新制定风险应对办法等。

（5）费用调整问题。变更涉及的费用调整问题十分复杂，它涉及变更责任的分析，费用索赔的程序和方法，项目经理（工程师）对价格最终决定的权力等问题。

在程序上，承包商总希望在变更工作开始前就能进行费用补偿谈判，确定变更费用补偿，使自己有较大的主动权。因为变更工作一旦完成，承包商就丧失了讨价还价的余地。但这样的变更程序比较复杂，持续时间较长，通常工程承包合同（如 FIDIC 合同）规定承包商在接到变更令后必须立即开始实施变更工作。如果业主和承包商对变更价格的调整有争议，最终由项目经理（即工程师）决定。

（6）项目各方，如投资者、业主、项目经理、承包商或用户等授权代表签字。

（7）变更令附件，一般包括变更涉及的工程量表、设计资料和其他有关文件。

4. 实施变更

实施变更行动，进入新一轮的实施控制过程。

第五节　建设工程项目结束阶段的管理工作

承包企业完成了建设工程项目的施工任务之后，需要将完成的工程移交给业主或运营单位，此时，建设工程项目就进入了运营阶段。这一阶段的管理工作主要包括工程竣工收尾、竣工验收、工程移交、竣工决算、考核评价和回访保修等内容。

建设工程项目结束阶段的管理工作是综合性的，十分复杂。投资者、业主、承包企业、政府、项目管理单位和设计单位等均参与了该阶段的工作。

一、建设工程项目竣工和移交工作

工程竣工和移交工作是承包商向业主汇报建设成果和交付工程的过程，是全面考核和检查项目交付成果（工程、最终产品或服务）是否符合设计要求和达到预定的质量标准的过程。这些工作可为以后开展项目后评价打下基础。

（一）建设工程项目竣工

1. 工程竣工验收

竣工验收是施工阶段的最后环节，也是保证合同任务完成，提高质量水平的最后一个关口。做好工程竣工验收，可以促进建设工程项目及时投产，对发挥投资效益和积累，总结投资经验具有重要的作用。

经过工程竣工验收，正式签收工程验收文件，表明业主正式确认工程产品、服务或成果已经满足预定的要求，并正式接受合格的工程。这时应注意检查并确保工程已按设计文件及相关标准完成，要求建设工程项目范围内的生产系统、配套系统和辅助系统的施工安装及调试工作完备，达到竣工验收标准。

建设工程项目竣工验收阶段的管理应按下列程序依次进行：竣工验收的准备→编制竣工验收计划→组织现场验收→进行竣工结算→移交竣工资料→办理竣工手续。

2. 工程竣工决算

项目竣工决算编制应按专门的程序进行。项目竣工决算通常包括项目竣工财务决算说明书、决算报表、建设工程造价分析表等资料。

3. 竣工资料的整理、总结、移交和存档

竣工资料是工程竣工验收和质量保证的重要依据之一，竣工资料也是项目交接、运营维护和后评价的重要原始凭据，有些资料还是重要的城市建设历史档案。因此，项目资料验收是工程竣工验收的前提条件，只有项目资料验收合格，才能开始工程竣工验收。

（二）建设工程项目移交

建设工程项目由业主移交给工程的运营单位，或工程进入运营状态，标志着工程建设阶段任务的结束，工程进入运营（使用）阶段。它是由建设转入生产、使用和运营的转折点，移交过程应正式通知项目相关者参加，应办理相应的各种手续并举行仪式，并要求投资者、业主、项目任务承担者等参与该移交过程。

二、建设工程项目试运行

建设工程项目的试运行是项目施工和运行两个重要阶段的中间环节，对许多工业建设工程项目来说，试运行本身具有项目的特征，包括极其复杂的管理内容，可以作为一个独立的子项目进行全面地计划、组织、协调、控制。

1. 编制试运行计划和方案

（1）列出总体和各项具体试运行方案的清单、阶段工作内容及完成时间。

（2）明确业主、承包商及相关方的责任分工，通常应构建以业主为领导的统一指挥体系，编制人员配备计划，明确各相关方的责任和义务。

（3）安排试运行进度，应使施工计划与试运行计划协调一致。

（4）筹划试运行方案。

2. 提供运行文件

运行文件包括系统运行（使用、操作）手册、维护要求、技术要求、使用条件说明、安全手册。这将作为项目成果由设计单位或/和设备供应商承担并完成。

3. 培训操作人员及维护人员

要求操作人员及维护人员掌握操作技术和各种规程。对专业性较强的工作常常需要对员工进行正规的培训，避免操作失误，并防止由此造成的工程损坏。

4. 准备试运行资源

由承包（或供应）合同中注明的责任人提供试运行所需要的操作人员、原材料、机具、水、能源、设备的备用件等。

对于由新项目组建的企业或企业分部，则必须建立新企业的运行机制，制定生产管理规章制度，构建管理组织和管理系统。

5. 回访保修

在运营初期，建设阶段的任务承担者（如设计方、施工方、供应方、项目管理单位）和业主按照项目任务书或合同还要继续承担因建设问题产生的缺陷责任，包括维护、维修、整改和进一步完善等。他们还要对建设工程项目做好回访工作，了解项目的运营情况、质量水平和用户意见等。

（1）建设工程项目回访与保修的意义如下：

1）有利于建设阶段的任务承担者重视管理，加强责任心，确保工程质量，不留隐患，树立向人民和用户提供优质工程的良好作风。

2）有利于及时听取用户意见，发现问题，找到工程质量的薄弱环节和工程质量通病，不断改进施工工艺，总结经验，提高质量管理水平。

3）有利于加强任务承担者同业主单位和用户的联系和沟通，增强业主单位和用户对任务承担者的信任感，提高企业的社会信誉。

（2）建设工程项目产品保修范围。建设工程项目产品保修范围应在《工程质量保修书》中具体约定。根据《房屋建筑工程质量保修书（示范文本）》的要求，工程保修范围是"地基基础工程，主体结构工程，屋面防水工程，有防水要求的卫生间，房间和外墙面的防渗漏，供热与供冷系统，电气管线，给排水管道，设备安装和装修工程以及双方约定的其他项目"。

（3）保修期。根据《建设工程质量管理条例》第 40 条规定，建设工程项目的最低保修期限为：

1）基础设施工程，房屋建筑的地基基础工程和主体结构工程，为设计文件规定的该工程的合理使用年限。

2）屋面防水工程，有防水要求的卫生间，房间和外墙面的防渗漏，为 5 年。

3）供热和供冷系统，为 2 个采暖期，供冷期。

4）电气管线、给排水管道、设备安装和装修工程，为 2 年。

5）其他建设工程项目的保修期限由发包方与承包方共同约定。

建设工程项目的保修期，自验收合格之日起计算。

三、建设工程项目的后评价

建设工程项目后评价通常在工程竣工以后，工程运营一段时间后进行。

（一）建设工程项目后评价的含义

建设工程项目后评价是指对已完成的项目的目标、执行过程、效益、作用和影响所进行的系统及客观地分析、检查和总结，并确定项目的预期目标是否达到，检验项目计划是否合理可行，项目的主要效益指标能否顺利实现。

（二）项目后评价与项目前期准备阶段的评估的比较

建设工程项目项目后评价与项目前期准备阶段的评估，在评价原则和评价方法上没有明显的区别，也采用定量和定性相结合的方法。但是，两者的评价时点不同，目的也不完全相同，因此，两者也还存在着一些区别。

建设工程项目前评估是在项目建议书和可行性研究阶段进行的，它是在项目开工前对拟建项目的必要性和可能性所进行的分析，论证项目实施的社会经济条件和状况，为建设方案的比较选择、决策提供科学依据。其目的就是确定项目是否可以立项，应用预测技术分析评价项目未来的经济效益和社会效益。

建设工程项目后评价则是在项目运行一定时期后对已实施的项目进行的全面综合评价，分析项目实施的实际经济效果和影响力，以论证项目的持续能力和最初决策的合理性，为以后决策提供经验和教训。其目的就是为了总结经验和教训，为改进决策和管理服务。因此，项目后评价要同时进行项目的回顾总结和前景预测。

（三）建设工程项目后评价的基本内容

建设工程项目后评价的基本内容包括项目效益后评价和项目管理后评价两个方面。

1. 项目效益后评价

项目效益后评价是与项目的可行性研究的内容和指标相对应的。它是以项目投产后实际取得的经济效益、环境效益、社会影响和可持续发展能力等为基础，测算项目的各项数据，得到相关的投资效果指标，然后将它们与项目可行性研究报告中预测的有关指标进行对比，分析项目的预期目标是否实现或实现的程度，项目的主要效益指标是否完成，评价偏差情况，分析其产生的原因。

2. 项目管理后评价

项目管理后评价是以项目竣工验收和项目效益后评价为基础，对项目整个寿命周期中各阶段管理工作进行评价。目的是通过对项目各阶段管理工作的实际情况进行分析研究，评价项目管理的总体水平，分析其经验和教训，以保证更好地完成以后的项目管理工作。项目管理后评价可以从不同的角度进行。

（1）项目前期工作后评价。主要客观评价项目前期工作的实绩，总结前期工作的经验教训，评判项目的目标和总方案的合理性、可行性研究的准确性以及项目的评价和决策的科学性，分析前期工作失误所导致的项目实际效益与目标效益的偏差程度。

（2）项目实施工作的后评价。主要总结分析项目实施过程中的经验教训，分析实际投资完成额与计划投资额之间的偏差程度，评价项目设计和计划的科学性、合理性和有效性，考核项目实施过程中的管理组织、技术、经济和合同等状况。

（3）项目运营管理后评价。主要是综合评价项目投入运营、试生产期的工作状况和存在问题，提出今后继续运营的注意事项以及将来管理新项目的建议。

（四）建设工程项目后评价的评价程序

（1）制订项目后评价计划。

（2）选定项目后评价项目。

（3）确定项目后评价范围。

（4）选择项目后评价咨询专家。

（5）执行项目后评价。

（6）撰写项目后评价报告。

（五）建设工程项目项目后评价的评价指标

（1）内部收益率。

（2）项目决策周期变化率。

（3）实际生产年限变化率。

（4）实际投资总额变化率。

（5）主要产品价格（成本）变化率。

（6）实际投资利润率。

思　考　题

1. 查阅相关书籍，分析建设工程项目管理理论的发展过程。
2. 举例说明市场观念、竞争观念和创新观念在建设工程项目管理中的作用。
3. 分析不同的管理主体在建设工程项目管理中的目标和任务。
4. 结合实例说明质量、进度和费用等三大目标间的对立统一关系。
5. 建设工程项目管理规划和施工方项目管理规划有何区别？
6. 建设工程项目为什么要实施动态控制？
7. 建设工程项目后评价对工程全寿命周期管理有何意义？

第三章　建设工程项目策划与决策

第一节　建设工程项目的前期策划工作

　　建设工程项目的策划和决策，是一项重要而又复杂的工作，直接关系着后期工作进展和项目投资效益状况。建设工程项目的立项是极其复杂，同时又是十分重要的过程。尽管在该阶段主要是从上层组织（如国家、地方、企业），从全局和战略的角度出发研究和分析问题。这主要是上层决策者的工作，但同时又有许多项目管理工作。要取得建设工程项目的成功，必须在该阶段就进行严格的项目管理。

　　工程项目策划的主要工作任务是构思并寻找项目目标，定义项目，全面构建拟建工程项目的系统框架，将抽象的建设意图转化为具有具体目标和内容的行动方案，为工程项目奠定坚实、可靠、优化的基础。建设工程项目策划一般包括项目构思的提出、项目的定位、项目的目标系统设计和项目的定义等主要内容。在本书中将项目构思到项目批准正式立项定义为项目的前期策划阶段（在有些书中称为"概念阶段"）。

一、建设工程项目前期策划工作的重要作用

　　建设工程项目的前期策划工作主要是识别项目的需求，确定项目的方向，对项目作出决策，是建设工程项目的孕育阶段。它不仅对工程建设过程、将来的运营状况和使用寿命起着决定性作用，而且对工程的整个上层系统都有极其重要的影响。项目前期策划工作的主要任务是寻找项目机会、确立项目目标、定义项目，并对项目进行详细的技术经济论证，使整个项目建立在坚实的、可靠的和优化的基础之上。

　　1. 项目构思和项目目标确立了项目方向

　　建设工程项目方向选择错误必然会导致整个项目的失败，而且这种损失又常常是无法弥补的。一般地，项目的前期费用投入较少，项目的主要投入是在施工阶段。但项目前期策划对项目寿命期的影响最大，稍有失误就会造成无可挽回的损失，甚至危及整个建设工程项目。相比之下，施工阶段的工作对项目寿命期的影响很小。

　　建设工程项目前期策划阶段的失误，常常会产生如下后果：

　　（1）项目建成后无法正常运行，达不到使用要求。

　　（2）虽然可以正常运行，但其产品或服务没有市场，不能被社会接受。

　　（3）运营费用高，效益低下，产品缺乏竞争力。

　　（4）项目目标在工程建设过程中不断变动，造成超投资、超工期等现象。

　　2. 项目构思和项目目标影响全局

　　项目的建设必须符合上层系统的需要，并解决上层系统存在的问题。如果上马一个项目，其结果不能解决上层系统的问题，或不能为上层系统所接受，往往会成为上层系统的包袱，给上层系统带来历史性的影响。一个建设工程项目的失败不仅会导致经济损失，而且会带来社会问题，甚至会破坏环境。

二、建设工程项目前期策划的过程

　　建设工程项目的立项必须按照系统方法分步骤进行，项目前期策划的过程如图 3-1

所示。

1. 项目构思的产生和选择

任何项目都起源于项目的构思。项目的构思是对项目机会的寻求，它产生于为了解决上层系统（如国家、地方、企业、部门）问题的期望，或为了满足上层系统的需要，或为了实现上层系统的战略目标和计划等。

2. 项目目标设计和项目定义

主要通过对上层系统情况和存在的问题进行进一步研究，提出项目的目标因素，进而构成项目目标系统，通过对目标的书面说明形成项目定义。该阶段包括如下工作：

（1）环境调查和问题研究。环境调查和问题研究是对上层系统状况、市场状况、组织状况、自然环境进行调查，对其中的问题进行全面罗列、分析、研究，确定问题的原因，为正确的项目目标设计和决策提供依据。

图 3-1　建设工程项目前期策划过程

（2）项目的目标设计。针对上层系统的情况和存在的问题、上层组织战略以及环境条件提出目标因素，对目标因素进行优化，建立目标系统。这是项目要达到的预期总目标。

（3）项目的定义和总体方案策划。项目的定义是指划定项目的目标系统范围，对项目各个目标指标予以说明，并根据项目总目标，对项目的总体实施方案进行策划。

（4）提出项目建议书。项目建议书是对环境条件、存在问题、项目总体目标、项目定义和总体方案的说明和细化，同时提出在可行性研究中需考虑的各个细节和指标。

3. 可行性研究

可行性研究是对建设工程项目总目标和总体实施方案在技术上和经济上（包括微观效益和宏观效益）是否可行进行全面的科学分析和论证工作，是技术经济的深入论证阶段，为项目决策提供依据。可行性研究是项目前期决策阶段最重要的工作。

4. 工程项目的评价和决策

在可行性研究的基础上，对项目进行财务评价、国民经济评价和环境影响评价。根据可行性研究和评价的结果，由上层组织对项目立项作出最后决策。

在我国，可行性研究报告经批准后项目就立项了，并作为建设工程项目的任务书。

三、建设工程项目的构思

（一）构思的产生

建设工程项目构思，是对拟投资项目的地点、性质、目标、范围、功能和大体轮廓的设想和初步界定。构思的过程往往是创造的过程。任何工程项目都从构思开始，根据不同的项目和不同的项目参加者，项目构思可能源于以下原因：

（1）通过市场研究发现新的投资机会、有利的投资地点和投资领域。例如，通过市场调查发现某种产品有庞大的市场容量或潜在市场；企业要发展，要扩大销售，扩大市场占有份

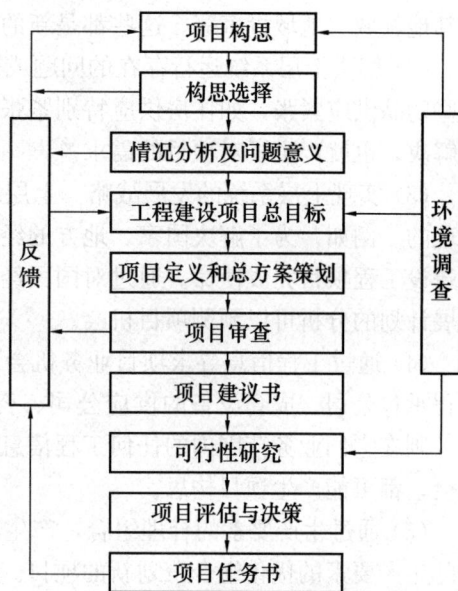

额，必须扩大生产能力；企业要扩大经营范围，增强抗风险能力，搞多种经营、灵活经营，向其他领域、地域投资等。这些都是新的项目机会，都可能产生项目构思。

（2）解决上层系统运行存在的问题或困难。例如，某地区交通拥挤，不堪重负；市场上某些物品供应紧张，如住房供应特别紧张；环境污染严重等。这些问题和困难需要通过项目来解决，也就产生了对项目的需求。

（3）实现上层系统的发展战略。上层组织的战略目标和计划常常都是通过建设工程项目实现的。例如，为了解决国家、地方的经济和社会发展问题，促进经济腾飞，必须依托于许多建设工程项目完成使命。通过对国民经济计划、产业结构和布局、产业政策以及社会经济发展计划的分析可以预测项目机会。

（4）通过工程信息寻求项目业务机会。许多企业以建设工程项目作为基本业务对象，如工程承包公司、成套设备的供应公司、咨询公司、造船企业、国际合作公司和一些跨国公司，则在它们业务范围内的任何工程信息（如工程建设计划、招标公告），都是承接业务的机会，都可能产生项目构思。

（5）通过生产要素的合理组合，产生项目机会。现在许多投资者和项目策划者常常通过国际生产要素的优化组合策划新的项目。最常见的是通过引进外资，引进先进的设备、生产工艺与当地的廉价劳动力、原材料、已有的厂房组合，生产符合国际市场需求的产品。例如，许多承包商通过调查研究，在业主尚无项目意识时就提出项目构思，并帮助业主进行目标设计、可行性研究、技术设计，以获得该项目的总承包权。这样，业主和承包商都能获得很高的经济效益。

（6）其他，如现代企业的资产重组、资本运作、变革、创新都会产生项目机会。项目构思的产生是十分重要的。它在初期可能仅仅是一个"点子"，但却是一个项目的萌芽，投资者、企业家及项目策划者对它要有敏锐的洞察力，要有远见。

（二）建设工程项目构思的方法

在一个具体的社会环境中，上层系统的问题和需要很多，也就产生了很多项目机会，人们可以通过许多途径和方法（即项目或非项目手段）达到目的，不可能将每一个构思都付诸更深入的研究，必须淘汰那些明显不现实或没有实用价值的构思。同时，由于资源的限制，即使是有一定可实现性和实用价值的构思，也不可能都转化成项目。一般只能选择少数几个有价值和实现可能的构思进行更深入的研究和优化。

对此综合考虑"构思—环境—能力"之间的平衡，以求达到主观和客观的和谐统一。在建设工程项目构思过程中，并不提倡采用固定的方法或模式，鼓励因人而异、因项目需要选用相应的方法。

1. 头脑风暴法

头脑风暴法是比较常见的集体构思和决策方法，其创始人是英国的心理学家奥斯本（A. F. Osborn），该方法的基本原则如下：

（1）对别人的建议不作任何评价。

（2）建议越多越好，参与者不要考虑自己建议的质量，想到什么就应该说出来。

（3）鼓励每个人独立思考，广开思路，想法越新颖、越奇异越好。

（4）可以补充和完善已有的建议。

采用头脑风暴法进行建设工程项目构思，有利于综合集体的智慧，让多种思维观点交织碰撞、相互启发、取长补短，可以形成更全面、更完善的建设工程项目构思方案。

2. 项目组合复合法

投资者为了适应市场需要，提高项目投资效益和市场竞争力，有时需要将企业自有或社会现存的几个相关项目合成一个项目。项目组合，就是将两个或两个以上的项目相加起来，形成新的项目；项目复合，就是将两个或两个以上项目，根据市场需要，复合成一个新的项目。项目组合和项目复合的主要不同是：项目组合后，新项目的性质与原项目基本相同；而项目复合形成的新项目，其性质可能与原项目完全不同了。

3. 外延内涵分析法

外延内涵分析法，是指项目策划者对自己已掌握或熟悉的项目，进行纵深分析或横向联想比较，挖掘新的项目投资机会，产生新的项目构思方案。

四、建设工程项目的目标系统设计

建设工程项目的目标系统是一个复杂的系统，包括质量目标、进度目标、投资目标等子系统。只有将建设工程项目目标大系统细化、具体化了，才能有的放矢地顺利实施并实现建设工程项目总目标。设计建设工程项目目标系统的具体步骤包括情况分析、问题定义、目标因素的提出和目标系统的建立等。

1. 情况分析

情况分析是在建设工程项目构思的基础上，对上层系统（大环境，含内、外环境）状况进行调查、分析和评价的过程。情况分析工作，是建设工程项目目标系统设计的基础和前导工作。情况分析应该系统、全面，分析的内容主要包括以下几个方面：

（1）拟建工程所提供的服务或产品的市场现状和趋向的分析。

（2）上层系统的组织形式，企业的发展战略、状况和能力，上层系统运行存在的问题（对于拟解决上层系统问题的项目，应重点了解这些问题的范围、状况和影响）。

（3）企业所有者或业主的状况分析。

（4）能够为项目提供合作的各个相关方面，如合资者、合作者、供应商、承包商的状况分析，上层系统中的其他子系统及其他项目的情况分析。

（5）自然环境及其制约因素情况分析。

（6）社会的经济、技术、文化环境，特别是市场问题的分析。

（7）政治环境和法律环境，特别是与投资、与项目的实施过程和项目的运行过程相关的法律和法规的分析。

不同性质的建设工程项目，在情况分析时应有所侧重。例如：对于房地产开发项目，其项目外部环境分析应该侧重于当地市场需求情况分析；对于工业发展项目，其项目外部环境分析应该侧重于当地资源储备情况、自然条件等自然环境情况分析。

2. 问题定义

问题定义，是从建设工程项目上层系统全局出发，找出上层系统的问题，并分析问题产生的原因、影响和发展趋势。问题定义是目标设计的诊断阶段，也是提出目标因素的基础和依据之一，从中可以确定项目的目标和任务。问题定义的一般步骤如下：

（1）对上层系统问题进行罗列、结构化，即上层系统有几个大问题，一个大问题又可分为几个小问题。如企业存在利润下降、生产成本提高、废品增加、产品销路差等问题。

（2）采用因果分析法对原因进行分析，将症状与背景、起因联系在一起。如产品销路不佳的原因可能是：该产品陈旧老化，市场上已有更好的新产品出现；产品的售后服务不好，用户不满意；产品的销售渠道不畅，用户不了解该产品等。

（3）分析这些问题将来继续发展的可能性和对上层系统的影响。有些问题会随着时间的推移逐渐减轻或消除，而有的却会逐渐加重。如产品处于发展期则销路会逐渐好转，但若处于衰退期，则销路会越来越差。由于建设工程项目在建成后才能发挥效用，因此，必须分析和预测该项目投入运行后的状况。

3. 目标因素的提出

目标因素的提出，是在问题定义的基础上，提出建设工程项目应该实现哪些目标的过程。

（1）目标因素通常源自于以下几个方面：

1）问题定义。针对问题定义中的问题，提出的解决方案中就包含着目标因素。例如：针对"生产设备落后"问题，提出"一年内投资 80 万元购进先进设备"的解决方案，此"一年内 80 万元的设备投资"就是目标因素之一。

2）某些边界条件的限制，例如法律限制、资源限制等。

3）上层计划和战略目标的分解。

（2）在众多目标因素中，与建设工程项目直接相关的目标因素通常包括以下四个方面：

1）工程规模，项目所能达到的生产能力规模，如建成一定规模、等级、长度的公路，一定吞吐能力的港口，一定建筑面积或居民容量的小区。

2）经济性目标，主要为项目的投资规模、投资结构、运营成本，项目投产后的产值目标、利润目标、税收和该项目的投资收益率等。

3）项目时间目标，包括短期（建设期）、中期（产品寿命期、投资回收期）、长期（厂房或设施的寿命期）的目标。

4）建设工程项目的技术标准、技术水平。

（3）此外，还有一些如由法律或项目相关者要求产生的目标因素，包括：

1）生态环境保护，对烟尘、废气、热量、噪声、污水排放的要求。

2）职业健康保护程度、事故的防止和工程安全性要求。

3）降低生产成本，或达到新的成本水平。

4）提高劳动生产率，如达到新的人均产量、产值水平、人均产值利润额等。

5）吸引外资数额。

6）提高自动化、机械化水平。

7）增加就业人数。

8）节约能源程度或资源的循环利用水平。

9）对企业或当地其他产业部门的连带影响，对国民经济和地方发展的贡献。

10）对企业发展能力的影响、用户满意程度、对企业形象影响等。

4. 目标系统的建立

建设工程项目目标系统的建立，是在目标因素提出的基础上，对目标因素进行分析、对比、评价、分类、归纳和排序，使项目各级目标按照一定从属关系和关联关系层层排列，形成结构化的目标体系的过程。建设工程项目的目标系统必须具有完备性和协调性，有最佳的结构，通常分为系统目标、子目标、可执行目标三个层次，见图 3-2。

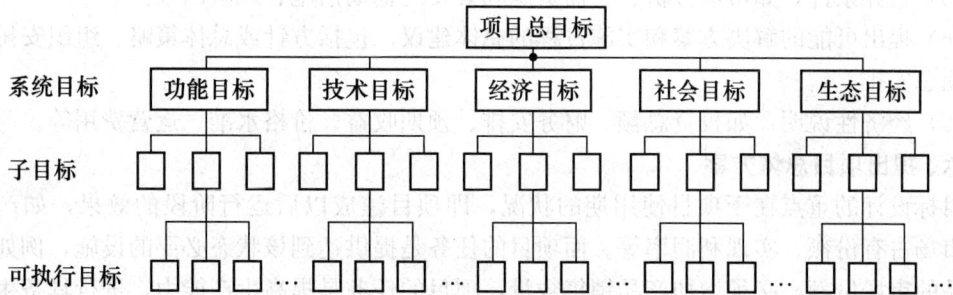

图 3-2　项目目标系统图

（1）系统目标。系统目标是由建设工程项目的上层系统决定的，对整个工程项目具有普遍的适用性和影响。系统目标通常可以分为：

1）功能目标，即项目建成后所达到的总体功能。功能目标可能是多样性的，如通过一条高速公路项目的建设使某地段的交通量达到日通行 4 万辆，通行速度 120km/h。

2）技术目标，即对建设工程项目总体的技术标准的要求或限定，如该高速公路符合中国公路建设标准。

3）经济目标，如总投资、投资回报率等。

4）社会目标，如对国家或地区发展的影响，对其他产业的影响等。

5）生态目标，如环境目标、对污染的治理程度等。

（2）子目标。系统目标需要由子目标来支持，各个系统目标可以分解为若干个子目标。子目标通常由系统目标导出或分解得到，或是自我成立的目标因素，或是对系统目标的补充，或是边界条件对系统目标的约束。如生态目标可以分解为废水、废气、废渣的排放标准，绿化标准，生态保护标准；如三峡工程的功能目标可能分解为防洪、发电、水运和调水等子目标。子目标仅适用于对某一个方面或一个子系统的要求，可用于确定子项目的范围。例如生态目标（标准）常常决定了对"三废"处理装置和配套的环境绿化工程（子项目）的要求。

（3）可执行目标。可执行目标是子目标的细化和具体化，一般在可行性研究以及技术设计和计划中形成、扩展、解释、定量化，并逐渐转变为与设计、实施相关的任务。例如，为达到废水排放标准所应具备的废水处理装置规模、标准、处理过程、技术等均属于可执行目标。这些目标因素决定了建设工程项目的详细构成，常与工程的技术设计或实施方案相联系。

五、建设工程项目的定义

建设工程项目的定义，是以上工作的总结，通常以项目说明的形式提出。主要包括以下内容：

（1）提出问题，说明问题的范围和问题的定义。

（2）说明解决这些问题对上层系统的影响和意义。

（3）项目构成和定界，说明建设工程项目与上层系统其他方面的界面，确定对项目有重大影响的环境因素。

（4）系统目标和最重要的子目标，近期、中期、远期目标，对近期目标应定量说明。

（5）边界条件，如市场分析、所需资源和必要的辅助措施、风险因素。

（6）提出可能的解决方案和实施过程的总体建议，包括方针或总体策略、组织安排和实施时间总安排。

（7）经济性说明，如投资总额、财务安排、预期收益、价格水准、运营费用等。

六、提出项目总体方案

目标设计的重点在于项目使用期的状况，即项目建成以后运行阶段的效果，如产品产量、市场占有份额、实现利润率等。而项目的任务是提供达到该状态必要的设施，例如要增加产品的市场份额，必须增加产品销售数量，项目的任务是提高生产能力，进行具备生产能力的工厂或生产设施的建设。在可行性研究之前必须提出实现项目总目标与总体功能要求的总体方案或总的实施计划，以作为可行性研究的依据。其中包括：

（1）项目产品或服务的市场定位。

（2）工程总的功能定位和主要部分的功能分解，总的产品技术方案。

（3）建筑总面积，工程总布局，总体建设方案，实施的总的阶段划分。

（4）总的融资方案、设计、实施、运营方面的组织策略。

（5）工程经济、安全、高效率运行的条件和过程，建设和运营中环境保护和工作保护方案等。

在此应有多方案的建议，而方案的选择在可行性研究中进行。

七、项目的审查和选择

（一）项目审查

对项目定义必须进行评价和审查，主要是风险评价，目标决策、目标设计价值评价，以及对目标设计过程的审查，而具体的方案论证和财务评价则要在可行性研究中进行。

在审查中应防止自我控制、自我审查。项目一般由未直接参加目标设计，与项目没有直接利害关系，但又对上层系统（大环境）有深入了解的人员进行审查。必须提出书面审查报告，并补充审查部门的意见和建议。审查后由权力部门批准是否进行可行性研究。

审查的关键问题是指标体系的建立，这与具体的项目类型有关。对一般常见的工程项目，必须审查如下内容：

（1）问题的定义。

1）项目的名称，总目标的介绍。

2）和其他项目的界限和联系。

3）目标优先级及边界约束条件。

4）时间和财务条件。

（2）目标系统和目标因素的价值评价。

1）项目的起因和可信度、前提条件、基础和边界条件。

2）目标的费用/效用关系研究。

3）目标因素的可实现性和变更的可能性（如由于边界因素变化对目标的影响），应分析因时间推移、市场竞争、技术进步和经济发展等对各个目标的影响。

4）目标因素的必要性，能否合并，如果放弃某个目标因素会带来什么问题。

5）确定在可行性研究中需要研究的各个问题和变量。

6）对风险的界定，如环境风险出现的概率，避免风险的战略。如果预计项目中有高度危险性及不确定性的部分，应提出要求作更为深入的专题分析。

7）项目目标与企业战略目标的关系，项目系统目标与子目标、短期目标与长期目标之间的协调性。

（3）对项目构思、环境和问题的调查和分析、目标设计的过程和结果的审查。

（4）项目的初步评价。

1）项目问题的现实性和项目产品市场的可行性。

2）财务的可能性、融资的可行性。

3）项目相关者的影响，设计、实施、运营方面的组织和承担能力。

4）可能的最终费用，最终投资。

5）项目实施的限制条件，如法律、法规、相关者目标和利益的争执。

6）环境保护和劳动保护措施。

7）其他影响，如实施中出现疏忽或时间推迟的后果，对其他项目的影响。

（二）项目选择

上层组织常常面临许多项目机会的选择（如许多招标工程信息，许多投资方向），但企业资源是有限的，不能四面出击，抓住所有的项目机会，一般只能在其中选择自己的主攻方向。应该确定一些指标，以作为项目的选择依据。

（1）通过项目能够最有效地解决上层系统的问题，满足上层系统的需要。对于提供产品或服务的项目，应着眼于有良好的市场前景，如市场占有份额、投资回报等。

（2）使项目符合上层组织的战略，以项目对战略的贡献作为选择尺度，例如对竞争优势、长期目标、市场份额、利润规模等的影响。可以详细并全面地评价项目对这些战略的贡献，有时企业可通过项目达到一个新的战略高度。

（3）使企业的现有资源和优势得到最充分的利用。必须考虑自己筹建项目的能力，特别是财务能力。现在人们常常通过合作（如合资、合伙、国际融资等）建设大型的、特大型的且自身力所难及的项目，这具有重大的战略意义。要考虑各方面优势在项目上的优化组合，取得各方面都有利的成果。

（4）通过风险分析选择成就（如收益）期望值大的项目。

八、提出项目建议书

项目的定义通过了审查，并经批准，提出项目建议书，准备进行可行性研究。

（1）项目建议书是对项目任务、目标系统和项目定义的说明和细化，同时作为后续可行性研究、技术设计和计划的依据，将项目目标转变成具体的工程建设任务。

（2）提出要求，确定责任者。项目建议书是项目策划人员与可行性研究人员以及设计人员沟通的文件，若选择责任人，则这种要求即成为责任书。

（3）项目建议书必须包括项目可行性研究、设计和计划、实施所必需的信息、总体方针和说明。对此应表达清楚，不能有二义性，必须注意以下问题：

1）系统目标应转变为项目任务，应进一步分解成子目标，初步决定系统界面。这样，以便今后能验证任务完成程度，同时使可行性研究人员能够明了自己的工作任务和范围。

2）应提出最有效地满足项目目标要求的可行的备选方案，有选择的余地和优化的可能。

3）提出内部和外部的、项目的和非项目的经济、组织、技术和管理方面的措施，说明完成该项目所必要的人力、物资和其他支持条件及其来源。

4）应清楚说明环境和边界条件，特别是环境以及各种约束条件。

5）明确区分强制性的和期望的目标，远期目标、近期目标和分阶段目标，并将近期目标具体化、定量化。

6）对目标的优先级及目标争执的解决进行说明。

7）对可能引起的法律问题、风险进行界定和分析，提出风险应对计划。

8）初步确定完成系统目标的各种方法，明确它们在技术上、环境上和经济上的可行性和现实性，对项目实施总体方案、基本策略、组织、行动计划提出构想。

建议书起草表示项目目标设计结束，经过上层组织审查批准，提交做可行性研究。

第二节　建设工程项目的可行性研究和评价

建设工程项目可行性研究（Feasibility Study），就是在项目投资决策之前，从经济、技术、市场、生产、法律、政策等多方面对建设工程项目投资建设的可行性进行全面分析论证和评价，并通过多方案比较，推荐最佳方案。

一、可行性研究前的工作

可行性研究作为建设工程项目全寿命期中最关键的阶段，它不仅起到细化项目目标的承上启下的作用，而且其研究报告是项目决策的重要依据，在项目立项后作为设计和计划的依据，在项目结束后又作为项目后评价的依据。只有正确的、切合实际的可行性研究，才可能有正确的、科学的决策。

可行性研究前，除了做好前述的项目目标设计等工作外，还要完成如下工作：

（1）任命项目经理。大型建设工程项目进入可行性研究阶段，相关的项目管理工作很多，必须有专人负责联系工作，做好各种计划安排，协调各部门工作，加强文件管理等。

（2）成立研究小组或委托研究任务。如果企业自己组织人员作研究则必须有专门的研究专家小组，对于一些大型建设工程项目可以委托咨询公司完成这项工作，必须洽谈商签工程咨询合同。

（3）指定工作圈子。无论是自己组织还是委托任务，在项目前期常常需要上层组织许多部门配合，如提供信息、资料，提出意见、建议和要求等，这就需要建立一个工作圈子。

（4）明确研究深度和广度要求，确定可行性研究报告的内容。这是对研究者提出的任务。

（5）根据项目规模，研究的深度、广度、复杂程度，以及项目的紧迫程度等确定可行性研究的开始和结束时间，并制订相应工作计划。

二、建设工程项目可行性研究的基本要求

可行性研究工作是建设工程项目投资决策前的一项必不可少的工作，它通过全面科学的分析论证，为建设工程项目投资决策提供重要依据。可行性研究报告中，对工程项目的提出背景、建设地点、投资环境、市场预测、建设规模、建设条件、建设方案、总体布局、资金筹集方案、资源和公用设施情况、环境保护和劳动安全方案、组织和人员培训方案、经济效益和社会效益等都作了较为详细的说明或分析。因此，可行性研究报告经过审批后，又可以

作为项目设计、项目建设、项目资金筹集、签订合同或协议、项目后评价、项目组织管理、劳动定员以及环保部门审查项目环境影响的依据。

建设工程项目可行性研究工作中的各项分析论证应该认真细致、有理有据，绝不能浮于形式。具体地说，工程项目可行性研究应该满足以下基本要求：

1. 真实客观

项目可行性研究应该以大量真实的调查研究为基础，既重视调查的广度，又重视调查的深度。尽可能以第一手资料为分析研究的依据，分析论证过程中，不应该带有任何个人主观观点和其他意图，保证建设工程项目可行性研究的真实客观性。

2. 定性和定量相结合

科学的分析方法应该是定性和定量方法的结合应用。为了提高建设工程项目可行性研究的科学性，应该多用数据说话，运用数学方法、统计学方法、运筹学方法、技术经济分析方法对数据进行详细全面的分析，并多采用图表形式表示分析依据和分析结果。不同性质、不同特点的建设工程项目，其可行性研究内容、研究深度及计算指标可以有所不同，但都必须满足决策和设计的要求。

3. 大胆设想，精心比较

决策的过程也是一个选择比较的过程，可行性研究工作作为建设工程项目投资决策的先行者，直接决定着项目投资决策是否正确可靠。因此，在建设工程项目可行性研究过程中，应该大胆设想各种可行的方案，并运用科学方法精心比较并选择。

4. 加强敏感性分析

可行性研究属于事前的分析研究工作，许多考虑是建立在对未来的预测基础上的，而预测本身含有较大的不确定性，未来的环境或条件很可能发生改变。因此，建设工程项目可行性研究过程中应该加强敏感性分析，提高研究结果的抗风险能力。

三、建设工程项目可行性研究的步骤

可行性研究是从市场、技术、法律、政策、经济、财力、环境等方面对项目进行全面策划和论证，它是一个很大的概念，实质上在整个项目前期策划阶段都是围绕着项目的"可行性"进行研究的。在有些领域，人们将项目前期策划工作按照研究重点和深度的不同分为以下几种：

（1）一般机会研究。在建设工程项目的最初阶段，项目的构思形成后进行一般机会研究，目的是在上层系统中寻求合适的项目机会，确定项目的方向和发展领域，以作进一步的研究。其研究重点是上层系统（如国家、地区、部门）的问题和战略，以寻求可行的项目机会。

（2）特定项目机会研究。在确定项目方向和领域后，主要研究项目的市场、外部环境、项目发起者（参加者）的状况，提出建设工程项目的总方案构想。

（3）初步可行性研究，是对建设工程项目的初步选择、估计和计划。要解决的问题有：项目建设的必要性，项目建设所需要的时间、人力和物力资源，资金和资金的来源，项目财务上的可行性，经济上的合理性。

（4）详细可行性研究，是对项目的市场研究、生产能力、地点选择、项目建设的过程和进度的安排、经营的资源投入、投资与成本估算、资金的需求和来源渠道等作更深入的研究。

四、建设工程项目可行性研究的内容

（一）建设工程项目可行性研究报告的编制依据

在我国，编制工程项目可行性研究报告一般应有以下依据：

（1）工程项目建议书及其批复文件。

（2）国家或地方有关法律、法规、政策、规定和发展规划等。

（3）国家颁布的评价方法与相关参数和指标。

（4）国家批准的资源报告、国土开发整治规划、区域规划和工业基地规划。

（5）工程建设方面的标准、规范、定额等。

（6）编制可行性研究报告的委托合同。

（7）其他有关依据资料，如工程项目建设地区的地理、气象、地质、环境、经济、交通运输等资料。

（二）建设工程项目可行性研究报告的基本内容

不同类型的建设工程项目，可行性研究的侧重点不同，可行性研究报告的结构会有很大的差别。同时，建设工程项目的性质、任务、规模和复杂程度不同，其可行性研究报告的内容在深度、广度、侧重点上亦有所不同。根据我国现行规定，新建工程项目的可行性研究报告一般应包括以下基本内容：

1. 总论

说明建设工程项目名称、主管部门、建设主体、历史发展状况、投资环境、投资意义、投资建设的必要性、工程项目建议书及有关审批文件、可行性研究工作情况及研究依据等项目背景；提出项目调查的主要依据、工作范围和要求；综述可行性研究的主要结论、存在的问题与建议，列表说明建设工程项目的主要技术经济指标。

2. 市场需求预测和项目拟建规模

提供关于该建设工程项目的国内、外市场需求调查和预测；估计或预测国内现有的生产能力，项目投产后为社会或其他受益主体带来的收益及未来前景等；提出建设工程项目的拟建规模、拟用方案，并分析其技术经济可行性。

3. 资源和公用设施情况

评述经过国家正式批准的资源储量、品位、成分以及开采、利用条件；分析建设工程项目拟用资源（如原材料、辅助材料、燃料、水、电、气等）的种类、数量、来源和供应的可能性；分析项目所需公用设施的数量、供应方式、供应条件、外部协作条件以及所签协议、合同或意向的情况。

4. 建设地点和建设条件方案

说明建设工程项目的地点选择（含比较选择意见）、地理位置、占地范围、总体布置方案、建设条件（如气象、水文、地质、地形、交通运输等条件）、地价、拆迁及其他费用情况和社会经济现状。

5. 工程技术方案

说明建设工程项目的构成范围、工作流程、工程项目布置的初步选择和土建工程量估算；分析比较主要技术工艺、设备选型、公用辅助设施和项目交通运输等方案并进行选择。

6. 环境保护和劳动安全方案

调查建设地点周围环境状况，指出主要污染源和污染物，分析建设工程项目对周围环境

可能产生的影响，提出环境保护和废物治理的初步方案；提出劳动保护与安全卫生保障的初步方案；估算这些方案所需要的投资费用。

7. 组织、人员定员与人员培训方案

说明建设工程项目的管理体制、组织形式、各类人员的数量和素质要求、劳动定员的配备方案、人员培训计划和相关费用估算等。

8. 进度安排

罗列建设工程项目所需要完成的各项工作，根据预定的建设工期要求，采用科学的方法或工具（如网络图），安排项目总进度，选择确定项目实施方案。

9. 投资估算和资金筹措方案

说明建设工程项目主体工程和协作配套工程所需的投资、资金来源、资金筹措方式和贷款偿付方式等，估算项目的营运资金。

10. 效益评价

通过分析建设工程项目的成本和收入，评价项目的财务效益、国民经济效益、社会效益等，并进行建设工程项目的不确定性分析。

11. 结论与建议

从经济、技术、社会效益、环境影响以及项目财务等多方面，综合分析评价建设方案，论述工程项目建设的可行性，提出结论性意见；指出该项目存在的问题，提出改进建议或推荐可行性方案，提供投资决策参考。

五、建设工程项目的评价

建设工程项目评价是对可行性研究报告的全面评价，有时还包括对项目前期策划工作过程的评价。项目评价是项目决策的依据，对立项后筹措资金、设计和计划以及防范风险有重要作用。

项目评价主要围绕着市场需求、工程技术、财务经济、生态、社会等方面，对拟建项目在技术上的先进性、可行性，在经济上的合理性和赢利状况以及实施上的可能性和风险进行全面科学的综合分析。评价内容通常与可行性研究内容相对应。

（1）市场评价，包括项目产品和服务的市场前景。

（2）项目与企业概况评价，项目承办者和合作者优劣势分析。

（3）产品结构、工艺方案、技术和设备方案、生产规模或生产能力的评价。

（4）项目建设的必要性、项目建设规模和工程标准评价。

（5）项目需要资源、原材料、燃料及公用设施条件评价。

（6）项目外部环境，如建厂条件和厂址方案及服务设施评价。

（7）项目实施进度、实施组织与经营管理评价。

（8）人力资源、劳动定员和人员培训计划评价。

（9）投资估算、现金流量及和资金筹措评价。

（10）项目的财务效益评价。

（11）国民经济效益评价。

（12）社会效益评价。

（13）环境保护评价。

（14）项目风险评价。

（15）其他。

第三节　建设工程项目的决策

西蒙认为"管理即决策"，可见决策是管理过程的核心，是执行各种管理职能的基础。西蒙作为管理中决策学派的代表人物，曾获得 1978 年诺贝尔经济学奖。

一、决策的概述

（一）决策的概念

所谓决策，是指为达到同一目标而在多种可以相互替代的方案中选择一个合理方案的过程。对未来行动作出决定，存在于一切事物中，应用可靠的预测资料，对未来作出合理的决策，保证工作有效、顺利进行。

（二）决策的基本要求

（1）以科学的预测作为依据和前提，掌握必要的信息和资料。

（2）遵循严格科学的决策程序。

（3）选用科学的决策方法。

（4）决策者应具有科学知识、丰富经验以及判断能力。

（5）正确、科学决策的前提是认真、细致而客观的经营分析。

其中，经营分析是指运用各种科学方法，对企业各项生产经营活动的目标、资料、条件、外界因素与内部能力等进行技术经济效果的定量分析。

（三）决策的类型

1. 依项目管理层次划分

项目管理人员在建设工程项目中所处的地位不同，岗位职责不同，所做的决策也不相同。如项目管理组织的最高层所做的是战略决策，中间控制层所做的是战术决策，而基层的执行层所做的是业务决策。

2. 依决策条件和结果不同划分

对于条件基本已知、结果肯定的决策称为确定型决策；对决策中有不可控制的随机因素，有风险的决策称为风险型决策；而对决策中各种因素均不肯定的决策称为非确定型决策。

此外，按照决策时间的长短，还可将决策划分为长期决策和短期决策。

（四）决策的合理性

1. 从经济角度考虑

以同样的投入获得最大的产出，这是决策结果的合理导向。

2. 从社会角度考虑

任何个人和集体的合理决策，均不能有害于社会目标。

3. 从心理角度考虑

虽然用数学方法可以获得最优的决策，但实际工作中不可以要求一个方案的决策在任何方面都是最优的，只要能够满足人们既定的要求，如心理学的要求，那么这种决策就是令人满意的决策，也即合理的决策。

（五）决策的基本原则

（1）政策性。遵守法律法规，符合政策导向。

（2）现实性。实事求是，因地制宜。

（3）效益性。不仅讲求经济效益，还应关注社会效益。

（4）广泛性。走群众路线，倡导民主、科学决策，非个人主观臆断。

（5）创新性。不断学习，注重创新、超越。

（6）负责感。高度的社会责任感和使命感。

（六）决策的基本程序

决策工作是一个动态的完整过程，一般包括以下几个步骤：

（1）通过调查研究，提出问题。

（2）确定决策目标。

（3）信息的收集与沟通。

（4）拟定各种可行方案。

（5）衡量比较行动方案。

（6）方案选择与优化。

（7）执行方案与追踪反馈。

二、常用的决策方法

构成一个决策问题通常必须具备下列五个条件：

（1）决策者企图达到的一个明确的目标。

（2）存在着两个以上可供选择的行动方案。

（3）存在着决策者无法加以控制的两个以上的自然状态。

（4）不同行动方案的收益或损失可以定量表示。

（5）决策者对各自然状态的发生，有的是可以肯定的；有的既不能肯定是否发生，也无法估计其概率；有的虽不能肯定其是否发生，但可能发生的概率可以估计出来。因此，决策方法可分为确定型决策、非确定型决策和风险型决策。

（一）确定型决策

确定型决策是指各自然状态的发生为已知的情况下进行的决策。其特点是在事物的客观状态下完全肯定时所做的决策，具有一定的规律性，一般情况下比较简单，可以单纯运用数学方法进行计算，从而决定最佳决策方案。

例如：某项目原料有三条运输路线可供选择，构成三个方案：①运距 30km；②运距 40km；③运距 45km。若其他条件基本相同，显然方案①为最优方案。

确定型决策有时也比较复杂。例如，因某种需要，一部邮车从一个城市到另外 10 个城市巡回活动一次，这样可选择的路线就可能有 $10 \times 9 \times 8 \times 7 \times 6 \times 5 \times 4 \times 3 \times 2 \times 1 = 3\ 628\ 800$ 条，从中要找出最短路线的问题，必须运用线性规划的数学方法才能解决。

再如，某预制厂要确定下一个施工年度空心板的生产批量。空心板的需求量有多、中、少三种情况，可选用的生产方案也有大、中、小批量三种，各生产方案可能获取的效益值可以相应地计算出来，可建立以下两种情况的收益表：

（1）空心板的需求情况未知。

（2）空心板的需求量多、中、少的概率分别为 0.3、0.5 和 0.2。

情况（1）是面临三种自然状态和三种选择方案的不确定决策问题，其收益表见表 3－1。

表 3－1　　　　　　　　　　　　　　**情况（1）收益表**

方　案	不同自然状态 N_j（空心板需求量）下的收益值		
	N_1（多）	N_2（中）	N_3（少）
S1（大批量生产）	20	12	8
S2（中批量生产）	16	16	10
S3（小批量生产）	12	12	12

情况（2）是面临三种自然状态和三种选择方案的风险决策问题，其收益表见表 3－2。

表 3－2　　　　　　　　　　　　　　**情况（2）收益表**

方　案	不同自然状态 N_j（空心板需求量）及其概率 P_j 下的收益值		
	N_1（多）	N_2（中）	N_3（少）
	$P_1 = 0.3$	$P_2 = 0.5$	$P_3 = 0.2$
S1（大批量生产）	20	12	8
S2（中批量生产）	16	16	10
S3（小批量生产）	12	12	12

（二）风险型决策

风险型决策也叫统计型决策或随机型决策。决策时存在着可变的自然状态，决策人可以预先估计或计算出其概率，但因为这种决策带有一定的风险性，所以称为风险型决策。决策的正确程度与历史资料的占有数量有关，与决策者的经验、判断能力以及对风险的看法和态度有关。

风险型决策可根据期望值求解，期望值是一个方案在各种自然状态下的收益或损失的（概率）加权平均值。常用的方法有最大期望收益值法、最小期望机会损失值法和决策树法。

1. 最大期望收益值法

最大期望收益值法，是通过计算各行动方案在各种自然状态下的收益值，选其中最大值对应的方案为最优方案。从统计学的角度，这个最大期望值是合理的。模型如下

$$\max\left(\sum_{j=1}^{n} P_j u_{ij}\right) = E_p$$

E_p 最大，则对应的方案最优。

例如，对于表 3－2 给出的收益表，利用最大期望收益值标准，容易确定中批量生产方案 S2 为最优方案，计算过程详见表 3－3。

表 3－3　　　　　　　　　　　　　　**最大期望收益值法**

方案	不同空心板需求量 N_j 及概率 P_j 下的收益值			期望收益值
	N_1（多）	N_2（中）	N_3（少）	
	$P_1 = 0.3$	$P_2 = 0.5$	$P_3 = 0.2$	$\sum_{j=1}^{3} P_j u_{ij}$
S1（大批量生产）	20	12	8	$0.3 \times 20 + 0.5 \times 12 + 0.2 \times 8 = 13.6$
S2（中批量生产）	16	16	10	$0.3 \times 16 + 0.5 \times 16 + 0.2 \times 10 = 14.8$
S3（小批量生产）	12	12	12	$0.3 \times 12 + 0.5 \times 12 + 0.2 \times 12 = 12$
E_p	$\max\left(\sum_{j=1}^{3} P_j u_{ij}\right) = E_p$			14.8
最优方案				S2

2. 最小期望机会损失值法

采用最小期望机会损失值法，首先要计算多方案在不同自然状态下的机会损失值，然后再求出各方案的期望机会损失值，并选择期望损失值最小的方案为最优方案。

所谓机会损失，是指某种自然状态下可能获得的最大收益与采用某一方案实际获得收益的差值。模型如下

$$最优方案 = \min(\sum_{j=1}^{n} P_i \mu'_{ij})$$

而

$$\mu'_{ij} = \max_j \{u_{ij}\} - u_{ij}$$

例如，对于表 3-2 给出的收益表，采用最小期望机会损失值法进行决策的计算过程见表 3-4。无疑，中批量生产方案 S2 仍为最优方案。

表 3-4　　　　　　　　　　　　　最小期望机会损失值法

| 方案 | 不同空心板需求量 N_j 及概率 P_j 下的机会损失值 | | | 期望机会损失值 |
| | N_1（多） | N_2（中） | N_3（少） | |
	$P_1=0.3$	$P_2=0.5$	$P_3=0.2$	$\sum_{j=1}^{n} P_j \mu'_{ij}$
S1（大批量生产）	20−20=0	16−12=4	12−8=4	0.3×0+0.5×4+0.2×4=2.8
S2（中批量生产）	20−16=4	16−16=0	12−10=6	0.3×4+0.5×0+0.2×6=1.6
S3（小批量生产）	20−12=8	16−12=4	12−12=0	0.3×8+0.5×4+0.2×0=4.4
E_p	$\min_i (\sum_{j=1}^{3} P_j \mu'_{ij}) = E_p$			1.6
最优方案				S2

其中，某状态 P 下的可能获得的最大收益如下：

$P_1 = 0.3$ 时，$\max\{u_{ij}\} = 20$

$P_2 = 0.5$ 时，$\max\{u_{ij}\} = 16$

$P_3 = 0.2$ 时，$\max\{u_{ij}\} = 12$

3. 决策树法

决策树法是网络决策方法的一种，它不仅可以解决单级决策问题，对于决策盈亏矩阵不易表达的多级序贯决策问题，也不失为一种简单而有效的工具。

（1）决策树结构。决策树由节点、分支、概率估计和收益四个要素组成，按照书写的逻辑顺序从左向右横向展开。节点和分支有两类：决策节点、决策分支和机会节点、机会分支。决策节点常用方框表示，由此发源的分支表示各种行动方案，成为决策分支。决策分支上应该简要地说明行动方案的内容。机会节点通常用圆圈表示，由此发源的分支表示可能出现的自然状态，称为机会分支。机会分支上除要注明自然状态的内容外，还必须注明它们各自的概率。决策树的末梢还成为结束分支，在结束分支右端，应说明相应方案达到的结果。决策树的结构模型如图 3-3 所示。

应用决策树进行决策的程序是从右向左逐步后退，根据益损期望值分层进行决策。

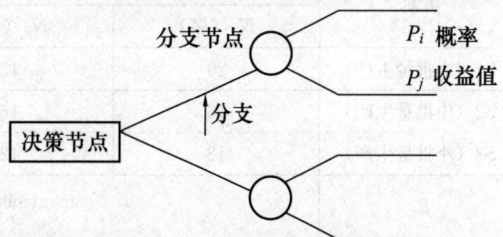

图 3-3　决策树结构图

在机会节点，应计算出各分支的累计期望值。而在决策节点，则要根据计算出来的各机会节点的期望值进行优选，并把选优值标注在节点上面。这样一直计算选优至第一节点为止，就确定了最优行动方案。

（2）决策树实例。为生产某种产品而设计了两个基建方案，一个是建设大工厂，另一个是建设小工厂。大工厂需要投资 300 万元，小工厂需要投资 160 万元，两者的服务期都是10 年。估计在此期间，产品销路好的概率是 0.7，产品销路差的概率是 0.3。建大工厂，销路好，可每年赚 100 万元，销路差就要亏 20 万元；但建小工厂，销路好可每年赚 40 万元，销路差也可赚 10 万元。试用决策树技术选择哪个方案效果较好。

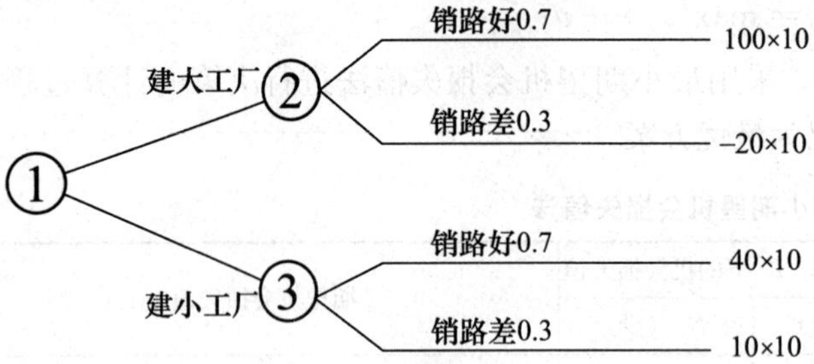

显然，这是一个面对两种自然状态（销路好、销路差），又有两种行动方案（建大工厂、建小工厂）可供选择的风险型决策问题。采用决策树法进行决策的过程如图 3-4 所示。

图 3-4　决策树法决策过程

首先，求出两个方案的期望收益值。

建大工厂方案的期望收益值为

$$E_2 = [100 \times 0.7 + (-20) \times 0.3] \times 10 - 300 = 340(万元)$$

建小工厂方案的期望收益值为

$$E_3 = [40 \times 0.7 + 10 \times 0.3] \times 10 - 160 = 150(万元)$$

方案决策：因为 $E_2 > E_3$，所以选择建大工厂的方案。

（三）不确定型决策

当不知某自然状态发生的概率时，风险型决策也就变成了不确定型决策。不确定情况下的决策标准，主要取决于决策者的素质和特点，一般包括以下几种：

1. 小中取大决策法

小中取大决策法又称悲观标准。持这种标准的决策者，对客观事物总是报悲观态度，为保险起见，凡是总是从最不利处估计结果，而从最坏的结果中选择好的方案。采用该决策方法，首先从每个方案中选择一个最小的收益值，然后选取与最小收益值中的最大值所对应的方案为最优方案。

例如，采用小中取大决策法，对表 3-1 给出的收益表进行决策，其计算过程见表 3-5。

表 3-5　小中取大决策法

方案	不同自然状态 N_j（空心板需求量）下的收益值			$\min\limits_{j}(u_{ij})$
	N_1（多）	N_2（中）	N_3（少）	
S1（大批量生产）	20	12	8	8
S2（中批量生产）	16	16	10	10
S3（小批量生产）	12	12	12	12
E_p	$\max\limits_{i}\{\min\limits_{j}(u_{ij})\}$			12
决策	最优方案			S3

2. 大中取大决策法

大中取大决策法又称乐观标准。持这种标准的决策者，对客观环境总是报乐观态度，不放弃任何一个获得最好结果的机会。决策时，首先把每一方案在各种自然状态下的最大收益值求出来，再选取与最大收益值中的最大值相应的方案为最优方案。模型为

$$最优方案 = \max_i\{\max_j(u_{ij})\}$$

例如，采用大中取大决策法，对表3-1给出的收益表进行决策，其计算过程见表3-6。

表3-6   **大 中 取 大 决 策 法**

方案	不同自然状态 N_j（空心板需求量）下的收益值			$\max_j(u_{ij})$
	N_1（多）	N_2（中）	N_3（少）	
S1（大批量生产）	20	12	8	20
S2（中批量生产）	16	16	10	16
S3（小批量生产）	12	12	12	12
E_p	$\max_i\{\max_j(u_{ij})\}$			20
决策	最优方案			S1

3. 折中法

折中法是以上两种标准的折中，决策时，引进一个乐观系数 α（$0 \leqslant \alpha \leqslant 1$），再找到每个方案在各种自然状态的最大收益值 $\max_j(u_{ij})$ 和最小收益值 $\min_j(u_{ij})$，则各个方案的折中收益值模型可表达如下

$$最优方案 = \max_A\{C_u i\}$$

其中，$C_u i = \alpha \times \max_j(u_{ij}) + (1-\alpha) \times \min_j(u_{ij})$

例如，对表3-1给出的收益表，令乐观系数 $\alpha = 0.7$，采用折中法进行决策，其计算过程见表3-7。

表3-7   **折 中 法**

方案	不同自然状态 N_j（空心板需求量）下的收益值			$C_u i = 0.7 \times \max_j(u_{ij})$ $+ 0.3 \times \min_j(u_{ij})$
	N_1（多）	N_2（中）	N_3（少）	
S1（大批量生产）	20	12	8	$0.7 \times 20 + 0.3 \times 8 = 16.4$
S2（中批量生产）	16	16	10	$0.7 \times 16 + 0.3 \times 10 = 14.2$
S3（小批量生产）	12	12	12	$0.7 \times 12 + 0.3 \times 12 = 12$
E_p	$\max_A\{C_u i\}$			16.4
决策	最优方案			S1

α 取值不同，则决策的结果不同。α 取什么值较合适，应依具体情况而定，如果乐观，则 α 取值大一些，反之则取小一些。且 $\alpha = 1$ 最乐观，而 $\alpha = 0$ 最悲观。

4. 最小最大后悔值法

后悔值的含义与前面提及的机会损失相同。选用该方法时，需先找出每个方案的最大后悔值，再选取最大后悔值中的最小值相应的方案为最优方案。

例如，对表3-1给出的收益表，计算出的后悔值列于表3-8，由此可以确定 S1 和 S2

均为最佳方案。

表 3 - 8　　　　　　　　　　　　最 小 最 大 后 悔 值 法

方案	不同自然状态 N_j（空心板需求量）下的收益值			最大后悔值
	N_1（多）	N_2（中）	N_3（少）	
S1（大批量生产）	20−20=0	16−12=4	12−8=4	4
S2（中批量生产）	20−16=4	16−16=0	12−10=2	4
S3（小批量生产）	20−12=8	16−12=4	12−12=0	8
E_p	最小最大后悔值			4
决策	最优方案			S1 和 S2

第四节　建设工程项目的风险

一、建设工程项目中的风险

（一）风险的概念

一位知名的风险管理专家曾说过：风险无处不在，风险无时不有。风险会带来灾难，但风险与利润并存。风险并不可怕，可怕的是对风险的一无所知或拒不承认。

风险的存在是客观的，风险对人们普遍存在的威胁性引起许多专家学者对其深入研究的兴趣，给"风险（Risk）"这一术语下了多种定义。目前尚无一个适用于各个领域的、统一的风险定义。比较有代表性的风险定义主要有：

（1）风险一词在字典中的解释是"损失或伤害的可能性"，该定义中的"可能性"表达出了损失或伤害的不确定性。

（2）以研究风险问题著称的美国学者 A. H. 威雷特认为：风险是关于不愿发生的事件发生的不确定性之客观体现。

（3）美国经济学家 F. H. 奈特认为：风险是在特定环境中和特定期间内自然存在的导致经济损失的变化。

（4）日本学者武井勋认为：风险是在特定环境中和特定期间内自然存在的导致经济损失的变化。

（5）台湾地区学者郭明哲认为：风险是指决策面临的状态为不确定性产生的结果。

（6）美国人韦氏（Webster）给出了比较经典的风险定义：风险是遭受损失的一种可能性。

综上所述，风险可描述为：可以通过分析，预测其发生概率、后果很可能造成损失的未来不确定性因素。风险包括三个基本要素：一是风险因素的客观存在性；二是风险因素导致风险事件的不确定性；三是风险发生后其产生损失量的不确定性。

（二）建设工程项目风险的含义和特征

1. 建设工程项目风险的含义

建设工程项目风险是指在建设工程项目的各个阶段发生伤害或损失的可能性。在工程项目建设的各个阶段，风险因素（如缺陷设计、施工方案不合理、工艺设计落后、工艺流程不合理、安全措施不当、法规变化、市场动荡、通货膨胀、合同纠纷、人员素质不高、材料问题、组织问题、设备故障、资金短缺、自然不可抗力因素等）是客观、普遍存在的，这些风险因素可能导致建设工程项目实施失控、项目最终成果偏离既定项目目标、工程经济效益降低甚至项目失败等现象。而项目的一次性，更使其不确定性远远大于其他一些社会经济活动，可以说任何建设工程项目都存在着不确定性（风险）。因此，应该在项目实施的各个阶段认真识别潜在的风险可能给项目带来损失或伤害的种种情况，并及时采取措施防范或控制。

2. 建设工程项目风险的特征

建设工程项目风险种类很多，如政治风险、自然与环境风险、地质条件、经济风险、安全风险、合同风险、信誉风险、经营风险、技术风险以及特殊风险等，这些风险都具有以下基本特征：

（1）风险的普遍性。建设工程项目中普遍存在风险，它会造成项目的失控，如工期延长、成本增加、计划修改等，最终导致工程经济效益的降低，甚至项目失败。建设工程项目风险涉及整个项目的生命周期，而不仅仅局限在实施阶段。例如：

1）在目标设计中可能存在构思的错误、重要边界条件的遗漏以及目标优化的错误。

2）可行性研究中可能存在方案失误、调查不完全和市场分析错误等。

3）技术设计中存在专业不协调、地质不确定以及图纸和规范错误等。

4）施工中物价上涨，实施方案不完备，资金缺乏，气候条件变化。

5）运行中市场需求变化，产品不受欢迎，运行达不到设计能力，操作失误等。

（2）风险的客观性。建设工程项目风险的引发因素，例如自然灾害、战争、意外事故或故障、人为矛盾冲突等，客观地存在于项目活动的各个方面。这些风险因素的存在是不以人的意志为转移的，不管人们是否意识到，它们都是客观存在的。因此，及早发现可能导致风险的因素，科学地进行建设工程项目风险管理很有必要。

（3）风险发生的不确定性。建设工程项目风险的发生不是必然的，带有较大的不确定性。风险事件是否发生、何时发生、何地发生、产生影响等都是不确定的。风险的不确定性，使风险常常给人突发感，让人措手不及，应该加强风险的预警和防范研究。

（4）风险影响的全局性。风险造成的影响常常不是局部的，而是全局的。例如，反常的气候条件造成工程的停滞，则会影响整个建设工程项目的后续计划，影响后期所有参加者的工作。它不仅会造成工期拖延，而且会造成费用的增加，对工程质量带来危害。建设工程项目中的许多风险影响会随着时间推移有逐渐扩大的趋势，一些局部的风险也会随着项目的进展影响全局。

（5）风险的规律性。建设工程项目的风险具有客观性、偶然性、可变性，同时又有一定的规律性。因为建设工程项目的环境变化和项目的实施有一定的规律性，所以风险的发生和影响也有一定的规律性，而且风险是可以进行预测的。重要的是人们要有风险意识，重视风险，对风险进行全面控制。

（6）风险与机会共存。人们通常将对项目目标有负面影响的可能发生的事件称为风险，而将对项目目标有正面影响的可能发生的事件称为机会。在建设工程项目中，风险和机会具有相同的规律性，而且有一定的连带性。

在现代工程项目中，风险和机会同在。因为通常只有风险大的项目才能拥有较高的赢利机会，所以风险又是对管理者的挑战。风险若控制得好将使项目获得非常高的收益，同时它有助于增强竞争能力，提高管理者素质和管理水平。

（三）现代建设工程项目风险产生的原因

（1）现代建设工程项目的特点是规模大、技术新颖、结构复杂、技术标准和质量标准高、持续时间长、与环境接口复杂，这些都会导致实施和管理难度的增加。

（2）由于建设工程项目实施时间长、涉及面广，受外界环境的影响大，如经济条件、社会条件、法律和自然条件的变化等都会产生风险。这些因素在项目上很难预测和控制，但都会妨碍工程的正常实施，造成经济损失。

（3）建设工程项目的参与和协作单位众多，即使一个简单的工程就涉及业主、总包、分包、材料供应商、设备供应商、设计单位、监理单位、运输单位和保险公司等，少则十几家，多则几十家。各方面责任界限的划分和权利、义务的定义异常复杂，设计、计划和合同文件等出现错误和矛盾的可能性增大。

（4）现代建设工程项目不再是传统意义上的建筑工程，科技含量较高，集研究、开发、建设和运行于一身。项目投资管理、经营管理和资产管理的任务加重，难度增大。

（5）由于市场竞争激烈和技术更新速度加快，产品从概念形成到进入市场的时间缩短，人们面临着必须在短期内完成项目建设（如开发新产品）的巨大压力。

（6）新的融资方式、承包方式和管理模式不断涌现，使建设工程项目的组织关系、合同关系以及实施和运行的程序越来越复杂。

（7）建设工程项目所需资金、技术、设备、工程承包和咨询服务的国际化，如国际工程承包、国际投资和合作，增加了项目的风险。

（8）项目管理必须服从企业战略，满足用户和相关者的需求。现在企业、投资者、业主和社会各方面对建设工程项目的期望和要求越来越高，且干预也越来越多。

（四）建设工程项目决策过程中考虑的风险

由于建设工程项目风险大，风险的危害性大，因此在建设领域，特别在国际工程承包领域，人们将风险作为项目失败的主要原因之一。实践证明，在我国的诸多建设工程项目中，因风险造成的损失也是触目惊心的。

建筑业中的人员来自两个方面：委托方决定工程的建设；代理方则承担各项具体的任务，如修建房屋、道路、桥梁等。当然，这些组织各不相同，委托方可以是政府部门、大型开发公司或私人业主；代理方则包括各类专业人员，如建筑师、工程师、建造师、总包商以及各种专业分包商及供应商。

建筑业中的委托人非常了解风险管理的重要性，实际上他们就是在做投资决策，如是修建一栋办公大楼还是一座大型商场。这些资金也可以用以购买政府债券或投入到金融资产的投资组合中。因此，作出投资于某建设工程项目的决策，就要求该投资的风险/收益情况应能达到投资于金融市场所能达到的效益水平。

对于代理方而言，尽管不如上述委托人的风险决策那么明显，但情况雷同。代理方对某一个建设工程项目投标，就意味着承诺将投入一定的资源，如劳动力、资金，而这些生产要素本来还有其他用途。由于要在将来实现利润，为弥补支出和收入之间的差额，代理方要使用自有资金或借贷部分资金投入。当代理方采用自有资金投入时，他就面临着与委托人同样的情况，即他本可以把这些资金投入到金融市场中。当代理方借入资金或投入劳动力等有形资源时，他也必须比较潜在收益与借贷成本的关系，他还必须将该项目的潜在收益与其他可能项目的潜在收益进行比较。因此，建设工程项目决策过程中，应该特别重视风险的识别和评价。

二、建设工程项目风险管理

风险管理是识别、度量和评价、制定、选择和实施风险处理方案，从而达到风险控制目的过程。

（一）建设工程项目风险管理的过程

建设工程项目风险管理指项目管理团队运用科学的方法和手段，通过风险识别、风险评估、风险应对和风险控制等环节，争取以最小的成本，追求建设工程项目安全保障的管理过程。建设工程项目风险管理的流程如图3-5所示。

1. 识别项目风险

即确定可能影响建设工程项目的风险的种类，判断可能有哪些风险发生，并按照风险特性对其进行系统化归纳。

2. 风险分析和评估

即对建设工程项目风险发生的条件、概率及风险事件对项目目标的影响等进行分析和评估，并按它们对项目目标的影响程度进行排序。风险分析包括定性分析和定量分析。

图3-5　建设工程项目风险管理的流程图

3. 应对风险的计划

风险应对计划是组织与实施建设工程项目风险管理的文件，通常包括项目风险管理程序、风险应对计划和风险控制组织责任分担等。

4. 执行决策和检查

在建设工程项目全寿命期的各个阶段，跟踪已识别的风险，进行风险预警，在风险发生情况下，实施降低风险计划，保证对策措施应用的有效性，监控残余风险，识别新的风险，更新风险计划，以及评价这些工作的有效性等。

（二）建设工程项目风险识别

建设工程项目风险识别是指对建设工程项目可能存在的风险种类、性质、特征等进行判断、鉴定和描述的过程。风险识别是项目风险管理的基础。建设工程项目风险因素普遍存在于项目管理的各个知识领域，见表3-9。项目管理者应重视建设工程项目的风险识别工作，及时发现潜在的风险因素、分析判断可能产生的风险、鉴定并描述潜在风险的各种特性，为项目风险管理工作奠定良好基础。

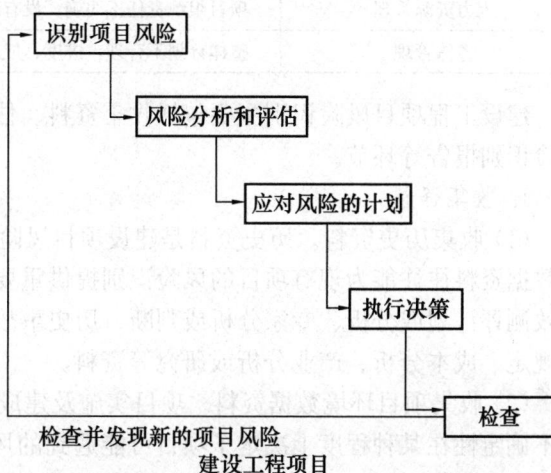

表3-9　建设工程项目风险因素分布

知 识 领 域	风 险 因 素
范围管理	目标不明确，范围不清，工作不全面，范围控制不恰当
进度管理	错误估算时间，浮动时间的管理失误，进度安排不合理
成本管理	成本估算错误，资源短缺，成本预算不合理

知 识 领 域	风 险 因 素
质量管理	设计、材料和工艺不符合标准，质量控制不当
采购管理	没有实施的条件或合同条款，物料的单价变高
风险管理	忽略了风险，风险评估错误，风险管理不完善
沟通和冲突管理	沟通计划编制不合理，缺乏与重要干系人的协商，冲突管理不完善
人力资源管理	项目组织责任不明确，没有高层管理者支持
整体管理	整体计划不合理，进度、成本、质量协调不当

建设工程项目风险识别主要包括收集资料、估计项目风险形势、识别风险并归类、编制风险识别报告等环节。

1. 收集资料

（1）收集历史资料。历史资料是建设项目风险识别的重要依据之一，以往类似项目的风险数据资料往往能为现有项目的风险识别提供重要信息。例如：工程系统的文件记录、技术绩效测评计划或分析、专家分析或判断、历史事故记录、进度计划、工作结构分解、相关文件规定、成本分析、产业分析或研究等资料。

（2）收集项目环境数据资料。项目实施及建成后运行的环境中存在着多种不确定性，这些不确定性在某种程度上决定了项目可能遇到的风险。项目环境既包括自然环境（如气象、地质、水文等），又包括社会环境（如政治、经济、文化等）。如经常下雨可能造成工期拖延，甚至影响到项目的质量和成本。因此，与项目实施和运行环境相关的资料是项目风险识别必不可少的资料。

（3）收集项目自身资料。建设工程项目自身资料，包括项目的可行性分析文件、项目各方面的计划文件（如项目资源需求计划、项目采购与合同管理计划等）、设计文件、施工文件等。通过这些资料，我们应明确项目实现的前提、假设和制约因素，审查项目目标的适中性、项目所需资源的可及时获得性、项目合同所采取计价形式的合理性等。熟悉这些文件，可为估计项目风险形势打下基础。

2. 估计项目风险形势

估计项目风险形势，也就是在明确项目目标、实施方案和技术手段、资源供应情况等基本情况的基础上，估计项目及其环境的变数或不确定性。其主要内容如下：

（1）判断和确定项目目标是否明确。项目建设中，影响质量、进度、成本三大目标的因素各有不同，应根据实际情况，对各个目标的不确定性作出较为客观的分析。

（2）估计项目各阶段的实施方案和技术手段存在的变数或不确定性。建设工程项目有明显的阶段性，每个阶段的实施方案和技术手段的不确定性及其影响程度不同，应针对项目建设各阶段的特点分别分析估计。

（3）估计项目资源供应存在的变数或不确定性。

（4）估计项目实施和建成后运行环境的变数或不确定性。

无论是自然环境，还是社会环境，都是重要的建设工程项目风险因素，应尽可能详尽地估计未来建设环境的变数和不确定性，并进一步分析其对项目的可能产生的各种影响。

3. 识别风险并归类

在上述分析估计的基础上，根据直接或间接的症状识别潜在的建设工程项目风险，然后对这些风险进行归纳和分类。为便于项目风险管理，首先，可按项目内部和外部影响因素进行分类；其次，按技术和非技术风险因素进行分类，或按建设工程项目目标分类。

4. 编制风险识别报告

在对建设工程项目风险进行分类的基础上，应编制建设工程项目风险识别报告。该报告应包括已识别出的项目风险、潜在的项目风险和项目风险征兆三个主要部分。

(1) 已识别的建设工程项目风险。即已经根据直接或间接症状识别出的项目风险，通常用风险清单列出，见表3-10。表中有关风险事件的描述应该包括：①已识别项目风险发生概率的估计；②项目风险可能的影响范围；③项目风险发生的可能时间、范围；④项目风险事件可能带来的损失。

表 3-10　　　　　　　　　　　工程项目风险清单（格式）

建设工程项目名称：		
概述： 负责人： 日期：		
风险事件名称	风险事件描述	风险事件应对计划和措施

(2) 潜在的建设工程项目风险。即不能根据直接或间接症状识别出，但可根据人们的主观判断可能发生的风险。潜在的建设工程项目风险一般是一些独立的项目风险事件，如自然灾害、项目团队重要成员辞职等带来的风险。潜在的建设工程项目风险虽然不能明确识别，但其发生是有可能性的，因此，不能疏于防范。特别是对于发生可能性较大的或者危害较大的潜在项目风险，应该注意跟踪和评估。

(3) 建设工程项目风险的征兆。在建设工程项目风险识别报告中，还应根据项目的自身条件及其面临的内外环境，分析项目风险发展变化的可能趋向，即建设工程项目风险征兆。例如：工期太紧的项目有可能发生相应质量、成本风险的趋向；通货膨胀应视为发生项目投资风险的一种征兆等。预先分析并提出项目风险征兆，有助于项目人员及早考虑相应的应对计划和措施，并在项目实施过程中密切关注。

(三) 建设工程项目风险评估

建设工程项目风险评估是对建设工程项目各个阶段风险的发生概率、发生时间、影响范围及其后果的严重程度进行估计和评价的过程。其主要工作如下：

1. 收集数据资料

与建设工程项目风险事件相关的数据资料是进行建设工程项目风险评估的基础和依据。与项目风险事件相关的数据资料较多，来源有：项目风险识别报告；项目设计、施工等文件资料；以往类似建设工程项目的各种相关记录或文件；政治、经济、文化的相关资料；气象、地质、水文的相关资料；相关试验研究和勘测资料等。收集的数据资料应该客观、真实，最好具有可统计性（可量化分析）。若无法收集到完备的数据资料，也可采用专家调查等方法获得具有经验性的主观评价资料。

2. 建立风险模型

运用概率和数理统计方法及理论模型，利用收集或分析得到的客观统计数据和主观判断数据，对建设工程项目各个阶段风险的发生概率和可能损失进行量化描述，即建立建设工程项目风险模型。风险模型又分为风险概率模型和损失模型。风险概率模型用以描述不确定因素与风险事件发生概率的关系，损失模型用以描述不确定因素与可能损失的关系。

3. 估计风险发生的概率和后果

通过风险概率模型和损失模型，可以分析得到建设工程项目各种风险发生的概率和可能后果的估计值。工程项目风险可能后果，通常采用费用损失或者建设工期拖延来表示。

4. 评价建设工程项目风险

评价建设工程项目风险，也就是综合分析评价项目整体风险的过程。在项目风险评价时应讨论与评价以下问题：各个风险事件共同作用可能对建设工程项目实施产生哪些综合影响，风险事件可能引起哪些综合后果，项目主体能否接受这些风险的综合作用。

通过建设工程项目风险评价，一般应该达到以下几个目的：

（1）比较分析和综合评价建设工程项目诸风险，确定风险大小的先后次序。

（2）从项目整体出发，分析各种风险间的内在联系，保障建设工程项目风险的系统管理。

（3）研究不同风险间相互转化的条件，争取化威胁为机会。

（4）进一步量化分析已估计的风险概率和可能损失，减少风险估计过程中的不确定性。

（四）建设工程项目风险应对

建设工程项目风险应对是指编制切实可行的风险应对计划，通过采取一定策略和措施，力图降低风险损失或化风险为机会的过程。常用的项目风险应对策略和措施有风险回避、风险转移和风险自留。

1. 风险回避

通过风险评价，发现项目风险潜在的威胁太大，又没有其他更好的策略或措施时，可通过改变项目活动计划、目标或行动方案，甚至放弃项目，来回避风险的发生。风险回避是一种最彻底地消除风险影响的方法。对于某些特定的风险，有可能在它发生之前就消除其发生的机会或其可能造成的种种损失。采用风险回避策略和措施时应注意以下问题。

（1）有些风险是不能回避的，如自然灾害、自然死亡等。

（2）当项目潜在风险发生可能性太大，不利后果可能太严重，项目人员找不到更好的应对办法，甚至连保险公司都因为风险太大而拒绝承保时，只能采用风险回避策略和措施。

（3）回避一种风险有时会带来另一种风险，如为了回避质量风险，某项目高价采购优质原材料，却可能因此引发成本风险，应该统筹考虑。

2. 风险转移

风险转移是指通过一定方式，将风险的结果连同对风险的权利和责任转移给项目的第三方。转移风险只是将风险管理的责任转移给了第三方，并不能降低风险发生的概率或消除风险。转移建设工程项目风险的主要方式有工程保险、工程担保、工程分包、采用适当的合同计价方式、联合（联营体或联合集团）投标、利用开脱责任的合同条款等。采用风险转移策略和措施时应注意以下问题：

（1）采用风险转移，应该让分担风险的第三方获得与其承担的风险相匹配的利益。

（2）当建设工程项目风险发生概率小、后果较严重，较难得到减轻或缓解时，采用风险转移策略和措施效果较好。

（3）转移风险方为了将风险转移给第三方，也应该付出一定的代价。

3. 风险自留

风险自留是一种由项目团队接受风险，有意识地自行承担风险后果的一种风险应对策略。当项目团队认为自己有能力承担风险后果时，出于经济性和可行性的考虑，可以采取该策略，其意味着项目团队不改变项目计划去应对某一风险。风险自留可以是主动的，也可以是被动的。主动的风险自留，是指在风险规划阶段已经对风险有了准备，当风险实际发生时，马上执行相应的风险应急计划；被动的风险自留，是指当风险事件后果不严重、不影响项目大局时，项目团队对相应风险不作准备，而将风险损失列为项目的一种费用。采用风险自留策略和措施时应注意以下问题：

（1）风险自留虽然是一种最省事的风险应对方法，但也需要准备一笔费用，当风险实际发生时，可将这笔费用用于补偿损失。

（2）从经济性上说，采取其他风险应对方法的花费大于风险事件本身造成的损失额时，可采取风险自留策略和措施。

（3）从可行性上说，对发生概率小、影响小、后果可接受的风险，可采取风险自留策略和措施。

（五）建设工程项目风险控制

建设工程项目风险控制是指在项目实施全程中，根据建设工程项目风险管理计划，控制风险事件，把损失降低到最小，并在必要时根据实际情况修订风险计划的过程。风险监测与控制贯穿于项目生命周期的全过程，体现在项目的进度控制、成本控制、质量控制和合同控制等过程中。

1. 对已经识别的风险进行监控和预警

这是项目控制的主要内容之一。在工程中不断地收集和分析各种信息，捕捉风险前奏的信号，判断项目的预定条件是否仍然成立，了解项目的原有状态是否已经改变，并进行趋势分析。同时，在工程实施过程中定期召开风险分析会议。

通常借助以下方法可以发现风险发生的征兆和警示。例如：

（1）天气预测警报。

（2）股票信息，各种市场行情，价格动态。

（3）地质条件信息。

（4）政治形势和外交动态。

（5）各投资者企业状况报告。

通过对建设工程项目工期和进度的跟踪、成本的跟踪分析、合同监督、各种质量监控报告和现场情况报告等手段，及时了解工程风险。

在工程的实施状况报告中应包括风险状况报告。鼓励人们预测、确定未来的风险。

2. 执行风险应对计划

风险一经发生就应积极地采取措施，及时控制风险的影响，降低损失，防止风险的蔓延，保证建设工程项目的顺利实施。主要工作如下：

（1）确保工程正常施工，保证完成预定目标，防止工程中断和成本超支。

（2）迅速恢复生产，按既定的计划认真执行。

（3）尽可能修改计划、修改设计，按照工程中出现的新的状态进行调整。

（4）争取获得风险的赔偿，如向业主、保险单位和风险责任者提出索赔等。

由于风险是不确定的，应对计划往往不能适用，因此在工程中风险的应对措施常常主要靠管理者的应变能力、经验、所掌握工程和环境状况的信息量以及对专业问题的理解程度等进行随机处理。

3. 进一步加强风险管理

在建设工程项目运作中还会出现新的风险，例如：

（1）出现了风险分析表中未曾预料到的新的风险。

（2）由于风险发生，实施某些应对措施时而产生新的风险，如工程变更会引发新风险或导致已识别的风险发生变化。

（3）已发生的风险的影响与预期不同，出现了比预期更为严重的后果。

（4）在采取风险应对措施之后仍然存在风险，或存在"后遗症"，需监视残余风险。

4. 风险再评估

对于大型复杂的工程项目，在风险监控过程中要经常对风险进行再评估。这些问题的处理要求人们灵活机动，即兴发挥，及时并妥善处理风险事件，实施风险应对计划并持续评价其风险管理的有效性。同时应该科学分析和评价建设工程项目风险控制方案的效果，其中，应着重分析和评价建设工程项目风险控制技术的实用性和风险控制的收益。

思　考　题

1. 简述建设工程项目组织策划的工作内容和过程。

2. 可行性研究报告和项目建议书有何区别？

3. 建设工程项目的目标因素是由什么决定的？

4. 简述建设工程项目可行性研究的主要内容。

5. 在项目的前期策划阶段，战略管理和项目管理这两个层次有什么区别和联系？它们在工作程序上应如何沟通？

6. 如何评价建设工程项目决策的合理性？

7. 结合实例分析建设工程项目风险管理的意义和程序。

第四章　建设工程项目的范围确定和结构分析

第一节　建设工程项目范围管理概述

一、建设工程项目范围概念与界定

建设工程项目的成功依赖于很多因素，如上级的支持、项目团队的协同工作、清晰的项目目标和任务、明确的需求说明、正确可行的工作计划以及适时而有效的目标控制，这些大多数都是项目范围管理的组成要素。缺乏正确的项目定义和范围核实是导致项目失败的主要原因。研究结果表明，不良定义的范围和使命是项目成功的障碍，而且项目主要部分的不良定义对成本和进度的负面作用最大。在一项对超过 1400 名项目经理的调查中发现，将近 50％的计划问题和不明确的范围与目标定义有关。

（一）建设工程项目范围的概念

建设工程项目本身是一个系统，系统是应该有边界的。建设工程项目范围是指建设工程项目各过程的活动总和，或指组织为了成功完成建设工程项目并实现其各项目标所必须完成的各项活动。所谓"必须"完成的各项活动，是指不完成这些活动，建设工程项目将无法完成；所谓"全部活动"，是指建设工程项目的范围包括完成该建设工程项目要开展的所有活动。确定建设工程项目范围就是为项目界定一个界限，划定哪些方面是属于项目应该做的，而哪些方面是不应该包括在项目之内的，定义边界建设工程项目管理的工作，确定项目的目标和主要可交付成果。

在项目管理中，范围的概念主要针对以下两方面：

1. 产品范围

产品范围指在项目的可交付成果（即产品或服务）中将具有的性质和功能，是指项目的对象系统的范围。对建设工程项目而言，就是指工程系统的范围。

任何一个建设工程项目的可交付成果——工程系统有自身的结构，可以用工程分解结构（Engineering Breakdown Structure，EBS）表示。工程系统是通过设计描述、通过施工形成的。

2. 项目范围

项目范围指为了成功达到项目的目标，完成项目可交付成果而必须完成的工作，即项目的行为系统的范围。简单地说，项目范围就是做什么、如何做，才能交付该产品。对它可以进行项目结构分解，可以用项目工作分解结构（Work Breakdown Structure，WBS）表示。项目工作应包括：

（1）为完成项目产品（工程）所必需的专业性工作，如规划、各专业工程的设计、工程施工、供应（制造）等工作。这些工作受工程的种类和应用领域影响，有专业特点，不同的建设工程项目，有不同的专业性工作。

（2）为保证专业性工作顺利实施所必须开展的项目管理工作，如计划、组织、控制等。由于现代项目管理的专业化，管理工作包含了许多职能，如合同管理、进度管理、成本管理、质量管理、资源管理等。

（3）行政性工作，如规划的审批、工程施工许可证的办理、招标过程中会议的组织等。通常人们将这类工作也作为项目管理工作。

（二）建设工程项目范围的界定

建设工程项目范围的界定要以其组成的所有产品的范围边界为基础，但是又不仅仅局限于产品范围，它还包含了为了实现这些产品范围内的工作必须要做的管理工作，如建设工程项目的合同管理、质量管理、费用管理、进度管理、风险管理和 HSE 管理等。

通常情况下，确定了项目范围的同时也就定义了项目的工作边界，明确了项目目标和项目的主要可交付成果。恰当的范围定义对项目成功至关重要。因为如果项目的范围定义不明确，或在实施中不能有效控制，变更就会不可避免地出现，可能延误工期、增加成本，甚至影响团队凝聚力，降低生产效率和效益。

二、建设工程项目范围管理的目的和意义

1. 建设工程项目范围管理的目的

在现代项目管理中，范围管理是项目管理的基础工作，是项目管理知识体系（PM-BOK）中九大知识体系之一。人们已经在这方面作了许多研究。在现代项目管理中范围管理已逐渐成为一项职能管理工作，在有些项目组织中还设立了专职人员负责范围管理工作。范围管理的主要目的如下：

（1）按照项目目标、用户及其他相关者要求确定项目范围，即应完成的工程活动，并详细定义、计划这些活动。

（2）在项目管理过程中，确保在预定的项目范围内有计划地开展项目的实施和管理工作，确保成功完成规定要做的全部工作，既不多余也不遗漏。

（3）确保项目的各项活动满足项目范围定义所描述的要求。

2. 建设工程项目范围管理的意义

确定项目范围是建设工程项目管理中最困难的一项工作，也是最重要的工作，确定项目范围对建设工程项目管理的作用具体如下：

（1）保证了项目的可管理性。范围定义明确了项目目标和主要的可交付成果，交付成果又可划分为更细化、更易管理的组成部分。

（2）提高了时间、费用和资源消耗的准确性。项目范围是建设工程项目管理的对象，是确定项目的费用、时间和资源计划的前提条件和基准。范围管理对组织管理、成本管理、进度管理、质量管理和采购管理等都有规定性。

对承包商来说，招标文件定义了他的工程承包项目的范围，他在接到招标文件后必须研究自己的建设工程项目范围，以精确地计划和报价。

（3）确定了进度计划和控制的基准。项目范围是项目计划的基础，而项目计划又是项目目标控制的前提。项目范围一旦确定，项目计划和目标控制就有了基准。

（4）有助于分清项目责任。项目范围明确也就确定了项目的具体工作任务，为进一步分派任务打下基础，并可对项目任务的承担者进行考核和评价。

（5）项目范围可作为项目实施控制的依据。项目范围是按照业主或用户的需求确定的，确定的内容编写在正式的项目范围说明书或有关条款中，并适时记录了范围修改或变更的情况，因此提供了监督和评价的依据。

三、建设工程项目范围管理的基本工作

建设工程项目范围管理涉及整个项目的生命周期，它包括以下工作内容：

（1）确定项目范围。就是按照建设工程项目的目标确定项目可交付成果（工程）的范围，进一步确定项目的工作范围并形成文件，作为项目设计、计划、实施和评价项目成果的依据。

（2）项目系统结构分解。采用系统分析方法对项目范围进行结构分解，包括工程系统结构分解（EBS）和项目工作结构分解（WBS）。

（3）通过设计和计划文件对项目范围进行系统描述。可测量的指标定义建设工程项目的工作任务，并形成文件，以此作为分解项目目标、落实组织责任、安排工作计划和实施控制的依据。

（4）实施过程中的范围控制。

1）落实项目范围的任务。包括审核设计文件、施工文件、承（分）包合同、采购合同等，识别所实施的工作是否属于建设工程项目范围，是否遗漏或多余。

2）活动控制。通过现场观察，了解建设工程项目的实施状况，保证在项目范围内实施工程。

3）活动分析。通过项目实施状态报告了解项目实施的过程和状况，分析建设工程项目工作的范围（如内容、数量）和标准（质量）有无变化等。

4）范围变更管理。建设工程项目范围变更，包括工作量的改变，增加或删除某些工作，工作性质的改变等。在项目实施过程中，许多种类的变更最终都会归结到范围的变更。而项目范围变更常常伴随着对成本、进度、质量或项目其他目标进行调整的要求，伴随着设计和计划文件的更新。因此，范围变更管理应该符合变更管理的一般程序，应与环境监控、目标控制、设计和施工方案变更、合同变更等形成一个完整的体系。

（5）在建设工程项目的结束阶段，或在工程竣工时，应对工程范围进行审查，并核实项目范围内规定的各项工作或活动是否已经完成，项目范围是否完备和符合规定的要求。

四、建设工程项目范围确定过程

在建设工程项目过程中，项目范围的确定，以及项目范围文件是一个相对的概念。项目建议书、可行性研究报告、项目任务书，以及设计和计划文件、招标文件、合同文件都是定义和描述项目范围的文件，并为项目进一步实施（设计、计划、施工）提供了基础。它们是一个前后相继，不断细化和完善的过程。前期范围说明文件作为后面范围确定的依据，如起草招标文件，就是确定项目的范围（招标范围），它的依据是项目任务书和设计文件、计划文件；而项目任务书又是按照可行性研究报告和项目建议书确定的一份项目范围文件。

按照项目的定义，建设工程项目的范围就是建设工程项目所有活动的组合，即建设工程项目的行为系统的范围。通常地，项目范围的确定过程如图4-1所示。

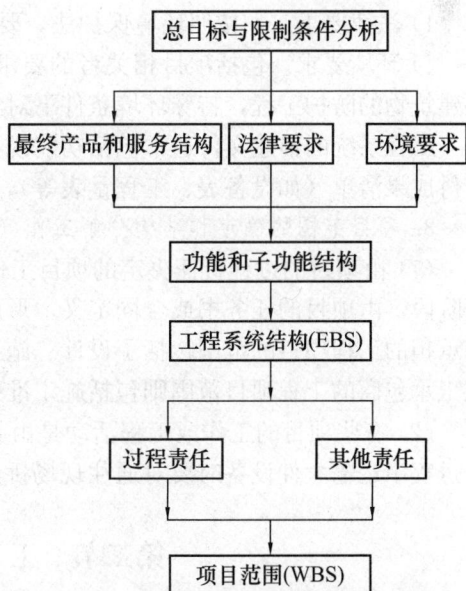

图4-1　建设工程项目范围确定的流程

1. 项目的总目标、环境条件和制约条件决定了项目的总体范围

（1）全面分析研究建设工程项目目标，包括项目建议书、可行性研究报告、项目立项批准文件（或任务书）、项目的总计划。

（2）项目环境的调查与限制条件分析。

1）环境调查资料。如法律规定，政府或行业颁布的与本项目有关的各种设计和施工标准，现场条件，周边组织的要求等。

2）项目的其他限制条件和制约因素分析。如上层组织对项目的要求，总体实施策略、项目实施的约束条件和假设条件，如预算的限制，资源供应的限制，时间的约束等。

2. 项目最终可交付成果（工程系统）范围和结构的确定

按照项目的总目标、用户的要求、产品或服务的功能要求、环境的要求确定整个工程系统的范围和结构。

（1）按照市场和用户要求确定项目的最终产品的范围或服务的要求，界定项目产品用途。这是针对工程建成后运营而考虑的。项目产品范围所定义的，是要提交给用户的产品，它必须满足项目相关者的需要、愿望和期望，如地铁项目最终功能是对乘客提供运载服务。应对这些产品或服务结构和要求进行详细描述，包括项目最终产品或最终服务的性质、质量、数量，它们对工程系统（如地铁运营系统）具有规定性。

（2）按照最终产品和服务的结构确定工程系统的功能和子功能结构，列出功能分析表，定义各子系统、各部分的功能，由此可以确定工程技术系统的要求（范围、规范、质量标准）。

（3）功能是通过工程技术系统的运营实现的，工程系统应保证功能的完备性，应包括实现所有功能和子功能，并保证提供满足工程系统安全、稳定、高效率运行所必需的硬件（如结构工程、设备、各种设施）和软件（信息资料、运行程序或服务）。对工程系统的分解就可以得到工程系统结构图或表（EBS）。

（4）在实际建设工程项目中，还有很多工程的功能（子功能）并不是项目最终产品或服务所必需的，而是由以下因素决定的：

1）法律要求。如按照环境保护法，要配套兴建污水、垃圾处理设施，采用防噪声装置。

2）环境要求。包括项目相关者的要求，如工程中针对原居民的拆迁和安置工程，对周边建筑物的防护工程，特殊环境条件下对工程的保护设施。

工程系统的描述文件通常包括功能说明文件、工程规划文件、设计文件、工程规范、可交付成果清单（如设备表、工程量表等）。

3. 项目范围的确定和结构分解工作（WBS）

（1）由项目的过程责任决定的项目工作范围。整个工程技术系统必须经历项目实施的各个阶段，由项目的任务书或合同定义，形成项目工作，委托给项目任务承担者。如：总承包商承担的工程项目的范围包括了设计、施工准备、施工、竣工交付、保修、运营维护等，而施工承包商的工程项目范围则包括施工准备、施工、竣工交付、保修。

（2）有些项目的工作或工程活动是由其他责任产生的，或是为实施过程服务的，如在施工过程中运输大件设备时要对通往现场桥梁进行加固，并搭设周边建筑物临时防护设施。

第二节 工程系统分解结构

对工程系统（项目最终可交付成果）的结构分解，是假设工程已经建成，而后对它进行

系统分解。

工程是在一定空间上的技术系统，它具有一定的功能，通过工程的运行生产最终产品或提供服务。例如，福厦高速公路的总体功能是为福州和厦门两地间的车辆运输提供通道，它在两地之间延伸，占据着一定的土地空间。

工程系统范围通常有两种定义：

（1）工程的空间范围，如建设工程的红线范围。

（2）工程的系统结构框架，即工程系统构成。一个工程由许多分部组成，可以按照系统方法进行结构分解，工程系统由一些功能面和专业工程要素构成，如图4-2所示。

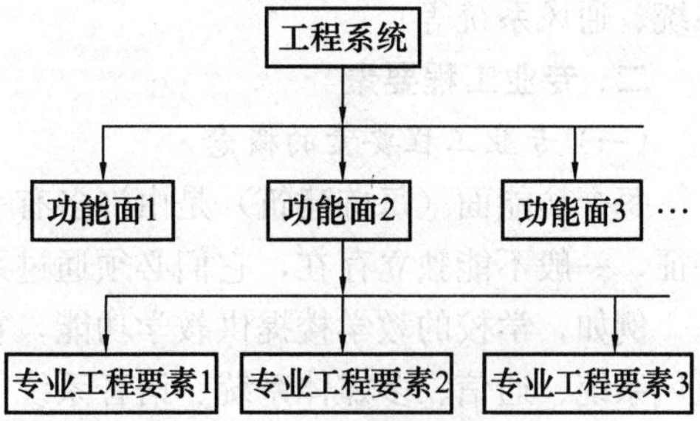

图4-2　工程系统的结构

一、功能面

（一）功能面的定义

功能是工程建成后应具有的作用，它与工程的用途有关，常常是在一定的平面和空间上起作用的，有时又被称为"功能面"。

一个工程通常又是由许多空间分部组合起来的综合体。这些分部也有一定的作用，提供一定的功能，所以工程系统是由功能面组合起来的。工程的总功能是所属的各个功能面综合作用的结果。

最常见的是一个工程系统由许多单体建筑组成，每个单体建筑在总系统中提供一定的使用（生产）功能，它们是具有特定产品或服务的"功能面"。

例如：一座工厂由各个车间、办公楼、仓库和生活区等构成；一条高速公路由各段路面、服务区、收费区、绿化区等构成；一个校区由教学楼、图书馆、宿舍楼、实验楼、体育馆和办公楼等单体建筑物组成。

对功能的分析、分解、综合、说明是工程规划、技术设计的重要工作。通常在项目技术设计前应将项目的总功能目标逐步分解成各个部分的局部功能目标，再做功能面目录，详细地说明该功能的特征，如技术的（如建筑、结构、装备）、物理的（如采光、通风）要求等。对一个复杂的工程，功能还可能分为子功能。

（二）常见的工程系统的功能分解

（1）以产品结构进行分解。如果项目的目标是建设一个生产特定产品的工厂，则可以将它按生产（或提供、加工）的一定的中间产品或服务分解成各子项目（分厂或生产体系）。例如，新建一个汽车制造厂，则可将整个工程分解成发动机、轮胎、壳体、底盘、组装、油漆等分厂以及办公区、库房（或停车场）等几个大区。

这类似于我国的单项工程，有时它们本身就是一个自成体系的独立的工程。

在这一层次的分解中要注意产品生产流程方向和产品生产过程的系列组合。

（2）按平面或空间位置进行分解。例如，一个分厂可以按几何形体分解成几个建筑物（车间、仓库、办公室），建筑物之间有过桥、过道，每个建筑物有室外和室内之分。

（3）每一个车间、一栋建筑物还可以分解为多个功能面（或子功能面）。例如，一个车间厂房可能要划分为生产区和服务区，如油漆、冲压、装配、运输、办公、供应等。又如一栋办公楼，可分为办公室、展览厅、会议厅、停车场、交通、公用区间等。办公室还可分为各个科室，如人事处、财务科、工会等。

（4）对在整个工程中起作用的，或属于多功能面上的要素常常可以作为独立的功能对待，如系统工程（如控制系统、通信系统、闭路电视系统等），统一的供排设施（如给排水系统、通风系统等）。

二、专业工程要素

（一）专业工程要素的概念

每个功能面（每栋建筑）是由许多有一定专业特点的要素构成的。专业要素具有明显的特征，一般不能独立存在，它们必须通过系统集成共同组合成功能面。

例如，学校的教学楼提供教学功能，它包括建筑、结构、给水排水、电力系统、消防、通风系统、通信、多媒体系统、语音系统、智能化、电梯、控制系统等许多专业工程要素。

一个办公楼可以分解为建筑、结构、供电系统、供排系统、通信系统、环卫系统、交通系统（如电梯）、办公设备。

一个车间可分为建筑、厂房结构、吊车设施、生产设备、电器设施、器具、系统工程等。

因此，工程系统又是各个专业工程要素紧密结合、相互配合、相互依存的体系。

（二）子专业工程要素

有些工程专业要素还可以进一步分解为子要素。例如，厂房结构可分解为基础、柱、墙体、屋顶及饰面等；供排设施可以分为给、排水系统，供暖系统，通风系统等。

（三）专业要素的形态

专业要素有不同的形态，有的是实体系统，如结构，给、排水系统，通风系统等；有的是软件系统，如智能化系统、自动控制系统、信号系统、工程的运行管理系统等。在现代工程中，软件系统工程作为工程技术系统的一个重要组成部分发挥着越来越重要的作用。

（四）专业工程要素体系

将一个工程的所有专业要素提取出来，就得到该工程所包含的专业工程要素体系，如地铁工程包括四十几个专业工程要素。

同类工程（如南京地铁和北京地铁、不同学校的校园）的功能区形态和布置差异可能很大，但它们具有相同或相似的专业工程要素构成。随着科学技术的发展和人们对工程功能要求的提高，将会有新的专业工程要素出现。

专业工程要素的分解对高等院校里的工程专业设置、工程设计、施工和供应企业分类，甚至工程设计专业小组和施工专业班组的划分都有很大的影响。

第三节　工程项目工作分解结构

项目是由许多互相联系、互相影响和互相依赖的活动组成的行为系统，它具有系统的层次性、集合性、相关性、整体性特点。按系统工作程序，在具体的项目工作，如设计、计划和实施之前就必须对这个系统进行分解，将项目范围规定的全部工作分解为较小的、便于管理的独立活动。通过定义这些活动的费用、进度和质量，以及它们之间的内在联系，将完成这些活动的责任赋予相应的部门和人员，对项目建立明确的责任体系，达到控制整个项目的目的。在国外，人们将这项工作的结果称为工作分解结构（Work Breakdown Structure，WBS）。

一、WBS 简介

工作分解结构（简称 WBS）是归纳和定义整个项目范围的一种常用的方法，是项目计划开发的第一步，指把工作对象（建设工程项目、其管理过程和其他过程）作为一个系统，将它按照一定的目的分解为相互独立、相互制约和相互联系的活动（或过程）。

WBS 的定义最早见于美国国防部针对国防系统开发的工作手册中："工作分解结构（WBS）是一个以产品为中心的层次体系，由硬件、软件、服务和资料组成。它可以完全确定一个工程项目。在确定产品单元时，系统工程起着关键性的工作。WBS 显示并确定了要研制和/或生产的产品，并将要完成的工作单元与最终产品联系起来。"

20 世纪 70 年代后，WBS 被作为工程项目管理的基本方法，得到广泛和成功的应用。后来，美国项目管理协会将其写入了项目管理知识体系（Project Management Body of Knowledge，PMBOK）。而后 ISO/TCI 76/SCI 国际标准化组织质量管理和质量保证技术委员会、质量体系协会又以 PMBOK 为框架制定了《质量管理—项目管理的质量指南（15010006）》国际标准，指出"在工程项目管理中应将项目系统分解成可管理的活动"，并把 WBS 定义为项目范围管理的工具，其目的是把项目工作分解为更小、更易于操作的工作单元。

一般来说，建设工程项目的 WBS 分解采用多级划分方法，把一个已知的建设工程项目的任务目标、工作范围和合同要求，按照项目的客观规律和系统原理分解成若干个便于管理、相对独立但又相互联系的项目单元或工作包（Work‐Packages），并以此作为项目的计划、管理控制和内部信息传递等一系列管理工作的对象。

随着研究应用的深入，WBS 的应用领域也在不断拓宽。WBS 方法在项目管理中的应用不仅体现在工作包模型的建立、项目信息分类与编码，其工作分解结构和工作包等项目管理方法也应用于卫星工程管理、飞机制造工程系统和小浪底水利枢纽项目等。

二、建设工程项目工作结构分解的作用

建设工程项目工作结构分解是将整个项目系统分解成可控制的活动，将它们作为对项目进行观察、设计、制订计划、明确目标和责任分解、成本核算、实施控制以及信息管理和组织管理等一系列项目管理工作的对象。项目工作结构分解既是建设工程项目管理的基础工作，又是项目管理最得力的工具和方法，其基本作用如下。

（1）保证建设工程项目结构的系统性和完整性，从而保证项目的设计、计划和控制的完整性。通过结构分解，把项目分解开来，使人们对该建设工程项目概况和组成一目了然，促使项目管理者，甚至不懂项目管理的业主、投资者也能把握整个项目全貌，方便地观察、了解和控制项目全过程，也可以反过来分析可能存在的项目目标的不明确性。

（2）有助于项目组织和相应责任体系的建立。因为工作分解结构能将项目实施过程、项目成果和项目组织有机地结合在一起，可为建立项目组织和落实组织责任打下基础，所以 WBS 对项目的组织形式具有规定性。在满足各级别的项目参与者需要的同时，与项目组织结构有机地结合在一起，建立起项目工作责任分配表，有助于项目经理根据各个项目单元的技术要求，赋予项目各部门和各职员相应的职责，建立并完善整个建设工程项目的组织责任体系。

（3）有利于建设工程项目的风险分配。以 WBS 的项目单元作为分析对象，充分考虑各个层次的项目单元，直到工作包上的风险。在项目实施以及运行过程中认真分析这些工程活

动可能遇到的各种障碍、异常情况，如技术问题以及人工、材料、机械、费用消耗的增加等，在此基础上建立工程项目风险分解结构（Risk Breakdown Structure，RBS）。通过 WBS 和 RBS 的联合作用，分别从项目活动和项目风险两个角度进行分解。从最底层工作包分析判断最初风险是否存在，及其影响大小程度，这样就可以系统、全面地识别风险，进而建立相应的风险应对机制。

（4）用于建立建设工程项目目标保证体系。将项目质量、工期、成本（投资）目标分解到各项目单元，这样可以对项目单元进行详细设计，确定实施方案，作各种计划和风险分析，实施控制，并对完成状况进行评价。

1）便于网络的建立和分析，可用于进度控制。在项目结构分解基础上，根据各活动间的逻辑关系构建网络，再确定完成各工作所需的持续时间、项目的开工日期，就可以确定整个项目的进度计划。

2）有助于对质量目标实施动态控制。按照 WBS 的控制原理，以进度控制活动为主，在规划和设计阶段就需要明确质量计划，在建造时对某些报告点进行抽样和分析，不仅可以判断工程活动的好坏，而且可以以此为基础对质量进行平滑预测、分析并判断质量的走势。根据现场出现的质量问题而对相关的进度计划进行调整，及时反馈到质量预控计划中，并对 WBS 中的工作包内容进行调整。

3）有利于对成本目标实施动态控制。WBS 中的各层次项目单元，首先是作为成本计划的对象，对后面项目成本模型的建立、成本责任的落实和成本动态控制有着至关重要的作用。将工程总投资目标分解到 WBS 分项上，并与工程量清单子项对应，作为工程概算分析控制工程投资概算、审批重大设计变更的基础。在工程实施过程中根据设计变更等的发生情况（按月）对工程量清单进行及时的调整和下达，以实现工程量清单与工程概预算的对应，并以此作为投资控制的基础。

（5）有利于资源分配。作为建设工程项目的工期计划、成本和费用估计的依据，在 WBS 的基础上确定各个工程活动资源的种类、质量、用量。然后逐步汇总得出整个项目各种资源总用量表。在安排网络计划时就必须考虑可用资源的限制，而不仅仅是在网络分析的优化中考虑。结合工期计划，确定资源使用计划，即作出资源投入量—时间关系直方图（表），达到对整个项目的资源统筹。

（6）有利于合同管理。将 WBS 中的活动通过合同策划形成具体的合同组成。如果在网络计划活动中发生迟滞、变更等变化引起的合同变更、索赔等情况时，可以按照工程活动中所属的合同编号寻找合同信息，迅速把工程活动引起的变化信息带入到合同系统中去。

（7）有利于信息流分析。项目分解结构和编码在项目中可以充当共同的信息交换语言，项目中的大量信息，如资源使用、进度报告、成本开支账单、质量过程、变更、会谈纪要，都可以项目单元为对象进行收集、分类和沟通。WBS 的建设工程项目文档信息分解模型在各项目单元对象层面上实现了项目文档信息共享，而且通过文档信息的编码系统实现了文档信息的逆向查找，即根据文档信息的编码规则逆向推出了文档信息所属的功能对象和 WBS 项目单元对象。通过信息报告系统和信息文档系统进而建立整个建设工程项目的信息化系统。

建设工程项目工作结构分解的作用可用图 4-3 所示。

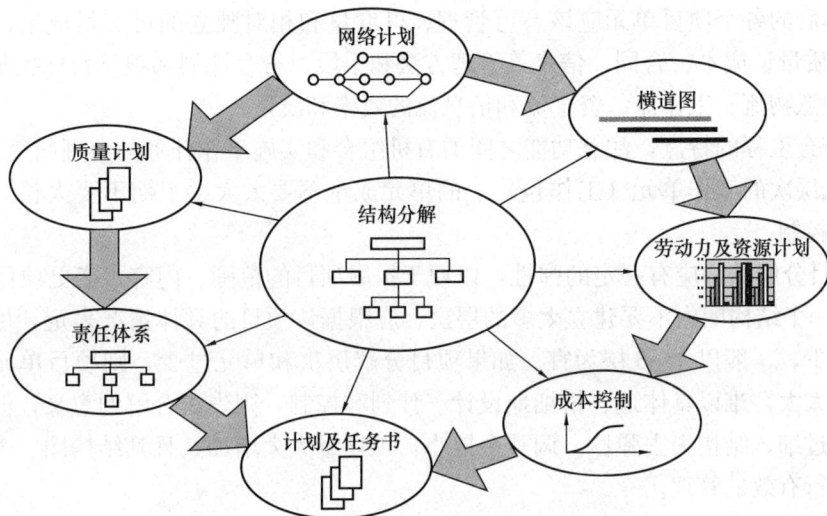

图 4-3　建设工程项目工作结构分解的作用

综上所述，建设工程项目工作结构分解既定义了项目的全部工作范围，又描述了项目的系统结构。通常列入项目分解结构中的工作即属于本项目的工作范围，反之则不属于本项目的工作范围。实践证明，如果没有科学的项目工作结构分解，或项目结构分解的结果得不到很好的应用，就不会有高水平的建设工程项目管理。因为项目管理是分层次的，项目的设计、计划和控制不能仅以整个笼统的项目为对象，而必须考虑各个部分，考虑具体的工程活动。国外WBS又被称为"计划前的计划"或"设计前的设计"。项目越大，越复杂，越显示出该项工作的重要性。

三、建设工程项目工作结构分解的基本原则

目前对一些建设工程项目尚无统一的、普遍适用的分解方法和规则，它常常受到管理者的工作经验和管理水平的影响和制约。项目结构分解的基本原则如下：

（1）确保各层次上项目内容的完整性，分解结果应包括项目的所有工作，不能遗漏任何必要的组成部分。

（2）项目结构分解是线性的。一个项目单元 J_i 只能从属于某一个上层单元 J，不能同时交叉属于两个上层单元 J 和 I。如果发生这种情况，则可能是在上层分解时 I 和 J 的界面不清楚。一旦出现上述情况，则应及时处理。

（3）由一个上层单元 J 分解得到的几个下层项目单元 J1，J2，…，Jn 应具有相同的性质。如 J1，J2，…，Jn 都表示功能区，或都为专业工程要素，或都为实施过程。不能出现J1 表示过程，J2 表示功能，而 J3 却表示要素的情况。

（4）项目单元应能区分不同的责任者和不同的工作内容，应有较高的整体性和独立性。单元工作责任之间的界面应尽可能小而明确。这样易于进行项目目标和责任的分解和落实，能方便地进行成果评价和责任分析。如果无法划定责任者，如必须由两个人（或部门）共同负责，则必须明确说明双方的责任界限。

（5）项目结构分解应适应组织管理的需要。因为建设工程项目的任务经常是通过合同委托的，而每个合同又是独立的，所以项目的分解结构应适应项目的承包方式和合同结构。

（6）项目结构分解还应符合项目实施者的要求和后续管理工作的需要，体现在：

1）分解后的各个项目单元应该有可管理、可度量和相对独立的可交付成果，能方便地应用工期、质量、成本、合同、信息等管理方法和手段，符合计划和项目目标控制的需要。

2）应注意物流、工作流、资金流和信息流的效率和质量。

3）应符合工程的特点，注意功能之间的有机组合和实施工作任务的合理归属。

4）最低层次的工作单元（工作包）上的单元成本不要太大、工期不要太长，否则很难进行精确的控制。

（7）项目分解结构应有一定的弹性，以便于扩展项目的范围、内容，变更项目的结构。

（8）在一个结构图内不要建立太多的层次，应根据该项目的具体情况来定，尽量避免层次太多或太少，一般以4～6层为宜。如果项目分解层次和单元过少，则项目单元上的任务和信息容量太大，难以具体地、精细地设计、计划和控制，则失去分解的意义；但若层次太多，分解得过细，结构失去弹性，调整余地小，工作量大大增加，且其结构图、表将极为复杂，不能进行有效的管理。

通常，持续时间、信息、组织责任、成本责任、成本核算要能落实到最低层次的项目单元，否则该层次的分解价值就不大。

四、建设工程项目工作结构分解方法

对于一个系统而言，存在多种分解的方式。建设工程项目是一个系统，其工作结构分解时应综合考虑将项目按照过程分解和按照组成分解两种形式。

（1）按过程分解，即按照建设工程项目的生命周期分为若干个发展阶段，包括工程策划、设计、科研、施工阶段等；设计阶段又可分解为初步设计阶段、施工图设计阶段等。

（2）按组成分解，即把工作分解为工作子单元，这种子单元的划分是在几何构成和工作构成的基础上形成的，比如高速公路的路基工程可以分为软基处理工程、路基土石方工程、通道涵洞工程、排水工程、砌筑工程以及边坡绿化工程；招标部分可以分为勘察设计招标、路面工程招标等。

以上两种分解形式均可把工作任务细分，而且它们在建设工程项目的工作结构分解中往往是可以交替使用的，这使得项目在进行下一级分解时须考虑先使用组成分解还是先使用过程分解。

例如，某项目包括一栋楼和楼外工程建设，其分解结构图如图4-4所示。

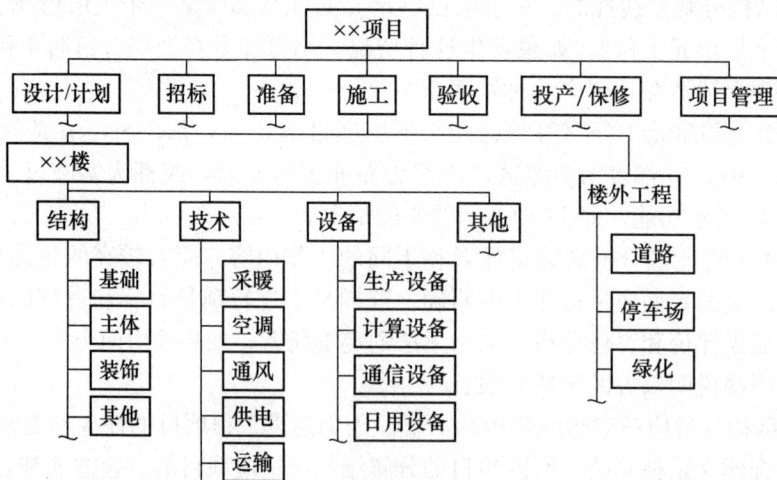

图4-4　某办公楼项目分解结构图

WBS框架基本形成之后，有些不易分解和目前不需要进一步分解的工作项目，在过程中暂时搁置，但都应在工作项目开始的某一个前置时间范围内分解完毕。

实践中，由于整个工程系统、每一个功能面或专业工程要素必然都贯穿项目实施的全过程，通过项目实施活动逐渐由概念形成工程实体，因此可以按照过程化方法进行分解。常见的建设工程项目按照实施过程可以分解为以下工作内容：

A　签订项目管理委托合同

B　项目管理部进场

C　工程图设计

C/01　方案设计

C/02　初步设计

C/03　初步设计报批

C/04　施工图设计

C/04.01　施工图设计

C/04.02　施工图审核

C/04.03　交付图纸

D　办理项目规划手续

D/01　申请规划设计方案审查通知书

D/02　专项审批（人防、消防、交通、园林）

D/03　年度开工计划转正式计划

D/04　申领建设工程规划许可证

E　办理工程开工证

E/01　领取开工审批表

E/02　市政配套签署意见

E/03　招标办领取申请表

E/04　招标办办理审批手续

E/05　施工总承包合同运作

E/05.01　资格预审文件、招标文件的编制与送审

E/05.02　投标预备会

E/05.03　发招标文件

E/05.04　勘查现场

E/05.05　招标文件编制与提交

E/05.06　开标

E/05.07　组织投标单位答辩，编制评标报告

E/05.08　定标、发中标通知书

E/05.09　商定总承包合同并签署

E/05.10　总承包合同备案

E/06　监理合同运作

E/06.01　投标资格审查

E/06.02　发招标文件

E/06.03　勘查现场

E/06.04　招标文件编制与提交

E/06.05　发标

E/06.06　组织投标单位答辩、编制评标报告

E/06.07　定标、发中标通知书

E/06.08　监理合同签署

E/06.09　监理合同备案

E/07　执行监理合同

E/07.01　项目监理大纲审查

E/07.02　项目实施过程的监理业绩评价

E/07.02.01　工程进度控制

E/07.02.02　工程质量控制

E/07.02.03　工程成本控制

E/07.02.04　工程变更、费用索赔与价格调整管理

E/07.02.05　工程施工风险防范与管理

E/07.02.06　工程计量与支付的管理

E/08　办理委托质量监督手续

E/08.01　办理市监督总站登记

E/08.02　政府质量监督部门批准手续

E/08.03　交纳监督费

E/09　施工单位和其上级主管部门的有关签章

E/10　黏土砖限制使用费交付

E/11　交纳北京市散装水泥专项基金

E/12　市统计局办理手续

E/13　向市建委申领开工许可证

F　施工准备

F/01　拆除

F/01.01　市场调研、编制招标文件

F/01.02　商务谈判

F/01.03　确定拆迁单位、签订合同

F/01.04　申办拆除许可证

F/01.05　拆除施工

F/01.06　探察封堵地下管道

F/02　筹组施工项目部

F/03　砌筑现场围墙、场地平整

F/04　施工用电和给排水敷设

F/05　临设搭建

F/06　规划钉桩

F/07　完成施工准备

G　建安工程

G/01　降水、土方、护坡工程

G/01.01　分包工程合同运作

G/01.01.01　文件编制

G/01.01.02　工程招标、评标、决标

G/01.01.03　签订合同

G/01.02　执行合同

G/01.02.01　审定土方工程施工方案

G/01.02.02　放线、验线

G/01.02.03　土方施工

G/01.02.04　土方工程验收

G/02　地下结构

G/02.01　验槽

G/02.02　垫层、防水、底板施工

G/02.03　−2 层施工

G/02.04　−1 层施工

G/03　主体结构

G/03.01　首层结构施工

G/03.02　2 层结构施工

G/03.03　3 层结构施工

G/03.04　4 层结构施工

G/03.05　5 层结构施工

项目工作结构分解的实际工程应用表明，对大型建设工程项目一般在项目的早期就应进行结构分解，它是一个渐进的过程。首先，按照设计任务书或方案设计文件进行工程技术系统的结构分解，得到工程系统的结构图，它是对建设工程项目做好进一步设计和计划的依据。在按照实施过程作进一步的分解时，必须考虑项目实施、项目管理及各阶段的工作策略，不能将工程技术系统的结构作为阶段工作单元的下层子结构。因为业主是通过合同运作项目的，所以项目的实施方式（承发包方式和管理模式）对项目的结构分解影响很大。

五、WBS 编码设计

对每个项目单元进行编码是现代化信息处理的要求。为了便于计算机数据处理，在工程项目建设初期，项目管理者就进行了编码设计，建立了整个项目统一的编码体系，确定了编码规则和方法，并运用于整个建设工程项目中。这样既满足了项目管理规范化的基本要求，也满足了项目管理系统集成的前提条件。

通过工程项目工作分解结构（WBS）编码，可以给项目单元以标识，使它们互相区别。因为编码能够标识项目单元的特征，使人们以及计算机可以方便地"读出"这个项目单元的信息，如属于哪个项目或子项目，实施阶段，功能和要素等。在项目管理过程中，网络分析，成本管理，以及数据的储存、分析、统计等都靠编码识别。编码设计对整个项目的计划、控制工作和管理系统的运行效率都是关键。

　　项目的编码一般按照项目分解结构图，采用"父码＋子码"的方法编制。例如，项目编码为1，则属于本项目次层子项目的编码在项目的编码后加子项目的标识码，即为11、12、13、14，如此等等，而子项目11的分解单元分别用111、112、113等表示。从一个编码中能"读"出它所代表的信息，如14223表示项目"1"的子项目"4"，功能区"2"，专业工程"2"，工作包"3"。

六、建设工程项目结构分解的结果

　　项目工作结构分解是项目范围管理中一项十分困难的工作，专业性很强，显示了不同种类工程项目的专业特点。它的科学性和实用性主要依靠项目管理者的经验和技能，分解结果的优劣也很难评价，只有在项目的设计、计划和实施控制过程中才能体现出来。目前尚无统一认可的且通用的分解方法和规则。通常建设工程项目工作结构分解的结果包括树形结构图和项目结构分析表两种。

　　（一）树形结构图

　　常见的建设工程项目的树形结构见图4-5。项目结构图表达了项目总体的结构框架。结构图中层次的命名（技术术语）也各不相同，许多文献中常用"项目"、"子项目"、"任务（概括性工作）"、"子任务"、"工作包（工作细目）"、"活动"等表示项目结构图上不同层次的名称，其中每一个单元（不分层次，无论在总项目的结构图中或在子结构图中）又统一被称为项目单元或工程活动。

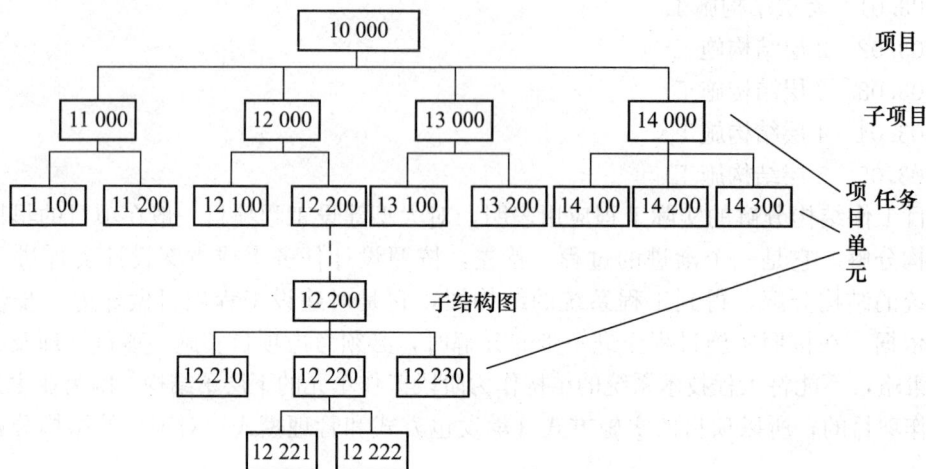

图4-5　建设工程项目树形结构图

　　（二）项目结构分析表（项目活动清单）

　　将项目结构图用表格来表示则为项目结构分析表，它是说明工作分解结构（WBS）中每一组成部分的文件。表中包含了这些工作的名称、编码、范围定义或工作说明以及可交付成果描述、负责单位、开始和完成日期、必要的资源、成本估算、合同信息、质量要求等内容。

　　工作分解结构表既是项目工作任务分配表，又是项目范围说明书。它的结构类似于计算机文件的目录路径。例如，上面的项目结构图（见图4-5）可以用一个简单的项目结构分解表来表示，见表4-1。活动清单内容全面，包括项目将要开展的所有活动。

表 4-1 ××项目结构分解表（项目活动清单）

编码	活动名称	负责人（单位）	预算成本	计划工期	……
10 000					
11 000					
11 100					
11 200					
12 000					
12 100					
12 200					
12 210					
12 220					
12 221					
12 222					
12 223					
12 230					
13 000					
14 000					

思 考 题

1. 试分析一份招标文件，说明承包商的承包项目范围由哪些因素决定的。
2. 结合实例说明建设工程项目工作结构分解的意义。
3. 从承包商的角度，以上课的教学楼建设为例进行项目结构分解，画出项目结构图。
4. 为什么说项目结构分解并非越细致越好？
5. 针对自己熟悉的建设工程项目，简述该类项目结构分解的基本准则。
6. 在以后每章学习中，考虑如何最有效地利用项目结构分解的结果（WBS）。

第五章 建设工程项目组织管理

第一节 项目组织工作概述

一、组织的基本原理

（一）项目组织含义

1. 组织

组织是与人联系在一起的，哪里有一群人在共同工作，哪里就需要组织。所谓组织，简言之，即指为了实现某种目标，而由具有合作意愿的人群组成的职务或职位的结构，是人们为了实现共同目标而形成的一个系统集合。

"组织"有两种含义：第一种含义是作为名词出现的，指组织机构，即按一定的领导体制、部门设置、层次划分、职责分工等构成的有机整体，其目的是处理人和人、人和事、人和物的关系；第二种含义是作为动词出现的，指组织行为，即通过一定权力和影响力，为达到一定目标，对所需资源进行合理配置，目的是处理人和人、人和事、人和物关系的行为。管理职能是通过两种含义的有机结合而产生其作用的。

2. 项目组织

项目组织是指为了最优化实现项目的目标对所需资源进行合理配置而建立的一种一次性的临时组织机构。

组织机构不同于组织结构，组织机构是指行使管理职能的机关，而组织结构是指全体人力资源中总体性的比例关系。

（二）项目管理组织的职能

（1）计划。即为实现既定目标，对未来项目实施过程进行规划安排的活动。

（2）组织。即通过建立以项目经理为中心的组织保证系统来确保项目目标的实现。

（3）指挥。即上级对下级的领导、监督和激励。

（4）协调。即加强沟通，使各层次、各部门步调一致，确保系统的正常运转。

（5）控制。即采用科学的方法和手段使组织排除干扰因素，纠正偏差，按一定的目标和要求运行。

（三）项目组织构成要素

组织构成一般呈上小下大的形式，其组成要素包括管理层次、管理跨度、管理部门和管理职责等。

1. 合理的管理层次

管理层次是指从最高管理者到实际工作人员的等级层次的数量。管理组织机构中一般分为三个层次：一是决策层，由项目经理及其助理组成，它的任务是确定项目目标和大政方针；二是中间控制层（协调层和执行层），由专业工程师组成，起着承上启下的作用，具体负责规划的落实、目标控制及合同实施管理；三是作业层（操作层），是从事操作和完成具体任务的，由熟练的作业技能人员组成。此组织系统正如金字塔式结构，自上而下权责递减，人数递增。管理层次多，是种浪费，并且信息传递慢，协调难，管理层次越小越好。

2. 合理的管理跨度

管理跨度是指一名上级管理人员直接有效地管理下级人员的人数。管理跨度的大小取决于需要协调的工作量。跨度（N）与领导者需要协调的关系数目按几何级数增长

$$C = N(2^{n-1} + N - 1)$$

3. 合理划分部门

要根据组织目标与工作内容确定管理部门，形成既有相互分工又有相互配合的组织系统。

4. 合理确定职能

组织设计中确定各部门的职能，使各部门能够有职有责、尽职尽责。

二、项目组织工作的内容

建设工程项目组织工作的内容包括组织设计、组织运行、组织调整三个环节，这三个环节是一个循环往复的过程。

（一）组织设计

组织设计的内容是依据工程项目的目标及任务分解、确定一个合理的组织机构，建立必要的规章制度或工作准则，划分并明确工程项目系统的不同岗位、层次、部门的权责，使之成为责任分担系统。

（二）组织运行（人员的适当配置）

组织运行指的是在设计的组织系统内人员的适当配置，即根据所肩负的责任，选择合适的人员，然后通过有效的信息沟通，形成决策网络，以实现工程项目组织工作的目标。

（三）组织调整

由于在建设工程项目运作过程中，组织工作要受到项目计划调整的制约，同时还会受到社会制度和管理环境的影响，因此必须随着项目内外环境条件的变化，适时进行组织调整。组织调整是指根据工作的需要、环境的变化，分析原有的项目组织系统的缺陷、适应性和效率性，对原组织系统进行调整和重新组合，包括组织形式的变化、人员的变动、规章制度的修订或废止、责任系统的调整以及信息流通系统的调整等。

三、项目组织机构设置的原则

1. 目的性原则

项目组织设置的根本目的，是为了产生组织功能，确保项目目标的实现。因此，必须研究项目，因目标设事、因事设机构定编制，按编制设岗位定人员，以职责定制度授权力。项目组织机构设置程序见图 5-1。

2. 精干高效的原则

项目组织机构的人员设置，应尽量简化机构，做到精干高效。人员配置力求一专多能，一人多职，并赋予他们学习和成长的机会，提高员工的素质和忠诚度。

3. 管理跨度和分层统一的原则

管理跨度的大小弹性很大，影响因素很多。在组织机构的设计时应根据管理者的特点、结合工作的性质以及被管理者的素质来确定管理跨度。而且跨度大小与分层多少有关，层次多，跨度会小，反之亦然。因此，项目经理在建立项目组织时，必须认真设计切实可行的跨度和层次，并随着项目的进展不断调整。

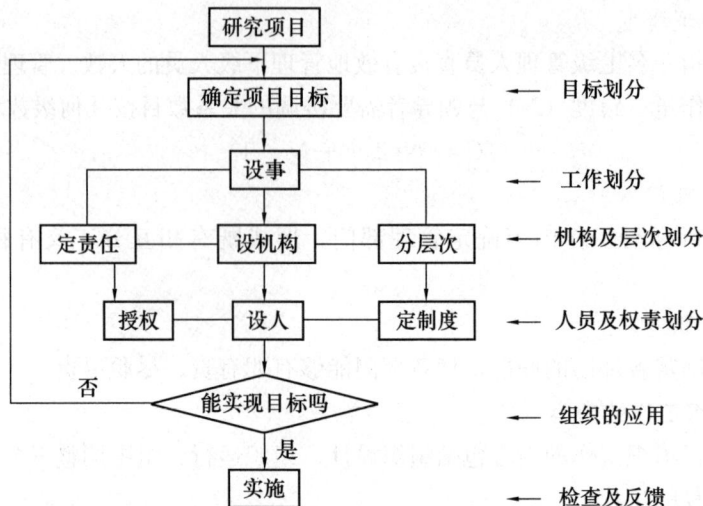

图 5-1　项目组织机构设置程序图

4. 业务系统化管理原则

在企业中，总工程师、总会计师和总经济师各管一个系统。在项目中，不同组织、工种、工序之间，存在大量结合部，这就要求设计组织机构时应以业务工作系统化原则为指导，周密考虑层间关系、分层与跨度关系、部门划分、授权范围、人员配备和信息沟通等因素，使组织机构成为封闭、严密的组织系统。

5. 弹性和流动性原则

工程项目的主要特点是单件性、流动性、阶段性和露天作业，这就要求项目管理工作和组织机构不能一成不变，必须随着项目的进展进行调整，以适应施工任务的变化。

6. 项目组织与企业组织一体化原则

项目组织是由企业组建的，项目管理的人员全部来自企业，项目组织解体后，全部人员回归原所在部门，因此项目组织和企业组织之间的关系是局部与整体的关系，不能离开企业的组织形式谈项目的组织形式。

第二节　建设项目实施的组织方式

一、传统的组织管理体制

（一）建设单位自管方式

建设单位自管方式即基建部门（基建科）负责制，是我国多年来常用的建设方式，它是由建设单位自己设置基建机构，负责支配建设资金，办理规划手续及准备场地、委托设计、采购器材、招标施工、验收工程等全部工作，有的还自己组织设计、施工队伍，直接进行设计施工，该方式适用于中、小型建设项目，如图 5-2 所示。

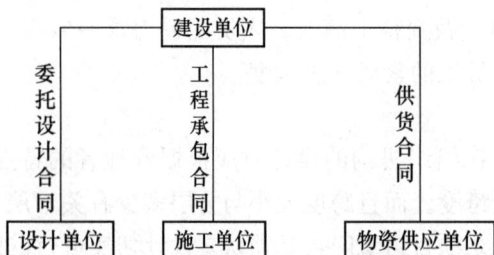

图 5-2　建设单位自管方式

（二）工程指挥部管理方式

工程指挥部管理方式即企业指挥部负责

制，在计划经济体制下，我国过去一些大型工程项目和重点工程项目多采用这种方式。指挥部通常由政府主管部门指令各有关方面派代表组成，适用于大、中型建设项目，如图 5-3 所示。在社会主义市场经济条件下，这种方式已不多见。

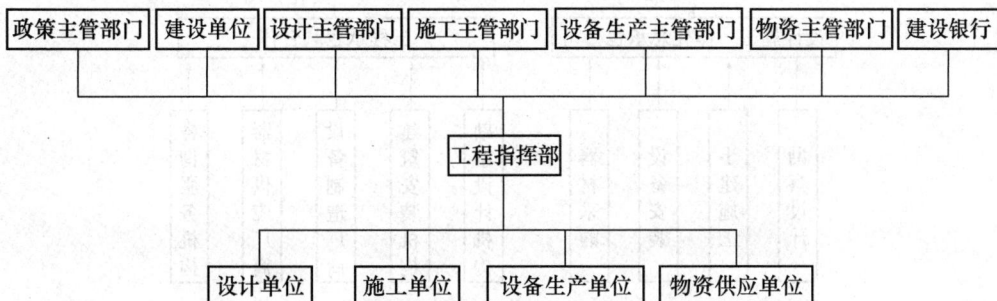

| 政策主管部门 | 建设单位 | 设计主管部门 | 施工主管部门 | 设备生产主管部门 | 物资主管部门 | 建设银行 |

工程指挥部

| 设计单位 | 施工单位 | 设备生产单位 | 物资供应单位 |

图 5-3 工程指挥部管理方式

二、建设项目组织管理体制改革

（一）建设项目组织管理体制改革的必然性

（1）建设项目组织管理体制改革是工程项目建设社会化、大生产化和专业化的客观要求。

（2）建设项目组织管理体制改革是市场经济发展的必然产物。

（3）建设项目组织管理体制改革是适应经济管理体制改革的需要。

（二）建设项目组织管理体制改革的趋势

（1）在工程项目管理机构上，要求其必须形成一个相对独立的经济实体，并且有法人资格。

（2）在管理机制上，要以经济手段为主、行政手段为辅，以竞争机制和法律机制为工程项目各方提供充分的动力和法律保证。

（3）使工程项目有责、权、利相统一的主管责任制。

（4）甲、乙双方项目经理实施沟通。

（5）人员素质的知识结构合理，专业知识和管理知识并存。

三、科学地建立项目组织管理体系

（一）总承包管理方式

总承包管理方式，是业主将建设项目的全部设计和施工任务发包给一家具有总承包资质的承包商。这类承包商可能是具备很强的设计、采购、施工、科研等综合服务能力的综合建筑企业，也可能是由设计单位、施工企业组成的工程承包联合体。我国把这种管理组织形式称作"全过程承包"或"工程项目总承包"。这种管理组织形式如图 5-4 所示。

按照建市〔2003〕30 号文《关于培育发展工程总承包和工程项目管理企业的指导意见》，工程总承包是指从事工程总承包的企业（简称工程总承包企业）受业主委托，按照合同约定对工程项目的勘察、设计、采购、施工、试运行（竣工验收）等实行全过程或若干阶段的承包。工程总承包企业实质上是一种大腕（大手、龙头、综合）建筑企业，不仅具备工程总承包能力，而且还有智力密集、依托分包、集成经营、恪守信誉和一流企业等特征。

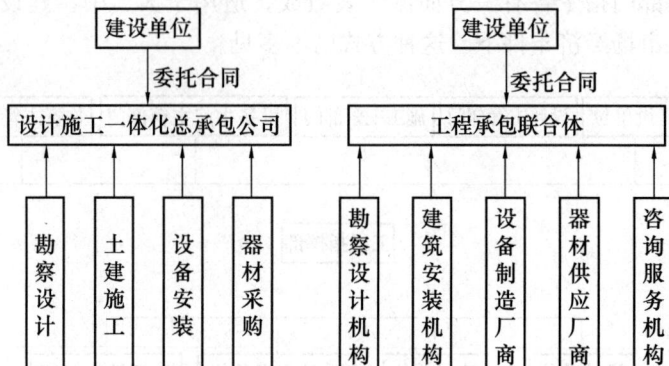

图 5-4　工程总承包管理方式

实践中，工程承包联合体一般具有如下特点：

（1）联合体形式可用在设计、施工和项目管理等方面。

（2）联合体是一种临时组织，针对某特定项目成立，项目完成，联合体自动解散。

（3）联合体以联合的名义与业主签约。

（4）联合体的资源投入原则：有钱出钱，有力出力。

（5）联合体的经济分配方法：根据投入量分配或协商确定，有福共享，有难同当。

（6）联合体往往对外明确一个代表，对内明确总负责人。

（7）联合体中有一家公司倒闭，所引起的经济责任由联合体其他成员负责承担。

（8）许多国家颁布联合体合同条例，对盈亏及各方责任都有明确规定。

2016 年，住房和城乡建设部出台了建市〔2016〕93 号文《关于进一步推进工程总承包发展的若干意见》（以下简称《若干意见》）。《若干意见》以问题为导向，针对工程总承包模式、工程总承包企业和项目经理基本条件、转包及违法分包界限、工程总承包企业义务和责任、工程总承包项目办理监管手续条件等关键环节明确了政策，提出了 20 条意见和措施。

1. 倡导优先采用工程总承包模式

《若干意见》明确，建设单位在选择建设项目组织实施方式时，应当本着质量可靠、效率优先的原则，优先采用工程总承包模式。政府投资项目和装配式建筑应当积极采用工程总承包模式。

2. 明确工程总承包企业及项目经理的基本条件

根据《若干意见》，建设单位可以依法采用招标或者直接发包的方式选择工程总承包企业。工程总承包企业应当具有与工程规模相适应的工程设计资质或者施工资质，相应的财务、风险承担能力，同时具有相应的组织机构、项目管理体系、项目管理专业人员和工程业绩。工程总承包项目经理应当取得工程建设类注册执业资格或者高级专业技术职称，担任过工程总承包项目经理、设计项目负责人或者施工项目经理，熟悉工程建设相关法律法规和标准，同时具有相应工程业绩。

3. 明晰转包和违法分包界限

《若干意见》对转包和违法分包进行了界定。《若干意见》明确，工程总承包企业可以在其资质证书许可的工程项目范围内自行实施设计和施工，也可以根据合同约定或者经建设单位同意，直接将工程项目的设计或者施工业务择优分包给具有相应资质的企业。同时，工程总承包企业应当加强对分包的管理，不得将工程总承包项目转包，也不得将工程总承包项目中设计和施工业务一并或者分别分包给其他单位。工程总承包企业自行实施设计的，不得将工程总承包项目工程主体部分的设计业务分包给其他单位。工程总承包企业自行实施施工的，不得将工程总承包项目工程主体结构的施工业务分包给其他单位。

4. 工程总承包企业全面负责项目质量和安全

《若干意见》明确了工程总承包企业的义务和责任：工程总承包企业对工程总承包项目的质量和安全全面负责。工程总承包企业按照合同约定对建设单位负责，分包企业按照分包合同的约定对工程总承包企业负责。工程分包不能免除工程总承包企业的合同义务和法律责任，工程总承包企业和分包企业就分包工程对建设单位承担连带责任。

5. 明确监管手续办理条件

《若干意见》要求，按照相关法规规定进行施工图设计文件审查的工程总承包项目，可以根据实际情况按照单体工程进行施工图设计文件审查。住房城乡建设主管部门可以根据工程总承包合同及分包合同确定的设计、施工企业，依法办理建设工程质量、安全监督和施工许可等相关手续。相关许可和备案表格，以及需要工程总承包企业签署意见的相关工程管理技术文件，应当增加工程总承包企业、工程总承包项目经理等栏目。

工程总承包企业自行实施工程总承包项目施工的，应当依法取得安全生产许可证；将工程总承包项目中的施工业务依法分包给具有相应资质的施工企业完成的，施工企业应当依法取得安全生产许可证。工程总承包企业应当组织分包企业配合建设单位完成工程竣工验收，签署工程质量保修书。

(二) 工程项目托管方式

建设单位将整个建设项目的全部工作，包括可行性研究、场地准备、规划、勘察设计、材料供应、设备采购、施工监理及工程验收等全部任务，都委托给工程项目管理专业公司去做。项目管理专业公司派出项目经理，再进行招标或组织有关专业公司共同完成整个建设项目。这种管理组织形式如图 5-5 所示。

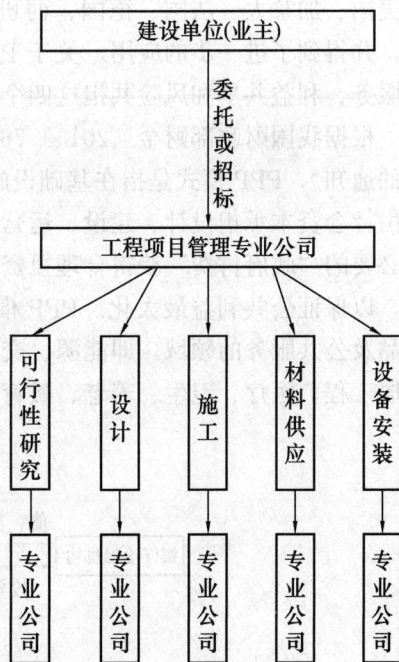

1. 工程项目管理公司应具备的条件

(1) 具有工程咨询、设计、施工、监理等一种或多种相应的资质。

(2) 具有与工程项目管理（服务）范围相适应的配套的项目管理专业人员和项目管理能力。

(3) 具有与工程项目管理相适应的组织机构、项目管理体系和项目管理技术及手段。

(4) 能用科学规范的项目管理方法、现代信息技术进行工程建设项目管理服务。

(5) 具有一定的融资能力。

图 5-5　项目管理承包方式

2. 工程项目管理公司的地位

作为工程项目建设的重要一方，工程项目管理公司在我国建筑业中处于十分重要的地位，具体如下：

（1）项目管理公司受业主委托，在项目建设中负责项目的协调、管理和监督，对提高工程质量、加快建设进度和控制建设投资起重要作用。

（2）项目管理公司作为专业化公司，可促进业主和承包商进一步提高项目管理水平，从而有助于提高社会投资效益。

（3）有助于加速解决长期以来我国非专业机构和非专业人员管理建设项目的落后现状。

图 5-6　三角管理方式

（三）三角管理方式

这是常用的一种建设管理方式，是把业主、承包商和工程师三者相互制约、互相依赖的关系，形象地用三角形关系来表述，如图 5-6 所示。其中，由建设单位分别与承包单位和咨询公司签订合同，由咨询公司代表建设单位对承包单位进行管理。

（四）PPP 模式

PPP 是英文 Public Private Partnership 的缩写，直译为"公私合作伙伴关系"。在我国，PPP 被译作"政府与社会资本合作"，是指公共部门与私人部门为提供公共产品或服务而建立的长期合作关系。PPP 产生于 20 世纪 80 年代。该模式最早在英国出现并得到推广，继而在美国、加拿大、法国、德国、西班牙、澳大利亚、新西兰、日本等发达国家得到广泛响应，并得到了进一步的应用。关于 PPP 模式的定义，学界归纳出公私合作、提供公共产品或服务、利益共享和风险共担这四个要点。

根据我国财政部财金〔2014〕76 号文《关于推广运用政府和社会资本合作模式有关问题的通知》，PPP 模式是指在基础设施及公共服务领域建立的一种长期合作关系，通常模式是由社会资本承担设计、建设、运营、维护基础设施的大部分工作，并通过"使用者付费"及必要的"政府付费"获得合理投资回报；政府部门负责基础设施及公共服务价格和质量监管，以保证公共利益最大化。PPP 模式主要适用于基础设施、公用事业等项目产出为公共产品及公共服务的领域，即能源、交通运输、水利、环境保护、农业、林业、科技、保障性安居工程、医疗、卫生、养老、教育、文化等各个领域。其运作方式如图 5-7 所示。

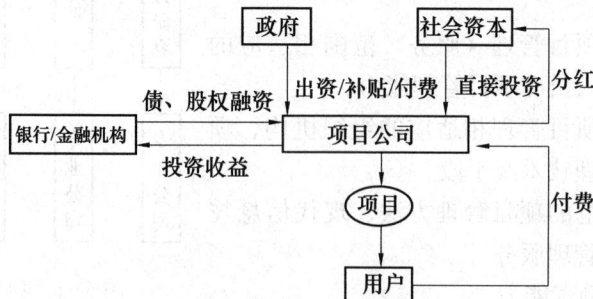

图 5-7　PPP 模式运作方式

目前我国的 PPP 模式包括外包、特许经营和私有化等三大类。

（1）外包类：一般是由政府投资，私人部门承包整个建设工程项目中的一项或几项职能。例如只负责工程建设，或者受政府之托代为管理维护设施或提供部分公共服务，并通过政府付费实现收益。具体分为模式外包（服务外包 SC、管理外包 MC）和整体式外包（设计—建造 DB、设计—建造—主要维护 DBMM、设计—建造—经营 DBO、运营和维护 O&M）。

（2）特许经营类：这是目前最常见的一类 PPP 模式。我国政府六部委于 2015 年 4 月专门出台了《基础设施和公用事业特许经营管理办法》对其进行规范。它是指政府采用竞争方式依法授权中华人民共和国境内外的法人或者其他组织，通过协议明确权利义务和风险分担，约定其在一定期限和范围内投资建设运营基础设施和公用事业并获得收益，提供公共产品或者公共服务。具体分为转让—运营—转让 TOT（购买—更新—经营—转让 PUOT、租赁—更新—经营—转让 LUOT）、建设—运营—转让 BOT（建设—租赁—经营—转让 BLOT、建设—拥有—经营—转让 BOOT）和其他（设计—建造—转让—经营 DBTO、设计—建造—投资—经营 DBFO）。

（3）私有化类：需要私人部门负责项目的全部投资，在政府监管下通过向用户收费收回投资实现利润。具体分为完全私有化（购买—更新—经营 PUO、建设—拥有—经营 BOO）和部分私有化（股权转让、其他）。

由于 PPP 模式在拉动社会资本投资，化解地方政府债务负担，倒逼推进行政、财税体制改革，推动我国城镇化、产业现代化、公共事业又快又好发展具有不可替代的作用，所以目前我国在公共产品及公共服务项目领域正大力推广 PPP 模式。

第三节　施工项目管理组织形式

一、组织形式

组织形式也称为组织结构的类型，是指一个组织以什么样的结构方式去处理管理层次、管理跨度、部门设置和上下级关系。项目组织机构形式，是管理层次、管理跨度、管理部门和管理职责的不同结合。项目组织的形式应根据工程项目的特点、工程项目承包模式、业主委托的任务以及单位自身情况而定。施工项目管理组织形式有许多种，主要包括工作队式、部门控制式、矩阵式、事业部式和直线职能式五种。

（一）我国施工项目组织管理实践

我国推行的施工项目管理与国际惯例通称的项目管理一致，具体表现在以下三个方面：

（1）项目的责任人履行合同。

（2）实行两层优化的结合方式。

（3）项目进行独立的经济核算。

在项目管理实践中，我国与国外发达国家之间差距较大，必须进行企业组织管理体制和配套改革。

1985 年 11 月，鲁布革工程厂房工地开始试行外国先进管理方法。工程师黎汉皋被请出来担此重任，他痛痛快快答应了。

经理问："你凭什么干好？"回答："凭中国知识分子的良心。"反问："你给我什么保证？"

经理："实行承包合同制，经济独立核算，人员由你组阁。""那行！"黎汉皋走马上任了。

厂房建设指挥所成立了。从原来负责这项工程的三公司 1500 人中抽出 429 人，组成施工队伍，实行所长—主任—工长—班长—工人五级串联式管理。不设副职，党群团干部全部兼职，工人实行一专多能。指挥所成立以来，培训了 21 个工种，平均 6 人中就有一人取得了驾驶执照。一个过去需要 40 多人的班组，现在五六个人就够了。所长黎汉皋一抓工时利用率，二抓空间利用，三抓定额管理。指挥所成立 40 天，完成产值等于 1984 年全年总和。到 1986 年底，13 个月中，不仅把工程原拖后的 3 个月时间抢了回来，还提前 4 个半月结束了开挖工程，安装间混凝土提前半年完成。1986 年 11 月中央领导视察工地时说："看来同大成的差距，原因不在工人，而在于管理，中国工人可以出高效率。"

但在实践中管理者也面临着很大的困难，27km 长的黄泥河上，有五种工资制度。报酬最高的是日本大成公司的劳务工人，其次是承包日本川琦重工斜井钢管作安装的安装公司，再次是实行工资含量包干加效益分成的厂房指挥所，第四是实行工资含量包干的职工，最后是一般工资。

心理不平衡的能量是惊人的。外国人承包的，不好左右。可你厂房指挥所能独立吗？你吃饭得进食堂，看病得上医院，有娃娃得上学……这么多人为你服务，你得奖金他不得，这了得！于是怪事咄咄：工人去领水泵，不给，拿资金来；到修配厂加工一个螺丝，不干，拿奖金来……

其实，就连日本人，"分配"这条指挥棒在工地也有点失灵。标书规定，日方可以决定中国劳务工人的工资，可真要调，行不通了。当时在中国降工资等级可是件大事，将来没法做工作。无奈，日方让步，只升不降，提出了 38 人的晋级名单。中方审核后，又摇头，认定，光提这些人会引起工龄长、资历深的人不满，于是中方提出了 103 人名单，两个名单一对照，重合部分只有四人，日方表示难以接受。双方就此终究未能形成一致意见。

（二）对施工项目组织形式的选择要求

（1）适应施工项目的一次性特点，使项目的资源配置需求可以进行动态的优化组合，能够连续、均衡施工。

（2）有利于施工项目管理依据企业的正确战略决策及决策的实施能力，适应环境，提高综合效益。

（3）有利于强化对内、对外的合同管理。

（4）组织形式要为项目经理的指挥和项目经理部的管理创造条件。

（5）根据项目规模、项目与企业本部距离以及项目经理的管理能力确定组织形式，使层次简化、分权明确、指挥灵便。

二、工作队式项目组织

（一）工作队式项目组织特征

图 5-8 是工作队式项目组织构成示意图，虚线内表示施工项目管理组织，其成员与原部门脱离关系。该项目组织形式具有以下特征：

（1）项目组织成员与原部门脱离。

（2）职能人员由项目经理指挥，独立性大。

（3）原部门不能随意干预其工作或调回人员。

（4）项目管理组织与项目同寿命。

（二）工作队式项目组织适用范围

这种项目组织类型适用于大型的、工期要求紧迫的项目，要求多工种、多部门密切配合的项目。因此，它要求项目经理素质高，有快速组织队伍和善于指挥来自不同部门的人员的能力。

（三）工作队式项目组织优点

（1）有利于培养一专多能的人才并充分发挥其作用。

（2）各专业人员集中在现场办公，办事效率高，解决问题快。

（3）项目经理权力集中，决策及时，指挥灵便。

（4）项目与企业的结合部关系弱化，易于协调关系。

（四）工作队式项目组织缺点

（1）各类人员来源于不同部门，具有不同的工作背景，初期难免配合生疏，往往不够默契。

图 5-8　工作队式项目组织

（2）各类人员在同一时段所承担的工作任务可能差别较大，忙闲不均，可能影响积极性的发挥，同时人才浪费现象严重，稀缺人才难以在企业内合理调剂使用。

（3）职工长期离开自己熟悉的环境和合作伙伴，容易产生临时观念和不满情绪。

（4）职能部门的作用无法充分发挥，因同一部门成员分散于不同的项目，难以进行及时、有效的培养和指导。

三、部门控制式项目组织

（一）部门控制式项目组织特征

图 5-9 是部门控制式项目组织构成示意图，这是按照职能原则建立的项目组织。它不打乱企业现行的建制，把项目委托给企业某一专业部门或委托给某一施工队，由被委托的部门（施工队）领导在本单位组织人员负责组织并完成工作任务，项目终止后恢复原职。

（二）部门控制式项目组织适用范围

这种项目组织类型一般适用于小型的、专业性较强，不需涉及众多部门的施工项目。

（三）部门控制式项目组织优点

（1）人才作用发挥较充分，人事关系容易协调。

（2）从接受任务到组织运转启动，时间短。

（3）职责明确，职能专一，关系简单。

（4）项目经理无需专门培训便容易进入状态。

（四）部门控制式项目组织缺点

（1）该组织类型不能适应大型项目管理需要。

（2）该组织类型不利于精简机构。

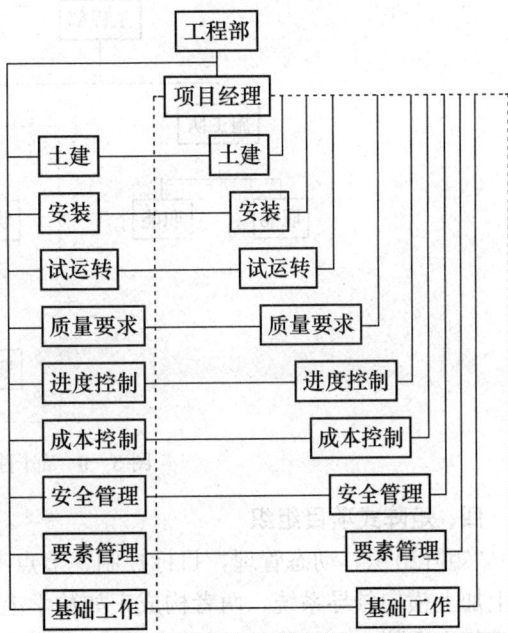

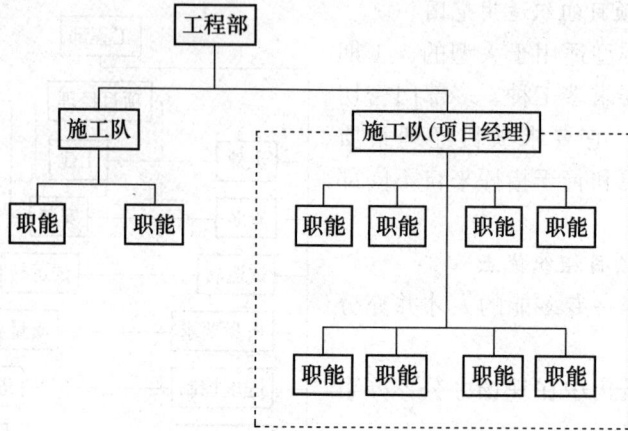

图 5-9　部门控制式项目组织

四、矩阵式项目组织

"矩阵组织，动态管理，目标控制，节点考核"，矩阵制组织是在传统的直线职能制的基础上加上横向领导系统，两者构成正如数学上的矩阵结构，项目经理对施工全过程负责，矩阵中每个职能人员都受双重领导，部门负责人有权根据不同项目的需要和忙闲程度，在项目之间调配部门人员，一个专业人员可能同时为几个项目服务，特殊人才可充分发挥作用，大大提高人才使用效率。矩阵制是我国推行项目管理最理想最典型的组织形式，如图 5-10 所示。

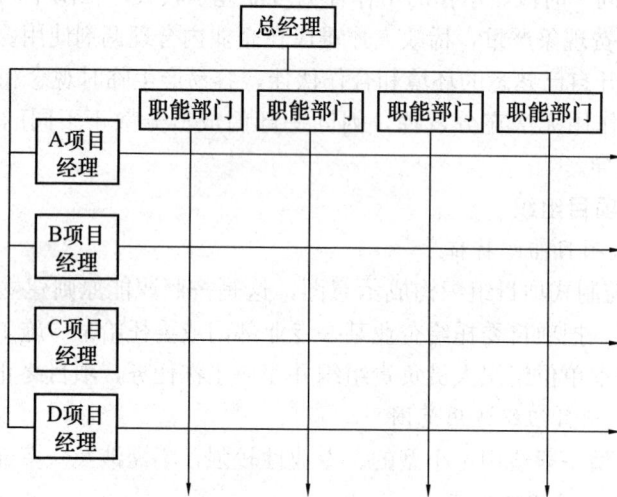

图 5-10　矩阵式项目组织

（一）矩阵式项目组织特征

（1）专业职能部门是永久性的，而项目组织是临时性的，没有人员包袱。

（2）职能人员受双重领导，项目经理有权控制、使用职能人员，但部门的约束力一般大于项目的控制力。

（二）矩阵式项目组织适用范围

按照管理权力和责任在项目经理和部门经理之间分配的不同，矩阵式组织分为强矩阵、弱矩阵和平衡矩阵式组织。通常真正平衡式矩阵的组织是不存在的。

(1) 强矩阵式项目组织在项目上设有专职的项目经理和项目管理人员，权力向项目经理倾斜，而部门经理的权力较弱。

(2) 弱矩阵式的项目组织中建立了相对明确的由职能部门人员组成的项目班子，但项目经理的作用弱化，而且是非专职的。有时即使任命项目经理，但他仅是一个项目协调人和监督人，而不是通常意义上的项目负责人。项目经理的权力小，其相应的责任也小，部门经理的权力则相对较大。

在企业中矩阵式项目组织形式通常应用于一个企业同时承担多个需要进行项目管理的工程任务的情况。各个项目起始时间不同，规模及复杂程度也有所不同。由于企业同时进行许多项目的实施，则要求职能部门能弹性地适应变化的和不同规模、复杂程度的项目任务，适应很多项目对企业有限资源的竞争需求，这样矩阵式组织形式才能显示其优势。

（三）矩阵式项目组织优点

(1) 能够集中企业全部的资源（特别是技术力量）在各项目上，形成以项目任务为中心的管理，对环境变化迅速作出反应，及时满足顾客的要求，确保项目全过程和各项目之间管理的连续性和稳定性，确保项目目标的实现。

(2) 企业对项目经理只是部分授权，常常依赖于部门经理的支持。企业对资源实行统一管理，能够形成全企业统一指挥，协调管理，使资源能够最有效地、均衡地、节约地、灵活地得到使用，特别是能够充分发挥企业稀缺人才的作用，提高工作效率。一个公司项目越多，项目计划和平衡的难度虽然增加，但上述效果更加显著。

(3) 在矩阵式项目组织中，项目组成员仍然归属于一个职能部门，这不仅保证企业组织和项目工作的稳定性，而且使他们有机会在职能部门中通过参与各种项目，积累了丰富的经验和阅历，在专业上取得更大的发展。

(4) 矩阵式组织结构富有弹性，有自我调节的功能，能更好地体现生产要素的动态管理和优化组合，适用于时间和费用压力大的多项目和大型项目的管理。例如，增加一个项目，对于职能部门仅增加了一项专业任务，仅影响计划和资源分配；项目结束时，组织结构恢复原状。

(5) 矩阵式项目组织的结构、权力与责任关系趋向灵活，能在保证项目经理对项目最有力控制的前提下，充分发挥各职能部门的作用，保证信息和指令的传递途径较短，组织层次少，企业组织扁平化。缩小了"决策层—职能部门—实施层"之间的距离，沟通速度加快。

(6) 项目组织上打破了传统的以权力为中心的管理模式，树立了以任务为中心的理念。这种组织的领导不是集权的，而是分权的、民主的、合作的。

(7) 各部门相对独立于它的上级领导，有较大的决策空间，工作有挑战性，干部和员工的工作热情和效率较高，项目效益高。同时，矩阵式项目组织能兼顾产品（或项目）和专业职能活动，职能部门和项目组共同承担项目任务，共同工作，能够发挥双方的积极性。

(8) 矩阵式组织的运作是灵活的、公开的，其运行过程也是管理人员的培训过程。在组织中，人们积极承担义务，互相学习，信息共享，相互信任。通过交流知识和信息，促进了良好的沟通，有利于人才的成长，整个组织氛围符合创新的需要。

（四）矩阵式项目组织缺点

(1) 存在组织上的双重领导，双重职能，双层汇报关系，双重的信息流、工作流和指令界面，界面管理的难度和复杂性增加。项目经理和部门经理双方容易产生争权、扯皮和推卸责任现象。所以必须严格区分两大类工作（项目的和部门的）的任务、责任和权力，划定界限。否则容易产生混乱和争执，甚至会出现对抗局面。

（2）因为存在双重领导，所以信息处理量加大，会议多，报告多。

（3）企业必须培养并拥有足够数量的、经过培训的、强有力的项目经理。

（4）由于许多项目同时进行，导致项目之间竞争专业部门的资源。而且由于企业内各项目间的优先次序不易确定，因此可能带来协调上的困难，职能经理与项目经理之间容易发生矛盾。项目经理要花大量的精力和时间来协调各专业部门之间的关系。

（5）采用矩阵式项目组织将对已建立的企业组织规则产生冲击，如职权和责任模式、生产过程的调整、后勤系统、资源的分配模式、管理工作秩序以及人员的评价等，甚至还会对企业的管理习惯、组织文化产生冲击。

（6）由于项目对资源数量和质量的需求变化频繁，容易产生混乱和低效率，进而影响项目目标的实现，为此企业需要建立很强的计划与控制系统。

五、事业部式项目组织

事业部式项目组织是直线职能制高度发展的产物，最早于第一次世界大战后的一家美国汽车工厂和第二次世界大战后的日本松下电器公司所采用。目前，在欧、美、日等国，已被广泛采用，事业部组织可分为按产品划分的事业部和按地区划分的事业部。事业部能迅速适应环境变化，增强企业的应变能力和竞争能力，有利于企业的战略管理和项目管理，如图 5-11 所示。

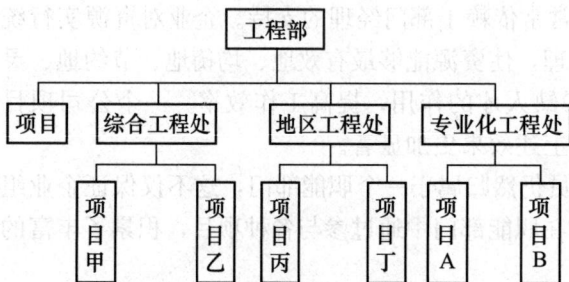

图 5-11 事业部式项目组织

（一）事业部式项目组织特征

（1）各事业部拥有自己特有的产品或市场。根据企业的经营方针和战略决策进行管理，对企业承担经济责任，而对其他部门是独立的。

（2）各事业部具有一切必要的权限，是独立的分权组织，实行独立核算。主要思想：集中决策，分散经营；事业部制又称为"分权的联邦制"。

（二）事业部式项目组织适用范围

当企业承揽工程类型多或工程任务所在地区分散或经营范围多样化时，宜采用事业部式项目组织，它有利于提高企业管理效率和项目管理水平。需要注意的是，一个地区只有一个项目，没有后续工程时，不宜设立事业部。事业部与地区市场同寿命，地区没有项目时，该事业部应当撤销。

（三）事业部式项目组织优点

事业部式项目组织形式有利于延伸企业的经营职能，开拓企业的业务领域。当企业向大型化、智能化发展并实行作业层和经营管理层分离时，事业部式组织可以提高项目应变能力，充分调动各方积极性。

（四）事业部式项目组织缺点

事业部式项目组织相对来说比较分散，协调难度较大，应通过制度加以约束。

实践中，一家企业往往承揽多个不同类型和不同特点的项目，建立新矩阵和事业部相结合的新型管理结构模式（Matrix or Multidrisiond Structure，MMS管理结构模式），不失为目前建筑业企业一种最理想的选择。

MMS管理结构模式的特征是：对企业总部区域的工程项目采用矩阵制，由企业总部各个职能部门对口管理工程项目；对远离公司本部而且有着长期市场的经营区以及企业总部内的多个实体和专业化分公司（每一个利润中心），均采用事业部式项目组织。事业部能较迅速适应环境变化，提高企业的应变能力，调动各部门的积极性。但是企业对项目经理部的约束力减弱，因此企业必须建立起以责任制为基础，以效益考核为中心的可操作性的考核制度、跟踪监督检查制度、综合协调制度和奖惩制度，推动和促进矩阵式和事业部管理组织结构模式的建立和发展。然而，每家企业都有自己的特点，在建立新矩阵式和事业部管理组织结构模式时，还应结合本企业的实际情况，才能建立真正精干高效的管理组织机构，推动项目管理科学化和高效化。

六、直线职能式项目组织

直线职能式项目组织是指结构形式呈直线状且设有职能部门或职能人员的组织，每个成员（或部门）只受一个上级领导直接指挥。它不同于直线式项目组织。直线式项目组织的特征是只有两个管理层次，上层是项目经理部，而下层是具体的业务操作人员，该组织形式仅适用于简单、小型项目。直线式项目组织形式的一般模式如图5-12所示，其优点是命令指挥单一，简单易行，信息传递快，但缺乏职能部门的专业指导和配合，专业化程度不高。

（一）直线职能式项目组织特征

（1）直线职能式项目组织一般设有三个管理层次：一是施工项目经理部，负责项目决策管理和调控等工作；二是施工项目专业职能管理部门，负责项目内部专业管理业务；三是施工项目的具体操作队伍，负责施工任务的具体实施。

（2）由于施工项目现场任务相对比较稳定明确，符合直线职能式项目组织的组织要求，因此直线职能式的项目现场组织形式是施工项目典型的现场组织形式。

（二）直线职能式项目组织适用范围

直线职能式项目组织一般适用于大规模综合性的施工项目任务，其现场组织形式如图5-13所示。

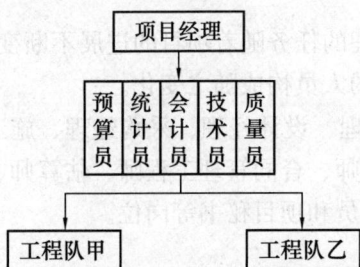

图 5-12　直线式项目组织形式　　　　　　图 5-13　直线职能式项目组织形式

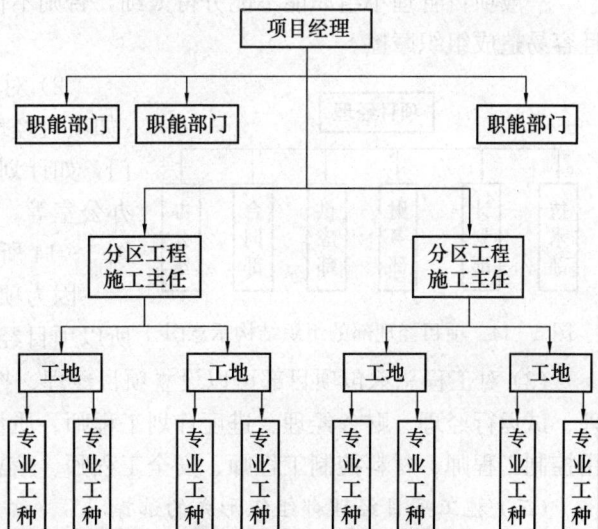

（三）直线职能式项目组织优点

在直线职能式项目组织中，既保留了直线式项目组织命令单一、统一指挥的优点，又能发挥各职能部门的专业优势，有利于集中各方面专业管理力量，强化管理。

（四）直线职能式项目组织缺点

直线职能式项目组织信息传递慢，职能部门及其成员难以随着内外环境的变化进行适时调整，组织弹性小。

七、施工项目经理部组织形式的确定

（一）施工项目经理部的作用

施工项目经理部是项目管理的工作班子，置于项目经理的领导之下，其作用主要体现在以下四个方面：

（1）负责施工项目从开工到竣工的全过程的组织管理工作，对作业层开展指导监督和咨询服务。

（2）当好项目经理的参谋，为项目经理提供决策依据并贯彻实施，对项目经理全面负责。

（3）注意协调好项目经理部的内外关系，提高团队凝聚力，努力完成企业所赋予的项目管理任务。

（4）项目经理部是代表企业履行工程承包合同的主体，对建设单位和最终建筑产品负责。

（二）项目经理部的结构

项目经理部的组成或人员设置与所承担的项目管理任务相关。

（1）对中、小型的项目通常设置项目管理小组，有项目经理、专业工程师（土建、安装、工艺等专业）、合同管理人员、成本管理人员、信息管理员、秘书等，有时还应配备负责采购、库存管理、安全管理和计划等方面的人员。

一般项目管理小组职能不能分得太细，否则不仅管理程序复杂，组织成员能动性小，而且容易造成组织摩擦。

（2）对大型项目往往必须设置一个管理集团（如项目经理部或项目公司），项目经理下设各个部门，如计划部、技术部、合同部、财务部、供应部、办公室等。例如，某大型工程项目经理部的结构如图 5-14 所示。

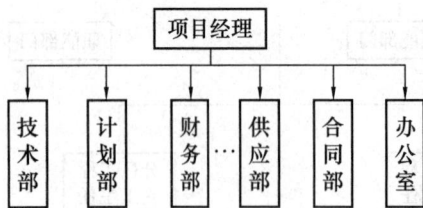

图 5-14　项目经理部的组织结构示意图

因为项目管理的任务随着项目的进展不断变化，所以项目经理部的人员构成随之变化。

（3）对工程总承包项目部可以设立项目经理、控制经理、设计经理、采购经理、施工经理、试运行经理、财务经理、进度计划工程师、质量工程师、合同管理工程师、估算师、费用控制工程师、材料控制工程师、安全工程师、信息管理员和项目秘书等岗位。

（三）施工项目经理部组织形式的选择

（1）大型复杂项目可采用矩阵式或工作队式项目组织形式。

（2）中型项目宜采用直线职能式项目组织形式。

（3）远离企业管理层的大中型项目宜采用事业部式项目组织形式。

（4）小型项目宜采用部门控制式项目组织形式。

第四节　项目经理与建造师

一、项目经理的地位和作用

一个建设工程项目是一项一次性的整体活动，在完成这个任务过程中必须有一个最高的责任者和组织者，这就是通常所说的项目经理。项目经理是企业法人代表在项目上的全权委托代理人，他居于整个项目的核心地位，对项目经理部以及对整个项目具有举足轻重的作用，对项目的成功起决定性影响。

在企业内部，项目经理是项目实施全过程全部工作的总负责人，对外可以作为企业法人的代表在授权范围内负责并处理各项事务。由于不同的管理主体其管理目标和侧重点有所不同，体现在项目经理的责、权、利方面也必然存在一定差异。在现代工程项目中，由于工程技术系统更加复杂化，实施难度加大，项目经理对项目的效益影响越来越大，业主在选择承包商和项目管理公司时十分注重对其项目经理的经历、经验和能力的审查，并赋予一定的权重，作为定标、授予合同的重要指标之一。而许多项目管理公司和承包商将项目经理的选择、培养作为企业的一个重要发展战略。

（一）项目经理的任务

在不同的建设工程项目中，项目经理的任务、职责、权力不一样。它们常常跟业主对项目经理的信任程度、依赖程度、工程需要和业主自身的工程管理能力等因素有关。项目经理的工作任务由以下三个方面决定：

（1）业主与项目管理公司签订的项目管理合同。在该合同中，具体规定了业主与项目经理之间的责、权、利关系，明确了业主赋予项目经理管理承包合同和工程的职责。

（2）工程承包合同。虽然项目经理不是承包合同的签约者，但按照惯例，承包合同（如FIDIC合同）对项目经理的作用、权力、责任都有明确的规定。工程承包合同是在工程建设过程中解决业主、项目经理和承包商三者关系的最根本的依据。

（3）业主对项目经理权力的限定。即使使用标准的FIDIC合同条件，业主仍有权力书面限定项目经理的权力，或要求项目经理在行使某些权力时得到业主的批准。

工程实践中，项目经理往往要承担以下任务：

（1）项目经理负责组织精干高效的项目管理班子。

（2）项目经理负责各项规章制度和岗位责任制，组织项目有序地开展工作。

（3）项目经理负责制订项目阶段性目标和项目总体控制计划。

（4）项目经理负责对项目进行全盘统筹，及时作出决策。

（5）项目经理负责协调项目组织的内部及外部各方面关系，履行合同义务，监督合同执行，处理合同变更。

（6）项目经理负责建立完善的内部及外部信息管理系统，确保信息畅通无阻。

（二）项目经理的地位

随着项目管理社会化程度的提高，项目管理单位在工程项目组织中的地位不断提升，业主对项目管理单位的依赖性增大，项目管理单位对工程的整体效率和作用影响加大，不仅对业主承担责任，而且还要承担更大的社会和历史责任。项目经理作为项目经理部的核心人物，在建设工程项目管理中占据着重要地位，具体如下：

（1）项目经理是建设工程项目唯一的最高决策者。

（2）项目经理是建设工程项目各方关系的协调者。

（3）项目经理是企业法定代表人在项目上的全权委托代理人。

（4）项目经理是建设工程项目实施过程目标的控制者。

（三）项目经理的作用

1. 项目管理公司项目经理的主要作用

（1）作为业主的代理人促进项目管理工作的专业化。项目经理作为业主的代理人，为业主提供专业化的服务，包括从前期策划、设计和计划，到施工监理，甚至运行管理的全过程咨询和管理。与业主自行管理工程相比较，业主可以获得一个高效益的建设工程项目。同时，项目经理熟悉项目实施过程，熟悉工程技术，精通项目管理知识，具有丰富的项目管理经验，能将项目的设计、计划做得十分周密和完美，能够对项目的实施进行最有力的控制，并不断积累项目管理经验，提高管理水平。

（2）在合同双方之间发挥协调、平衡作用。由于承包合同双方利益和立场不一致，会造成双方行为的不一致和矛盾，项目经理能站在公正的立场上，公正、公平、合理地处理和解决各种问题和纠纷。作为双方的桥梁和纽带，协调好各方面的关系，及时缓冲矛盾，调解争执，缩短双方的距离，促使他们共同营造一个良好的合作环境和氛围，既能保证业主及时地获得承包合同所确定的合格工程，又能使承包商获得合同规定的合理报酬，维护合同双方的合法权益，赢得承包商和供应商的信赖。

2. 施工项目经理的主要作用

（1）建立健全精干高效的施工项目管理组织（施工项目经理部）。

（2）组织制定阶段性目标和控制目标，拟订项目实施计划。

（3）通过开展有效的、动态的目标控制，确保施工项目目标实现，使业主满意。

（4）建立有效、快捷的信息流通渠道，通过信息的集散达到控制的目的，使施工项目管理取得成功。

（5）作为施工项目责、权、利的主体，对施工项目管理目标的实现承担全部责任，即承担履行合同责任，履行合同义务，执行合同条款，处理合同纠纷，受法律的约束和保护。

3. 施工项目经理的职责权限

施工项目经理的职责是由其所承担的任务决定的，施工项目经理应当履行以下职责：

（1）贯彻执行国家和工程所在地政府的有关法律、法规和政策，执行企业的各项管理制度。

（2）严格财经制度，加强财务管理，正确处理国家、企业和个人的利益关系。

（3）签订和组织履行《项目管理目标责任书》，执行企业和业主签订的《项目承包合同》中由项目经理负责履行的各项条款。

（4）对工程项目施工进行有效控制，执行有关技术规范和标准，积极推广应用新技术，确保工程质量和工期，实现安全、文明生产，努力提高经济效益。

（5）组织编制工程项目施工组织设计，并组织实施。

（6）根据公司年（季）度施工生产计划，组织编制季（月）度施工计划，并严格履行。

（7）科学组织和管理进入项目工地的人、财、物资源，协调和处理与相关单位之间的关系。

（8）组织制定项目经理部各类管理人员的职责权限和各项规章制度，定期向公司经理报告工作。

（9）进行工程竣工结算、资料整理归档，接受企业审计并做好项目经理部的解体与善后工作。

为了给施工项目经理创造履行职责的条件，建筑业企业必须赋予项目经理一定的权限：

（1）用人决策权。

（2）财务支付权。

（3）进度计划控制权。

（4）技术质量决策权。

（5）物资采购管理权。

（6）现场管理协调权。

建设部在有关文件中对施工项目经理的管理权力作了以下规定：

（1）组织项目管理班子。

（2）以企业法人代表的代表身份处理与所承担的施工项目有关的外部关系，受委托签署有关合同。

（3）指挥施工项目建设的生产经营活动，调配生产要素。

（4）选择施工作业队伍。

（5）进行合理的经济分配。

（6）企业法定代表人授予的其他管理权力。

二、现代建设工程项目对项目经理的要求

在现代建设工程项目管理中，由于项目和项目管理的特点，以及项目经理对项目的重要作用，人们对其知识结构、能力和素质要求越来越高，因此他就必须具备符合从事该工程项目管理的资质条件，包括其学历、经历、知识结构、组织能力、实践经验、工作业绩、思想作风、职业道德和身体状况等。

（一）项目经理的素质

在市场竞争的条件下，项目经理的素质对于企业的重要性不言而喻，特别对专业化的项目经理，他不仅应具备一般领导者的素质，还应符合项目管理的特殊要求。

1. 职业道德素质

（1）项目经理应具有高度的社会责任感和历史使命感，具有建设工程全寿命期项目管理的理念，注重项目对社会的贡献和历史作用，注重社会公德，保障社会利益，保护生态环境，遵守法律法规，具有全局观念。

（2）项目经理对业主、对企业和其他项目相关者负有职业责任。他必须具有很好的职业道德，用户利益至上，不谋私利，有工作热情和敬业精神，勇于挑战，敢于承担责任，努力完成任务，任劳任怨。

（3）因为项目是一次性的，项目管理是常新的工作，富于挑战性，所以项目经理应具备创新精神，求真务实，具有雄才伟略，敢于决策，勇于承担风险，不断追求更高的目标，追求工作的完美，不断超越自己。

（4）为人诚实可靠，言行一致，讲究信用，实事求是，忠于职守，能正确地解释并执行合同，公平、公正地对待各方利益。胸怀坦荡，有坚强的意志，能廉洁自律，除了自己的酬金外不应获取其他利益，具有较强的自我控制能力。

（5）具有团队精神，能够与他人合作共事，能够公开、公正、公平地处理事务。能承担艰苦的工作，不仅要经得住批评指责，化解矛盾，而且能够宽容对待，继续努力工作。

2. 领导素质

项目经理既是管理者，也是领导者，因此他应具有较高的组织能力，具体如下：

（1）具有成熟的判断能力，灵活机变。项目经理应具有长期从事工程管理工作的经历，特别要求具有类似项目的成功的经验和业绩，思维敏捷，灵活机变，具有敏锐的洞察力和成熟客观的判断能力。因为建设工程项目是常新的，所以他又必须具有应变能力，能够适应不同的项目和不同的项目组织。

（2）具有很强的沟通能力，善于激励。项目经理应具有较高的领导艺术和协调能力，具有良好的组织才能和个人素质，熟练掌握沟通艺术，注意从心理学、行为科学的角度调动项目经理部成员的工作积极性，并具有较强的语言表达能力。在国际项目中，需要项目经理具有熟练运用外语的能力，并掌握谈判技巧。

（3）具有较强的组织管理能力，善于协调。项目经理应胜任小组领导工作，知人善任，敢于和善于授权，能协调好各方面的关系，善于人际交往，善于处理矛盾与解决冲突，要充当激励者、教练、活跃气氛者、维和人员和冲突裁决人。且其工作具有计划性，具有追寻目标和跟踪目标的能力。

（4）掌握一定的工程技术技能，应对风险。项目经理还应具有一定的工程技术技能，对工程技术系统的机理有成熟的理解，能预测项目风险，能够及时发现问题，提出问题，并能从容地处理各种紧急情况，具有应对突发事变的能力，以及对风险、对复杂现象的抽象思维能力和抓住关键问题的能力。

（5）具有战略管理的能力，统筹兼顾。项目经理应具有战略观念、博学多识、眼光开阔，具有系统思维和决策能力，对整个建设工程项目的系统能够进行全面观察，统一指挥，统一管理，而且对项目开发过程十分熟悉，包括行政过程、专业技术过程和组织管理过程。

3. 知识素质

项目经理应当是一个专家，通常要接受过大学以上的专业教育，具有丰富的知识，包括专业技术知识、管理知识、经济知识和法律知识等。

（1）项目经理要接受过项目管理的专门培训或通过再教育掌握项目管理的知识。目前国外和我国都有一整套项目经理的教育培训的途径和方法，最典型的是美国 PMI 提出的项目管理知识体系（PMBOK），确定项目经理需要掌握项目所在领域的相关专业知识，如相关的工业、农业、建筑知识等；一般的管理知识，如管理学、经济学、组织行为学等理论和方法；项目管理知识，包括综合管理、范围管理、时间管理、成本管理、人力资源管理、采购管理、质量管理、信息管理、风险管理九大知识体系。

（2）项目经理需要综合的、广博的知识面，能够对所从事的工程相关专业有一定的了解，具有工程系统知识，能迅速设计解决问题的方法、程序，能抓住问题的关键，把握技术和实施过程逻辑上的联系。项目经理最好是土木工程或其他专业工程方面的专家，否则很难真正介入项目工作，并被人们认同。

4. 健康的身体素质和丰富的实践经验

由于项目经理需要承担相当繁重的工作，而且现场条件十分艰苦，因此必须拥有健康的身体、充沛的精力和顽强的意志。同时，因为实际工程项目非常复杂，项目经理的工作综合性强，他必须具有随时处理和解决各种可能遇到的实际问题的能力，所以他还应具备丰富的实践经验。

美国项目管理专家约翰·宾认为项目经理应具备以下条件：

(1) 有本专业的技术知识。

(2) 工作有干劲，主动承担责任。

(3) 具有成熟而客观的判断能力。

(4) 具有管理能力。

(5) 诚实可靠，言行一致。

(6) 机警、精力充沛，能吃苦耐劳，随时处理可能发生的事情。

总之，项目经理应具备综合素质，懂技术，善管理，会经营，如图 5-15 所示。

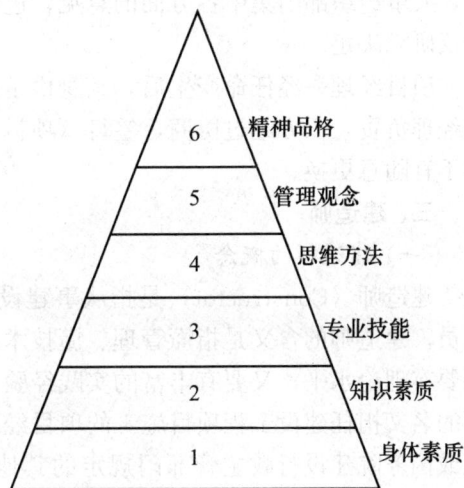

图 5-15　项目经理素质结构图

（二）项目经理的培养与选择

1. 项目经理的培养

建设工程项目能否顺利实施，工程能否按期完成，能否符合预定的质量标准，实现预定的功能，总投资的数量等，直接依赖于项目经理的工作能力、经验、积极性、公正性、管理水平等。

项目管理工作需要综合性人才，推广社会化的项目管理也需要大量的、合格的项目经理。而项目经理不是一般的工程技术和管理人员（如技术员或工程师）所能胜任的，要成为一名优秀的、能胜任工作的项目经理，必须不断学习，积极参与工程实践，具体如下：

(1) 接受系统的工程项目管理方面专业知识和技能的培训。

(2) 积极参与工程实践，不断积累实际工程管理的经验。

(3) 接受职业道德教育，增强工程的社会责任感和使命感。

从长远看，应当把工程项目管理人员，包括项目经理，当作一个专业，在大学中进行有计划的培养，以克服目前项目经理人才资源的贫乏状况。培养项目经理的管理知识应当包括现代项目管理基本知识和项目管理技术培训；培训的方法可以采用系统讲授、经验交流、案例解剖和模拟训练等方式对项目经理进行培训。

2. 项目经理的选择

选择什么样的人担任项目经理，取决于两个方面：一是看建设工程项目的需要，不同的项目需要不同素质的人才；另一方面还要看企业具备人选的素质。在企业中应该培养一批素质符合要求的项目经理，以便根据建设工程项目的需要进行选择。目前，我国选择项目经理一般有以下三种方式。

(1) 竞争招聘制。招聘的范围可以面向全社会，但要本着先内后外的原则，其程序是：个人自荐，组织审查，答辩讲演，择优选聘。

(2) 经理委任制。委任的范围一般限于企业内部在职人员，其程序是经理提名，组织人事部门考核，党政联席办公会议决定。

（3）内部协调、基层推荐制。采用此方式时，往往是企业各基层单位向公司推荐若干人选，人事组织部门集中各方面的意见，进行严格考核后，提出拟聘用人选，报企业党政联席会议研究决定。

项目经理一经任命产生后，其身份是公司经理在该项目上的全权委托代理人，直接对企业经理负责，双方经过协商，签订《项目管理目标责任书》，若无特殊原因，在项目未完成前不宜随意更换。

三、建造师

（一）建造师的概念

建造师（Constructor）是指从事建设工程项目总承包和施工管理关键岗位的执业注册人员。建造师的含义是指懂管理、懂技术、懂经济、懂法规，综合素质较高的复合型人才，既要有理论水平，又要有丰富的实践经验和较强的组织能力。建造师注册受聘后，可以建造师的名义担任建设工程项目施工的项目经理，从事其他施工活动的管理，从事法律、行政法规或国务院建设行政主管部门规定的其他业务。建造师的职责是根据企业法定代表人的授权，对建设工程项目自开工准备至竣工验收，实施全面的组织管理。

（二）建造师制度由来与建立

建造师执业资格制度起源于英国，迄今已有 180 余年历史。世界上许多发达国家已经建立了该项制度。具有执业资格的建造师已有了国际性的组织——国际建造师协会。我国建筑施工企业有 10 万多个，从业人员 3500 多万，从事建设工程项目总承包和施工管理的广大专业技术人员，特别是在施工项目经理队伍中，建立建造师执业资格制度非常必要。这项制度的建立，必将促进我国工程项目管理人员素质和管理水平的提高，促进我们进一步开拓国际建筑市场，更好地实施"走出去"的战略方针。2002 年 12 月 5 日，人事部、建设部联合印发了《建造师执业资格制度暂行规定》（人发〔2002〕111 号），这标志着我国建立建造师执业资格制度的工作正式开始。该《规定》明确规定，我国的建造师是指从事建设工程项目总承包和施工管理关键岗位的专业技术人员。

（三）建造师资格类别和专业分类

建造师分一级建造师和二级建造师。英文分别为 Constructor 和 sociate Constructor。建造师的分级管理既可以使整个建造师队伍中有一批具有较高素质和管理水平的人员，便于国际互认，又可以使整个建造师队伍适应我国建设工程项目量大面广，规模差异悬殊，各地经济、文化和社会发展水平差异较大，不同建设工程项目对管理人员要求不同的特点和实际需求。一级注册建造师可以担任《建筑业企业资质等级标准》中规定的必须由特级、一级建筑业企业承建的施工项目的项目经理；二级注册建造师只能担任二级及以下建筑业企业承建的施工项目的项目经理。

不同类型、不同性质的建设工程项目，有着各自的专业性和技术特点，对项目经理的专业要求有很大不同。建造师实行分专业管理，就是为了适应各类建设工程项目对建造师专业技术的不同要求，也与现行建设工程管理体制相衔接，充分发挥各有关专业部门的作用。

目前一级建造师设置 10 个专业：建筑工程、公路工程、铁路工程、民航机场工程、港口与航道工程、水利水电工程、市政公用工程、通信与广电工程、矿业工程、机电工程（原有的"房屋建筑、装饰装修"合并为"建筑工程"，"矿山、冶炼（土木部分内容）"合并为

"矿业工程"，"电力、石油化工、机电安装、冶炼（机电部分内容）"合并为"机电工程"）。

二级建造师设置 6 个专业：建筑工程、公路工程、水利水电工程、矿业工程、市政公用工程、机电工程。

（四）建造师的定位职责和发展前景

1. 建造师的定位职责

项目经理作为专业项目管理人员，这有利于项目管理经验的积累和项目管理水平的提高，在国内外都已非常普遍。在现代社会中，项目管理越来越趋向社会化。将整个工程的项目管理任务以合同形式委托出去，让项目管理公司负责管理事务，这是现代工程项目的一大特点。其中，最典型的是我国建设工程监理制度。现在我国推行项目管理承包和注册建造师制度，劳动人事部推行项目管理师考试。这些都是建设工程项目管理社会化和专业化的重要步骤。在行使项目经理职责时，大中型工程项目的项目经理必须逐步由取得建造师执业资格的人员担任；但取得建造师执业资格的人员能否担任大中型工程项目的项目经理，应由建筑业企业自主决定。

2. 建造师的发展前景

建筑行业一直是个热门行业，虽然建造师报考人数逐年增加，但是过关率低。建造师取得资格证书后需要注册成功后才能执业，目前国内一级建造师人数不多，日益激烈的市场竞争促使个人为提升知识和技能不断加大教育投资。

建造师的就业面很宽广，大部分有经验又有证书的人员就业竞争力强。建造师是要懂管理、懂技术、懂经济、懂法规，既需要过硬的专业技能，又需要有敏捷的思考和应对复杂环境的能力。

截至目前，我国取得建造师执业资格证书的人数超过 100 万，基本满足了工程建设的需要。随着工法管理工作的不断推进，建筑业企业的重视和认识程度也在逐年提高，申报数量和入选国家级工法的数量逐年增多，工法的推广和应用极大地提升了我国施工技术管理水平和工程质量。

（五）建造师考试

一级建造师执业资格实行全国统一大纲、统一命题、统一组织的考试制度，由人社部、住建部共同组织实施，原则上每年举行一次考试；二级建造师执业资格实行全国统一大纲，各省、自治区、直辖市命题并组织的考试制度。考试内容分为综合知识与能力和专业知识与能力两部分。报考人员要符合有关文件规定的相应条件。一级、二级建造师执业资格考试合格人员，分别获得《中华人民共和国一级建造师执业资格证书》、《中华人民共和国二级建造师执业资格证书》。

一级建造师考试材料为《全国一级建造师执业资格考试用书》，考试分综合考试和专业考试，综合考试包括《建设工程经济》、《建设工程法规及相关知识》、《建设工程项目管理》三个科目，这三个科目为各专业考生统考科目，专业考试为《专业工程管理与实务》一个科目。考试在每年的 9 月底开考，考试成绩一般在考试结束 2～3 个月后陆续公布，考生可以在各省的人事考试中心网站查询成绩。

二级建造师执业资格考试有三门科目，分别是《建设工程施工管理》、《建设工程法规及相关知识》和《专业工程管理与实务》。

（六）建造师的注册

取得建造师执业资格证书且符合注册条件的人员，必须经过注册登记后，方可以建造师名义执业。住建部或其授权机构为一级建造师执业资格的注册管理机构；各省、自治区、直辖市建设行政主管部门制订本行政区域内二级建造师执业资格的注册办法，报住建部或其授权机构备案。准予注册的申请人员，分别获得《中华人民共和国一级建造师注册证书》、《中华人民共和国二级建造师注册证书》。已经注册的建造师必须接受继续教育，更新知识，不断提高业务水平。建造师执业资格注册有效期一般为 3 年，期满前 3 个月，要办理再次注册手续。

申请初始注册时应当具备以下条件：①经考核认定或考试合格取得资格证书；②受聘于一个相关单位；③达到继续教育要求；④没有《注册建造师管理规定》中规定不予注册的情形。初始注册者，可自资格证书签发之日起 3 年内提出申请。逾期未申请者，须符合本专业继续教育的要求后方可申请初始注册。申请初始注册需要提交下列材料：①注册建造师初始注册申请表；②资格证书、学历证书和身份证明复印件；③申请人与聘用单位签订的聘用劳动合同复印件或其他有效证明文件；④逾期申请初始注册的，应当提供达到继续教育要求的证明材料。

（七）注册建造师和项目经理的关系

建造师与项目经理定位不同，但所从事的都是建设工程项目管理。建造师执业的覆盖面较大，可涉及工程建设项目管理的许多方面，担任项目经理只是建造师执业中的一项；项目经理则限于企业内某一特定工程的项目管理。建造师选择工作的权力相对自主，可在社会市场上有序流动，有较大的活动空间；项目经理岗位则是企业设定的，项目经理是企业法人代表授权或聘用的、一次性的工程项目施工管理者。

项目经理责任制是我国施工管理体制上一个重大的改革，对加强建设工程项目管理，提高工程质量起到了很好的作用。建造师执业资格制度建立以后，项目经理责任制仍然要继续坚持，国发〔2003〕5 号文是取消项目经理资质的行政审批，而不是取消项目经理。项目经理仍然是建筑施工企业某一具体工程项目施工的主要负责人，他的职责是根据企业法定代表人的授权，对工程项目自开工准备至竣工验收，实施全面的组织管理。有变化的是，大中型工程项目的项目经理必须由取得建造师执业资格的建造师担任。注册建造师资格是担任大中型工程项目经理的一项必要性条件，是国家的强制性要求。建造师需按人发〔2002〕111 号文件的规定，经统一考试和注册后才能从事担任项目经理等相关活动，但选聘哪位建造师担任项目经理，则由企业决定，属于企业行为。小型工程项目的项目经理可以由不具备建造师资格的人员担任。因此，要充分发挥有关行业协会的作用，加强项目经理培训，不断提高项目经理队伍素质。

思　考　题

1. 企业选择项目组织形式应考虑哪些问题？
2. 项目经理部有什么作用？其设置的原则是什么？
3. 什么是矩阵制组织形式？它优于工作队制有哪些特征？
4. 项目经理部一般应设置哪些部门？

5. 矩阵式组织中的项目经理与直线式组织中的项目经理所扮演的角色有什么不同？

6. 结合实例说明事业部制组织形式的特征和适用范围。

7. 试述 MMS 管理结构模式的特征及其运用。

8. 简述项目经理的素质要求，如何培养合格的项目经理？

9. 简述注册建造师和项目经理的区别和联系。

10. 我国为什么要推广运用政府和社会资本合作模式？我国 PPP 模式分为哪几种类型？

第六章　建设工程项目招标投标与合同管理

第一节　建设工程项目招标

招投标是市场经济条件下进行大宗货物买卖、建设工程项目的发包与承包以及服务项目的采购与提供时所采用的一种竞争的交易方式。项目的招标与投标是实现由市场定价的价格机制，它使项目的价格更加趋于合理，便于招标与投标双方更好地互相选择，有利于价格的控制，体现了公开、公平、公正的原则。因此，招投标是市场经济的产物，推行建设工程项目招投标是培育和发展建筑市场的重要环节，对振兴和发展建筑业及促进我国社会主义市场经济体系的完善具有十分重要的意义。

一、建设工程项目招标的基本概念

所谓建设工程项目招标是指招标人在建设工程项目发包之前制定招标文件，公开招引或邀请招引投标人，投标人根据招标文件的规定和要求编写投标文件，在指定的时间里递交投标书并当场开标，然后进行评标，择优选定并最终确定中标人的一种市场经济活动。

建设工程项目招标按标的不同可分为建设工程项目勘察招标、设计招标、施工招标、监理招标、材料设备采购招标和建设工程项目总承包招标。

其中，建设工程项目施工招标应具备以下条件：

（1）概算已经批准。

（2）建设项目已经正式列入国家、部门或地方的年度固定资产投资计划。

（3）建设用地的征用工作已经完成。

（4）有能够满足施工需要的施工图纸及技术资料。

（5）建设资金和主要建筑材料、设备的来源已经落实。

（6）建设项目已经过项目所在地规划部门批准，施工现场"三通一平"已经完成或一并列入施工招标范围。

建设工程项目具备必要的条件后，招标人可向当地行政主管部门或其招标办事机构提出招标申请，经审查批准后，方可开展招标活动。

二、招标的方式

根据《中华人民共和国招标投标法》规定，招标分为公开招标和邀请招标两种方式。

（一）公开招标

公开招标又称为无限竞争性招标，是由招标单位在公共媒体上发布招标公告，提出招标项目和要求，符合条件的一切法人或其他经济组织都可以参加投标竞争的招标方式。

公开招标的特点是：一切有资格的潜在投标人都有机会参加投标竞争，这样投标的承包商多、范围广、竞争激烈，有利于业主选择报价合理、工期较短、技术可靠、资信良好的投标人，有助于打破垄断，实行公开、公平、公正的竞争；但是公开招标由于投标人较多，存在投标人的资格审查及开标、评标的工作量大，招标投标过程所需的时间较长、费用高等问题。为了克服上述缺点，这类招标一般要设置资格预审程序，以减少投标者的数量。

公开招标方式主要适用于投资额度大、工艺结构复杂的较大型的建设工程项目。

（二）邀请招标

邀请招标又称为有限竞争性招标。是由招标人事先根据一定标准（根据项目特点、承包商情况等）邀请其认为有能力完成项目的少数几个承包商参加投标，并最终选择有竞争力的投标者的一种招标方式。因此，邀请招标方式也称为选择性招标方式。

采用邀请招标方式，必须向三个以上的潜在投标人发出投标邀请书，这里所说的"三个以上"包括"三个"法人或者其他组织。一般被邀请单位通常在5～7个之间。被邀请的承包商通常是经过资格预审或在以往的业务中被证明是有经验的能胜任本项目的承包商。

邀请招标方式较公开招标方式节省时间和成本，正好弥补了公开招标的不足，是公开招标不可缺少的补充方式，深受一些私营业主和开发商的支持，应用也较广泛。但是，邀请招标的缺点也很明显，由于采用该方式参与投标的承包商数量较少、范围有限，容易忽略或遗漏一些更好的承包商，同时也容易造成舞弊现象。

邀请招标方式主要适用于标的规模较小（即工作量不大，总管理费报价不高）的建设工程项目，但是有些特殊项目，采用邀请招标方式却更加有利。根据我国有关规定，有下列情形之一的，经批准可以进行邀请招标。

（1）项目技术复杂或有特殊要求，只有少数几家潜在投标人可供选择的。

（2）受自然地域环境限制的。

（3）涉及国家安全、国家机密或者抢险救灾，适宜招标但不宜公开招标的。

（4）采用公开招标方式的费用占项目合同金额的比例过大。

（5）法律、法规规定不宜公开招标的。

三、建设工程项目招标的范围

（一）建设工程项目必须招标的范围

依据《中华人民共和国招标投标法》及《工程建设项目招标范围和规模标准规定》（2000年4月4日国务院批准，2000年5月1日国家发展计划委员会第3号令发布），在中华人民共和国境内进行的下列建设工程项目，包括项目的勘察、设计、施工、监理以及与工程建设有关的重要设备、材料等的采购，必须进行招标。

1. 大型基础设施、公用事业等关系社会公共利益、公众安全的项目

（1）关系社会公共利益、公众安全的基础设施项目包括：

1）煤炭、石油、天然气、电力、新能源等能源项目。

2）铁路、公路、管道、水运、航空以及其他交通运输业等交通运输项目。

3）邮政、电信枢纽、通信、信息网络等邮电通信项目。

4）防洪、灌溉、排涝、引（供）水、滩涂治理、水土保持、水利枢纽等水利项目。

5）道路、桥梁、地铁和轻轨交通、污水排放及处理、垃圾处理、地下管道、公共停车场等城市设施项目。

6）生态环境保护项目。

7）其他基础设施项目。

（2）关系社会公共利益、公众安全的公共事业项目包括：

1）供水、供电、供气、供热等市政工程项目。

2）科技、教育、文化等项目。

3）体育、旅游等项目。

4）卫生、社会福利等项目。

5）商品住宅，包括经济适用住房。

6）其他公共事业项目。

2. 全部或者部分使用国有资金投资或者国家融资的项目

（1）使用国有资金投资项目包括：

1）使用各级财政预算资金的项目。

2）使用纳入财政管理的各种政府性专项建设基金的项目。

3）使用国有企业事业单位自有资金，并且国有资产投资者实际拥有控制权的项目。

（2）国家融资项目包括：

1）使用国家发行债券所筹资金的项目。

2）使用国家对外借款或者担保所筹资金的项目。

3）使用国家政策性贷款的项目。

4）国家授权投资主体融资的项目。

5）国家特许的融资项目。

3. 使用国际组织或者外国政府贷款、援助资金的项目

（1）使用世界银行、亚洲开发银行等国际组织贷款资金的项目。

（2）使用外国政府及其机构贷款资金的项目。

（3）使用国际组织或者外国政府援助资金的项目。

上述（1）～（3）项规定范围内的各类建设工程项目，包括项目的勘察、设计、施工、监理以及与工程建设有关的重要设备、材料等的采购，达到下列标准之一的，必须进行招标：

（1）施工单项合同估算价在 200 万元人民币以上的。

（2）重要设备、材料等货物的采购，单项合同估算价在 100 万元人民币以上的。

（3）勘察、设计、监理等服务的采购，单项合同估算价在 50 万元人民币以上的。

（4）单项合同估算价低于上述三项规定的标准，但项目总投资额在 3000 万元人民币以上的。

（二）建设工程项目可以不进行施工招标的范围

依照《工程建设项目施工招标投标办法》及有关规定，依法必须进行施工招标的工程建设项目有下列情形之一的，可以不进行施工招标。

（1）涉及国家安全、国家秘密、抢险救灾或者属于利用扶贫资金实行以工代赈需要使用农民工等特殊情况，不适宜进行招标；

（2）施工主要技术采用不可替代的专利或者专有技术；

（3）已通过招标方式选定的特许经营项目投资人依法能够自行建设；

（4）采购人依法能够自行建设；

（5）在建工程追加的附属小型工程或者主体加层工程，原中标人仍具备承包能力，并且其他人承担将影响施工或者功能配套要求；

（6）国家规定的其他情形。

四、自行招标和委托招标

建设工程招标方式可分为自行招标与委托招标，即招标人可自行办理招标事宜，也可以委托招标代理机构代为办理招标事宜。

（一）自行招标

招标人自行办理招标事宜，应当具有编制招标文件和组织评标的能力，具体包括：

（1）招标单位是法人或依法成立的其他组织。

（2）有与招标工程相适应的经济、技术、管理人员。

（3）有组织编制招标文件的能力。

（4）有审查投标单位资质的能力。

（5）有组织开标、评标、定标的能力。

不具备以上条件的，招标人应当委托具有相应资质的工程招标代理机构进行招标代理。

（二）委托招标

招标人不具备自行招标的能力或虽有自行招标能力，但招标人不准备自行招标的，可以委托具备相应资质的招标代理机构代为办理招标事宜。

1. 招标代理人应具备的条件

（1）依法设立的中介组织。

（2）与行政机关和其他国家机关没有行政隶属关系或者其他利益关系。

（3）有固定的营业场所和开展工程招标代理业务所需的设备及办公条件。

（4）有健全的组织机构和内部管理的规章制度。

（5）具备编制招标文件和组织评标的相应专业力量。

（6）具有可以作为评标委员会成员人选的技术、经济等方面的专家库。

2. 招标代理机构资格等级的划分

工程招标代理机构资格分为甲级、乙级和暂定级。甲级工程招标代理机构可以承担各类工程的招标代理业务；乙级工程招标代理机构只能承担工程总投资 1 亿元人民币以下的工程招标代理业务；暂定级工程招标代理机构，只能承担工程总投资 6000 万元人民币以下的工程招标代理业务。

五、建设工程项目招标程序与招标文件编制

（一）建设工程项目招标程序

依照《中华人民共和国招标投标法》第九条规定："招标项目按照国家有关规定需要履行项目审批手续的，应当先履行审批手续，取得批准。"经过必要的审批程序获准后，项目招标工作得以展开。公开招标主要由建设工程项目报建、编制招标文件、资格预审、发售招标文件、接收投标文件、开标、评标、定标和签订合同等 13 个步骤组成，具体步骤如图 6-1 所示。

1. 建设工程项目报建

建设工程项目的立项文件批准后，招标人需向建设行政主管部门或招标管理机构履行建设工程项目报建手续。建设工程项目在立项批准文件或投资计划下达后，建设单位根据《工程建设项目报建管理办法》规定的要求进行报建，由建设行政主管部门审批，批

建设工程项目报建	向招标管理机构履行建设项目报建手续
审查建设单位招标资格	对建设单位资质、信誉等进行审查
招标方式确定	确定公开招标或邀请招标
编制招标文件	招标范围、投标人须知、有关资料等
办理招标备案	送建设行政主管部门核准或备案
发布招标公告	在国家或地方指点的报刊、信息网络及其他媒体发布招标公告
投标人资格预审	确定投标人名单，发售招标文件
现场勘察、投标答疑	组织投标人到现场考察，并召开投标答疑会
接收投标文件	在招标文件规定的截止时间里接受投标人的投标文件
开标	在接受投标文件的同一时间里由招标人组织并主持开标、唱标
评标	评标委员会评标：资格后审、技术性评审、商务标评审
定标	推荐中标候选人，编写评标报告，向中标人发出中标通知书
签订承包合同	招标人在中标通知书发出后30天内与中标人签订合同

图 6-1　公开招标程序图

4. 招标文件的编制

招标人应根据建设工程项目的具体情况，参照"招标文件范本"编写招标文件，并报招标管理机构审查同意后方可发放。具体编制内容详见（二）。

5. 办理招标备案

招标人向建设行政主管部门办理申请招标手续。建设行政主管部门核准其招标文件，主要有招标方式、招标公告或投标邀请书、投标须知、招标项目的前期准备工作情况、招标组织机构、计划工期、对投标人的资质要求、评标方法及评标准备等内容。获得认可后方可开展招标工作。

6. 发布招标公告

实行公开招标的，应在国家或地方规定的报刊、信息及其他媒介上发布招标公告；实行邀请招标的，应当向三个以上符合施工要求资质的投标人发送投标邀请书。

7. 投标人的资格预审

这个阶段即是对潜在投标人参与该项目投标的资质进行审查，确定合格的投标人名单以减轻招标组织和评审工作的难度。投标人资格预审的主要内容有：投标人的法人地位、企业资质等级、主要工程设计和施工的经历、技术水平、各类人员素质和配置情况、财务状况、业绩等。有些项目对承包人还可能有一些额外的限制，如：国别限制、地域限制、预付款限制等。

招标人将招标文件、经审查合格的设计图纸和有关技术资料发售给通过资格预审获得投标资格的投标单位。投标单位收到招标文件、设计图纸和有关资料后，应认真核对，确认无误后应以书面形式予以签认。

准后方可进行项目建设后续工作。报建时应交验的文件有：立项批准文件或年度投资计划、固定资产投资许可证、建设规划许可证与资金证明。

2. 审查建设单位招标资格

建设单位具有编制招标文件和组织评标能力的，可以自行办理招标事宜；如建设单位不具备自行招标和评标能力的，则委托招标代理机构进行项目的招标。如：工程造价咨询公司、工程监理公司。

3. 招标方式确定

招标人应按《中华人民共和国招标投标法》和有关招标投标法律、法规及规章的有关规定确定招标方式。招标方式不同，其程序也不完全相同。

8. 现场勘察、投标答疑

（1）现场考察。招标人在投标须知规定的时间组织投标人自费对现场进行考察，或者由投标人自己自费对现场进行考察。投标人的现场考察主要了解施工现场场地和周围环境，以便于对招标项目各项有关内容作出正确的判断，更好地编制投标书。

（2）投标答疑。投标答疑是在招标文件中规定的时间、地点由招标人主持召开。招标人解答投标人就招标文件、设计图纸及考察现场中存在的不明白之处、质疑问题等，包括投标答疑会前由投标人书面提出的和在答疑会现场提出的疑问问题。

9. 接收投标文件

在投标文件截止时间前，投标人将投标文件送达招标人所规定的地点，招标人应做好投标文件的接收工作，并做好接收记录。招标人应将所接收的投标文件妥善保存，在规定的开标时间前不得拆去任何投标文件的密封签。对于超过规定的投标截止时间后送达的投标文件，将不予接收，原封退回。

10. 开标

开标应在招标文件确定的投标截止日的同一时间公开进行，开标地点应是招标文件中确定的地点。邀请有关建设行政主管部门，在所有投标人参加的情况下召开开标会议。会议由招标人主持，在投标单位法定代表人或授权代理人在场的情况下举行开标会议，按规定议程进行开标。

11. 评标

评标应由招标人依法组建的评标委员会按照招标文件中的评标办法和评标标准进行。对于依法必须进行招标的项目，其评标委员会由招标人的代表和有关技术、经济等方面的专家组成，成员人数为5人以上单数，其中技术、经济等方面的专家不得少于成员总数的三分之二。评标委员会专家由招标人从国务院有关部门或者省、自治区、直辖市人民政府有关部门提供的专家名册或者招标代理机构的专家库内的相关专业的专家名单中确定。

12. 定标

定标是招标人根据评标委员会提出的评标报告和推荐的中标候选人确定中标人，也可以授权评标委员会直接确定中标人。中标人确定后，招标人向中标人发出中标通知书，中标通知书对招标人和中标人都有法律约束力，招标人改变中标结果或中标人拒绝签订合同均要承担相应的法律责任。

"中标通知书"内容包括招标人名称、招标代理人名称（若有）、建设地点、建设工程项目名称、中标人名称、中标报价、中标工期以及质量标准等主要内容。

13. 签订合同

招标人与中标人应当自中标通知书发出之日起30天内，按照招标文件和中标人的投标文件订立书面合同，招标人和中标人不得再订立背离合同实质性内容的其他协议。招标文件要求中标人提交履约保证金的，中标人应当提交。

（二）建设工程项目招标文件编制

招标文件是整个招标过程所遵循的法律性文件，是投标和评标的依据，而且是构成合同的组成部分。投标人应根据招标文件的要求，编写投标文件。招标人能否编制出完整、严谨的招标文件，不仅直接影响到业主招标的成效，而且对合同执行中的项目时间、费用和技术标准等方面的管理都会产生重要影响。

1. 招标文件的内容

招标文件的内容大致可分为三类：一类是关于编写和提交投标文件的规定，这是为了尽量减少符合资格的供应商或承包商由于不明确如何编写投标文件导致在投标中处于不利地位；一类是关于投标文件的评审标准和方法，这是为了提高招标过程的透明度和公平性，因而是非常重要的，也是必不可少的；一类是关于合同的主要条款，其中主要是商务性条款，有利于投标人了解中标后签订的合同的主要内容，明确双方各自的权利和义务。其中，技术要求、投标报价要求和主要合同条款等内容是招标文件的内容，统称实质性要求。所谓实质性响应招标文件的要求，就是其投标文件应该与招标文件的所有条款、条件和规定的工期、质量等相符，无显著差异或保留。如果投标文件与招标文件规定的实质性要求不相符，即可认定投标文件不符合招标文件的要求，招标人可以拒绝该投标，并不允许投标人修改或撤销其不符合要求的差异或保留，使之成为实质性响应的投标。

招标文件至少应包括下列内容：

（1）投标须知。这通常是招标文件的第一部分，是业主规定投标人在进行投标过程中应注意的事项和应遵循的有关规定，它将确保所有投标书按同一标准准备，并按相同的标准进行评估。

（2）招标项目的性质、数量及工程概况。

（3）技术规格。招标项目的技术规格或技术要求是招标文件中最重要的内容之一，是指招标项目在技术、质量方面的标准，是业主对项目质量的最低要求，是投标者确定项目费用的重要依据，更是项目最后验收的依据。技术规格或技术要求的确定，往往是招标能否具有竞争性，能否达到预期目的的技术制约因素。因此，世界各国和有关国际组织都普遍要求，招标文件规定的技术规格应采用国际或国内公认、法定标准。招标人在招标文件中规定技术规格时应予遵循、采用，不得自行规定。

（4）招标价格的要求及其计算方式。投标报价是招标人评标时衡量的重要因素。因此，招标人在招标文件中应事先提出报价的具体要求及计算方法。如在货物招标时，国外的货物一般应报到岸价（CIF）或运费保险付至目的地的价格（CIP）等。如果要求招标人承担内陆运输、安装、调试或其他类似服务的，比如供货与安装合同，还应要求投标人对这些服务另外提出报价。在工程招标时，一般应要求招标人报完成工程的各项单价和一揽子价格，该价格中应包括全部的关税和其他税。招标文件中应说明招标价格是固定不变的，或是采取调整价格。价格的调整方法及调整范围应在招标文件中明确规定。招标文件中还应列明投标价格的一种或几种货币。

（5）评标说明。评标说明中告诉投标者该项目的评标原则、评标方法和评标委员会产生办法。评标时只能采用招标文件中已列明的标准和方法，不得另行规定。

（6）时间计划，如交货、竣工或提供服务的时间要求。时间计划是投标者报价的重要依据，因为只有在具体的技术标准和时间计划的基础上，承包商才能报出一个准确的价格。

（7）投标人应当提供的有关资格和资信证明文件。

（8）投标保证金的数额或其他形式的担保。在招标投标程序中，如果投标人投标后擅自撤回投标文件，或者投标被接受后由于投标人的过错而不能缔结合同，那么招标人就可能遭受损失（如重新进行招标的费用和招标推迟而造成的损失等）。因此，招标人可以在招标文件中要求投标保证金或抵押、保证等形式的担保，以防止投标人违约，并在投标人违约时得到补偿。投标保证金可以采用现金、支票、信用证、银行汇票，也可以是银行保函等。投标保证金的金额不宜太高，现实操作中一般不超过项目估算价的 2%，但最高不得超过 80 万元人民币，以免影响投标人的积极性。中标人确定后，对未中标的投标人应及时将其投标保证金予以退还。

（9）主要合同条款。合同条款应明确要完成的工程范围、供货的范围、招标人与中标人各自的权利和义务。除一般合同条款之外，合同中还应包括招标项目的特殊合同条款。

（10）开标、评标的日程安排。

2.《建设施工招标文件范本》实例

根据住建部 2010 年版《房屋建筑和市政工程标准施工招标文件》的规定，对于公开招标的招标文件，分为四卷共八章，其目录如下：

第一卷

第一章　招标公告

第二章　投标人须知

第三章　评标办法

第四章　合同条款及格式

第五章　工程量清单

第二卷

第六章　图纸

第三卷

第七章　技术标准和要求

第四卷

第八章　投标文件格式

3. 招标文件编制工作的注意事项

（1）对投标人作出严格的限制。在保证充分竞争的前提下，尽量使合格的供应商和承包商参加投标，以避免投标人过多，给各方面造成不必要的负担。这项工作应建立在掌握投标商大量信息的基础上，而专职招标机构有条件做到这一点。

（2）对招标文件的制作作出详细的规定。使投标人按照统一的要求和格式编写投标文件，达到准确响应招标文件要求的目的。

（3）为业主当好技术规范和要求的参谋。保证招标文件的科学、完整，防止漏洞，不给投标人以可乘之机。

第二节　建设工程项目投标

一、建设工程项目投标的基本概念

建设工程项目投标，是指项目投标人响应参与某项目承包的意向，根据招标文件的具体要求，报送投标文件供招标人选择的过程。根据《中华人民共和国招标投标法》第二十五条规定，可以作为投标人参加投标的主体有：法人、自然人（只限于科研项目）、其他组织。

工程项目投标，是从填写资格预审表开始到正式投标文件交送业主为止所进行的全部工作，是组建投标工作机构、按要求办理投标资格审查、购买招标文件、分析投标环境、制定投标策略、编制投标文件、递交投标文件的过程。

二、建设工程项目投标人的条件

投标人是响应招标文件、参加投标竞争的法人或者其他组织。投标人应具备下列条件：

（1）投标人应具备承担招标项目的能力，国家有关规定或者招标文件对投标人资格条件有规定的，投标人应当具备规定的资格条件。

（2）投标人应当按照招标文件的要求编制投标文件，投标文件应当对招标文件提出的要求和条件作出实质性的响应。投标文件的内容应当包括拟派出的项目经理（建造师）与主要技术人员的简历、业绩以及拟用于完成投标项目的机械设备等。

（3）投标人应当在招标文件要求递交投标文件的截止日期前，将投标文件送达投标地点。招标人收到投标文件后，应当书面签收保存，不得开封。

（4）投标人在招标文件要求提交投标文件的截止日期前，可以补充、修改或者撤回已提交的投标文件，并书面通知招标人，补充、修改的内容为投标文件的组成部分。

（5）投标人根据招标文件载明的项目实际情况，拟在中标后将中标项目的部分非主体、非关键性工作交由他人完成的，应当在投标文件中载明。

（6）两个以上法人或者其他组织组成一个联合体，以一个投标人的身份共同投标，但必须有联合体的合作协议。联合体各方均应当具备承担招标项目的相应能力，国家有关规定或者招标文件对投标人资格条件有规定的，联合体各方均应当具备规定的相应资格条件。由同一专业的单位组成的联合体，按照资质等级较低的单位确定资质等级。联合体各方应当签订共同投标协议，明确约定各方拟承担的工作和相应的责任，并将共同投标协议连同投标文件一并提交招标人。联合体中的各方应当共同与招标人签订合同，就中标项目向招标人承担连带责任，但是共同投标协议另有约定的除外。

（7）投标人不得相互串通投标报价，不得排挤其他投标人的公平竞争，损害招标人或者他人的合法权益。

（8）投标人不得与招标人串通投标，损害国家利益、社会公共利益或者他人的合法权益；禁止投标人向招标人或者评标委员会成员用行贿手段谋取中标。

（9）投标人不得以低于合理预算成本的报价竞标，也不得以他人名义投标或者以其他方式弄虚作假，骗取中标。

三、建设工程项目投标程序

建设工程项目投标是具备投标资格并愿意投标的投标人按照一定的程序所进行的投标工作，投标程序如图 6-2 所示。

1. 参加资格预审

资格预审是承包商参加投标的第一关，投标人应按照资格预审文件的要求和内容认真填

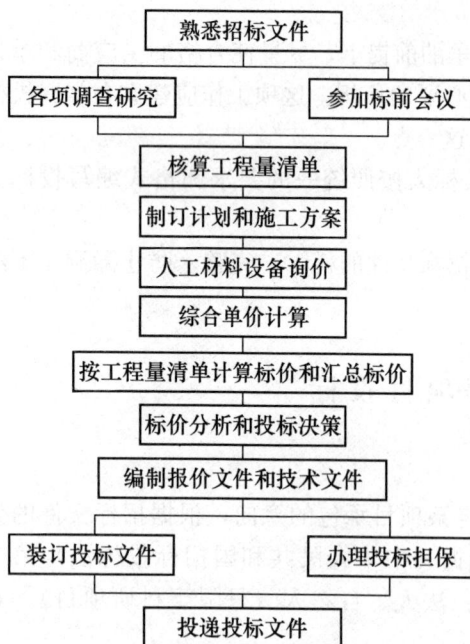

图 6-2　建设工程项目投标程序图

写资格预审的各种表格，并按规定进行提交：

（1）根据已完工程资料，补充完善资格预审文件。

（2）针对招标工程的特点，对反映本公司施工经验、施工水平和施工组织能力的重点内容进行分析、调整。

（3）做好递交资格预审表后的跟踪工作，如果是国外工程可通过当地分公司或代理人及时了解和发现问题，补充资料。

2. 分析招标文件，组织投标班子

（1）分析招标文件。重点分析投标者须知、合同条款、设计图纸、工程范围及工程量清单等。

（2）组织投标班子。根据招标项目的特点以及招标文件的要求组建投标班子。投标项目班子一般由经营管理类人员、技术专业类人员以及商务金融类人员构成，通过这三类人员的综合协作进行以下工作：

1）项目的现场考察。

2）项目技术、经济文件的编写。

3）参加项目的投标会。

4）合适人员参与到中标项目建设中。

3. 投标前的调查与现场考察

（1）现场考察是指去工地现场进行考察，招标单位一般在招标文件中注明了现场考察的时间和地点。

（2）现场考察既是工程项目投标人的权利，也是其职责。现场考察应了解：

1）工程的性质以及与其他工程之间的关系。

2）投标人承揽部分项目与其他承包人承担项目之间关系。

3）工地周边的地理环境、自然环境以及治安情况。

4）工地周边的材料、设备供应情况。

通过现场考察拟定项目调研提纲，确定影响项目的重要问题，以便对招标项目各项有关内容作出正确的判断；对存在疑惑的地方进行提问，要求招标人予以明确；同时综合考虑各方因素在投标报价时加以体现，更好地编制投标书。

4. 编制施工规划、核对工程量、投标报价的计算

（1）编制施工规划。施工规划主要涉及施工方法的确定、施工设备和施工设施的选择、施工进度计划的编制等内容，是企业在项目上投入技术、管理水平的综合体现。

（2）核对工程量。业主提供的工程量清单，投标人应该进行校核，因为直接影响到投标报价和中标的机会。对于总价合同，工程量的错漏可能造成施工过程中投标方的损失；对于单价合同，工程量的错漏则是投标方不平衡报价的机会，在投标方确定总体报价基础上对某些项目工程量可能增加的项目可提高报价，对于某些项目工程量可能减少的，则可降低该部分工程的单价。

（3）投标报价的计算是在对招标文件分析的基础上进行的，包括定额分析、单价分析、计算工程成本、确定利润方针，最后确定投标总报价。

5. 编制投标文件，办理投标担保

编制投标文件也称填写投标书，投标文件应完全按照招标文件的各项要求编制。一般不

带任何附加条件，否则将导致投标作废。在投标截止日期之前还需要按照招标文件的要求提供投标担保（一般是投标保证金或保函）。

递交投标文件是指在规定截止日期前，将准备好的所有投标文件按照招标文件规定的密封方法递送到招标人指定的地点的行为。对于招标人，在收到招标文件后应当场签收并记录收到日期和时间。在收到投标文件到开标之前，所有投标文件均不得启封，并应采取相应措施保证投标文件的安全。

四、建设工程项目投标决策与技巧

作为投标人而言，并不是所有的项目都要投标，也不是所有项目都用一样的标准来进行报价，这就涉及投标人的投标决策与技巧。正确的投标决策与技巧能够提高投标人中标的概率，提高中标人在项目实施过程中获得最大利润的概率。投标决策一般考虑以下内容：①项目是否有投标价值；②若参加投标，投什么性质的标，投高标还是低标；③若投标，要确定投标的方式、策略和技巧，才能提高中标率。

（一）建设工程项目投标决策阶段的划分

建设工程项目投标决策阶段可分为投标决策的前期阶段和投标决策的后期阶段。

投标决策的前期阶段主要根据招标文件、业主情况调查等信息结合投标人自身的业务水平考虑项目与企业义务能力的贴合程度、业主对于投标人的要求、业主的资信水平、项目所在地的法律、经济、自然环境等，作出是否参与投标的决策。

如果决定投标，即进入投标决策的后期，它是指购买了工程项目招标文件至递交投标文件的过程中，投标人认真研究招标文件，根据自己企业的技术等级、施工水平、管理能力及社会信誉等决定投什么性质标，以及在投标过程中采取什么策略等问题，其研究内容如下：

（1）投标的性质。按投标的性质可分为风险标、保险标。根据企业对项目的理解以及对业主、竞争对手的了解作出投风险标或者保险标的决策。由此也决定了从赢利角度出发，投标报价可能是赢利标或者是保本标。

（2）投标的策略。即投标过程中投标人所采用的策略。投标的策略，是伴随投标人整个投标过程的系统活动，是投标人根据投标过程中对于招标人、竞争对手的判断，结合投标人对于投标项目的需要程度所作出的投标调整。投标策略包括：增加建议方案、多方案报价、用降低系数调整报价、补充优惠条件等。

（二）建设工程项目投标技巧

投标策略已经确定，就要具体反映到报价上，但报价还有它自己的技巧。建设工程项目投标技巧主要是投标人在开标前为了寻求一定工期、质量条件下好的报价并获得中标的一种技巧。

1. 不平衡报价法

不平衡报价是在总价基本确定基础下，通过调整内部各组成项的报价，以期既不影响总报价，又在中标开工后尽可能早的收回资金、获得超额利润。应用不平衡报价法时应遵循以下原则：

（1）单价在合理范围内可提高的子项目有：能够早日结算的项目，如开办费、营地设施、土方、基础工程等；通过现场勘察或设计不合理、清单项目错误，预计今后实际工程量大于清单工程量的项目；支付条件良好的项目。

（2）单价在合理范围内可以降低的子项目有：后期的工程项目，如粉刷、外墙装饰、电气、零散清理和附属工程等；预计今后实际工程量小于清单工程量的项目。

（3）图纸不明确或有错误，估计今后会有修改的或工程内容说明不清楚的，价格可降低，待澄清后可再要求提高价格。

（4）计日工资和零星施工机械台班小时单价报价时，可稍高于工程单价中的相应单价。因为这些单价不包括在投标价格中，发生时实报实销，也可多获利。

（5）没有工程量而只填报单价的项目，如土木工程中挖湿土或岩石等工作，其单价宜高。这样，既不影响投标报价，又可多获利。

（6）暂定工程或暂定数额的报价。这类项目要具体分析，如果估计今后肯定要做的工程，价格可定得高一些，反之价格可低一些。

（7）如项目业主要求投标报价一次报定不予调整时，则宜适度抬高报价，因为其中风险难以预料。

2. 增加建议方案报价法

有时招标文件中规定，可以提一个建议方案，即是可以修改原设计方案，提出投标者的方案。投标者这时应抓住机会，组织一批有经验的设计和施工工程师，对原招标文件的设计和施工方案仔细研究，提出更为合理的方案以吸引业主，促成自己的方案中标。这种建议方案可以降低总造价或是缩短工期，或使工程运用更为合理。但要注意对原招标方案一定也要报价。建议方案不要写得太具体，要保留方案的关键技术，防止业主将此方案交给其他承包商。同时要强调的是，建议方案一定要比较成熟，有很好的可操作性。

另外，零星用工（计日工）一般可以稍高于工程单价表中的工资单价。因为通常情况下零星用工不属于承包有效项目合同总价的范围内，发生时可实报实销，也可多获利。

五、建设工程项目招投标应注意的问题

1. 招标信息的发布

招标文件或资格预审文件自出售之日起至停止出售之日止，最短不得少于 5 个工作日。招标人对于招标文件或资格预审文件的收费应当合理，不得以赢利为目的。对于招标信息的修正必须在提交投标文件截止时间 15 日前提出；所有澄清文件必须以书面形式进行；所有澄清必须通知所有招标文件收受人。招标文件、设计图纸及有关资料的澄清或修改内容均是招标文件的组成部分，对招标人和投标人同样起约束作用。

2. 标前会议

标前会议招标人可对招标文件的某些内容加以修改或补充说明，对投标人提出的问题进行解答，并在会议后以书面形式发给每个投标人，但对问题的回复不需要说明问题来源。此资料作为招标文件的组成部分，其内容若有与原有招标文件不符之处，以标前会议的会议记录为准。

3. 投标保证金

《工程建设项目施工招标投标办法》第 37 条规定："招标人可以在招标文件中要求投标人提交投标保证金。"投标保证金除现金外，可以是银行出具的银行保函、保兑支票、银行汇票或现金支票。投标保证金一般不得超过项目估算价的 2%，但最高不得超过 80 万元人民币。投标保证金有效期应当与投标有效期一致。

对于未中标的投标单位的投标保证金，招标单位一般最迟不得超过投标有效期满后 5 日内予以退还。

4. 开标

《招标投标法》第 35 条规定："开标由招标人主持，邀请所有投标人参加。"招标人作为整个招标活动的发起者和组织者，应当负责开标的举行。开标应当按照规定的时间、地点公开进行并且通知所有的投标人参加。投标人参加开标是自愿的，但是招标人必须通知其参加，否则将因程序不合法而引起争议，甚至承担赔偿义务。招标人不得只通知一部分投标人参加开标。

《招标投标法》第 36 条规定："开标时，由投标人或者其推选的代表检查投标文件的密封情况，也可以由招标人委托的公证机构检查并公证。经确认无误后，由工作人员当众拆封，宣读投标人名称、投标价格和投标文件的其他主要内容。招标人在招标文件要求提交投标文件的截止时间前收到的所有投标文件，开标时都应当众予以拆封、宣读。"

5. 评标

评标委员会由招标人或其委托的招标代理机构熟悉相关业务的代表，以及有关技术、经济等方面的专家组成。成员人数为 5 人以上单数，其中技术、经济等方面的专家不得少于成员总数的三分之二。评标委员会推荐的中标候选人应当限定在 1～3 人，并标明排列顺序。在确定中标人之前，招标人不得与投标人就投标价格、投标方案等实质性内容进行谈判。

6. 投标文件的澄清

对投标文件的澄清、说明或补正时，评标委员会可以书面方式要求投标人对投标文件中含义不明确、对同类问题表述不一致或者有明显文字和计算错误的内容作必要的澄清、说明或者补正。澄清、说明或者补正应以书面方式进行并不得超出投标文件的范围或者改变投标文件的实质性内容，如报价、技术方案、工期、主要合同条款等。投标文件中的大写金额和小写金额不一致的，以大写金额为准；总价金额与单价金额不一致的，以单价金额为准，但单价金额小数点有明显错误的除外；对不同文字文本投标文件的解释发生异议的，以中文文本为准。

7. 工程投标废标的情形

（1）投标文件存在重大偏差：

1）没有按照招标文件要求提供投标担保或者所提供的投标担保有瑕疵。

2）投标文件没有投标人授权代表签字和加盖公章。

3）投标文件载明的招标项目完成期限超过招标文件规定的期限。

4）明显不符合技术规格、技术标准的要求。

5）投标文件载明的货物包装方式、检验标准和方法等不符合招标文件的要求。

6）投标文件附有招标人不能接受的条件。

7）不符合招标文件中规定的其他实质性要求。

8）投标文件有上述情形之一的，为未能对招标文件作出实质性响应，作废标处理。招标文件对重大偏差另有规定的，从其规定。

（2）《工程建设项目施工招标投标办法》规定投标文件有下列情形之一的，由评标委员会初审后按废标处理：

1）无单位盖章并无法定代表人或法定代表人授权的代理人签字或盖章的。

2）未按规定的格式填写，内容不全或关键字迹模糊、无法辨认的。

3）投标人递交两份或多份内容不同的投标文件，或在一份投标文件中对同一招标项目报有两个或多个报价，且未声明哪一个有效，但招标文件规定提交备选投标方案的除外。

4）投标人名称或组织结构与资格预审时不一致的。

5）未按招标文件要求提交投标保证金的。

6）联合体投标未附联合体各方共同投标协议的。

（3）以下四种情况，也必须按照废标处理：

1）以虚假方式谋取中标。

2）低于成本报价竞标。

3）不符合资格条件或拒不对投标文件澄清、说明或改正。

4）未能在实质上响应的投标。

第三节　建设工程项目合同管理

建设工程项目合同管理是对建设工程项目中相关合同的策划、签订、履行、变更、索赔和争议解决的管理。它和进度管理、质量管理、成本管理、信息管理等并列作为工程项目管理的一大管理范畴，是建设工程项目管理的重要组成部分。

一、建设工程项目合同的概念和作用

（一）建设工程项目合同的基本概念

建设工程项目合同，属于经济合同的一种，是指建设工程项目的委托人（建设单位，发包方）和建设工程项目的被委托人（施工单位，承包方），根据国家规定的程序和相关文件，为完成确定的项目目标，而达成的权利和义务关系的协议。《中华人民共和国合同法》第二百六十九条规定："建设工程合同是承包人进行工程建设，发包人支付合同价款的合同。建设工程合同包括勘察、设计、施工合同。"建设工程合同应当采用书面形式。

建设工程项目合同的当事人应该具备相应的资质条件和履行合同的能力，其权利和义务应在合同中有明确规定，并具有法律约束力。

（二）建设工程项目合同的作用

建设工程项目合同是工程项目实施和管理的重要手段和工具。通过建设工程项目的施工合同、采购合同和劳务合同等可将工程项目分别委托给具有相应专业能力的主体，进行项目的实施与管理。建设工程项目合同具有以下作用：

1. 合同明确了项目的组织关系

它规定了项目参加者各方面的经济责权利关系和工作的协作情况，直接影响整个项目组织和管理系统的形态与运作。例如建设单位委托监理单位对工程实施监理，并在施工合同中对监理的监督管理地位加以明确，因此建设工程合同明确了项目建设单位、施工单位、监理单位之间的组织关系，并决定了它们的相互配合关系。

2. 合同确定了工程实施和管理的目标

（1）合同确定了工程项目所要达到的生产能力（功能要求）、项目规模、建筑面积等。

（2）合同确定了工程项目的质量目标，包括项目的设计、建筑材料、施工等质量标准和技术规范等。

（3）合同确定了工程项目的工期目标，包括工程的起止时间以及工程交付后的保修期。

（4）合同确定了工程项目的价款，包括工程总价、各分项的单价和总价等。

3. 合同能协调工程各参与者的行为

合同将工程所涉及的生产、材料和设备供应、运输、各专业设计和施工的分工协作关系联系起来，协调并统一工程各参与者的行为。

4. 合同是工程实施过程中各方的最高行为准则，也是解决争议的依据

在项目实施过程中，由于各方经济效益的不一致，工程实施过程中出现争议是难免的。合同争执是经济利益冲突的表现，它常常起因于双方对合同理解的不一致，合同实施环境的变化，以及有一方违反合同或未能正确地履行合同情况等，所以工程管理应以合同为核心。

二、建设工程合同分类

建设工程项目合同的类型较多，按照不同的分类方法，可以有不同的类型。常见的分类有：

（一）按照工程范围和承包关系分

（1）工程总承包合同。工程总承包合同，是项目组织与承包商之间签订的合同，其包括土建、安装、水、电、空调等，包含项目建设的全过程。

（2）工程分包合同。当工程总承包商将中标工程的一部分分包给分承包商时，工程总承包商与分承包商之间也要签订合同，即分包合同。并不是工程所有内容都允许分包，分包部分应以合同规定为据。工程总承包商与分承包商签订分包合同后，仍然应该履行与业主合同中所规定的全部责任和义务。

（二）按照合同的标的分

（1）土建安装工程承包合同。即业主与工程承包人签订的工程施工合同。一个或几个承包人承包或分别承包土建、机械安装、电器安装、装饰、通信等工程施工。

（2）勘察设计合同。即业主与勘察设计单位签订的合同。

（3）供应合同。对由业主负责提供的材料和设备，业主必须与有关的材料和设备供应单位签订材料采购合同和物资设备采购合同。

（4）加工订货合同。即承包人将建筑构配件、特殊构件加工任务委托给加工承揽单位而签订的合同。

（5）建设监理合同。即建设单位与监理公司签订的合同。监理公司负责工程设计监理、咨询、施工阶段监理等某一项或几项工作。

（三）按照合同的计价方式分

1. 单价合同

单价合同，是将承包商的报酬按照单位服务计算，其合同的总价值是为完成该项目所需的工作量的函数。即发包方根据设计图纸计算项目工作量并形成工料清单，承包方以此确定每一项工作的合同单价，并形成合同总价。在合同履行期间，合同单价不变，而工作量按实际完成的数量结算，是"量变价不变"的合同。单价合同适用于工程内容比较明确、生产时间长、风险大的项目，特别适用于土木工程建设的项目。

2. 固定总价合同

固定总价合同，是把各方面非常明确（如果不明确，则风险较大）的产品的总价格固定下来，即承包整个工程的合同价款总额已经确定，在工程实施中不再因物价上涨而变化，所以，固定总价应该考虑价格风险因素，必须在合同中明确规定合同总价包括的范围。同时这种合同形式，有利于增加激励措施，以便达到或超过预定的项目目标。

3. 可调总价合同

合同中确定的合同总价在实施期间可随价格变化调整。发包人和承包人在商订合同时，以招标文件的要求及当时的物价计算出合同总价。如果在执行合同期间，由于通货膨胀引起成本增加达到某一限度时，合同总价则作相应调整。可调合同总价使发包人承担了通货膨胀的风险，承包人则承担其他风险。可调总价合同一般适合于工期较长（1年以上）的项目。

4. 成本加酬金合同

成本，即项目的实际成本，一般分为直接费和间接费，直接费是指项目直接开支的费用，间接费是指由实施组织分摊到项目上作为经营费用的费用。成本加酬金，即项目实际发生的成本加上商定的管理费用和利润。这种类型的合同，其确定项目总价的依据是成本加酬金。它适用于从事高风险的项目，或工作内容事先无法明确的科研开发项目，业主承担了所有的超支风险。在实践中，一般分为以下几种形式：

（1）成本加固定百分比酬金合同。即项目成本按实际发生的项目成本，酬金是实际成本的一定百分比。

可按下式计算

$$C = C_d + PC_d$$

式中　C——合同总价；

　　C_d——实际发生的项目成本；

　　P——固定百分比。

这种做法，酬金是实际成本的固定百分比，随着实际成本的增加而增加，不利于承包商实施项目成本控制，无形中提高了工程项目成本，对业主不利，现较少采用。

（2）成本加固定酬金合同。即项目成本实报实销，酬金是一个事先商定的固定数目。

可按下式计算

$$C = C_d + F$$

式中　C——合同总价；

　　C_d——实际发生的项目成本；

　　F——固定酬金。

这种做法，酬金是固定数额，虽然还不能激励承包商降低项目成本，但大多数承包商希望提早取得酬金，从而有利于承包商缩短工期。

（3）成本加浮动酬金合同。即事先商定项目成本与酬金的预期水平，将实际成本与预期成本相比较，根据实际成本与预期成本之差来确定浮动酬金。

计算方法如下：

当 $C_d = C_0$ 时

$$C = C_d + F$$

当 $C_d > C_0$ 时

$$C = C_d + F - \Delta F$$

当 $C_d < C_0$ 时

$$C = C_d + F + \Delta F$$

式中　C_d——实际发生的项目成本；

　　C_0——预期成本；

ΔF——酬金的增减部分（可以是一个绝对数，也可以是百分数）。

这种做法，当实际成本小于预期成本时，承包商可以得到 ΔF 的奖励，有利于激励承包商努力降低项目成本，提高工作效率。

（4）目标成本加奖罚合同。即预先确定一个计算酬金的百分比率，并且根据项目的粗略估算成本，确定出目标成本（随着项目设计的逐步具体化，可以相应调整劳务数量和目标成本）。比较项目实际成本和目标成本，根据计算公式计算总价。

计算方法如下

$$C = C_d + A(C_0 - C_d) + BC_0$$

式中　C_0——目标成本；

　　　A——奖罚百分数；

　　　B——基本酬金百分数。

这种做法，比上一种做法更进一步，当实际成本小于目标成本时，承包商可以得到一定比例的奖励酬金，激励效果比较明显。

三、FIDIC 土木工程施工合同

（一）FIDIC 简介

FIDIC 是国际咨询工程师联合会法文名称字头缩写。FIDIC 最早是于 1913 年由欧洲四个国家的咨询工程师协会组成。从 1945 年第二次世界大战结束以来，已有全球各地 60 多个国家和地区的成员加入 FIDIC，中国在 1996 年正式加入。FIDIC 下设许多专业委员会，如业主咨询工程师关系委员会（CCRC）、合同委员会（CC）、风险管理委员会（RMC）等。各专业委员会编制了许多规范性的文件，这些文件不仅 FIDIC 成员国采用，世界银行、亚洲开发银行、非洲开发银行的招标样本也经常采用。

（二）FIDIC 合同条件的组成

FIDIC 于 1999 年出版的四种新版的合同条件，是在继承了以往合同条件的优点的基础上，在内容、结构和措辞等方面作了较大修改，进行了重大的调整（称为第一版，可为今后改进留有余地）。2002 年，中国工程咨询协会经 FIDIC 授权将新版合同条件译成中文本。

1. 四种新版的合同条件及其适用范围

（1）《施工合同条件》。《施工合同条件》（Conditions of Contract for Construction），简称"新红皮书"。该文件推荐用于有雇主或其代表——工程师设计的建筑或工程项目，主要用于单价合同。在这种合同形式下，通常由工程师负责监理，由承包商按照雇主提供的设计施工，但也可以包含由承包商设计的土木、机械、电气和构筑物的某些部分。

（2）《生产设备和设计—施工合同条件》。《生产设备和设计—施工合同条件》（Conditions of Contract for Plant and Design‑Build），简称"新黄皮书"。该文件推荐用于电气和/或机械设备供货和建筑或工程的设计与施工，通常采用总价合同。由承包商按照雇主的要求，设计和提供生产设备和（或）其他工程，可以包括土木、机械、电气和建筑物的任何组合，进行工程总承包，但也可以对部分工程采用单价合同。

（3）《设计采购施工（EPC）/交钥匙工程合同条件》。《设计采购施工（EPC）/交钥匙工程合同条件》（Conditions of Contract for EPC/Turnkey Projects），简称"银皮书"。该文件可适用于以交钥匙方式提供工厂或类似设施的加工或动力设备、基础设施项目或其他类型的开发项目，采用总价合同。这种合同条件下，项目的最终价格和要求的工期具有更大程度的

确定性；由承包商承担项目实施的全部责任，雇主很少介入。即由承包商进行所有的设计、采购和施工，最后提供一个设施配备完整、可以投产运行的项目。

（4）《简明合同格式》。《简明合同格式》（Short Form of Contract），简称"绿皮书"。该文件适用于投资金额较小的建筑或工程项目。根据工程的类型和具体情况，这种合同格式也可用于投资金额较大的工程，特别是较简单的、重复性的、工期短的工程。在此合同格式下，一般都由承包商按照雇主或其代表——工程师提供的设计实施工程，但对于部分或完全由承包商设计的土木、机械、电气和（或）构筑物的工程，此合同也同样适用。

2. FIDIC 合同条件组成

FIDIC 合同条件一般分为两个部分：第一部分是通用合同条件；第二部分是特殊应用条件，也可称为专用合同条件。

通用合同条件是指对某一类工程项目都通用，如 1999 年 FIDIC 的施工合同条件对于各种由承包商按照雇主提供的设计进行工程施工的项目均适用。

专用合同条件则针对一个具体的项目，考虑到国家和地区的法律法规的不同，项目的特点和不同雇主对项目实施的不同要求，而对通用合同条款进行的具体化、修改和补充。凡专用合同条件和通用合同条件不同之处，均以专用合同条件为准。专用条件的合同条款号一般与通用合同条件相同，如果通用条件中没能包括的内容，还可以在专用合同条件中另行增加。

3. FIDIC 合同条件的应用

（1）国际金融组织贷款和一些国际项目直接采用。在世界各地，凡是世行、亚行、非行贷款的工程项目以及一些国家的工程项目招标文件中，都全文采用 FIDIC 合同条件。在我国，凡亚行贷款项目，都全文采用 FIDIC 新红皮书。

（2）对比分析采用。许多国家和一些工程项目都有自己编制的合同条件，这些合同条件的条目、内容和 FIDIC 编制的合同条件大同小异，只是在处理问题的程序规定以及风险分担等方面有所不同。因此在熟练掌握 FIDIC 合同条件后，可在编制招标合同条件时候，根据在项目管理中通过 FIDIC 合同条件与工程实施的对比、分析和研究，制定防范风险或者利用风险的条款。

（3）合同谈判时采用。因为 FIDIC 合同条件是国家上权威的文件，在招标过程中，如承包商感到招标文件有规定明显不合理或不完善，可以用 FIDIC 合同条件作为"国际惯例"，在合同谈判时要求对方修改或补充某些条款。

（4）局部选择采用。当咨询工程师协助雇主编制招标文件时，或是总承包商编制分包项目招标文件时，可以局部选择 FIDIC 合同条件中的某些部分、条款、思路、程序或某些规定。也可以在项目实施过程中借助于某些思路或程序去处理遇到的实际问题。

四、建设工程施工合同实施的控制

（一）建设工程施工合同三大目标控制

1. 施工合同控制

合同签订后，合同中各项任务的执行要落实到项目经理部或具体的项目参与人员身上。施工合同控制可分为施工单位的控制和业主、监理的控制两大部分。

施工合同的控制，无论是施工单位的控制还是业主、监理的控制，虽然所处的立场不同，但是使用的方法是一样的，即根据项目的合同计划与实际的实施进行比较、检查。施工合同的控制主要通过对施工合同的三大目标，即合同进度、质量、成本三大目标的控制来达到。

2. 三大目标控制应注意的问题

（1）进度控制。建设工程施工合同的进度控制可以分为施工准备阶段、施工阶段和竣工验收阶段的进度追踪控制。对建设工程的进度进行控制主要是以项目的合同工期和施工单位提交的进度计划组织文件为依据。在进行进度的控制时，应注意以下问题：

1）日常监督。工程师每月检查一次承包人的进度计划执行情况。由承包人提交一份上月进度计划实际执行情况和本月的施工计划。同时，工程师还应进行必要的现场实地检查。当工程实际进度与计划进度不符时，承包商应按照工程师的要求及时做出改进措施，并在工程师批准确认后执行。

2）暂停施工。暂停施工的原因很多，一般是由于工程师要求、施工方主动暂停、突发事件造成。由工程师指令的暂停施工，无论暂停施工的责任在发包人还是承包人，工程师均应当在提出暂停施工要求后 48h 内提出书面意见。对于承包人提出处理意见，书面要求复工的，工程师应在 48h 内给予答复。

暂停施工可能会对工程项目的工期造成影响，因而在施工过程中应尽量避免暂停施工的现象发生。但是对于不可避免的暂停施工，应注意暂停施工责任的划分，并及时通过进度计划的追踪，作出工期索赔的报告。

3）工期可以顺延的情况。在发生以下事件时，经工程师确认，工期相应顺延：①发包人未能按合同约定提供图纸或所提供图纸不符合合同约定的；②发包人未能按合同约定提供施工现场、施工条件、基础资料、许可、批准等开工条件的；③发包人提供的测量基准点、基准线和水准点及其书面资料存在错误或疏漏的；④发包人未能在计划开工日期之日起 7 天内同意下达开工通知的；⑤发包人未能按合同约定日期支付工程预付款、进度款或竣工结算款的；⑥监理人未按合同约定发出指示、批准等文件的；⑦专用条款中约定或工程师同意工期顺延的其他情况。

承包人在工期可以顺延的情况发生后的 14 天内，就将延误的内容和因此发生的追加合同价款向工程师提出书面报告，工程师在收到报告后 14 天内予以确认，逾期不予确认也不提出修改意见的，视为同意工期顺延。

（2）质量控制。工程施工中的质量控制是施工合同控制中的重要环节。工程施工的质量控制应注意以下问题：

1）标准、规范和图纸。工程项目的工程质量是由国家法律、建筑强制性标准、规范和施工图纸所构成的质量要求。要做好工程项目的质量控制工作，就要求工程建设各方对于工程项目所适用的法律、标准、规范以及图纸的深入剖析，并把相应内容反应在施工计划中在施工过程中加以实施。

2）材料设备供应的质量控制。材料设备应由具有相应生产条件、技术装备和质量保证体系的供应单位进行供应。产品必须有质量合格证明文件，有完整的中文产品名称、生产厂家地址和厂名；设备应有详细的使用说明，电气设备还应附有线路图；实施生产许可证或者使用产品质量认证标志的产品，应有许可证或质量认证的编号、批准日期和有效期限；材料、设备的进场，应提供供应材料设备一览表，其内容包括材料设备的种类、规格、型号、数量、单价、质量等级、提供的时间和地点等；材料设备的进场，应在材料设备到货前 24h 通知工程项目相关各方，并由工程师清点确认，需要检验或试验的，经检验或试验合格后，经工程师认可方可使用。

3）工程验收的质量控制。工程验收的质量控制，是对工程项目的质量与施工合同规定要求、法律法规要求是否符合进行确认的行为。

a）施工过程中的检查和返工。在工程施工过程中，工程师及其委派人员对工程的检查检验是一项日常性工作。检查检验不应影响施工的正常进行，但是检查检验不合格导致影响正常施工的，其发生费用及工期由承包人承担；除此之外影响正常施工的追加合同价款由发包人承担，相应顺延工期。

b）隐蔽工程和中间验收。工程具备隐蔽条件和达到专用条款约定的中间验收部位，承包人在自检后，在隐蔽和中间验收前48h以书面形式通知工程师验收。工程质量符合标准、规范和设计图纸要求的，验收后24h工程师不在验收记录上签字的，视为已经批准，承包人可进行隐蔽或继续施工。工程师不能按时参加验收，须在开始验收前24h向承包人提出书面延期要求，延期不能超过两天。工程师未能按以上时间提出延期要求，不参加验收承包人可自行组织验收，发包人应承认验收记录。

c）竣工验收。工程具备竣工验收条件的，承包人按国家工程竣工验收有关规定，向发包人提供完整竣工资料及竣工验收报告。发包人收到竣工验收报告28天内组织有关单位验收，并在验收后14天予以认可或提出修改意见，承包人按要求修改。

（3）成本控制。建设工程施工合同的成本控制应做好以下工作：

1）加强施工任务单和限额领料单的管理，特别要做好每一个分部分项工程完成后的验收，以及实耗人工、实耗材料的数量核对，以保证施工任务单和限额领料单的结算资料绝对正确，为成本控制提供真实可靠的数据。

2）做好月度成本原始资料的收集和整理，正确计算月度成本，分析月度预算成本与实际成本的差异。

3）定期检查各责任部门和责任者的成本控制情况，检查成本控制责、权、利落实情况。

4）经常检查对外经济合同的履约情况，为顺利施工提供物质保证。

（二）建设工程项目不可抗力条件管理

不可抗力，是指合同当事人不能预见、不能避免并不能克服的客观情况。建设工程施工中的不可抗力包括因战争、动乱、空中飞行物坠落或其他非发包方责任造成的爆炸、火灾以及专用条款约定的风、雨、雪、洪水、地震等自然灾害。不可抗力事件发生后，对施工合同的履行会造成较大的影响。在合同订立时应当明确不可抗力的范围。

1．因不可抗力事件导致的费用及延误的工期承担方式

（1）永久工程、已运至施工现场的材料和工程设备的损坏，以及因工程损坏造成的第三人人员伤亡和财产损失由发包人承担；

（2）承包人施工设备的损坏由承包人承担；

（3）发包人和承包人承担各自人员伤亡和财产的损失；

（4）因不可抗力影响承包人履行合同约定的义务，已经引起或将引起工期延误的，应当顺延工期，由此导致承包人停工的费用损失由发包人和承包人合理分担，停工期间必须支付的工人工资由发包人承担；

（5）因不可抗力引起或将引起工期延误，发包人要求赶工的，由此增加的赶工费用由发包人承担；

（6）承包人在停工期间按照发包人要求照管、清理和修复工程的费用由发包人承担。

不可抗力发生后，合同当事人均应采取措施尽量避免和减少损失的扩大，任何一方当事人没有采取有效措施导致损失扩大的，应对扩大的损失承担责任。

因合同一方迟延履行合同义务，在迟延履行期间遭遇不可抗力的，不免除其违约责任。

2. 不可抗力事件的处理方式

不可抗力事件发生后，承包人应立即通知工程师，并在力所能及的条件下迅速采取措施，尽力减少损失，发包人应协助承包人采取措施。工程师认为应当暂停施工的，承包人应暂停施工。不可抗力事件结束后 48h 内，承包人向工程师通报受害情况和损失情况，以及预估清理和修复的费用。不可抗力事件继续发生，承包人应每隔 7 天向工程师报告一次受害情况。不可抗力结束后 14 天内，承包人向工程师提交清理和修复费用的正式报告及有关资料。

3. 建设工程合同纠纷处理

建设工程合同纠纷解决方式一般包括协商、调解、仲裁或诉讼等。

（1）协商。协商是最常见也是最有效的方式，是建设工程合同纠纷解决的首选方式。协商是双方依据合同，通过友好磋商和谈判，互相让步，折中解决合同争议。协商方式对双方都有利，按合同原则达成和解，为继续履行合同以及为将来进一步友好合作创造条件。

（2）调解。调解是解决合同纠纷的一种重要方式。它是在第三人的参与下，通过查明事实，分清是非，说服教育，向当事人双方提出解决争议的方案，促使双方达成调解协议，消除争议。建设工程项目的调解由于专业性强，一般是由专业人士、律师等组成的中间调解人进行调解，也可以由有关行政主管部门进行行政调解。

（3）仲裁。仲裁是当事人双方在纠纷发生前或纠纷发生后达成协议，自觉将纠纷交给仲裁机构，由仲裁机构在事实上作出判断、在权利义务上作出裁决的一种纠纷解决的方式。

如果双方约定采用仲裁方式进行纠纷处理，必须约定具体的仲裁委员会，否则仲裁协议无效，因为仲裁没有法定管辖。同时，我国的仲裁采用一裁终局制，仲裁裁决做出后是终局，对当事人具有约束力。已发生仲裁效力的裁决，由仲裁机关督促执行，如果当事人拒绝执行时，可以通知人民法院强制执行。

（4）诉讼。诉讼是建设工程合同当事人依法请求人民法院行使审判权，审理双方之间发生的纠纷，做出有国家强制保证实现其合法权益而解决争议的审判活动。合同双方当事人如果未约定仲裁协议，则只能以诉讼作为解决纠纷的最终方式。

第四节　建设工程项目索赔管理

一、工程索赔概述

索赔合同一方因对方不履行或未能正确履行合同所规定的义务而遭受损失，通过一定的合法程序向对方提出经济补偿和（或）时间补偿的要求。工程索赔是工程建设各方一种正当权利，是工程建设各方依据法律和合同进行的一项正常的、大量的而且普遍存在的管理工作。在工程建设的各个阶段均有可能发生索赔，但是工程索赔发生最集中、最复杂的是在工程施工阶段，因而工程索赔主要是指工程施工的索赔。

1. 索赔的特点

工程索赔具有以下特点：

（1）索赔是双向的。工程索赔不仅可以是承包人向发包人的索赔，也可以是发包人向承包人的索赔。但在索赔处理中，业主始终处于主动和有利地位，因为他可以只从应付款中扣抵或没收履约保证函、扣留保留金等来实现自己的索赔要求。因此，在工程实践中，大量发生的、处理比较困难的是承包人向业主的索赔。

（2）索赔的实际发生原则。工程索赔必须以现场发生原则为准，即现场发生了损害，给相关参与建设方造成了实际损失，这种损失可以是经济利益的损失和权利的损害，利益受损方可就损失提出索赔。

（3）索赔是一种未经确认的单方面行为。索赔是一种单方面的行动，是否成功取决于索赔所依据的事实、索赔谈判，甚至是索赔所引发的仲裁或者诉讼过程。因此提出索赔并不代表着一定会得到补偿，索赔的提出也只是整个索赔过程中的第一步。只有获得了索赔的工期或经济补偿，索赔才算成功。

（4）索赔无固定的标准。工程索赔是一个非常灵活、复杂的过程，受合同、业主管理水平、承包商管理水平、监理管理水平影响很大。因此在工程建设中，索赔受索赔时点、索赔对象、索赔取证影响，并无固定的标准，需要项目管理人员灵活地把握。

2. 索赔的起因

工程建设生产过程周期长、技术难度大、不确定性因素多，因此，工程建设是一个索赔高发的行业。工程索赔，由于其起因不同，在索赔处理过程中，其结果也不同，工程索赔一般由以下几个方面造成：

（1）业主方原因。业主方原因引起的索赔主要由工程量增加、工程技术标准变更、业主要求暂停施工、业主未按合同规定按时支付工程款等因素引起。

（2）勘察设计方原因。由于工程勘察设计方工作的瑕疵，如勘察漏项、设计错误、设计缺陷等或者由于设计方在方案变更时图纸提供不及时的延误而引起的。

（3）承包方原因。由于承包方在合同签订前对合同风险预测的不足，或是在合同实施过程中由于自身失误所引起的。

（4）工程参与各方均无过错。工程建设工程中各参与方均无过错也可能引发工程索赔。例如不可抗力事件的发生，此时，工程建设各方均无过错，却引发工程索赔。

3. 索赔的分类

工程索赔按照不同的标准有不同的分类，一般常用的分类有以下几种：

（1）按照干扰事件的性质分类。按照干扰事件的性质分类，索赔可分为工期拖延索赔、不可预见的条件索赔、工程变更索赔、工程终止索赔等。

（2）按照索赔要求分类。按照索赔的要求分类，索赔可分为工期索赔和费用索赔。

（3）按照索赔处理的方式分类。

1）单项索赔。针对某一干扰事件提出的，索赔的处理是在合同实施过程中进行。其主要适用于原因单一、责任单一、分析处理简单的索赔事件。例如业主工程师指令将某分项工程素混凝土改为钢筋混凝土，对此承包商一般只需提出与钢筋有关的索赔即可。

2）总索赔。又叫一揽子索赔，一般在竣工验收前，承包商将工程过程中未解决的单项索赔集中起来，提出一份总索赔报告。其主要针对处理和解决都很复杂的索赔事件，在处理这样的索赔事件要注意以单项为基础进行索赔的计算；要注意文档积累处理工作复杂以及根据索赔的相关约定定期做出索赔的阶段报表。

二、索赔的处理

（一）索赔的程序

1. 提出索赔要求

为了减少损失、降低施工风险，承包商应当十分熟悉合同及其有关条款，在施工过程中及时发现潜在的具备正当理由的索赔机会，收集索赔所必需的依据或证据。

索赔事件发生后，承包商应在 28 天内以书面形式将其索赔意向通知给监理工程师，同时将一份副本呈交给业主。超过 28 天才提出索赔意向的，工程师有权拒绝。索赔意向通知通常包括索赔事件的基本情况、索赔的依据和理由、后续有关补充证据的说明、项目成本和工期受到影响的严重程度等内容，以期引起监理工程师（业主）的注意。

2. 进一步收集索赔依据或证据

索赔所必需的依据或证据，如合同及法律、法规、政策的有关条款，投标书，招标文件，施工协议书及其附属文件，工程图纸，工程进度计划，施工日志，会议记录，财务记录，现场气象记录，施工备忘录，工程核算资料，市场信息资料，来往信函等。

索赔的证据应尽可能充分，但也不应该因为收集索赔证据而耽误提出索赔意向，索赔证据可以在索赔意向通知书发出后继续收集。

3. 提交索赔报告

索赔意向通知简明扼要，只是承包商索赔意向的表达，并没有涉及要求索赔的费用或工期数，更没有提及索赔费用或工期的计算方法。根据我国建筑工程施工合同规定，在提交索赔意向通知后的 28 天内，承包商应该向监理工程师（业主）提交正式的索赔报告（FIDIC施工合同的规定有所不同，其规定是：在索赔事件被承包商知道后的 28 天内，承包商要向工程师递交索赔意向通知。在事件后的 42 天内，或者承包商建议并被工程师许可的其他期限内，承包商应向工程师递交一份充分详细的索赔报告）。索赔报告，是指承包商向监理工程师（业主）提交的一份要求给予一定经济补偿或工期补偿的正式报告。索赔报告包括的主要内容有介绍索赔事件、索赔的理由、要求索赔的费用或工期的详细计算、相应的索赔证据等。

对于持续影响的索赔事件，承包商受索赔时间的限制，无法等到索赔事件影响结束后再提交索赔意向，也无法一次性把索赔事件造成的损失计算清楚。这样，承包商应该按照合同约定的时间间隔，定期地陆续提交索赔意向，在索赔事件影响结束后的 28 天内，递交最终的索赔报告。对于持续影响的时间间隔，FIDIC 施工合同中约定为 1 个月，我国施工合同中无此项约定，一般采用 FIDIC 中的规定。

承包商提交索赔报告后，不能被动等待，而应经常了解对方对索赔的处理情况，根据对方提出的要求及时补充必要的索赔证据。

4. 处理索赔事件

监理工程师（业主）接到索赔报告后，应该马上详读索赔报告，到实地勘察，了解索赔事件的真实具体情况，对承包商提出的索赔项目和依据进行验证，根据有关法律法规和合同条款，划清责任界限，并对不合理的索赔提出反驳或疑问。例如：计算损失大于实际损失；合同依据或索赔证据不足；索赔事件属于第三方责任，不属于业主和监理工程师的责任；找出合同中的相关条款为业主开脱责任；承包商没有采取适当的措施避免或减少损失；承包商以前曾明示或暗示放弃了此次索赔的要求等。承包商应对监理工程师（业主）提出的反驳或疑问给予圆满答复。监理工程师应在上述评审的基础上提出初步的索赔处理意见，并将该处理意见报业主核定批准，参加业主和承包商之间的索赔谈判，通过谈判，作出索赔的最后决定。

如果索赔谈判不能成功，承包商和业主无法达成协议，则可以将其争端的问题按合同中约定的争端解决方式解决。按照 FIDIC《土木工程施工合同条件》的规定，解决索赔争端的程序是：

(1) 合同的一方就其争端的问题书面通知工程师，并将一份副本提交对方。

(2) 监理工程师应在收到有关争端的通知后 84 天内作出决定，并通知业主和承包商。

(3) 业主和承包商在收到监理工程师决定通知的 70 天后（包括 70 天），均未发出要将该争端提交仲裁的通知，则该决定视为最后决定，对业主和承包商均有约束力。若一方不执行此规定，另一方可按对方违约提出仲裁通知，并开始仲裁。

(4) 如果业主或承包商对监理工程师的决定不同意，或在要求监理工程师做决定的书面通知发出 84 天后，未得到监理工程师决定的通知，任何一方可在其后的 70 天内就其所争端的问题向对方提出仲裁意向通知，并将一份副本送交监理工程师。仲裁可在此通知发出 56 天之后开始。在仲裁开始前的 56 天内应设法友好协商解决双方的争端。

（二）索赔的计算

1. 索赔计算的依据

以工程施工过程中的索赔为例，工程索赔计算的依据通常包括：

(1) 招标文件、合同文件及附件以及承包商的报价文件等。

(2) 合同约定的工程总进度计划。

(3) 合同双方共同认可的详细进度计划，包括网络图、横道图等。

(4) 各种会议纪要。

(5) 施工进度计划和实际施工进度记录。

(6) 施工现场的工程文件，如施工记录、施工日志、监理工程师填写的施工记录与签证等。

(7) 业主或工程师的变更指令，包括各种认可信、通知以及对承包商问题的回复等。

(8) 气象资料。

(9) 工程中各种检查验收报告和各种技术鉴定报告。

2. 工期索赔计算

(1) 直接法。有时干扰事件直接发生在关键线路上或一次性发生在一个项目上，造成总工期延误。这时可通过查看施工日志、变更指令等资料，直接计算延误的工期，并将这些资料中记载的延误时间作为工期索赔值。

(2) 网络分析法。网络分析法是通过干扰事件发生前后的网络计划，对比两种工期计算结果来计算索赔值。在利用网络分析中，要注意两个问题：

1) 实际工程中时差的使用。在实际工程中，在干扰事件发生后，要考虑干扰事件发生前的实际施工状态，即在干扰事件发生前，有许多活动已经完成或已经开始，这些活动可能已经占用线路上的时差，使干扰事件的实际影响远大于理论分析的结果。

2) 不同干扰事件工期索赔之间的影响。在实际工程中，不同工作之间可能由于不同干扰事件，造成工期索赔的重叠影响，即由于不同的干扰事件分别对 A、B 两工作造成 3 周影响，在工期索赔重叠影响下，可能实际索赔的工期低于 6 周。

（3）比例分析法。在实际工程中，若干扰事件仅影响某些单项工程、单位工程或分部分项工程的工期，要分析它们对工期的影响可采用较简单的比例分析法。它与网络分析法的区别在于网络分析法对于工期索赔的计算需要借助计算机来进行，否则分析极为困难，而比例分析法则是一种相对较为简单的方法。

【例 6-1】　某工程合同总价 380 万元，总工期 15 个月，现业主指令增加附加工程价格为 76 万，则承包商应提出多少个月工期补偿？

解　利用比例分析法计算如下

$$总工期索赔＝附加工程或新增工程价格×原合同总工期/原合同总价$$
$$＝76×15/380＝3（个月）$$

（4）费用索赔计算。

1）总费用法。总费用法的基本思路是把固定总价合同转化为成本加酬金合同，以承包商的额外成本为基点加上管理费和利润等附加费作为索赔值。

【例 6-2】　某工程合同报价如下：

现场成本（工程直接费＋现场管理费）	3 200 000 元
管理费（现场成本×8%）	256 000 元
利润、税金［（现场成本＋管理费）×9%］	311 040 元
合同价	3 767 040 元

在实际工程中，由于完全非承包商原因造成实际工地总成本增加 180 000 元，试用总费用法计算索赔费用。

解	
总成本增加额	180 000 元
管理费（总成本增加额×8%）	14 400 元
利润、税金［（总成本增加额＋管理费）×9%］	17 496 元
索赔值	211 896 元

总费用法的使用有以下几个条件：

a）合同实施过程中总费用核算是准确的。

b）承包商的报价是合理的。如果承包商报价不合理，则这样计算的索赔值业主将不会接受。

c）费用损失是由单方责任造成。而在实际过程中，费用损失往往是多方责任造成，因此在使用总费用法进行计算有时是各方所不能接受的。

2）分项法。分项法是按每个（或每类）干扰事件，以及这事件所影响的各个费用项目分别计算索赔值的方法。利用分项法进行索赔值的计算，重要的是不能遗漏，注意考虑除了直接成本外的一些附加费，包括保险费、保函费、企业管理费等。

分项法计算索赔值通常分为三个步骤：

a）分析每个或每类干扰事件所影响的费用项目。这些费用项目通常应与合同报价的费用项目一致。

b）确定各费用项目索赔值的计算基础和计算方法，计算每个费用项目受干扰事件影响后的实际成本或费用值，并与合同报价中的费用值对比，即可得到该项费用的索赔值。

c）将各费用项目的计算值列表汇总，得到总费用索赔值。

三、反索赔

(一) 反索赔基本概念

索赔管理的任务不仅在于对已产生的损失的追索，而且在于对将产生或可能产生的损失的防止。追索损失主要通过索赔手段进行，而防止损失主要靠反索赔进行。

反索赔有广义和狭义之分，通常定义反索赔为反驳索赔报告，即业主或者监理工程师对承包人的索赔要求进行分析评议和反驳，否定不合理的地方，接受合理的要求。这是反索赔的狭义定义，也是一般所探讨的内容。

(二) 反索赔的意义

(1) 通过成功的反索赔减少和防止损失的发生。

(2) 通过反索赔指导项目索赔工作。有效的反索赔能鼓舞工程管理人员的信心和勇气，有利于整个工程的施工和管理；不能有效地进行反索赔，则处于被动挨打的局面，丧失工作中的主动权。

(3) 通过反索赔发现项目管理中的问题，提升项目管理班子的项目管理能力。

(4) 通过反索赔，促进项目合作方的项目管理水平的提升。

(三) 反索赔的步骤

在接到对方索赔报告后，就可着手进行反索赔的工作。反索赔的步骤一般如图6-3所示。

(1) 合同总体分析。在接到对方的索赔报告时，首先应对索赔报告中所涉及的合同文件进行细致研究。通过分析找出对方索赔的合同依据，以及对对方索赔有利和不利的条款。

(2) 事态调查。对对方索赔报告中的干扰事件的真实性、干扰事件的原因、干扰事件的责任等根据索赔报告中所提供的原始证据，结合自身所拥有的材料，对事态进行详尽地调查。

(3) 三种状态分析。在事态调查和收集、整理工程资料的基础上进行合同状态、可能状态、实际状态分析。通过三种状态的分析达到：

1) 全面评价合同、合同实施状况，评价双方合同责任的完成情况。

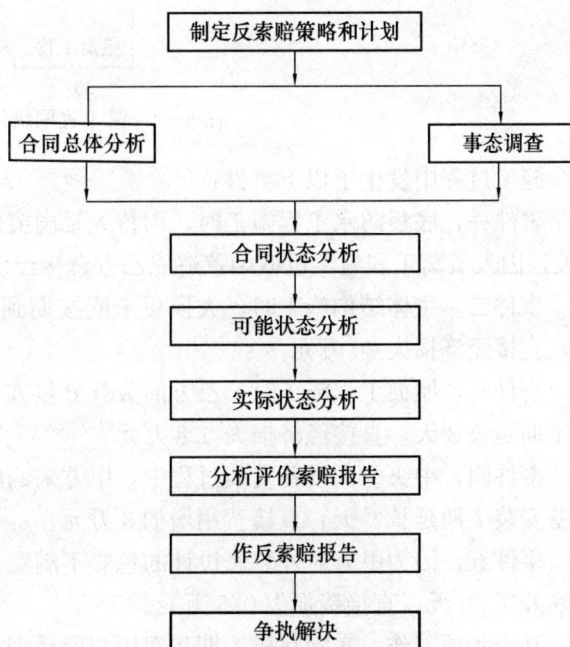

图6-3　反索赔基本步骤

2) 对对方有理由提出索赔的部分进行总概括，分析出对方有理由提出索赔的干扰时间有哪些，索赔的大约值或最高值。

3) 对对方的失误和风险范围进行具体确定，在判断中作为攻击点。

4) 针对对方的失误作进一步分析，以准备向对方提出索赔。

(4) 索赔报告分析评价。针对索赔报告进行全面分析，对索赔要求、索赔理由进行逐条分析评价。分析审核对方索赔报告中的干扰事件、索赔理由和索赔要求，提出处理意见或对策，并针对其中不合理的诉求提出反驳理由。

（5）起草并向对方递交反索赔报告。反索赔报告是对上述工作的总结，向对方索赔者表明自己的分析结果、立场、对索赔要求的处理意见以及反索赔的证据。反索赔报告也是正规法律文件，因此必须按合同要求在规定时间内向工程监理工程师、特定的调解人或仲裁人提交反索赔报告。

四、索赔案例

【例 6-3】　某建筑工程，建筑面积 3.8 万 m^2，地下一层，地上十六层。施工单位（简称"乙方"）与建设单位（简称"甲方"）签订了施工总承包合同，合同工期 600 天。合同约定，工期每提前（或拖后）1 天，奖励（或罚款）1 万元。乙方将屋面和设备安装两项工程的劳务进行了分包，分包合同约定，若造成乙方关键工作的工期延误，每延误 1 天，分包方应赔偿损失 1 万元。主体结构混凝土施工使用的大模板采用租赁方式，租赁合同约定，大模板到货每延误 1 天，供货方赔偿 1 万元。乙方提交了施工网络计划，并得到了监理单位和甲方的批准。网络计划示意图如图 6-4 所示。

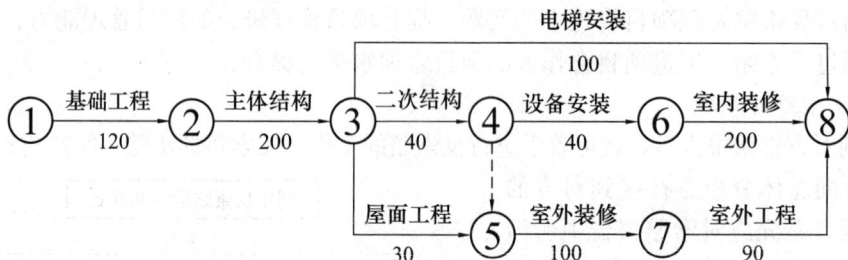

图 6-4　某工程网络计划示意图

施工过程中发生了以下事件：

事件一，底板防水工程施工时，因特大暴雨突发洪水原因，造成基础工程施工工期延长 5 天，因人员窝工和施工机械闲置造成乙方直接经济损失 10 万元。

事件二，主体结构施工时，大模板未能按期到货，造成乙方主体结构施工工期延长 10 天，直接经济损失 20 万元。

事件三，屋面工程施工时，乙方的劳务分包方不服从指挥，造成乙方返工，屋面工程施工工期延长 3 天，直接经济损失 0.8 万元。

事件四，中央空调设备安装过程中，甲方采购的制冷机组因质量问题退换货，造成乙方设备安装工期延长 9 天，直接费用增加 3 万元。

事件五，因为甲方对外装修设计的色彩不满意，局部设计变更通过审批后，使乙方外装修晚开工 30 天，直接费损失 0.5 万元。

其余各项工作，实际完成工期和费用与原计划相符。

问题：

1. 用文字或符号标出该网络计划的关键线路。

2. 指出乙方向甲方索赔成立的事件，并分别说明索赔内容和理由。

3. 分别指出乙方可以向大模板供货方和屋面工程劳务分包方索赔的内容和理由。

4. 该工程实际总工期多少天？乙方可得到甲方的工期补偿为多少天？工期奖（罚）款是多少万元？

5. 乙方可得到各劳务分包方和大模板供货方的费用赔偿各是多少万元？

6. 如果只有室内装修工程有条件可以压缩工期，在发生以上事件的前提条件下，为了能最大限度地获得甲方的工期奖，室内装修工程工期至少应压缩多少天？

解

问题 1：

关键线路：①→②→③→④→⑥→⑧（或基础工程、主体结构、二次结构、设备安装、室内装修）。

问题 2：

(1) 事件一，乙方向甲方提出的工期索赔可以成立；因洪水属于不可抗力原因，且该工作属于关键工作。

(2) 事件四，乙方可以向甲方提出工期和费用索赔，因甲方购买设备质量问题原因属甲方责任，且该工作属于关键工作。

(3) 事件五，乙方可以向甲方提出费用索赔，设计变更属甲方责任，但该工作属于非关键工作且有足够机动时间。

问题 3：

(1) 事件二，乙方可以向大模板供货方索赔费用和工期延误造成的损失赔偿。

原因：大模板供货方未能按期交货，是大模板供货方责任，且主体结构属关键工作，工期延误应赔偿乙方损失。

(2) 事件三，乙方可以向屋面工程劳务分包方索赔费用。

原因：专业劳务分包方违章，属分包责任，但非关键工作，且工作延长时间不超过该工作的总时差，不存在工期延误索赔问题。

问题 4：

(1) (125＋210＋40＋49＋200)＝624（天），实际总工期 624 天。

(2) 工期补偿：事件一和事件四中 5＋9＝14（天），可补偿工期 14 天。

(3) 被罚：被罚款 10×1＝10（万元）

问题 5：

(1) 事件三：屋面劳务分包方，0.8 万元。

(2) 事件二：大模板供货方：

直接经济损失 20 万元；

工期损失补偿，10×1＝10（万元）；

向大模板供货方索赔总金额为 30 万元。

问题 6：

压缩后①—②—③—④—⑤—⑦—⑧线路也为关键线路，与①—②—③—④—⑥—⑧线路工期相等，工期 595 天。

应压缩工期＝624－595＝29（天）

思　考　题

1. 建设工程项目招标方式有几种？有何区别？
2. 简述建设工程项目招标程序。

3. 建设工程项目投标程序包括哪些？

4. 举例说明承包商的投标技巧。

5. 因不可抗力导致的费用增加和工期延误应如何分担？

6. 建设工程项目合同纠纷处理方式有哪些？

7. 什么是项目索赔？索赔的分类有哪些？

8. 简述建设工程项目索赔处理的程序。

9. 何谓反索赔？如何实施工程反索赔？

第七章 建设工程项目进度管理

第一节 概 述

一、进度的概念

进度通常是指建设工程项目实施结果的进展情况，它是时间（工期）、劳动力、材料、成本等信息的一个综合表达。一般情况下，用建设工程项目的工期来反映项目的进度信息，但是由于建设工程项目的复杂性，工程的工期信息又不能完全反映工程的进度。现代项目管理中，人们赋予进度的是一个综合的含义，是一个反映工程实施状态的综合指标。

二、建设工程项目进度控制的概念

建设工程项目进度控制是对工程项目建设各阶段的工作内容、工作程序、持续时间和衔接关系等根据进度总目标以及资源优化配置的原则编制计划并付诸实施，然后在进度计划的实施过程中经常检查实际进度是否按计划要求进行，对出现的偏差情况进行分析，采取补救措施或调整、修改原计划后再付诸实施，不断地如此循环，直到建设工程项目竣工验收交付使用。

建设工程项目进度控制的目的是通过计划、实施、检查和处理等控制程序以实现项目的进度目标，或者在保证施工质量且不因此而增加实际施工成本的条件下，适当缩短施工工期。在进度控制过程中应坚持进度控制编制与进度计划的调整相结合的办法，进行进度的动态控制，其程序包括如下内容：

（1）项目进度目标的分析和论证。其目的是论证进度目标是否合理，进度目标是否可能实现。如果经过科学的论证，目标不能实现，则必须调整目标。

（2）在收集资料和调查研究的基础上编制建设工程项目进度计划。

（3）建设工程项目进度计划的跟踪检查与调整。

三、建设工程项目进度控制计划

为了保证建设工程项目的进度控制目标，参与工程项目建设的各方均应根据合同中工程项目的范围以及职责编制对应的进度计划，并控制这些进度计划的实施。建设工程项目进度控制计划体系主要包括建设单位的进度计划、监理单位的进度计划、设计单位的进度计划和施工单位的进度计划等。

（一）建设工程项目进度控制计划的方法与类型

1. 建设工程项目进度计划的编制主要应考虑下列六种因素：

（1）建设工程项目的规模大小。

（2）建设工程项目的复杂程度。

（3）建设工程项目的紧急性。

（4）对建设工程项目细节的掌握程度。

（5）总进度是否由一两项关键事项所决定。

（6）有无相应的技术力量和设备。

2. 建设工程项目进度控制方法

建设工程项目进度控制方法主要是规划、控制和协调。规划是指确定建设工程项目总进度控制目标和分进度控制目标，从而编制其进度计划。控制是在建设工程项目实施过程中，不断地进行施工实际进度与施工计划进度的比较，若出现偏差则及时采取措施调整。协调是指协调与施工进度有关的所有单位、部门和工作队组之间的进度关系。

3. 建设工程项目进度计划的类型

根据不同的划分标准，建设工程项目进度计划有以下类型：

（1）按计划内容可分为目标性时间计划与支持性资源进度计划。针对施工项目本身的时间进度计划，是最基本的目标性计划，它确定了该项目施工的工期目标。为了实现这个目标，还需要有一系列支持性的资源进度计划，如劳动力使用计划、机械设备使用计划、材料构配件和半成品供应计划等。

（2）按计划时间长短可分为总进度计划与阶段性计划。总进度计划是控制项目施工全过程的；阶段性计划包括项目年、季、月施工进度计划，旬、周作业计划等。

（3）按计划表达形式可分为文字说明计划与图表形式计划。文字说明计划即用文字说明各阶段的施工任务，以及要达到的形象进度要求；图表形式计划即用图表形式表达施工的进度安排，有横道图、斜线图、网络计划等。

（4）按项目组成可分为总体进度计划与分项进度计划。总体进度计划是针对施工项目全局性的部署，一般比较粗略；分项进度计划是针对项目中某一部分（子项目）或某一专业工程的进度计划，一般比较详细。

（二）进度控制计划的编制程序

建设工程项目进度计划的编制是一个动态编制和计划不断调整的过程，其编制程序通常如下：调查研究和收集资料；项目结构分析；进度计划系统的结构分析；项目的工作编码编制进度计划；进度计划与进度目标的比较与调整。

针对施工项目，施工方应视项目的特点和施工进度控制的需要编制控制性施工总进度计划、实施性施工分进度计划和操作性施工作业计划。编制的基本程序如图 7-1 所示。

四、建设工程项目进度控制系统

建设工程项目进度控制计划是由多个相互关联的控制计划组成，涉及不同阶段的控制和不同的控制方等，因此需要一个系统把这些相互关联的控制计划组合起来，进行协调控制。

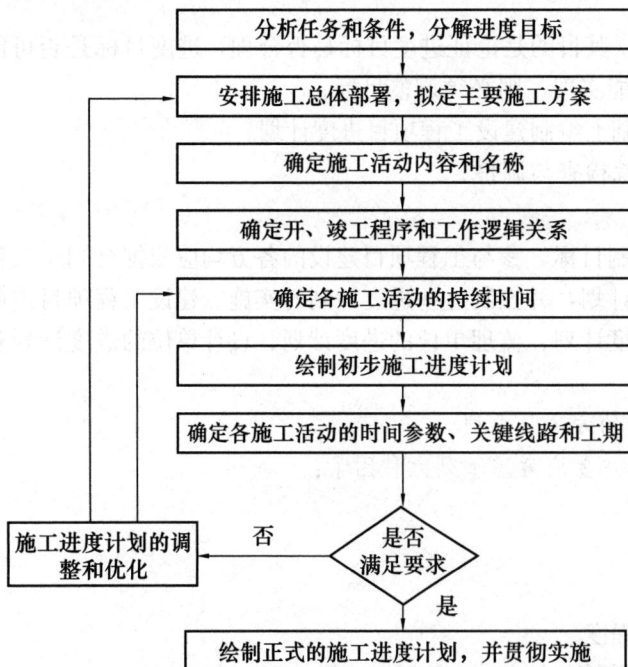

图 7-1　施工进度计划编制基本程序

　　建设工程项目进度控制系统是一个由项目参与各方参与、不同阶段编制、不同功能编制的一个动态控制系统。在常规的项目管理中，最大的弊病在于无法将多阶段、多功能、多参与方的进度计划进行一个综合协调控制，因而需要建立一个动态的建设项目进度控制系统进行各进度计划和子系统进度计划的协调，具体协调工作如下：

　　（1）总进度计划、项目子系统进度计划与项目子系统中的单项工程进度计划之间的联系与协调。

　　（2）控制性进度计划、指导性进度计划与实施性进度计划之间的联系与协调。

　　（3）业主方编制的整个项目实施的进度计划、设计方编制的进度计划、施工和设备安装方编制的进度计划与采购和供货方编制的进度计划之间的联系和协调等。

　　根据不同建设工程项目的需求和用途，进度控制系统可以由不同的内容构成。

　　（1）由多个相互关联的不同计划深度的进度计划组成的计划系统。例如，项目总进度计划系统、项目子系统进度计划和项目子系统中的单项工程进度计划等，就是由不同深度的进度计划组成，下级计划系统来源于上级计划系统，同时又在细化其上级计划系统的某些进度指标。

　　（2）由多个相互关联、不同计划功能的进度计划组成的计划系统。例如，项目的控制性进度计划、指导性进度计划和实施性进度计划，根据其发挥的作用不同，主持编制人不同，其编制的时间不同，编制的进度目标也略有不同，计划的精细度也不同。不同功能的计划系统如图7-2所示。

　　（3）由多个相互关联的不同项目参与方的进度计划组成的计划系统。例如，项目业主方编制的进度计划、施工方编制的进度计划、设计方编制的进度计划、监理方编制的进度计划等。不同的参与方均根据各自的项目管理的范围与特点编制项目的进度计划。

　　（4）由多个相互关联的、不同计划周期的进度计划组成的计划系统。例如，项目的年度、季度、月度、旬进度计划等。根据不同的时间周期所编制的进度计划如图7-3所示。

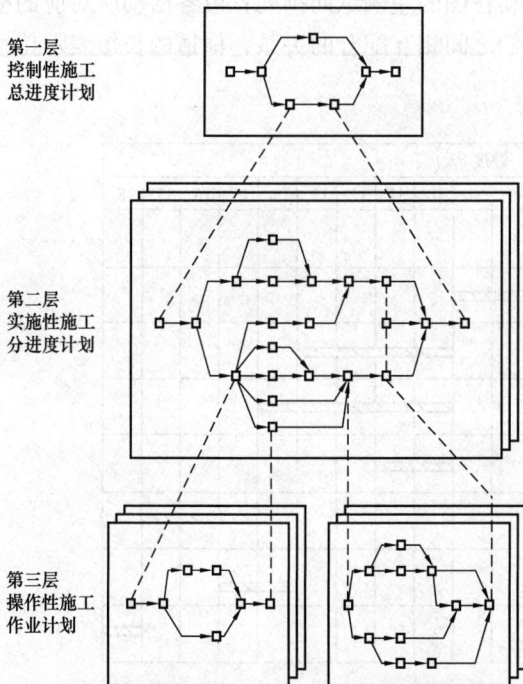

图7-2　不同功能的计划系统

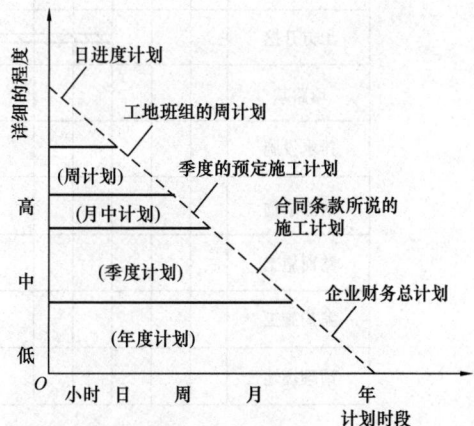

图7-3　不同周期的计划系统

五、进度控制与工期控制

工期与进度是两个既互相联系又有区别的概念。由工期计划所反映的项目持续时间、开始和结束时间以及容许的变动时间等都是进度计划中所需要的各个时间参数。但是作为建设工程项目进度计划，其所反映的又不仅仅是时间信息，而应该是时间、劳动效率、劳动成果、成本以及资源的一个综合信息载体。

（1）工期常常作为进度的一个指标，由于它在表示建设工程项目进度计划及其完成情况时发挥了重要作用，因此进度控制首先表现为工期控制，有效的工期控制才能达到有效的进度控制，但仅用工期表达进度会产生误导。

（2）建设工程项目进度的拖延最终一定会表现为工期的拖延。

（3）对建设工程项目进度的调整常常表现为对工期的调整。为加快进度，改变施工次序、增加资源投入，则意味着通过采取措施使总工期提前。

第二节　建设工程项目工期计划

一、横道图

（一）概念

横道图又称作甘特图，它以图示的方式通过活动列表和时间刻度形象地表示出任何特定项目的活动顺序与持续时间，是一种最简单、运用最广泛的传统的进度计划方法，在建设领域中应用非常普遍。

横道图的基本形式如图 7-4 所示。它以横坐标表示时间，按照所表示工作的详细程度，时间单位可以是小时、天、周、月等；工程活动在图的左侧纵向排列；以各活动所对应的横道位置表示活动的起始时间和结束时间以及它们之间相互配合的关系，横道的长短表示持续时间的长短。

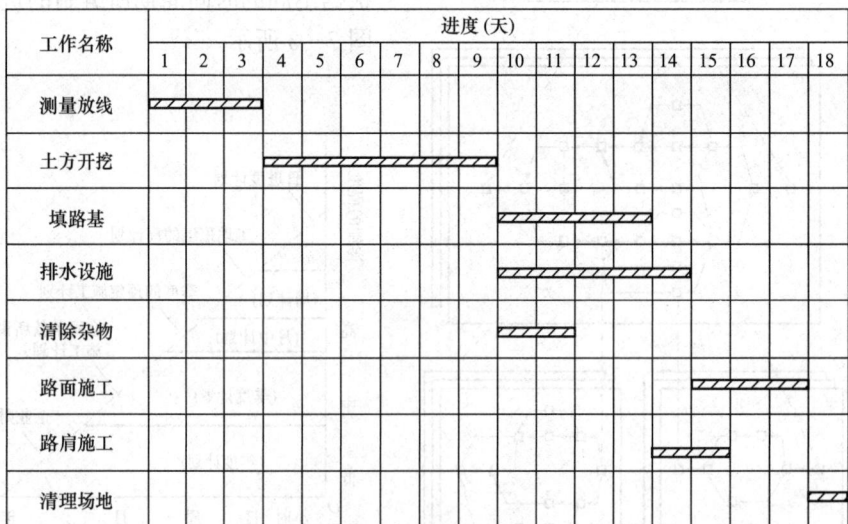

工作名称	进度（天）																	
	1	2	3	4	5	6	7	8	9	10	11	12	13	14	15	16	17	18
测量放线	▨	▨	▨															
土方开挖				▨	▨	▨	▨	▨	▨									
填路基										▨	▨	▨	▨					
排水设施										▨	▨	▨	▨					
清除杂物										▨								
路面施工															▨	▨	▨	
路肩施工														▨	▨			
清理场地																		▨

图 7-4　某项目施工进度横道图计划

（二）横道图的特点

1. 优点

（1）它能够清晰地表达项目工作的开始时间、结束时间和持续时间，直观形象、简单易懂，适用于项目各层次（上至战略决策者，下至基层操作工人）掌握与运用。

（2）制作与使用简单，易于掌握。

（3）不仅能够安排工期，而且可以与劳动力计划、资源计划、资金计划等相结合。

2. 缺点

（1）工序之间的逻辑关系表达不清晰。一项工作的变动对其他工作或整个计划的影响不能清晰地反映出来。

（2）不能确定计划的关键线路、关键工作与时差，不利于计划的控制工作。

（3）横道图的编制与调整一般用手工方式完成，其工作量大。

（4）难胜任大型进度计划的控制工作。

二、流水施工方法

流水施工是一种科学、有效的工程项目施工组织方法之一，它可以充分利用工作时间和操作空间，减少非生产性劳动消耗，提高劳动生产率，保证工程施工连续、均衡、有节奏地进行，从而对提高工程质量、降低工程造价、缩短工期有非常显著的作用。它是施工组织设计中编制施工进度计划、劳动力调配、提高建筑施工组织与管理水平的理论基础。

（一）组织施工的方式

工程项目的施工组织方式可分为依次施工、平行施工、流水施工。

1. 依次施工

依次施工组织方式，是将拟建工程项目的整个建造过程分解成若干施工过程，按照一定的施工顺序，前一个施工过程完成后，后一个施工过程才开始。对建筑群而言，是指待一幢建筑物全部竣工后，再进行另一幢建筑物的施工。这是一种最基本、最原始的施工组织方式，如图 7 - 5 "依次施工"栏所示，其特点是：

（1）不能充分利用工作面进行施工，工期长。

（2）工作队不能实现专业化施工，不利于改进施工工艺、提高工程质量，不利于提高工人的操作技术水平和劳动生产率。

（3）如采用专业工作队施工，则专业工作队不能连续作业，有时间间歇，劳动力及施工机具等资源无法均衡使用。

（4）单位时间内投入的资源（劳动力、材料、设备等）量较少，有利于资源的组织供应。

（5）施工现场的组织、管理较简单。

2. 平行施工

平行施工组织方式，是将几个相同的施工过程，分别组织几个相同的工作队，在同一时间、不同的空间上平行进行施工；或将几幢建筑物同时开工，平行地进行施工，如图 7 - 5 "平行施工"栏所示。这种施工组织方式具有以下特点：

（1）充分利用了工作面进行施工，争取了时间，可以缩短工期。

（2）适用于组织综合工作队施工，不能实现专业化生产，不利于提高工程质量和劳动生产率。

序号	施工段编号	施工过程	持续天数	专业队人数	工作进度（天）
1	I	挖土方	5	10	
		做垫层	5	8	
		砌基础	5	22	
		回填土	5	5	
2	II	挖土方	5	10	
		做垫层	5	8	
		砌基础	5	22	
		回填土	5	5	
3	III	挖土方	5	10	
		做垫层	5	8	
		砌基础	5	22	
		回填土	5	5	
4	IV	挖土方	5	10	
		做垫层	5	8	
		砌基础	5	22	
		回填土	5	5	
5	劳动力动态图			80— 40—	10 8 22 5 10 8 22 5 10 8 22 5 10 8 22 5 ∣ 40 32 88 25 ∣ 10 18 40 45 35 27 5
6	施工组织方式				依次施工　　　平行施工　　　流水施工

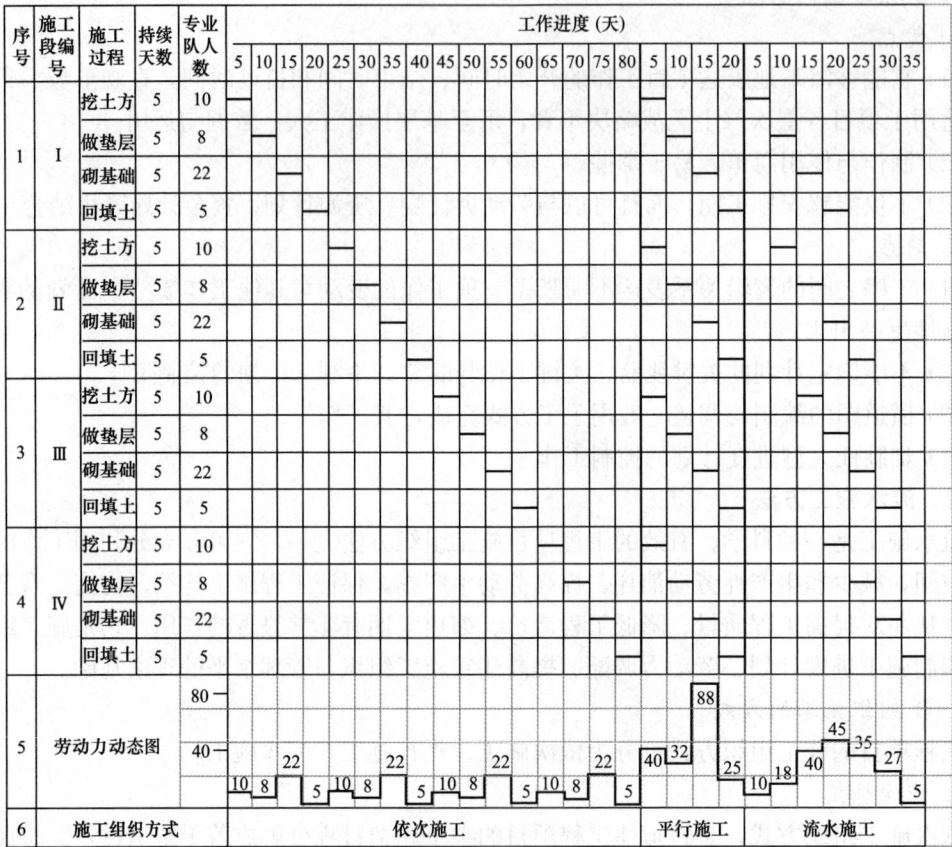

图 7-5　施工方式比较图

（3）如采用专业工作队施工，则工作队不能连续作业，劳动力和物质的使用不均衡。

（4）单位时间投入施工的资源量成倍增加，现场各项临时设施也相应增加。

（5）现场施工组织、管理、协调、调度复杂。

3. 流水施工

流水施工组织方式，是将拟建工程项目的全部建造过程，在工艺上划分为若干个施工过程，在平面上划分为若干个施工段，在竖直方向上划分为若干个施工层；然后按照施工过程组建相应的专业工作队；各专业工作队的工人使用相同的机具、材料，按施工顺序的先后，依次不断地投入各施工层中的各施工段进行工作，在规定的时间内完成所承担的施工任务。流水施工方式比较如图7-5所示。这种施工组织方式的主要特点是：

（1）既能充分利用工作面，又可争取时间；若将相邻两工作队之间进行最大限度地、合理地搭接，还可进一步地缩短工期。各专业工作队能连续作业，不致产生窝工现象。

（2）实现专业化生产，有利于提高操作技术、工程质量和劳动生产率。

（3）资源使用均衡，有利于资源供应的组织和管理。

（4）为现场文明施工和科学管理创造了良好的条件。

（二）流水施工参数

流水施工参数是影响流水施工组织的节奏和效果的重要因素，是用以表达流水施工在工艺流程、时间安排及空间布局方面开展状态的参数。在施工组织设计中，一般把流水施工的基本参数分为三类，即工艺参数、空间参数和时间参数。

1. 工艺参数

工艺参数是用以表达流水施工在施工工艺方面的进展状态的参数。具体地说是指项目在组织流水施工时，将施工项目的整个建造过程可分解为施工过程的种类、性质和数目的总称。一般包括施工过程和流水强度。

(1) 施工过程 n。施工过程数是指一组流水的施工过程个数，用 n 表示。施工过程划分的数目多少、粗细程度与下列几个因素有关：

1) 施工进度计划的作用不同，施工过程数目也不同。

2) 施工方案不同，施工过程数目也不同。

3) 劳动量大小不同，施工过程数目也不同。

在流水施工中，流水施工过程数目是流水施工的重要参数之一。对于一个单位工程而言，通常它不等于计划中包括的全部施工过程数。因为这些施工过程并非都能按流水方式组织施工，可能其中几个阶段是采用流水施工。流水施工中的施工过程数目，是指参与该阶段流水施工的施工过程数目。

(2) 流水强度 σ。流水强度是指流水施工的每一施工过程在单位时间内完成工程量的数量，又称为生产能力，用 σ 表示。它主要与选择的施工机械或参与作业的人数有关，其计算方法分为如下两种情况

1) 机械作业施工过程的流水强度

$$\sigma = \sum_{i=1}^{\lambda} R_i S_i \qquad (7-1)$$

式中　R_i——某种主导施工机械的台数；

　　　S_i——该种主导施工机械的产量定额；

　　　λ——该施工过程所用主导施工机械的类型数。

2) 人工作业施工过程的流水强度

$$\sigma = RS \qquad (7-2)$$

式中　R——参加作业的人数；

　　　S——人工产量定额。

流水强度关系到专业工作队的组织，合理确定流水强度有利于科学地组织流水施工，对工期的优化有重要的作用。

2. 空间参数

空间参数是指在组织流水施工时，用以表达流水施工在空间布置上开展状态的参数。通常包括工作面、施工段和施工层。

(1) 工作面。工作面是指安排专业工人进行操作或者布置机械设备进行施工所需的活动空间。工作面根据专业工种的计划产量定额和安全施工技术规程确定，反映了工人操作、机械运转在空间上布置的具体要求。施工过程不同，所对应的描述工作面的计量单位也不同。每个作业的人或每台机械所需工作面的大小，取决于单位时间内其完成工作量的多少和安全施工的要求。工作面确定的合理与否，将直接影响专业工作队的生产效率。因此，必须满足其合理工作面的规定。

（2）施工段。施工段是指将施工对象在平面上划分为若干个劳动量大致相等的施工区段，在流水施工中，用 m 来表示施工段的数目。在同一时间内，一个施工段只容纳一个专业工作队施工，不同的专业工作队在不同的施工段上平行作业。施工段数量的多少，将直接影响流水施工的效果。合理划分施工段，一般应遵循以下原则：

1）为了保证流水施工的连续、均衡，划分的各个施工段上，同一专业工作队的劳动量应大致相等，相差幅度不宜超过 10%～15%。

2）为了充分发挥机械设备和专业工人的生产效率，应考虑施工段对于机械台班、劳动力的容量大小，满足专业工种对工作面的空间要求，尽量做到劳动资源的优化组合。

3）为了保证结构的整体性，施工段的界限应尽可能与结构界限相吻合，或设在对结构整体性影响较小的部位。例如温度缝、沉降缝、单元分界或门窗洞口处。

4）为了便于组织流水施工，施工段数目的多少应与主要施工过程相协调。施工段划分过多，会增加施工持续时间，延长工期；施工段划分过少，不利于充分利用工作面。

（3）施工层。对于多层的建筑物、构筑物，应分施工段，又分施工层。施工层是指为组织多层建筑物的竖向流水施工，将建筑物划分为在垂直方向上的若干区段。通常施工层的划分与结构层相一致，有时也考虑施工方便，按一定高度划分为一个施工层。

在多层建筑物流水施工中，为了保证专业工作队不但能够在本层的各个施工段上连续作业，而且在转入下一个施工层的施工段时，也能够连续作业，划分的施工段数目 m 必须大于或等于施工过程数目 n，即

$$m \geqslant n$$

式中　m——分层流水施工时的施工段数目；

　　　n——流水施工的施工过程数或专业施工队数。

3. 时间参数

时间参数是指在组织流水施工时，用以表达流水施工在时间上开展状态的参数。主要包括流水节拍、流水步距。

（1）流水节拍。流水节拍是指某一专业工作队，完成一个施工段的施工过程所必需的持续时间。影响流水节拍的主要因素包括所采用的施工方法，投入的劳动力、材料、机械，工作班次的多少等。确定流水节拍还应该考虑下列要求：

1）专业工作队人数要符合施工过程对劳动组合的最少人数要求和工作面对人数的限制条件。

2）要考虑各种机械台班的工作效率或机械台班的产量大小，也要考虑机械设备操作场所安全和质量的要求。

3）要考虑各种建筑材料、构件制品的供应能力、现场堆放能力等相关限制因素。

4）要满足施工技术的具体要求。首先应确定主导施工过程的流水节拍，并以它为依据确定其他施工过程流水节拍。

5）数值宜为整数，最好为半个工作班次的整数倍。

流水施工的基本参数流水节拍可由式（7-3）确定

$$t_{j,i} = \frac{Q_{j,i} H_j}{R_j N_j} = \frac{P_{j,i}}{R_j N_j} \tag{7-3}$$

式中　$t_{j,i}$——第 j 个专业工作队在第 i 个施工段的流水节拍；

$Q_{j,i}$——第 j 个专业工作队在第 i 个施工段要完成的工程量或工作量；

R_j——施工过程 j 的专业工作队人数或机械台数；

N_j——第 j 个专业工作队每天工作班次；

H_j——第 j 个专业工作队工或机械的时间定额；

$P_{j,i}$——施工过程 j 在施工段 i 上的劳动量（工日或台班）。

（2）流水步距。流水步距是指两个相邻的专业工作队相继开始投入施工的时间间隔。一般用 $K_{j,j+1}$ 来表示专业工作队投入第 j 个和第 $j+1$ 个施工过程之间的流水步距。流水步距是流水施工主要的时间参数之一。在施工段不变的情况下，流水步距越大，工期越长。若有 n 个施工过程，则有（$n-1$）个流水步距。每个流水步距的值是由相邻两个施工过程在各施工段上的流水节拍值而确定。确定流水步距时，一般要满足以下基本要求：

1）流水步距要满足相邻两个专业工作队在施工顺序上的制约关系。

2）流水步距要保证相邻两个专业工作队在各施工段上能够连续作业。

3）流水步距要保证相邻两个专业工作队在开工时间上实现最大限度和最合理的搭接。

（三）流水施工的组织方式

流水施工方式根据流水施工节拍特征的不同，可分为有节奏流水和无节奏流水。同一施工过程的节拍在所有施工段上均相等的流水施工方式，称为有节奏流水；同一施工过程的节拍在所有施工段上不相等的流水施工方式，称为无节奏流水。

有节奏流水可以分为全等节拍流水、成倍节拍流水、异节拍流水。

1. 有节奏流水施工

（1）全等节拍流水施工。全等节拍流水施工是指各个施工过程的流水节拍均相等的一种流水施工方式 。又可分为无间歇全等节拍流水施工和有间歇全等节拍流水施工，适用于专业流水。

1）无间歇全等节拍流水施工。

a）无间歇全等节拍流水施工的特征。同一施工过程流水节拍相等，不同施工过程流水节拍也相等。各施工过程之间的流水步距相等，且等于流水节拍，即

$$K_{1,2} = K_{2,3} = \cdots = K_{n-1,n} = t_i$$

b）无间歇全等节拍流水步距的确定

$$K_{i,i+1} = t_i \qquad\qquad (7-4)$$

式中　t_i——第 i 个施工过程的流水节拍；

$K_{i,i+1}$——第 i 个施工过程和第 $i+1$ 个施工过程的流水步距。

c）无间歇全等节拍流水作业的工期计算

$$T = \sum K_{i,i+1} + T_n$$
$$\sum K_{i,i+1} = (n-1)t_i$$
$$T_n = mt_n = mt_i$$
$$T = \sum K_{i,i+1} + T_n = (n-1)t_i + mt_i = (m+n-1)t_i \qquad (7-5)$$

式中　T——工程流水施工工期；

$\sum K_{i,i+1}$——所有步距总和；

T_n——最后一个施工过程流水节拍总和。

【例7-1】　某分部工程划分为 A、B、C、D 四个施工过程，每个施工过程分为四个施

工段，流水节拍均为 2 天，试按全等节拍流水作业方法组织施工。

解 计算流水施工工期

$$T = (m+n-1)t_i = (4+4-1) \times 2 = 14 \text{（天）}$$

用横线图绘制流水施工进度计划，如图 7-6 所示。

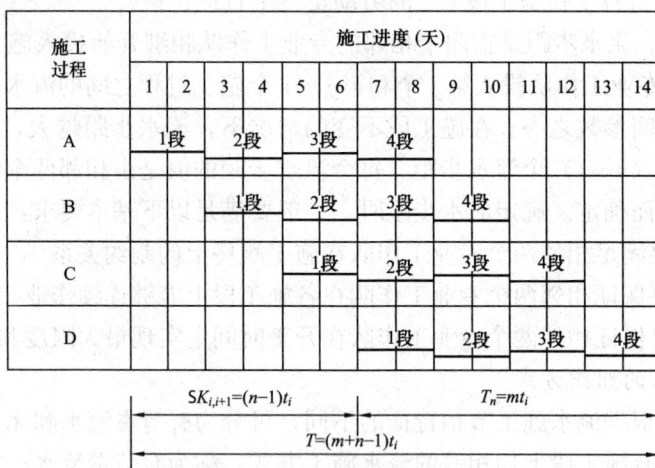

施工过程	施工进度（天）													
	1	2	3	4	5	6	7	8	9	10	11	12	13	14
A	1段		2段		3段		4段							
B			1段		2段		3段		4段					
C					1段		2段		3段		4段			
D							1段		2段		3段		4段	

$SK_{i,i+1}=(n-1)t_i$　　$T_n=mt_i$

$T=(m+n-1)t_i$

图 7-6　某分部工程无间歇全等节拍流水作业进度计划

2) 有间歇全等节拍流水施工。

a) 有间歇全等节拍流水施工的特征：同一施工过程流水节拍相等，不同施工过程流水节拍也相等。各施工过程之间的流水步距不一定相等，因为有技术间歇或组织间歇。

b) 有间歇全等节拍流水步距的确定

$$K_{i,i+1} = t_i + t_j - t_d \tag{7-6}$$

式中　t_j——第 i 个施工过程与第 $i+1$ 个施工过程之间的间歇时间；

t_d——第 i 个施工过程与第 $i+1$ 个施工过程之间的搭接时间。

c) 有间歇全等节拍流水作业的工期计算

$$T = \sum K_{i,i+1} + T_n$$
$$\sum K_{i,i+1} = (n-1)t_i + \sum t_j - \sum t_d$$
$$T_n = mt_i$$
$$T = \sum K_{i,i+1} + T_n = (n-1)t_i + mt_i + \sum t_j - \sum t_d$$
$$= (m+n-1)t_i + \sum t_j - \sum t_d \tag{7-7}$$

式中　$\sum t_j$——所有间歇时间总和；

$\sum t_d$——所有搭接时间总和。

【例 7-2】 某工程划分为 A、B、C、D 四个施工过程，每个施工过程分四个施工段，流水节拍为 2 天；已知 A 施工过程完成后要间歇 1 天后进行 B 施工过程的施工，C 施工过程与 B 施工过程可搭接 1 天施工；求其工期。

解 流水施工工期

$$T = (m+n-1)t + \sum t_j - \sum t_d = (4+4-1) \times 2 + 1 - 1 = 14 \text{（天）}$$

用横线图绘制流水施工进度计划，如图 7-7 所示。

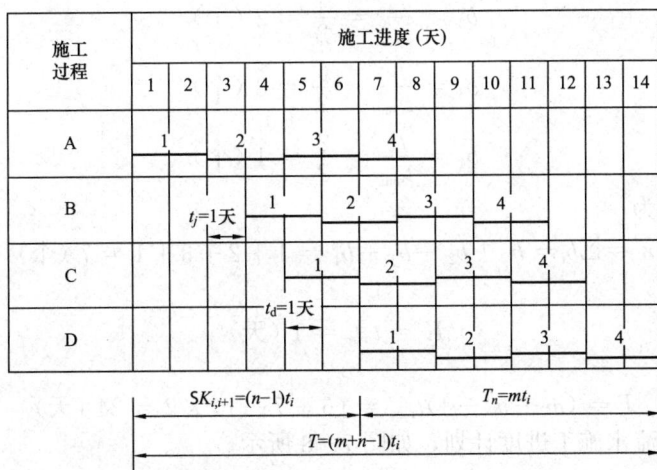

图 7-7　某工程有间歇全等节拍流水作业进度计划

（2）成倍节拍流水施工。成倍节拍是指所有施工过程的流水节拍均为其中最小流水节拍的整数倍，且相应班组数也为最小节拍工程班组数的相应倍数。通常在工期紧迫、资源供应充分的条件下，采用这种流水施工组织方式，适用于一般房屋建筑施工，也适用于线形工程（如道路、管道等）的施工。其特征如下：①同一施工过程在各个施工段上的流水节拍相等，不同施工过程在同一施工段上的流水节拍等于或为其中最小流水节拍的整数倍；②各个施工段的流水步距等于其中最小的流水节拍；③每个施工过程的班组数等于本过程流水节拍与最小流水节拍的比值，专业施工班组总数大于施工过程数；④专业施工班组能够连续作业，没有闲置的施工段，使得流水施工在时间和空间上都连续。

成倍节拍流水施工的计算：

1）各施工过程班组数

$$b_i = \frac{t_i}{t_{\min}} \tag{7-8}$$

式中　t_i——第 i 个施工过程的流水节拍；

$t_{\min}$——最小流水节拍。

2）流水步距：

$$K = t_{\min} \tag{7-9}$$

3）流水工期：

$$T = (m + n' - 1)t_{\min} \tag{7-10}$$

$$n' = \sum d_i \tag{7-11}$$

式中　n'——参加流水施工各施工队组总和。

【例 7-3】　已知某分部工程有 A、B、C、D 四个施工过程，划分为六个施工段，各施工过程的流水节拍分别为 $t_A = 2$ 天，$t_B = 4$ 天，$t_C = 6$ 天，$t_D = 2$ 天，试用成倍节拍流水作业的方法组织流水施工。

解　$t_{\min} = 2$ 天，所以

$$b_1 = \frac{t_1}{t_{\min}} = \frac{2}{2} = 1 \text{（个）}$$

$$b_2 = \frac{t_2}{t_{\min}} = \frac{4}{2} = 2 （个）$$

$$b_3 = \frac{t_3}{t_{\min}} = \frac{6}{2} = 3 （个）$$

$$b_4 = \frac{t_4}{t_{\min}} = \frac{2}{2} = 1 （个）$$

施工班组总数为

$$n' = \sum b_i = b_1 + b_2 + b_3 + b_4 = 1 + 2 + 3 + 1 = 7 （个）$$

流水步距

$$K = t_{\min} = 1 （天）$$

工期

$$T = (m + n' - 1)t_{\min} = (6 + 7 - 1) \times 2 = 24 （天）$$

用横线图绘制流水施工进度计划，如图 7-8 所示。

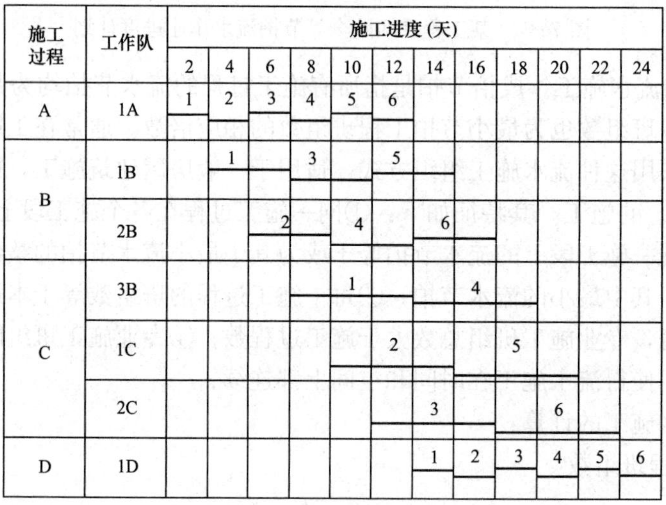

施工过程	工作队	施工进度（天）											
		2	4	6	8	10	12	14	16	18	20	22	24
A	1A	1	2	3	4	5	6						
B	1B		1		3		5						
	2B			2		4		6					
	3B				1			4					
C	1C					2			5				
	2C						3			6			
D	1D							1	2	3	4	5	6

图 7-8 某分部工程成倍节拍流水作业进度计划

2. 分别流水施工

分别流水施工是指无节奏流水施工或异节奏异步距流水施工的组织方式，各施工过程在各个施工段上的流水节拍无特定规律。由于没有固定节拍、成倍节拍的时间约束，在进度安排上比较自由、灵活。分别流水施工是实际工程中最常见、应用最普遍的一种流水施工组织方式。

组织分别流水施工时，先将拟建工程分解为若干个施工过程，每个施工过程成立一个专业施工队，然后按划分施工段的原则，在工作面上划分出若干施工段，用一般流水施工的方法组织流水施工。

（1）分别流水施工特征。

1）各个施工过程在各个施工段上的流水节拍彼此不等，也无特定规律。

2）所有施工过程之间的流水步距彼此不等，流水步距与流水节拍的大小及相邻施工过程的相应施工段节拍差有关。

3）每个施工过程在每个施工段上均由一个专业工作队独立完成作业，即专业工作队数目 n' 等于施工过程数 n。

4) 各专业工作队能够在施工段上连续作业，但有的施工段之间可能有空闲时间。

（2）分别流水施工的计算。在异节拍流水施工中，通常采用累加数列错位相减取大差法计算流水步距。由于这种方法是由潘特考夫斯基首先提出的，故又称为潘特考夫斯基法。累加数列错位相减取大差法的基本步骤如下：

1) 对每一个施工过程在各施工段上的流水节拍依次累加，求得各施工过程流水节拍的累加数列。

2) 将相邻施工过程流水节拍累加数列中的后者错后一位，相减后求得一个差数列。

3) 在差数列中取最大值，即为这两个相邻施工过程的流水步距。

（3）流水施工工期的确定。流水施工可按式（7-12）计算

$$T = \sum_{j=1}^{n-1} K_{j,j+1} + \sum_{i=1}^{m} t_{ni} + \sum t_{g} + \sum t_{z} - \sum t_{d} \qquad (7-12)$$

式中 T——流水施工工期；

m——施工段数目；

n——施工过程数目；

$K_{j,j+1}$——施工过程 j 和 $j+1$ 之间的流水步距；

$\sum t_{ni}$——最后一个施工过程在各个施工段上的流水节拍之和；

$\sum t_{g}$——技术间歇时间总和；

$\sum t_{z}$——组织间歇实际总和；

$\sum t_{d}$——搭接时间总和。

【例 7-4】 根据表 7-1 所给的某分部工程的各施工过程在各施工段上的流水节拍，计算流水步距和总工期。

表 7-1　　　　　　　　　　某分部工程流水节拍表

施工过程 ＼ 施工段	一	二	三	四
A	3	2	3	2
B	2	3	1	3
C	3	1	2	1

解 求 $K_{A,B}$：

```
  3  5  8  10
-)   2  5  6   9
  ————————————————
  3  3  3  4  -9
```

$$K_{A,B} = \max(3, 3, 3, 4, -9) = 4 （天）$$

求 $K_{B,C}$：

```
  2  5  6  9
-)   3  4  6  7
  ————————————————
  2  2  3  3  -7
```

$$K_{B,C} = \max[2, 2, 3, 3, -7] = 3 （天）$$

$$T_N = 3 + 1 + 2 + 1 = 7 \text{（天）}$$

工期 $\qquad T = \sum K_{i,i+1} + T_N = 4 + 3 + 7 = 14 \text{（天）}$

该工程无节奏流水施工进度计划见图 7-9。

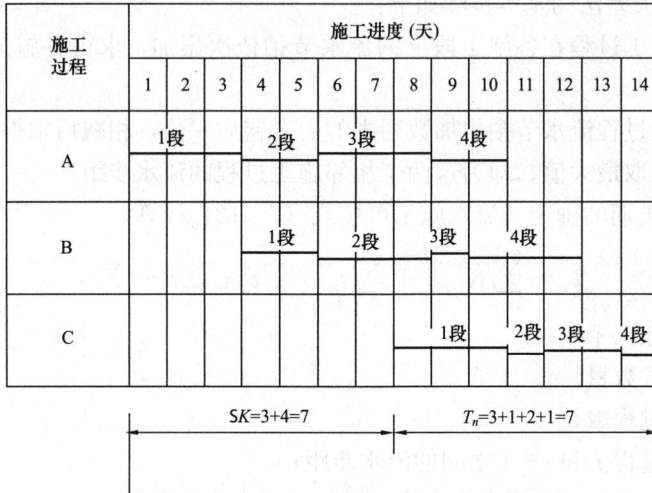

施工过程	施工进度（天）													
	1	2	3	4	5	6	7	8	9	10	11	12	13	14
A	1段			2段		3段		4段						
B				1段		2段		3段		4段				
C								1段		2段		3段		4段

$SK=3+4=7$　　　　$T_n=3+1+2+1=7$

图 7-9　某工程无节奏流水施工进度计划

三、网络计划方法

（一）概述

所谓网络计划，是用网络图表达任务构成、工作顺序，并加注时间参数的进度计划。国际上，工程网络计划有许多名称，如 CPM、PERT、CPA 等。工程网络计划可按不同的方法来分类。

1. 按网络计划的性质分类

（1）肯定型网络计划：是指工作、工作与工作之间的逻辑关系以及工作持续时间都肯定的网络计划。在这种网络计划中，各项工作的持续时间都是确定的、单一的数字，因此整个网络计划有各确定的计划总工期。

（2）非肯定型网络计划：工作、工作与工作之间的逻辑关系和工作持续时间三者中一项或多项不肯定的网络计划。计划评审技术和图示评审技术就属于非肯定型网络计划。

2. 按表示方法分类

（1）单代号网络计划。单代号网络计划是以单代号表示法绘制的网络计划。网络图中，每个节点表示一项工作，箭杆仅用来表示各项工作间相互制约、相互依赖关系。如图示评审技术和决策网络计划等就是采用单代号网络计划。

（2）双代号网络计划。双代号网络计划是以双代号表示法绘制的网络计划。网络图中，箭杆用来表示工作。目前，施工企业多采用这种网络计划。

3. 按目标分类

（1）单目标网络计划。单目标网络计划是只有一个终点节点的网络计划，即网络图只具有一个最终目标。如一个建筑物的施工进度计划只具有一个工期目标的网络计划。

（2）多目标网络计划。多目标网络计划是终点节点不只一个的网络计划。此种网络计划具有若干个独立的最终目标。

4. 按有无时间坐标分类

（1）时标网络计划。时标网络计划是以时间坐标为尺度绘制的网络计划。网络图中，每项工作箭杆的水平投影长度与其持续时间成正比，如编制资源优化的网络计划即为时标网络计划。

（2）非时标网络计划。非时标网络计划是不按时间坐标绘制的网络计划。网络图中，工作箭杆长度与持续时间无关，可按需要绘制。通常绘制的网络计划都是非时标网络计划。

5. 网络计划的特点

（1）将项目中的各项工作组成一个有机整体，能全面而明确地反映出各项工作的逻辑关系。

（2）通过计算，可求出各种时间参数，并能找出关键工作、关键线路，从而在施工中抓住主要矛盾，确保项目目标的实现。

（3）可利用某些工作的机动时间进行优化调整，取得好、快、省的全面效果。

（4）能利用计算机进行编制、优化和调整，实现计划的科学管理。

（5）可以综合反映进度、成本、资源之间的关系，统筹全局进行计划管理。

（二）双代号网络计划

1. 概念

双代号网络图是指以两个代号代表一项工作，其中以箭线表示工作内容，以节点表示该项工作的开始与结束，由这样若干个首尾相衔接的工作组合而成的网络图，如图 7 - 10 所示。

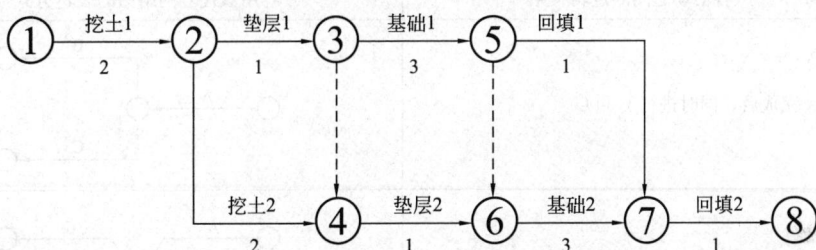

图 7 - 10　双代号网络图

（1）箭线（工作）。双代号网络图中，每一条箭线表示一项工作。箭线的箭尾节点表示该工作的开始，箭头节点表示该工作的结束。工作的名称标注在箭线的上方，完成该项工作所需要的持续时间标注在箭线的下方。

双代号网络图中箭线有实箭线和虚箭线之分。实箭线表示实工作，一般既消耗时间也消耗资源，但也有只消耗时间不消耗资源的，如混凝土后期养护。虚箭线仅表示工作间的逻辑关系，它既不占用时间，也不消耗资源，一般起着工作之间的联系、区分和短路作用。

（2）节点。在网络图中箭线的出发和交汇处画上圆圈，用以标志该圆圈前面一项或若干项工作的结束和允许后面一项或若干项工作的开始的时间称为节点。

双代号网络图的节点表示工作开始或结束的瞬间，有开始节点、结束节点、起点节点、终点节点、中间节点之分。

（3）线路。线路是指从网络图的起点节点到终点节点沿箭线连续指示方向前进而形成的每一条完整道路。对于一个网络图而言，线路的数目是确定的。

线路的长度等于所经历各过程的延续时间总和。而其中最长的线路称为关键线路，其余线路为非关键线路。关键线路上的工作称为关键工作，其余的称为非关键工作。关键工作完成的快慢直接影响整个工期计划的实现，关键线路用粗箭线或双箭线表示。

（4）逻辑关系。网络图中的逻辑关系是指网络计划中所表示的各个工作之间客观上存在或主观上安排的先后顺序关系。这种顺序关系划分为两类：一类是施工工艺关系，称为工艺逻辑；另一类是施工组织关系，称为组织逻辑。

1）工艺逻辑关系。工艺逻辑关系是由施工工艺和操作规程所决定的各个工作之间客观上存在的先后施工顺序。对于一个具体的分部工程来说，当确定了施工方法以后，则该分部工程的各个工作的先后顺序一般是固定的，有的是绝对不能颠倒的。比如现场制作预制桩必须在绑扎好钢筋笼和安装模板以后才能浇捣混凝土。

2）组织逻辑关系。组织逻辑关系是施工组织安排中，考虑劳动力、机具、材料或工期等影响，在各工作之间主观上安排的先后顺序关系。这种关系不受施工工艺的限制，不是由工程性质本身决定的，而是在保证施工质量、安全和工期等前提下，可以人为安排的顺序关系。比如有 A、B 两幢房屋基础工程的土方开挖，如果施工方案确定使用一台抓铲挖土机，那么要挖的顺序究竟是先 A 后 B、还是先 B 后 A，应该取决于施工方案所作出的决定。

在绘制网络计划时，必须正确反映各工作之间的逻辑关系，用双代号网络图的表示方法见表 7-2。

表 7-2　　　　双代号网络计划逻辑关系表示方法

序号	各活动之间的逻辑关系	用双代号网络图的表达方式
1	A 完成后，同时进行 B 和 C	
2	A、B 完成后，同时进行 C 和 D	
3	A、B 完成后，进行 C	
4	A 完成后，进行 C； A、B 完成后，进行 D	
5	A、B 完成之后，C、D 才能开始工作	

续表

序号	各活动之间的逻辑关系	用双代号网络图的表达方式
6	A、B 完成之后，E 才能开始；B、C 完成之后，D 才能开始	
7	A、B 活动分成三个施工段： A1 完成后，进行 A2、B1； A2 完成后，进行 A3； A2 及 B1 完成后，进行 B2； A3 及 B2 完成后，进行 B3	

2. 绘制双代号网络图的基本规则

(1) 双代号网络图必须正确表达逻辑关系，如表 7-2 所示。

(2) 双代号网络图中，严禁出现循环回路，它会导致计划工作无结果。如图 7-11 中，工作②→④→⑤→③形成了循环回路，它所表达的逻辑关系是错误的。

(3) 双代号网络图中，在节点之间严禁出现带双向箭头或无箭头的连线，它会导致工作顺序不明确。如图 7-12 中①◄───►②和②────③的箭线都是错误的。

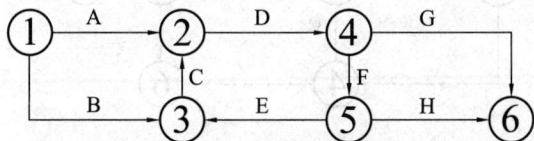

图 7-11　网络图中的循环回路错误　　　　图 7-12　网络图中的双向箭头和无箭头箭线错误

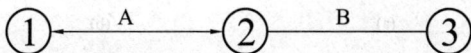

(4) 双代号网络图中，严禁出现没有箭头节点或没有箭尾节点的箭线，如图 7-13 所示。

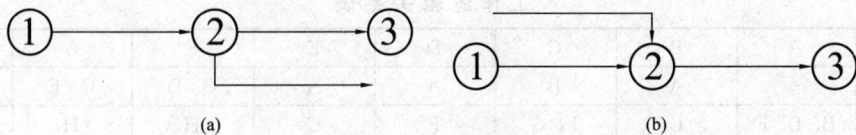

图 7-13　没有箭头节点的箭线和没有箭尾节点的箭线

(a) 没有箭头节点的箭线；(b) 没有箭尾节点的箭线

(5) 双代号网络图中，一根箭线只能代表一个施工过程，一根箭线箭头节点的编号必须大于箭尾节点编号，一张网络图节点编号顺序一般是从左至右、从上到下进行编号，节点编号不能重复，按自然数从小到大编号，也可以跳号，两个代号只能代表一个施工过程，如图 7-14 所示。

(6) 当双代号网络图的某些节点有多条外向箭线或多条内向箭线时，在保证一项工作只有一条箭线和相应的一对节点编号的前提下，可使用母线法绘图，如图 7-15 所示。

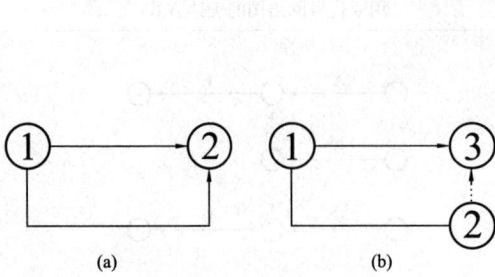

图 7-14　两个代号只能代表一个施工过程
(a) 错误；(b) 正确

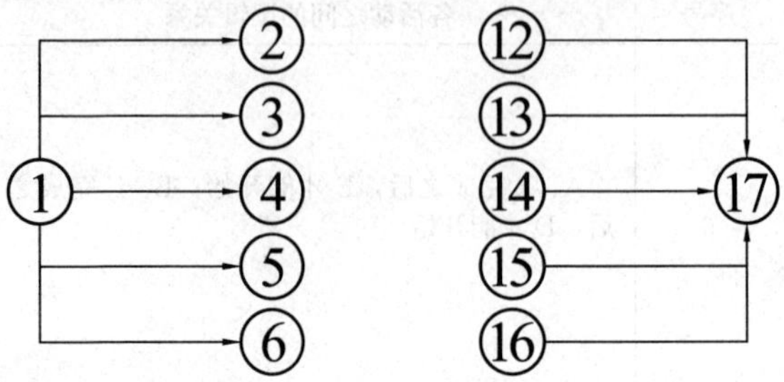

图 7-15　母线法

（7）绘制网络图时，箭线不宜交叉，当交叉不可避免时，可用过桥法或指向法，如图 7-16 所示。

（8）双代号网络图中只有一个起点节点，在不分期完成任务的网络图中，只有一个终点节点，而其他所有节点均应是中间节点。如图 7-17 中出现①、③两个起点节点，出现⑥、⑦两个终点节点均为错误。

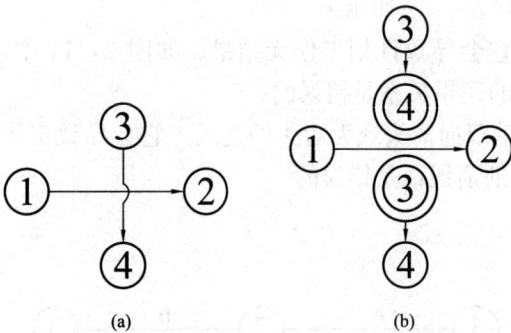

图 7-16　网络图的箭线交叉的处理办法
(a) 过桥法；(b) 指向法

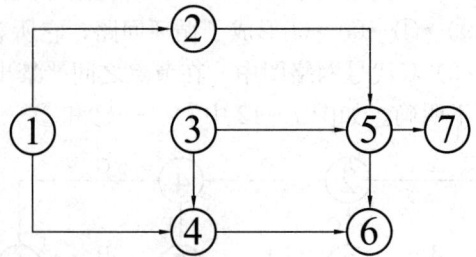

图 7-17　网络图中出现多个起点节点和多个终点节点

【例 7-5】　根据表 7-3 中各工作的逻辑关系，绘制双代号网络图并进行节点编号。

表 7-3　　　　　　　　　　工 作 逻 辑 关 系 表

工作	A	B	C	D	E	F	G	H
紧前工作	—	A	B	A	A	C、D	C、E	F、G
紧后工作	B、D、E	C	F、G	F	G	H	H	—

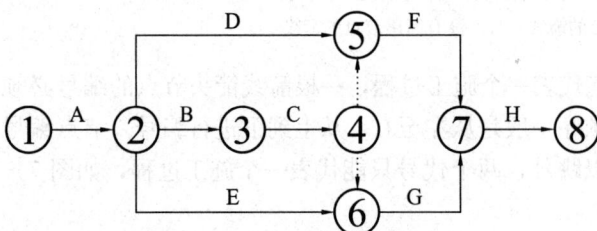

图 7-18　某工程网络计划图

解　绘制该工程网络计划图如图 7-18 所示。

3. 双代号网络图时间参数的计算

（1）双代号网络图各时间参数的含义。

1）工作持续时间（Duration）。工作持续时间就是一项工作或施工过程从开始到完成所需的时间，以符号 D_{i-j} 表示。

2）工作最早开始时间（Earliest Start Time）。工作最早开始时间就是在紧前工作全部完成后，本工作有可能开始的最早时刻，以符号 ES_{i-j} 表示。

3）工作最早完成时间（Earliest Finish Time）。工作最早完成时间就是在紧前工作全部完成后，本工作有可能完成的最早时刻，以符号 EF_{i-j} 表示。

4）工作最迟开始时间（Lastest Start Time）。工作最迟开始时间就是在不影响整个任务按期完成的条件下，工作必须开始最迟时刻，以符号 LS_{i-j} 表示。

5）工作最迟完成时间（Lastest Finish Time）。工作最迟完成时间就是在不影响整个任务按期完成的条件下，工作必须完成的最迟时刻，以符号 LF_{i-j} 表示。

6）事件（Event）。事件就是工作开始或完成的时间点。

7）节点最早时间（Earliest Event Time）。节点最早时间就是以该节点为开始节点的各项工作的最早开始时间，以符号 ET_i 表示。

8）节点最迟时间（Lastest Event Time）。节点最迟时间就是以该节点为完成节点的各项工作的最迟完成时间，以符号 LT_i 表示。

9）工作的自由时差（Free Float）。工作的自由时差就是各项工作按最早时间开始，且不影响其紧后工作最早开始时间的条件下本工作所具有的机动时间（富余时间），即在不影响紧后工作按最早开始时间开工的前提下，允许该工作推迟其最早开始时间或延长其持续时间的幅度，以符号 FF_{i-j} 表示。

10）工作的总时差（Total Float）。工作的总时差就是各项工作在不影响总工期的前提下，本工作可以利用的机动时间，即在保证本工作以最迟完成时间完工的前提下，允许该工作推迟其最早开始时间或延长其持续时间的幅度，以符号 TF_{i-j} 表示。

11）计算工期（Calculated Project Duration）。计算工期就是根据时间参数计算所得到的工期，即关键线路的各工作总持续时间，以符号 T_c 表示。

12）要求工期（Required Project Duration）。要求工期就是项目法人在合同中所要求的工期，以符号 T_r 表示。

13）计划工期（Planed Project Time）。计划工期就是在要求工期和计算工期的基础上，综合考虑相关因素所确定的作为实施目标的工期，以符号 T_p 表示（$T_p \leqslant T_r$）。

（2）双代号网络图时间参数的计算。计算双代号网络图的时间参数的方法有分析计算法、图上计算法、表上计算法、矩阵计算法、电算法等，其中图上计算法较简便直观。图上计算法按时间参数标注形式可分为工作计算法和节点计算法两种方法，如图 7－19 所示。

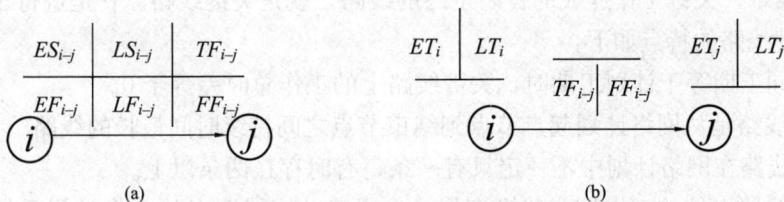

图 7－19　双代号网络图的时间参数标注形式
（a）工作计算法；（b）节点计算法

1）计算网络计划最早时间。从起点节点开始，计算网络计划的各节点最早时间、各工作的最早开始时间和各工作的最早结束时间。计算方法是顺箭线方向相加，遇到节点取大值。

起点节点最早时间

$$ET_1 = 0 \tag{7-13}$$

工作最早开始时间

$$ES_{i-j} = ET_i \tag{7-14}$$

工作最早结束时间

$$EF_{i-j} = ES_{i-j} + D_{i-j} \tag{7-15}$$

紧后节点最早时间

$$ET_j = \max EF_{i-j} \tag{7-16}$$

2）计算网络计划最迟时间。从终点节点开始，计算网络计划的各节点最迟时间、各工作的最迟结束时间和各工作的开始最迟时间。计算方法是逆箭线方向相减，遇到节点取小值。

终点节点最迟时间

$$LT_n = T_r \quad (通常取 LT_n = ET_n) \tag{7-17}$$

工作最迟结束时间

$$LF_{i-j} = LT_j \tag{7-18}$$

工作最迟开始时间

$$LS_{i-j} = LF_{i-j} - D_{i-j} \tag{7-19}$$

紧前节点最早时间

$$LT_i = \min LS_{i-j} \tag{7-20}$$

3）计算网络计划时差。

计算工作自由时差

$$FF_{i-j} = ET_j - ET_i - D_{i-j} \tag{7-21}$$

或

$$FF_{i-j} = ET_j - EF_{i-j} \tag{7-22}$$

或

$$FF_{i-j} = ES_{j-k} - EF_{i-j} \tag{7-23}$$

式中　ES_{j-k}——工作 $i-j$ 的紧后工作最早开始时间。

计算工作总时差

$$TF_{i-j} = LS_{i-j} - ES_{i-j} \tag{7-24}$$

或

$$FF_{i-j} = LF_{i-j} - EF_{i-j} \tag{7-25}$$

4）确定关键线路。在网络计划中总时差最小的工作称为关键工作。在网络图上一般用双线或粗线表示，关键工作连成的自始至终的线路，就是关键线路。它是进行工程进度管理的重点。关键线路的特点如下：

a）若合同工期等于计划工期时，关键线路上的工作总时差等于 0。

b）关键线路是从网络计划起点节点到结束节点之间持续时间最长的线路。

c）关键线路在网络计划中不一定只有一条，有时存在两条以上。

d）关键线路以外的工作称非关键工作，如果非关键线路上的工作时间延长且超过它的总时差时，关键线路就变成非关键线路。

在工程项目进度管理中，应把关键工作作为重点来抓，保证各项工作如期完成，同时要注意挖掘非关键工作的潜力，合理安排资源，节省工程费用。

【例 7-6】　某工程双代号网络计划如图 7-20 所示，试计算其时间参数，并确定关键线路。

解　依题意计算双代号网络计划时间参数，并标出关键线路，如图 7-21 所示。

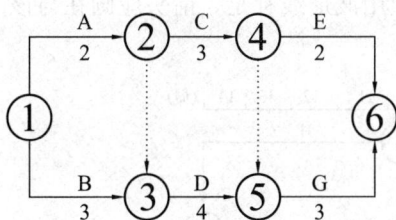

图 7-20　某工程双代号网络图

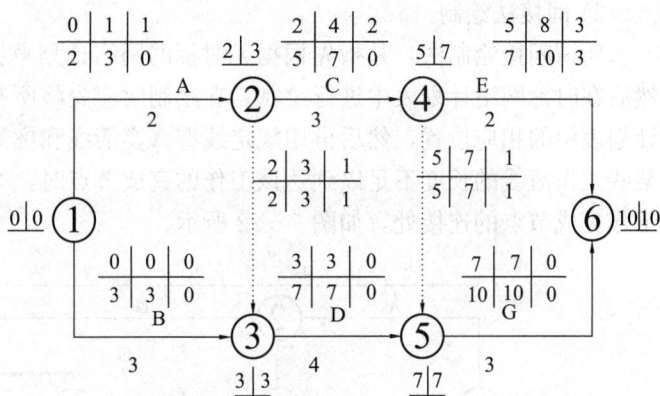

图 7-21　双代号网络图（六时标注法）

4. 双代号时标网络计划

双代号时标网络计划是以时间坐标为尺度编制的网络计划。

（1）双代号时标网络计划的特点如下：

1）时标网络计划兼有网络计划与横道计划的优点，它能够清楚地表明计划的时间进程，使用方便。

2）箭线的长短与时间有关，双代号时标网络计划必须以水平时间坐标为尺度表示工作时间。时标的时间单位应根据需要在编制网络计划之前确定，可为时、天、周、月或季。

3）时标网络计划中所有符号在时间坐标上的水平投影位置，都必须与其时间参数相对应。节点中心必须对准相应的时标位置。

4）时标网络计划应以实箭线表示实工作，以虚箭线表示虚工作，以波形线表示工作的时差。若按最早开始时间编制网络图，其波线所表示的是工作的自由时差。

5）时标网络计划可直接在坐标下方绘出资源动态图。

6）时标网络计划不会产生闭合回路。

7）时标网络计划修改不方便，但采用计算机软件绘制时可以解决该问题。

（2）双代号时标网络计划的编制方法

1）直接法绘制。所谓直接绘制法，是指不计算时间参数而直接按无时标的网络计划草图绘制时标网络计划：

a）将网络计划的起点节点定位在时标网络计划表的起始刻度线上。

b）按工作的持续时间绘制以网络计划起点节点为开始节点的工作箭线。

c）除网络计划的起点节点外，其他节点必须在所有以该节点为完成节点的工作箭线均绘出后，定位在这些工作箭线中最迟的箭线末端。当某些工作箭线的长度不足以到达该节点时，必须用波形线补足，箭头画在与该节点的连接处。

d）当某个节点的位置确定之后，即可绘制以该节点为开始节点的工作箭线。

e）利用上述方法从左至右依次确定其他各个节点的位置，直至绘出网络计划的终点节点。

在绘制时标网络计划时，特别需要注意的问题是处理好虚箭线。首先，应将虚箭线与实箭线等同看待，只是其对应工作的持续时间为零；其次，尽管它本身没有持续时间，但可能存在波形线，因此，要按规定画出波形线。在画波形线时，其垂直部分仍应画为虚线。

2）间接法绘制

所谓间接绘制法，是指先根据无时标的网络计划草图计算其时间参数并确定关键线路，然后在时标网络计划表中进行绘制。在绘制时应先将所有节点按其最早时间定位在时标网络计划表中的相应位置，然后再用规定线型（实箭线和虚箭线）按比例绘出工作和虚工作。当某些工作箭线的长度不足以到达该工作的完成节点时，必须用波形线补足，箭头应画在与该工作完成节点的连接处，如图 7-22 所示。

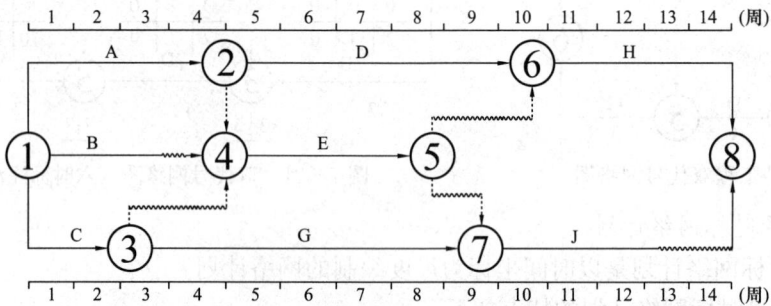

图 7-22　某工程项目双代号时标网络图

（三）单代号网络计划

1. 概念

单代号网络图是以节点及编号表示工作，以箭线表示工作之间逻辑关系的网络图，并在节点中加注工作代号、名称和持续时间，以形成单代号网络计划，如图 7-23 所示。

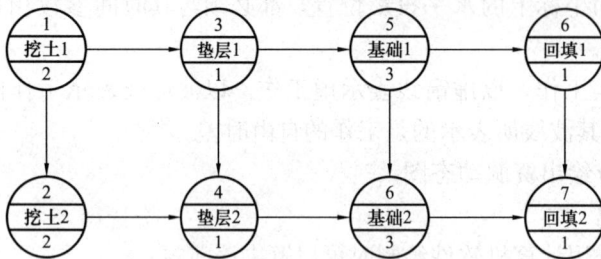

图 7-23　单代号网络图

（1）节点。单代号网络图中的每一个节点表示一个工作，节点用圆圈或矩形表示，节点所表示的工作名称、持续时间和工作代号等应标注在节点内。

（2）箭线。单代号网络图中的箭线表示紧邻工作之间的逻辑关系，既不占用时间，也不消耗资源。箭线应画成水平直线、折线或斜线。箭线水平投影的方向应自左向右，表示工作的行进方向。

（3）线路。单代号网络图中，各条线路应用该线路上的节点编号从小到大依次表述。

2. 特点

单代号网络计划与双代号网络图比较，具有以下特点：

（1）工作之间的逻辑关系容易表达，且不用虚箭线，故绘图较简单。

（2）网络图便于检查和修改。

（3）由于工作持续时间表示在节点之中，没有长度，故不够直观。

（4）网络计划的内容丰富，扩展了应用范围，可用多种方法手算或计算机计算，方便灵活，适应性强。

（5）表示工作之间逻辑关系的箭线可能产生较多的纵横交叉现象。

3．单代号网络计划的绘制方法

（1）正确表示各种逻辑关系。根据工程计划中各工作工艺、组织等逻辑关系来确定其紧前紧后工作的关系，如表7-4所示。

表 7-4　　　　　　　　　　单代号网络计划逻辑关系表示方法

序号	工作间逻辑关系	单代号表示方法
1	A、B 两项工作，依次进行施工	
2	A、B、C 三项工作，同时开始施工	
3	A、B、C 三项工作，同时结束施工	
4	A、B、C 三项工作，在 A 完成之后，B、C 才能开始	
5	A、B、C 三项工作，C 只能在 A、B 完成之后开始	
6	A、B、C、D 四项工作，当 A、B 完成后，C、D 才能开始	

（2）单代号网络图的绘制规则。单代号网络图必须正确表述已定的逻辑关系，其绘制规则如下：

1）严禁出现循环回路。

2）严禁出现双向箭头或无箭头的连线。

3）严禁出现没有箭尾节点的箭线和没有箭头节点的箭线。

4）绘制网络图时，箭线尽量不要交叉，当交叉不可避免时，可采用过桥法和指向法绘制。

5）单代号网络图中只能有一个起点和一个终点节点，当网络图中有多项起点节点或多项终点节点时，应在网络图的两端分别设置一项虚工作，作为设网络图的起点节点（St）和终点节点（Fin）。

6）单代号网络图中的节点必须编号。编号标注在节点内，其号码可以跳号，但严禁重复。箭线的箭尾节点编号应小于箭头节点编号。

单代号网络图举例。

【例 7 - 7】　某工程由支模板、绑钢筋、浇混凝土三个分项工程组成，各分为三个施工段施工，各个分项工程每个施工段的持续时间分别为 3、3、2 天，试绘制单代号网络图。

解　该工程单代号网络如图 7 - 24 所示。

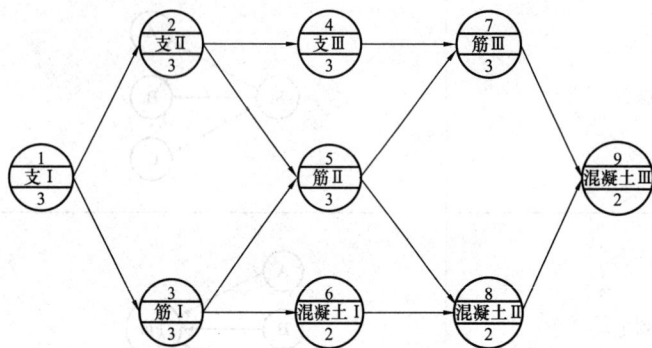

图 7 - 24　单代号网络图

4. 单代号网络计划的时间参数计算

（1）单代号网络计划常用时间参数：

ES_i——i 工作最早开始时间；

EF_i——i 工作最早完成时间；

LS_i——i 工作最迟开始时间；

LF_i——i 工作最迟完成时间；

TF_i——i 工作的总时差；

FF_i——i 工作的自由时差；

$LAG_{i,j}$——相邻两项工作 i 和 j 之间的时间间隔。

（2）计算时间参数。

1）计算工作的最早开始时间（ES_i）和最早完成时间（EF_i）

工作 i 的最早开始时间和最早完成时间应从网络计划的起点节点开始，顺着箭线方向依次逐项计算。当起点节点 i 的最早开始时间 ES_i 无规定时，其值为零，其他工作的最早开始时间等于其各紧前工作的最早完成时间的最大值。工作的最早完成时间等于其最早开始时间与本工作作业时间之和。计算公式如下

$$ES_s = 0 \quad （起点节点） \tag{7 - 26}$$

$$ES_i = \max\{EF_h\} \quad （h > i） \tag{7 - 27}$$

或
$$ES_i = \max\{ES_h + D_h\} \tag{7-28}$$

$$EF_i = ES_i + D_i \tag{7-29}$$

$$T_c = EF_n \quad (结束节点) \tag{7-30}$$

式中 D_h——工作 i 的各项紧前工作 h 的持续时间；

T_c——网络计划计算工期；

ES_h——工作 i 的各项紧前工作 h 的最早开始时间。

2）计算工作的最迟完成时间（LF_i）和最迟开始时间（LS_i）。工作的最迟完成时间和工作的最迟开始时间应从网络计划的终节点开始，逆着箭线方向依次逐项计算。终点节点所代表的工作 n 的最迟完成时间 LF_n 应按网络计划的计划工期 T_p 确定。其他工作 i 的最迟完成时间等于其紧后工作最迟开始时间的最小值。工作（或节点）的最迟开始时间等于其最迟完成时间减去本工作作业时间，其计算公式如下

$$LF_n = T_p \quad (T_p 为计划工期) \tag{7-31}$$

$$LF_i = \min\{LS_j\} \quad (i < j) \tag{7-32}$$

$$LS_i = LF_i - D_i \tag{7-33}$$

3）相邻两项工作 i 和 j 之间的时间间隔（$LAG_{i,j}$）。工作 i 的最早完成时间与其紧后工作 j 的最早开始时间的差，称为工作 $i-j$ 之间的时间间隔，用 LAG_{i-j} 表示，其计算公式如下

$$LAG_{j,n} = T_p - EF_i \quad (终节点) \tag{7-34}$$

$$LAG_{i,j} = ES_j - EF_i \quad (其他节点) \tag{7-35}$$

4）工作自由时差（FF_i）。工作自由时差是在不影响紧后工作最早开始的条件下，工作所具有的机动时间。自由时差等于紧后工作最早开始时间减去本工作最早结束时间，若紧后工作两项以上，应取最小值。自由时差也可取该工作与紧后诸工作时间间隔的最小值。其计算公式如下

$$FF_i = \min(ES_j - EF_i) \quad (i < j) \tag{7-36}$$

$$FF_i = \min(LAG_{i,j}) \tag{7-37}$$

5）工作总时差。工作总时差是在不影响计划工期或不影响紧后工作最迟必须开始的条件下，工作所具有的机动时间。工作总时差等于工作的最迟开始时间减去工作最早开始时间。工作总时差可以用该项工作与紧后工作的时间间隔 $LAG_{i,j}$ 与紧后工作的总时差 TF_j 之和来表示，当紧后工作有多项时应取其中最小值，其计算公式如下

$$TF_i = LS_i - ES_i \tag{7-38}$$

$$TF_i = \min[TF_j + LAG_{i,j}] \tag{7-39}$$

根据［例 7-6］的已知条件，按上述方法计算各种时间参数，并标出关键线路，如图 7-25 所示。

5. 单代号搭接网络计划

单代号搭接网络图是综合单代号网络图和搭接施工原理，使二者结合起来应用的一种网络计划表示方法，如图 7-26 所示。

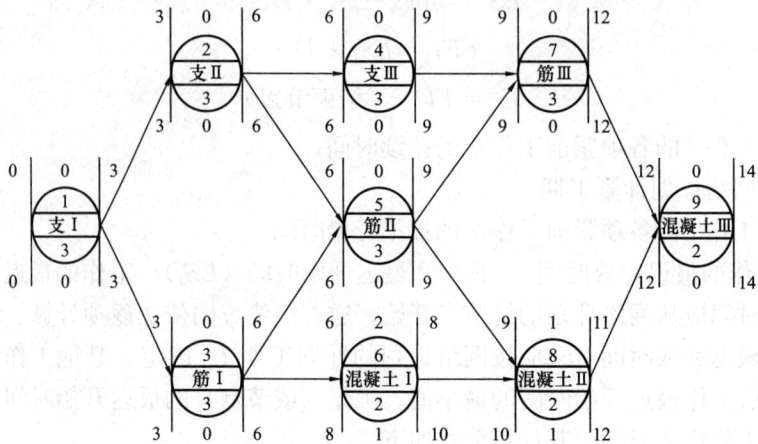

图 7-25　单代号网络计算图

单代号搭接网络图的搭接关系表示如下：

（1）结束到开始 FTS：表示前项工作 i 完成到后面工作 j 的开始要经过 FTS_{i-j} 的时间间隔，如图 7-27 所示。

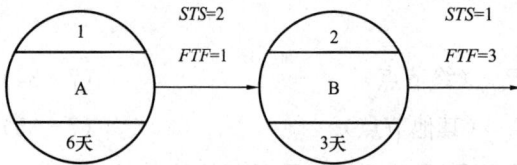

图 7-26　单代号搭接网络计划表达方式

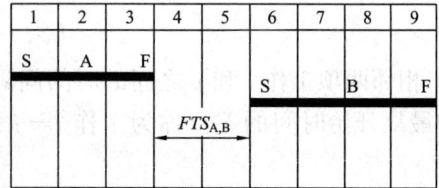

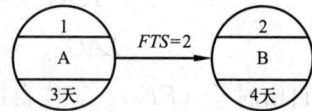

图 7-27　单代号搭接网络计划 FTS 搭接关系

（2）开始到开始 STS：表示前项工作 i 的开始到后面工作 j 的开始要经过 STS_{i-j} 的时间间隔，如图 7-28 所示。

（3）结束到结束 FTF：表示前项工作 i 的完成到后面工作 j 的完成要经过 FTF_{i-j} 的时间间隔，如图 7-29 所示。

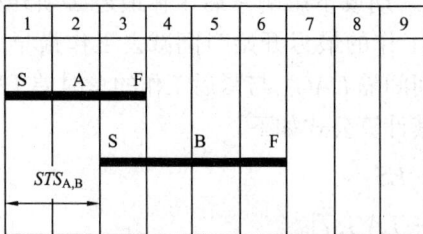

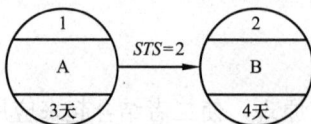

图 7-28　单代号搭接网络计划 STS 搭接关系

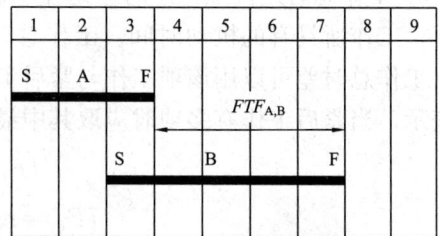

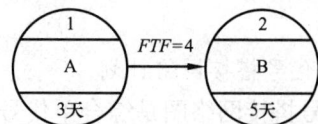

图 7-29　单代号搭接网络计划 FTF 搭接关系

（4）开始到结束 STF：表示前项工作 i 的开始到后面工作 j 的完成要经过 STF_{i-j} 的时间间隔，如图 7-30 所示。

（5）混合搭接关系：前后两项工作同时存在两种搭接关系，STS 和 FTF 混合搭接关系如图 7-31 所示。

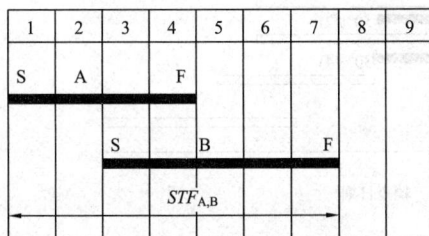

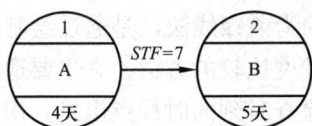

图 7-30 单代号搭接网络
计划 STF 搭接关系

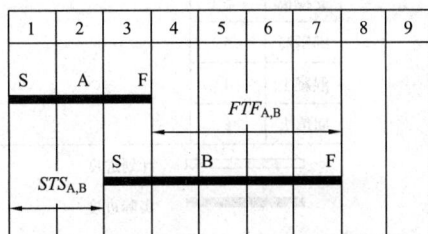

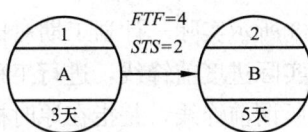

图 7-31 单代号搭接网络
计划混合搭接关系

第三节 建设工程项目进度控制

一、建设工程项目施工进度控制方法

建筑施工进度控制是指建筑施工阶段按既定的施工工期，编制出最优的施工进度计划，在执行计划的施工中，经常检查施工实际进度情况，并将其与计划进度相比较，若出现偏差，便分析产生偏差的原因和对工期的影响程度，找出必要的调整措施，修改原计划，如此循环的工作。建设工程项目施工进度控制的方法，通常为横道图控制法、S 形曲线法和网络图控制法。

（一）横道图控制法

横道图控制法是指将在项目实施中检查实际进度收集的信息，经整理后直接用横道线并列标于原计划的横道线处，进行直观比较的方法。横道图比较法最显著的特点即形象、直观地反映实际进度与计划进度执行情况的比较。

【例 7-8】 某工程项目基础工程，截至第 9 周末，挖土方工程在 0～6 周已经全部完成；做垫层工序在 5～7 周也已全部完成；支模板已经于第 8 周初开始，尚需 2 周完成；绑钢筋工作也于第 8 周初开始，但是由于工作量增加，现仅完成 30％工作量，工作尚需 4 周完成；后续混凝土及回填土工作尚未开始。

解 由题意，可得到图 7-32（图中百分比是以工期为尺度，括号中为剩余工期）所示实际—计划工期对比（一），图中反映了各工序的计划起止时间以及实际的起止时间。但是从图中并不能非常直观地反映项目各工序的完成情况。实际—计划工期对比（二）如图 7-33 所示，在图中，将实际工序完成情况用完成百分比的形式体现出来，可以很好地反映工序进度的拖延与提前。从图 7-33 中，可非常直观地体现出在检查点第 9 周末，支模板工作提前，绑钢筋工作落后。

工作名称	持续时间	进度计划（周）															
		1	2	3	4	5	6	7	8	9	10	11	12	13	14	15	16
挖土方	6	100%															
做垫层	3						100%										
支模板	5								50%(2)								
绑钢筋	5								30%(4)								
混凝土	4																
回填土	5																

计划进度

实际进度

检查日期

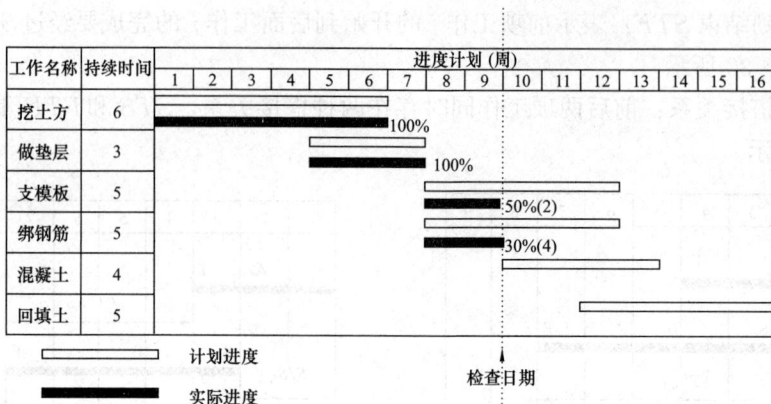

图 7-32　实际—计划工期对比（一）

图 7-33 所示实际—计划工期对比（二）中所体现的为前锋线法，是通过绘制某检查时刻工程项目实际进度前锋线，进行工程实际进度与计划进度比较的方法，它主要适用于时标网络计划。所谓前锋线，是指在原时标网络计划上，从检查时刻的时标点出发，用点画线依次将各项工作实际进展位置点连接而成的折线。前锋线比较法就是通过实际进度前锋线与原进度计划中各工作箭线交点的位置来判断工作实际进度与计划进度的偏差，进而判定该偏差对后续工作及总工期影响程度的一种方法。

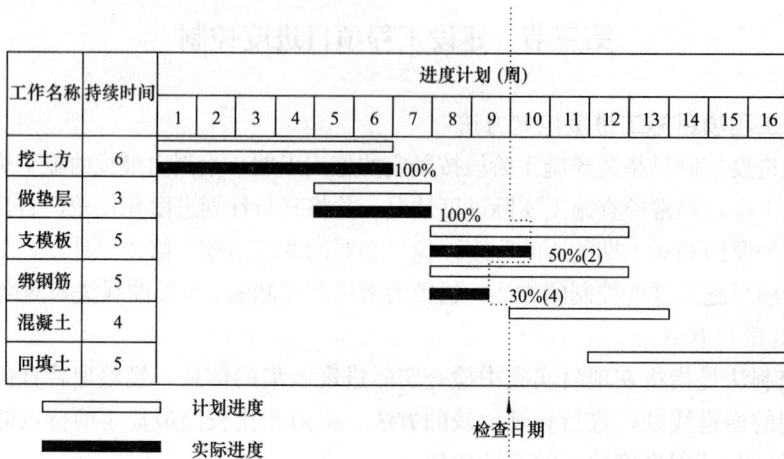

工作名称	持续时间	进度计划（周）															
		1	2	3	4	5	6	7	8	9	10	11	12	13	14	15	16
挖土方	6	100%															
做垫层	3						100%										
支模板	5								50%(2)								
绑钢筋	5								30%(4)								
混凝土	4																
回填土	5																

计划进度

实际进度

检查日期

图 7-33　实际—计划工期对比（二）

前锋线可以直观地反映出检查日期有关工作实际进度与计划进度之间的关系。对某项工作来说，其实际进度与计划进度之间的关系可能存在以下三种情况：

（1）工作实际进展位置点落在检查日期的左侧，表明该工作实际进度拖后，拖后的时间为二者之差。

（2）工作实际进展位置点与检查日期重合，表明该工作实际进度与计划进度一致。

（3）工作实际进展位置点落在检查日期的右侧，表明该工作实际进度超前，超前的时间为二者之差。

（二）S形曲线法

在项目进度控制中，S形曲线主要反映的是项目的时间与完成工程量的关系。利用S形曲线，可以分析工程项目的进度情况，得到以下信息：

1）展示项目施工实际进展情况。

2）确定项目施工进度提前或拖延情况。

3）确定工程量完成状况。

4）预测项目施工后期进度状况。

1. S形曲线绘制方法

（1）确定项目单位时间完成工程量 Q_i。

（2）计算累计完成工程量 Q，可由式（7-40）确定。

$$Q = \sum_{i=1}^{n} Q_i \qquad (7-40)$$

（3）绘制单位时间完成工程量曲线和S形曲线。

【例7-9】　某施工项目土方工程开挖量为 800m^3，项目进度要求必须在10天内完成，不同时间的土方开挖量见表7-5。试绘制土方工程的S形曲线。

表7-5　　　　　　　　　　　　不同时间土方开挖量表

时间（天）	1	2	3	4	5	6	7	8	9	10
开挖量（m³）	16	48	80	112	144	144	112	80	48	16

解

（1）确定每天完成工程量 Q_i。

（2）根据式（7-40）计算累计完成工程量，见表7-6。

表7-6　　　　　　　　　　　　土方完成量汇总表

时间（天）	1	2	3	4	5	6	7	8	9	10
每天完成量（m³）	16	48	80	112	144	144	112	80	48	16
累计完成量（m³）	16	64	144	256	400	544	656	736	784	800

（3）绘制每天完成工程量曲线和S形曲线，如图7-34所示。

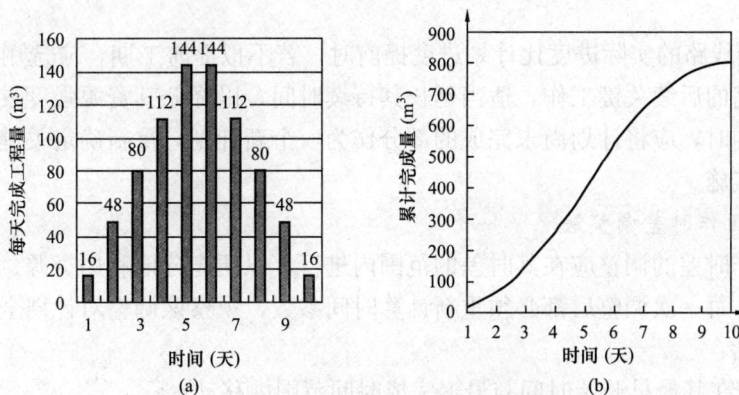

图7-34　时间与完成工程量曲线示意图

（a）每日完成工程量；（b）累计S形曲线

2. S形曲线的进度分析

利用S形曲线分析项目进度情况，可利用施工进度曲线与曲线切线的关系加以分析，确定项目进度拖延的界限，如图7-35所示。

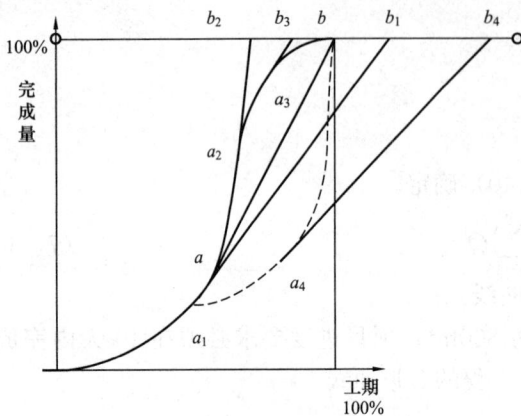

图7-35 施工进度曲线的切线
——项目施工进度规划曲线；
-----实际施工进度曲线

在图7-35中有a、a_1、a_2、a_3、a_4五个点。由图可知，以a为切点的切线ab其与100%工作量线的交点正好与规划曲线与100%工作量线的交点重合，表明若以a点的施工速率施工，则正好能赶上工程工期。由于切线a_1b_1、a_4b_4斜率小于切线ab的斜率，表示其施工速率小于正常施工速率，如保持此速率，工程将拖延完工；由此可推出a_2、a_3点的施工速率大于正常施工速率，如保持此速率，工程将提前完工。

另一方面，从图7-35中可知a_4点是虚线段中最低的一个凹点，由此所作出的切线a_4b_4，b_4点在b点的最右侧，此时是工期最大的一个偏离值，实际进度在a_4点之后向上凹，显示了实际施工中的赶工行动。

（三）网络图控制法

利用网络图控制法进行施工项目的进度控制，是施工项目进度控制的一个有效方法。施工网络进度检查范围包括：关键工作、非关键工作的进度及时差利用情况、实际进度对各项工作之间逻辑关系的影响、资源状况、成本状况以及存在的其他问题等。通过对以上各方面的检查跟踪，分析存在的问题及其原因，及时做出调整方案及报告。

网络计划调整的方法包括：

1. 调整关键线路法

（1）当关键线路的实际进度比计划进度拖后时，应在尚未完成的关键工作中选择资源强度小或费用低的工作缩短其持续时间，并重新计算未完成部分的时间参数，将其作为一个新计划实施。

（2）当关键线路的实际进度比计划进度提前时，若不拟提前工期，应选用资源占用量大或者直接费用高的后续关键工作，适当延长其持续时间，以降低其资源强度或费用；当确定要提前完成计划时，应将计划尚未完成的部分作为一个新计划，重新确定关键工作的持续时间，按新计划实施。

2. 非关键工作时差调整法

非关键工作时差的调整应在其时差的范围内进行，以便充分地利用资源、降低成本或满足施工的需要。每一次调整后都必须重新计算时间参数，观察该调整对计划全局的影响。主要调整方法包括：

（1）将工作在其最早开始时间与最迟完成时间范围内移动。

（2）延长工作的持续时间。

（3）缩短工作的持续时间。

3．增、减工作项目时的调整方法

增、减工作项目时应符合下列规定：

（1）不打乱原网络计划总的逻辑关系，只对局部逻辑关系进行调整。

（2）在增减工作后应重新计算时间参数，分析对原网络计划的影响。当对工期有影响时，应采取调整措施，以保证计划工期不变。

4．调整逻辑关系

逻辑关系的调整应注意避免原定计划工期和其他工作的顺利进行。逻辑关系的调整是在实际情况要求改变施工方法或组织方法的时候才可进行。

5．调整工作持续时间

当发现某些工作的原持续时间估计有误或实现条件不充分的时候，应重新估算其持续时间。但是在新的工作持续时间计算时应考虑工作面、材料供应等影响因素对原计划工期的影响。

6．调整资源的投入

资源调整是在资源投入异常时所做的工作，主要通过资源优化来进行调整。

二、进度拖延原因分析及对策

（一）进度拖延原因分析

1．工期及相关计划的失误

（1）计划时忘记（遗漏）部分必需的功能或工作。

（2）计划值（例如计划工作量、持续时间）不足。

（3）资源或能力不足，例如没考虑到资源的限制或缺陷，没有考虑如何完成工作。

（4）出现了计划中未能考虑到的风险或状况，未能使工程实施达到预定的效率。

（5）业主或投资者的指令工期或合同工期紧张。

2．边界条件的变化

（1）工作量的变化。可能是由于设计的修改、设计的错误、业主新的要求、修改项目的目标及系统范围的扩展造成的。

（2）外界（如政府、上层系统）对项目新的要求或限制，设计标准的提高可能造成项目资源的缺乏无法及时完成。

（3）环境条件的变化，如不利的施工条件不仅造成对工程实施过程的干扰，有时直接要求调整原来已确定的计划。

（4）发生不可抗力事件，如地震、台风、动乱、战争状态等。

3．控制过程中的失误

（1）计划部门与实施者之间，总分包商之间，业主与承包商之间缺少沟通。

（2）工程实施者缺乏工期意识。

（3）项目参加单位对各个活动（各专业工程和供应）之间的逻辑关系（活动链）认识不足，工程活动的必要的前提条件准备不足，导致工作脱节，资源供应出现问题。

（4）由于其他方面未完成项目计划造成拖延。

（5）承包商没有集中力量施工，材料供应拖延，资金缺乏，工期控制不紧。

（6）业主没有集中资金的供应，拖欠工程款，或业主的材料、设备供应不及时。

4．其他原因

例如由于采取其他调整措施造成工期的拖延，如设计的变更、质量问题的返工、实施方案的修改。

（二）解决进度拖延的对策

1. 基本策略

采取积极的措施赶工，以弥补已经产生的拖延。采取措施有：调整后期计划，采取赶工措施，修改网络计划。

2. 可以采取的赶工措施

（1）增加资源投入。

（2）重新分配资源。

（3）提高劳动效率。

（4）将部分任务转移，如分包、委托给另外的单位，将原计划由自己生产的结构件改为外购等。

（5）优化网络计划中工程活动的逻辑关系和搭接关系。

（6）合并工程活动，特别是把在关键线路上按先后顺序实施的工程活动合并，通过局部地调整实施过程和人力、物力的分配，实现缩短工期。

（7）修改实施方案。

3. 应注意的问题

（1）在选择措施时，要考虑到：

1）赶工应符合项目的总目标与总战略。

2）措施应是有效的、可以实现的，成本比较合理。

3）对项目的实施，对分包商、供应商的影响面较小。

（2）在制订后续工作计划时，这些措施应与项目的其他过程协调。

（3）认清造成拖延的因素的惯性，及时将加速的要求、措施、新的计划、可能引起的问题通知相关各方。

思 考 题

1. 建设工程项目进度控制系统包括哪些内容？
2. 简述建设工程项目进度计划的编制程序。
3. 建设工程项目组织施工的方式有哪些？各有什么特点？
4. 流水施工为什么可以缩短工期？
5. 什么是网络图？网络图和横道图相比有哪些特点？
6. 什么是关键线路？它具有哪些性质？
7. 简述网络图绘制的规则。如何绘制网络图？
8. 单代号网络图由哪些部分组成？与双代号网络图有什么区别？
9. 什么是"总时差"和"自由时差"？

第八章　建设工程项目费用管理

第一节　概　　述

一、建设工程项目费用

建设工程项目费用是指在整个项目实现过程中发生的各种费用的总和，是建设中各种物化劳动和活劳动的货币表现形式。项目实现过程一般要经过项目决策阶段、项目设计阶段、项目实施阶段、项目完工交付阶段，每个阶段都有相应的资源耗费。传统的项目成本概念往往指项目"施工"过程中所发生的各种费用的总和，随着项目成本范式的扩展，现代项目成本应包括项目实现过程中各阶段、各方面的费用，也就是此处所指的"费用"。

建设工程项目的费用管理目标对于不同的管理主体有着不同的意义，也有着不同的诠释。主要表现为以建设投资、工程造价和施工成本等形式进行管理和目标控制。

1. 建设投资

建设投资是建设项目业主对建设需求选择和自主决策形成的经济参数，无论是计划投资的确定还是最终实际投资的形成，都是基于建设需求整体解决方案的决策和实施结果。不同的建设需求和建设方案的决策，是决定建设项目总投资的内在因素，其次才是建设项目实施过程的外部因素所产生的影响。

2. 工程造价

工程造价是工程项目的建造价格，是工程产品交易过程的经济指标，只有建筑产品成为商品，价格才被应用到工程的市场交易中。造价与投资不同，它不是一方自主决策的经济参数，而是要通过市场、按照市场规律由交易双方决定的。

3. 施工成本

成本的原意是指商品生产中的按照统一规定范围和规则计算的以货币量表示的经济消耗，这种经济消耗反映的是社会劳动，包括活劳动与物化劳动的消耗。施工成本的概念与建筑行业生产组织体制相适应，一般是指工程施工成本。也可以说是与工程造价范围对对应的施工生产全过程的经济消耗或劳动消耗。

当然，这里需要说明的是工程项目的建造，除施工以外还必须有勘察设计活动、工程监理、业主方的建设组织和采购等，这些方面的费用理所当然地也是工程成本的组成部分。但是，由于工程建设是属于固定资产投资活动，其目的是获得预期使用功能和价值的固定资产，最后将在建设所形成的固定资产中计入全部建造费用。因此，施工成本虽是狭义的工程成本，然而却是实际运作中定义和人们共识的工程成本概念。必须把握工程项目在不同阶段所形成的工程成本与固定资产建造成本、工程造价与固定资产造价的联系和区别，这是当前相关研究容易甚至已经表现出混淆倾向的问题，应引起注意。

二、建设工程项目费用管理

与建设工程项目费用相对应，其费用管理可分为工程项目的投资管理、造价管理和成本管理，三者的管理内涵以及管理重点和性质具有一定的差异。

1. 建设投资管理

（1）管理的主体是业主方。

（2）管理的面向对象是整个建设项目。

（3）管理涉及的范围是全部建设工程的所有建设活动。

（4）管理的核心问题是建设项目的科学决策和实施过程的投资控制。

2. 工程造价管理

（1）管理的主体是承发包双方。

（2）管理的面向对象是特定工程产品（合同标的造价）。

（3）管理涉及的范围是合同标的涉及的所有建造活动。

（4）管理的核心问题是公开、公正、公平交易，按照有序竞争、互利互惠、规范诚信的行为原则，合理确定和有效控制工程造价。

3. 工程成本管理

（1）管理的主体是生产方（承包方）。

（2）管理的面向对象与工程造价相对应。

（3）管理涉及的范围与工程造价相对应。

（4）管理的核心问题是以最为经济合理的施工方案，在规定的工期内完成质量符合标准的工程施工任务，并取得预期的经济效益。

三、建设工程项目费用流的运动过程

为了理解建设工程项目不同范围和不同性质费用管理之间的联系和区别，首先需要对建设工程项目的总费用流有个基本认识，如图 8-1 所示。

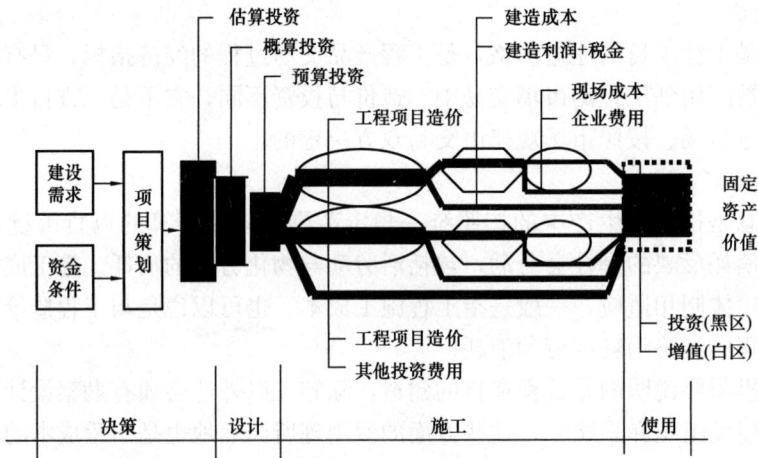

图 8-1　建设工程项目费用流在建设各阶段的关系

1. 建设工程项目投资费用流

所谓建设工程项目总投资是指一个建设项目的建设过程，用货币量表示的全部花费的经济价值。由于建设工程采用承发包生产组织模式，建设项目总投资的费用流从建设前期的投资估算开始，最终流入建设项目所形成的固定资产价值中。其中，一部分投资由业主直接安排和使用，如支付建设用地费、建设管理费、可行性研究费、研究试验费、勘察设计费、环境影响评价费和工程保险费等相关费用；另一部分投资则通过工程采购以建安工程造价转为工程承包方的生产费用和利润。

2. 建设工程项目造价费用流

从图 8-1 可见,工程项目造价的费用流,又分为建筑安装工程成本和利润流向承包生产企业。一个建设项目可能有多个单位或单项建筑安装工程项目,通常情况下都是实行分标发包的,每一发包合同的标的都有相应的合同造价值。

3. 建设工程项目成本费用流

由图 8-1 可知,每项工程造价的费用在承包企业中又被分为工程建造成本和企业经营利润两部分。其中建造成本再被分为现场生产成本和企业费用(规费和企业管理费)。

4. 固定资产建造成本流

建设工程项目实施阶段终结,在所有发包工程项目交工结算的基础上,建设单位编制建设项目决算文件,将建设总投资汇总计入固定资产建造费用,构成固定资产的建造总成本(总投资)连同建设过程的资产增值以及业主方的投资回报利益,在将来的资产评估、抵押、出让、投资等经济活动中,构成业主方的固定资产价格。

根据建设工程项目费用流运动过程的投资、造价和成本管理的相互关系,可以将建设工程项目费用管理归纳为表 8-1 的系统交叉关系。

表 8-1　　　　　　　　　建设工程项目费用管理的系统交叉关系

工程项目	建设项目	单项工程	单位工程	分部工程	分项工程	合同标的
投资管理	●	○	○	○	○	○
造价管理	—	●	●	○	○	○
成本管理	—	○	●	○	○	●

注　●—费用管理的面向对象;○—费用管理的涉及范围

下面将分别从建设工程项目投资方与承包企业的角度,对建设项目投资管理与施工项目成本管理进行阐述。

第二节　建设项目投资管理

一、建设项目投资管理的对象和任务

(一)投资管理的对象

投资是建设项目业主对建设需求选择和自主决策形成的经济参数,无论是计划投资的确定还是最终实际投资的形成,都是基于建设需求整体解决方案的决策和实施结果。不同的建设需求和建设方案的决策,是决定建设项目总投资的内在因素,其次才是建设项目实施过程的外部因素所产生的影响。

根据建设工程项目的系统划分和建设投资的构成,建设项目投资管理按对象分为三个层次:

1. 建设项目总投资管理

建设项目总投资是整个建设项目系统所需要投入的全部建设资金。总投资管理的任务包括对建设项目投资规模的后来确定和有效控制。具体的运作方式为:首先是进行建设项目的建设内容、使用功能、建设标准、投资结构等的策划与可行性研究论证及其科学决策,进而

以工程造价管理为手段，控制所有单位及单项工程的发包价格，以及控制业主方自行采购的土地、生产设备、工器具和建设过程组织管理、委托代理及咨询服务等各类投资的费用。在确保建设工程质量、工期、安全、环保等目标的前提下，使建设总投资最经济合理。

2. 建筑安装工程投资管理

建筑安装工程投资管理是指建设项目系统中各单项或单位建筑安装工程的建设投资。如前所述，单项或单位工程则是建设项目整体系统中具有独立设计技术经济文件、具备独立组织施工条件、建成后具有独立使用功能的工程项目。这是工程项目第二层面的费用管理，实践运作中以工程项目造价管理作为投资控制的基本手段。

3. 其他相关的投资管理

其他相关的投资管理是指建设项目总投资构成中，用于征购土地与动拆迁补偿，购置生产性设备和工器具，以及支付固定资产投资调节税等的投资费用，在工程建设阶段一般作为建设项目总投资的专项费用，单列管理和核算。它是建设项目总投资流的一个分支。

（二）投资管理的任务

（1）确定并分析论证建设项目总投资目标及其用途结构的合理性。

（2）确定建设资金的筹措和融资方案，根据建设总进度部署要求，编制投资使用计划，加强资金管理。

（3）实施全面全过程的投资控制。在确保建设项目本身的功能目标、规模目标、质量目标、动用时间目标以及相关的健康、安全和环境保护目标的前提下，动态地控制工程项目总投资和各项投资目标，使工程项目的估算投资、概算投资、预算投资和决算投资呈动态受控状态。

建设项目投资管理贯穿于建设项目前期决策和项目实施全过程，其中，项目决策和设计阶段是投资控制可能性最大的时期；投资管理的范围涉及建设项目投资构成的所有方面，其中又以建筑安装工程的投资控制——工程项目造价管理作为最重要的方面。

二、建设项目投资的分类

（一）按照项目投资发生的阶段和用途划分

1. 项目定义与决策投资

为了对项目科学定义、正确决策，每个项目都必须经历项目决策阶段，项目决策的好坏对项目的建设以及建成后的社会效益和经济效益都有重要的影响。在项目决策阶段，围绕项目所进行的项目初始调研、项目可行性研究和项目的初步设计等活动或工作，所产生的人力、物力和其他各种资源耗费总和就形成了项目定义与决策投资。

2. 项目设计投资

项目设计投资是与项目设计阶段相对应的项目投资。项目在经历决策阶段的调查、收集信息及相关资料、试验、分析、研究之后，可以进入项目设计阶段。项目在项目设计阶段所发生的人工费用、材料费用、设备费用、管理费用等各项耗费总和就形成了项目设计投资。

3. 项目实施投资

项目实施投资是项目总投资的主要组成部分，是指在项目实施过程中为完成"项目产出物"所耗用的各项资源构成的费用总和。这既包括在项目实施过程中所耗费和占用物质资源的成本，也包括在项目实施过程中所消耗和占用活劳动的成本。项目实施投资还可以进一步划分成项目的采购费、研发费、劳务费、建设费、分包费等科目。

4. 项目终结投资

项目终结投资是指项目完工交付阶段竣工验收、调试测试、试生产等过程发生的各项费用总和。

（二）按照项目投资的构成分类

建设项目的投资就是指一个工程建设项目花费的全部费用。生产性建设项目总投资包括建设投资和铺底流动资金两部分，非生产性建设项目总投资只包括建设投资。建设投资是由设备及工、器具购置费，建筑安装工程费，工程建设其他费，预备费（包括基本预备费和涨价预备费），建设期贷款利息和固定资产投资方向调节税（目前暂不征收）组成。铺底流动资金是指生产性建设项目为保证生产和经营正常进行，按规定列入建设项目总投资的铺底流动资金，见图 8-2。

建设项目的建设投资，按照各类费用的性质分为静态投资和动态投资两部分。其中，设备及工、器具购置费，建筑安装工程费、工程建设其他费和基本预备费，组成建设投资的静态部分。涨价预备费、建设期利息、固定资产投资方向调节税是建设投资的动态部分。

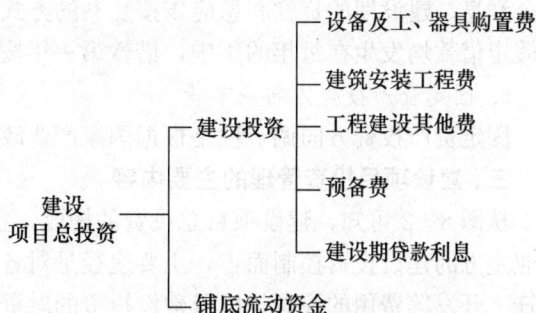

图 8-2　建设项目总投资费用构成

1. 设备及工、器具购置费

设备及工、器具购置费是由设备购置费和工具、器具、生产家具购置费组成的。在生产性建设工程中，设备、工器具投资是总投资的积极部分，它占项目投资比重的提高意味着生产技术的进步和资本有机构成的提高。设备购置费是指按照建设项目设计文件要求，建设单位（或其委托单位）购置或自制达到固定资产标准的设备、工具、器具所需的费用。设备购置费包括设备原价（或进口设备抵岸价）和设备运杂费两部分。为了方便，设备运杂费用设备原价乘以设备运杂费率来计算。工具、器具及生产家具购置费用设备购置费乘以定额费率来计算。

2. 建筑安装工程费

建筑安装工程构成建设项目实体的单位与单项工程，包括一般土建工程、建筑设备安装工程和生产设备安装工程。建筑安装工程费由人工费、材料费、施工机具使用费、企业管理费、利润、规费和税金组成。

3. 工程建设其他费用

工程建设其他费用是根据设计文件要求和国家有关规定应由项目投资支付的为保证工程建设顺利完成和交付使用后能够正常发挥效用而发生的一些费用。工程建设其他费用可分为三类：第一类是建设用地费，划拨方式取得建设用地的，需承担征地补偿费或对原用地单位或个人的拆迁补偿费用；通过出让方式取得建设用地的，除以上费用外，还需向土地所有者支付有偿使用费，即土地出让金。第二类是与项目建设有关的其他费用，包括建设管理费、可行性研究费、研究试验费、勘察设计费、环境影响评价费、劳动安全卫生评价费、场地准备及临时设施费、引进技术和引进设备其他费、工程保险费、特殊设备安全监督检验费和市政公用设施费等。第三类是与未来生产经营有关的其他费用，包括联合试运转费、专利及专有技术使用费和生产准备及开办费等。

4. 预备费

按我国现行规定，预备费包括基本预备费和价差预备费。基本预备费是指在项目实施中可能发生的难以预料的支出，需要预先预留的费用，又称不可预见费，主要指设计变更及施工过程中可能增加工程量的费用。价差预备费是指建设工程在建设期内人工、设备、材料、施工机械的价差费，建筑安装工程费及工程建设其他费用调整，以及利率、汇率调整等增加的费用。

5. 建设期的贷款利息

建设期利息是指项目借款在建设期内发生的为建设工程项目筹措资金的融资费用及债务资金利息。建设期的贷款利息应该按复利的方式计算。为了简化计算，在编制投资估算时通常假定借款均发生在每年的年中，借款第一年按半年计息，其余各年份按全年计息。

6. 固定资产投资方向调节税

固定资产投资方向调节税是根据国家产业政策而征收的。目前此项税已暂停征收。

三、建设项目投资管理的主要内容

从图 8-2 可知，建设项目总投资的构成，主要费用安排是在工程建设投资方面。因此，对业主方的建设投资控制而言，主要途径是对各单项或单位工程的造价控制、土地购置与动拆迁、开发等费用的控制，以及建设投资的融资成本和建设单位组织建设的管理费用的控制等，以达到控制项目总投资的目的。

（1）建筑安装工程费用控制。建筑安装工程费用的控制，主要通过建设项目规划设计总体方案和各单项单位工程设计的优化，在保证使用功能、生产工艺先进合理的前提下，分阶段进行概算投资、合同价格和结算价格的确定与控制（参考工程项目造价管理）。

（2）设备工器具购置费控制。设备及工器具购置费用在建设投资中占有较大的比重，设备包括建筑设备和生产设备，尤其是生产性建设项目，设备费用高达 70% 以上。这部分投资同样需要在优化建设方案和工程设计的基础上，确定投资目标和费用安排，通过设备选型、询价、采购、验收、保管和合同管理等环节有效控制投资。

（3）建设项目融资成本控制。建设项目是业主进行固定资产投资建设、发展其实体经济或事业的举措和手段，需要的资金数额大、建设周期长，贷款利息以及其他形式融资的成本大。因此，合理的融资方案和资金使用计划的编制、加强资金使用管理、调度与控制，对项目投资产生重要影响，同样构成建设项目投资控制不可忽视的内容。

（4）工程建设其他费用控制。这类费用的控制，首先应该根据建设方案参照类似建设项目相关资料和经验，逐项进行费用估算，经项目可行性研究论证批准后，作为建设项目其他费用投资估算控制目标。在建设项目管理机构建立后，由项目计划财务部门编制相应的其他费用概算指标和使用计划。通过项目投资管理制度和资金使用审批程序等的贯彻执行，落实到各相关业务部门进行控制、核算和考核评价。

四、建设项目投资管理的基本方法

建设项目投资管理的基本方法，就是按照总投资目标分解，抓住设计阶段控制投资的关键环节，实行全程跟踪、三算两对比分析、动态控制。

（一）建设项目投资总目标的分解

在建设项目总投资估算阶段，按照总投资的费用构成项目分别估算汇总，经可研论证、决策批准之后，在建设项目总体规划和初步设计阶段，对项目总投资进行调整平衡，形成分系统分单位单项工程的概算投资，作为后续各阶段相应项目或部位的投资控制目标。因此，这一过程的基本程序是"分类估算—汇总合成—决策论证—调整平衡—目标细化"。当然，总投资目标按单位单项工程细化分解过程，实质上就是对其初始估算值，依据初步设计成果进行概算投资的调整平衡，并结合建设项目实施部署对项目结构分解的要求。

（二）动态控制方法的应用

建设工程项目管理理论强调动态控制是项目目标控制的基本方法论。动态控制的基本思想是：

（1）预先确定项目的建设投资计划值，落实控制措施和相关责任。

（2）跟踪项目实施过程，收集工程进展状况和实际投资数据。

（3）将相应的投资实际值与目标计划值进行比较，发现有无偏差。

（4）分析偏差产生的原因和控制条件，采取相应的有效纠偏措施。

（5）落实纠偏措施，继续跟踪控制，并分析和评价措施的有效性。

（6）重复以上过程，循环推进，如图8-3所示。

需要特别注意的是，项目投资动态控制采用"投资实际值与计划目标值进行比较"的方法，这里的投资实际值并非项目最终决算的投资值，而是在投资管理过程中，按照"前虚后实"的关系，把基于前一阶段工作成果计算出的投资值作为计划目标值，把基于后续深化工作成果计算出的投资值作为相对的实际值，反映各个阶段投资控制的相对成果和偏差，从而揭示项目投资控制能力和控制状态。

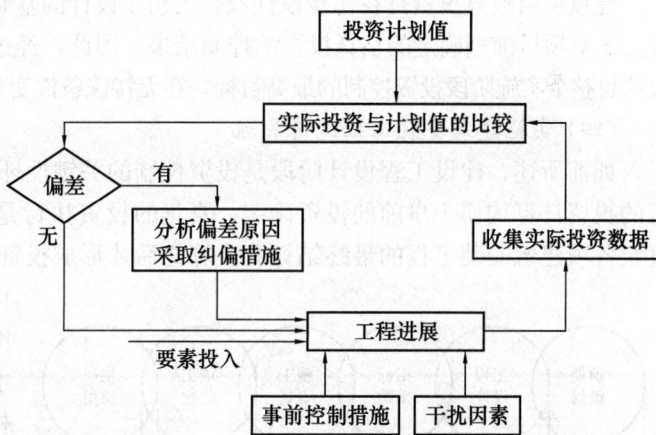

图8-3　投资动态控制原理示意

在建设工程项目管理实践中，通常把投资控制的动态方法称为"三算两对比"分析法。

三算两对比是指项目的预算投资和概算投资的对比；决算投资与预算投资的对比。前者反映项目初步设计或扩初设计所形成的概算投资，在施工图设计阶段执行控制的结果，一般情况下概算投资一经审批，施工图设计预算投资必须控制在概算投资目标值的范围内；后者反映工程项目招标采购和施工阶段执行预算投资目标的控制结果。需要说明的是，在建设工程实行招投标的情况下，有的项目省去施工图预算的编制，直接以承发包合同价取代施工图预算进行两算对比和三算分析，固然在做法上有类似的控制效果，但存在着无法正确反映施工图设计过程执行投资控制优化设计的问题。同时，施工图设计预算是反映同类同质工程产品的社会平均消耗水平，它对于建设单位控制工程项目标底价格和中标施工单位确定项目经理责任成本目标都是不可或缺的基本依据。

对比结果的分析包括预算投资与概算投资差异的原因分析；决算投资与预算投资差异的原因分析；以及在决算投资超预算时，分析决算投资是否超概算投资及其差异原因，总结投资控制的基本经验和存在的问题，为今后的项目投资管理提供借鉴。

（三）加强设计管理

建设工程项目管理理论强调设计阶段是投资控制的最重要阶段，控制的可能性要达到90％以上，这是因为设计工作是根据业主的建设需求和建设意图，通过设计创意和技术的应用，具体确定建设蓝图，设计费用虽然只占建设项目全寿命费用的很小比例，但却基本决定了建设工程项目以后阶段的全部费用。设计完成后，设计成果成为确定施工任务和标准的依据，这时工程的范围和规格标准变更的可能性很小，而且建设工程项目一旦进入施工阶段后期，控制投资的可能性几乎没有。

在设计阶段进行投资控制就是用批准的投资估算来控制初步设计，在初步设计阶段编制设计概算（有技术设计阶段的还要编制修正概算），用设计概算（或修正概算）控制施工图设计，在施工图设计阶段还要编制施工图预算。这样就形成了用估算控制概算、用概算控制预算的完整的动态控制过程。除此之外，设计阶段的投资控制还要采用各种有效的方法和措施来提高设计的经济合理性，降低建设工程项目的全寿命周期费用，这些方法和措施包括推行标准设计、推行限额设计、进行价值工程分析等。

建设项目概算投资是在初步设计或扩大初步设计的基础上形成的，也是通过进一步深化建设方案对项目前期确定的估算投资的控制结果。因此，经过批准的建设项目概算投资将成为建设项目整个实施阶段投资控制的最高目标，在无特殊条件变化的情况下，概算总投资不得突破。

（四）实施建筑安装工程造价管理

如前所述，建设工程设计阶段是投资控制的关键性环节，但设计阶段基于设计文件所进行的投资计算均属于事前的投资确定，真正的投资执行是在建设工程招标采购和施工阶段，直至各项建筑安装工程的最终结算和决算之后才形成投资的实际值。因此，加强建设工程项目各单项及单位建筑安装工程的造价管理就成为落实建设投资控制的主要途径，投资管理和造价是相辅相成的两个方面，前者是从整个建设工程项目的角度，按照建设投资的构成进行费用的计划和总体控制；后者则在总投资及其分解目标的约束下，从各项建筑安装工程的造价管理角度进行具体落实和控制，他们之间构成了整个建设项目的费用管理格局，如图8-4所示。

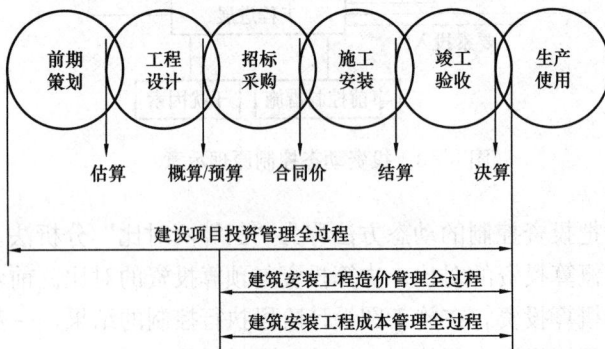

图8-4 建设项目费用管理的过程结构

第三节 施工项目成本管理

施工项目成本管理是工程承包企业进行的工程产品成本管理。工程产品成本是施工过程中发生的全部生产费用的总和，包括企业生产经营管理费用和工程产品生产的现场施工成本。一般情况下，建设工程项目成本管理的对象即是对工程承包合同所界定的建筑工程产品的成本管理。

一、施工项目成本的构成

施工项目成本是指在建设工程项目的施工过程中发生的全部生产费用的总和，包括消耗的原材料、辅助材料、构配件、零件、半成品或成品、工程设备的费用，施工机械、仪器仪表的使用费或租赁费，支付给生产工人和附属生产单位工人的计时工资或计件工资、奖金、津贴补贴、加班加点工资、特殊情况下支付的工资，建筑安装企业组织施工生产和经营管理所需的费用，以及国家法律、法规规定，由省级政府和省级有关权力部门规定必须缴纳或计取的费用。施工成本按成本组成分解为人工费、材料费、施工机具使用费、企业管理费和规费，如图8-5所示。

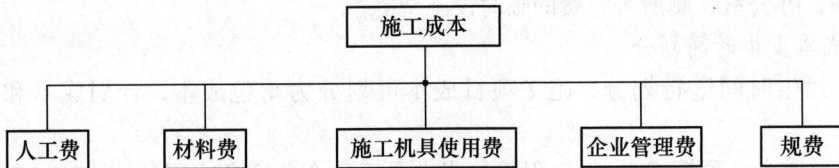

图8-5 施工成本组成分解图

施工项目成本根据管理的需要，可从不同角度进行划分：

1. 按照生产费用计入成本的方法划分（如图8-6所示）

直接费是指施工过程中耗费的构成工程实体或有助于工程实体形成的各项费用支出，是可以直接计入工程对象的费用，包括人工费、材料费、施工机具使用费等。

间接费是指为施工准备、组织和管理施工生产的全部费用的支出，是非直接用于工程实体建设也无法直接计入成本核算对象，但为进行工程施工所必须发生的费用，包括企业管理费和规费。

2. 按照项目成本构成要素划分

（1）人工费。人工费是给项目组织、监督管理人员、项目施工人员等项目各专业、各级别的工作人员的劳动报酬，包括工资、津贴和奖金等。

（2）材料费。材料费是项目组织或团队为实施项目所购买的各种原料、材料的成本。项目的材料成本通常由材料原价、运输费、采购及保管费和预涨费组成。常见的材料如钢筋、砂石、水泥、转、木料、油漆等。

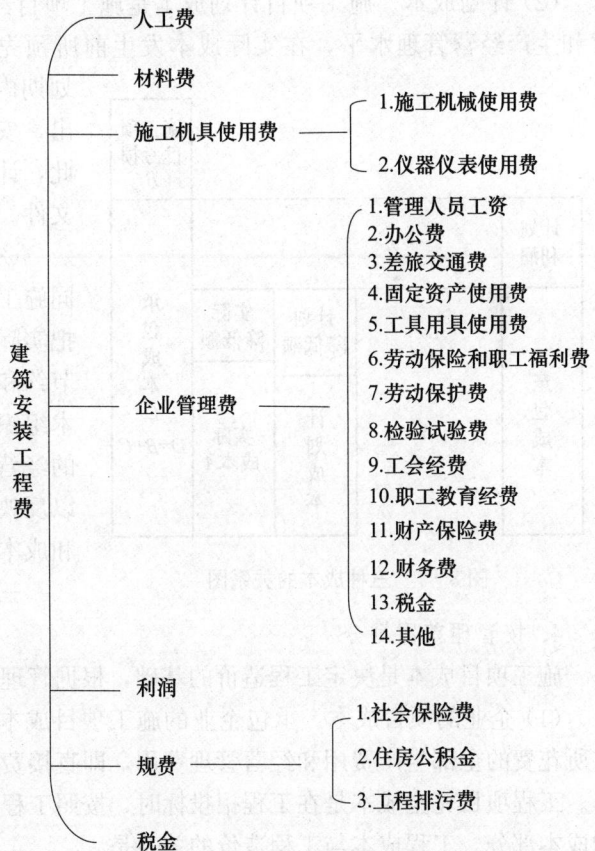

图8-6 建筑安装工程费用项目组成

（3）设备成本。设备成本是项目组织或团队为实施项目而购买或租用的专用仪器、工具或设备的成本，主要由使用自有设备的台班费用、设备租赁费用以及施工设备进出场费用构成。常见的施工设备如混凝土搅拌机、塔吊、运输设备等。

（4）分包成本。当承包商或项目团队缺乏某项专门技术，或者不具备完成项目任务所需要的资源时，可以将工程项目部分分包给其他承包商或项目团队（即分包商）。分包成本就是将项目某些工作内容分包出去时，项目所发生的那部分成本。

（5）其他成本。项目的其他成本包含多项内容。例如：在项目期间需要有关项目人员出差，所发生的票费、住宿费、必要的伙食费和出差补贴等费用；为项目实施临时搭建施工用仓库、工棚、办公室、厕所等耗费的临时设施费等。

3. 按成本发生时间划分

按成本发生时间进行划分，施工项目成本可划分为承包成本、计划成本和实际成本三类。

（1）承包成本（预算成本）。工程承包成本是反映企业竞争水平的成本，一般是在企业参与项目招投标阶段所编制的。企业根据招标文件提供的工程量，以及企业对于相关信息的核算，根据企业的预算定额所作出的报价。它是构成工程造价的主要成分，也是施工单位与建设单位确定工程造价、签订工程承包合同的基础。

（2）计划成本。施工项目计划成本是施工项目经理根据招投标文件以及项目的施工方案和生产经营管理水平，在实际成本发生前所预先计算的成本。计划成本反映企业在计划期内应达到的成本水平，是控制成本支出、安排施工计划和供应工、料的依据，因此，计划成本是施工项目成本控制的重要文件。

（3）实际成本。实际成本是施工项目在合同施工范围实际发生的各项生产费用的总和。把实际成本与计划成本比较，可揭示成本的节约和超支，并考核企业施工技术水平及技术组织措施的贯彻执行情况，还可考查企业的经营效果。实际成本与承包成本比较，可以反映工程盈亏情况。它对于加强成本核算和成本控制具有重要作用。

三种成本之间的关系如图 8-7 所示。

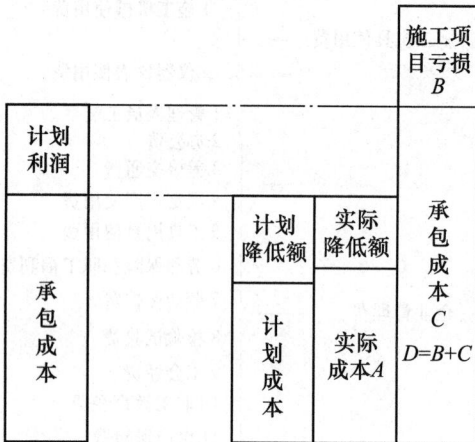

图 8-7　三种成本的关系图

4. 按管理范围划分

施工项目成本是决定工程造价的基础，根据管理范围可分为企业和现场的项目成本。

（1）企业的项目成本。承包企业的施工项目成本（简称企业成本），是指建造该工程项目所花费的全部生产费用和经营管理费用，即直接费和间接费总和，它是工程项目的完全成本。工程项目完全成本是在工程招投标时，按照工程量清单计价规范要求确定的工程造价中的成本部分。工程成本与工程造价的关系是

$$工程成本 = 直接费 + 间接费$$

$$含税工程造价 = 工程成本 \times (H 税率) = (直接费 + 间接费) \times (H 税率)$$

（2）现场的项目成本。所谓现场的项目成本是指施工项目现场的全部生产费用（简称现场成本），属于施工项目的生产成本或制造成本。承包企业在实行施工项目经理责任制的条件下，现场成本是施工项目成本管理的范围。

二、施工项目成本管理的主体

施工项目成本管理的主体是工程承包企业。在实行施工项目经理负责制的条件下，企业的工程承包管理分为两个层次，各自承担不同的管理职能。

（一）企业经营层的成本管理

企业经营层是企业生产经营的赢利中心，在做好全企业生产经营成本的预测、计划、控制、核算和分析的同时，面向施工项目的成本管理职能是：

（1）承担企业所有投标项目的成本估算、投标报价和投标决策。

（2）组织企业经营管理层各部门及项目经理传达工程投标过程和中标合同的相关信息，讨论提出工程合同履行的任务方针和具体要求。

（3）编制《项目经理现场成本目标责任书》，对项目管理班子进行成本目标、管理责任及奖惩制度交底。

（4）审查项目经理部的管理方案和成本计划，并对其进行指导和在企业内部的协调。

（5）跟踪检查和监控项目经理部的成本控制和核算状况，及时予以指导和帮助。

（6）对项目经理部责任目标成本完成情况组织审计和考核，落实奖惩措施。

（二）项目管理层的成本管理

项目管理层是指承包企业派出的所有项目经理及其现场项目管理机构，是企业履行工程承包合同、进行现场项目管理和项目目标控制的一线管理组织，在工程成本管理方面，是执行企业决策和实施工程成本控制的中心。

三、施工项目成本管理的主要工作

施工项目成本管理是在满足项目工期和质量等所有其他项目目标要求的前提下，采取一切有效的手段和措施尽量减少项目成本，即实现项目成本的最小化，同时使施工项目利益实现最大化。在施工成本管理中实行和运用目标成本管理制度和方法，对于严格限制企业的各项成本支出，提高企业的经济效益，提高工程项目的管理水平，发挥员工的积极性等，都有着重大的意义。

（一）施工项目成本管理的主要原则

施工项目成本管理工作是一项系统工程，为了做好成本管理工作，在实践中一定要处理好各方面的关系。项目成本管理的主要原则包括：

1. 全面性原则

它包括两个方面：一是全员参与成本管理，项目成本管理是一项综合性很强的指标，人人都有权利和义务对成本实施控制；二是全过程的成本控制，施工项目启动后从施工准备到竣工验收和保修期结束都必须进行计划与控制。

2. 责、权、利相结合的原则

这主要从施工项目内部承包责任制和签订内部承包合同中体现出来，从项目经理到每一位管理者、操作者都必须对成本控制承担自己的责任，而且授以相应的权利，考评此业绩时同工资奖金挂钩，奖罚分明。

3. 效益原则

效益是指施工项目的经济效益和社会效益统一起来的效益，应科学地理解进度、质量和成本三者之间的辩证关系，应追求三者统一。

4. 目标管理原则

把成本计划目标加以分解，逐一落实到项目经理部各有关部门、专业和个人，施工中不断检查执行情况，发现并分析偏差，及时采取控制措施，并修正目标和评价目标。

5. 动态性、及时性、准确性原则

进行施工项目成本管理是不断调整项目成本支出与计划目标的偏差，使项目成本支出基本与目标一致的过程，这就需要进行项目成本的动态管理。项目成本管理同时也需要及时、准确地提供成本核算信息，不断反馈，为上级部门进行项目成本管理提供科学的决策依据。如果这些信息的提高严重滞后，就起不到及时纠偏、亡羊补牢的作用；如果各项统计不准确，成本核算就不能真实反映，出现虚盈或虚亏，只能导致决策失误。

（二）施工项目成本管理的要求

（1）施工项目成本管理属承包企业内部的生产费用管理。

管理重心应放在现场施工成本的计划、控制、核算、分析和考核。现场施工成本和项目应分摊的企业经营管理费用，构成了工程项目生产总成本。但项目所分摊企业经营管理费用，应采用事先从工程合同造价的总成本中划出上交企业的做法，不应列入施工项目经理责任成本目标进行现场施工成本控制与核算。

（2）施工项目成本管理应实行承包企业的工程项目经理责任制和项目成本核算制。

承包企业应建立和健全一套与此相适应的管理制度和工作流程。用以指导、激励和规范项目成本管理的具体运作。

（3）工程承包企业应建立、健全项目成本管理责任体系，明确业务分工和责任关系，把项目成本管理任务目标分解并渗透到各项技术工作、管理工作和经营工作中去。项目成本管理宜参照以下环节和过程展开：

1）工程项目投标报价文件的编制。

2）中标后的合同造价谈判与确定。

3）项目经理责任成本目标的确定。

4）项目成本计划的编制及其审批。

5）项目成本计划的执行与控制。

6）项目成本核算、分析与考评。

7）工程变更、签证以及索赔管理。

8）工程合同价款结算与支付管理。

（三）施工项目成本管理的主要内容

施工项目成本管理工作主要包括成本预测、成本规划、成本核算、成本控制、成本考核和成本分析，具体内容如下：

（1）根据项目承包合同要求、工程特点、工程内容和项目组织管理方式，以及项目成本控制方法，分解项目成本控制目标，并将其落实到每一笔支出费用的控制上。

（2）根据已批准的施工方案、进度规则和投标报价时所使用的工料分析资料，按成本记账体制编制每个分部（项）工程或施工作业项的各项费用预算。

（3）按照规定的进度报告制度、联系每个分部（项）工程或工序的费用预算，测算其进度状况和费用发生情况。

（4）对项目实际成本和预算成本进行分析和评价。

（5）预测项目竣工尚需的费用，以及项目成本的发展趋势。

（6）采取相应项目成本控制措施，以保证项目实际成本与规划成本相符。

第四节　施工项目成本计划

施工项目成本计划是建设工程项目成本管理的一个重要环节，是实现降低成本任务的指导性文件。如果承包项目所编制的成本计划达不到目标成本要求时，就必须组织施工项目管理班子的有关人员重新研究寻找降低成本的途径，再进行重新编制。通过对所编的成本计划进行不断修改，直至最后定案，这实际上意味着进行了一次次的成本预测。同时，编制成本计划的过程也是一次动员项目经理部全体职工，挖掘降低成本潜力的过程；也是检验施工技术质量管理、工期管理、物资消耗和劳动力消耗管理等效果的全过程。

各个施工项目成本计划汇总到企业，又是事先规划企业生产技术经营活动预期经济效果的综合性计划，是建立企业成本管理责任制、开展经济核算和控制生产费用的基础。

一、工程成本计划的类型

对于一个建设工程项目而言，施工项目成本计划是随着项目建设的进展逐步渐进的过程。在项目建设的不同阶段，编制的成本计划不同，一般可划分为：

（1）竞争性成本计划。施工方在项目的招投标及签订合同阶段编制竞争性的成本计划。竞争性成本计划编制的依据主要是招标文件中规定的合同条件、投标须知、技术规程、设计图纸、工程量清单等，同时结合本企业的工料消耗水平、企业的内部定额等资料、企业对市场和政策的判断以及竞争对手的情况所作出的企业完成招标工程所需要支出的全部费用的估算。

（2）指导性成本计划。施工方在项目的选派项目经理阶段编制指导性成本计划。指导性成本计划是企业对项目经理的责任成本目标，它是以合同标书为依据，根据企业的预算定额标准制订的设计预算成本计划，一般情况下只是确定责任总成本指标。

（3）实施性成本计划。施工方在项目的施工准备阶段编制实施性成本计划，它是施工项目的施工预算成本，是依据项目的实施方案采用企业的施工定额编制形成的实施性施工成本计划。

二、施工项目成本计划的编制

（一）成本计划的编制依据

编制施工项目成本计划需要广泛收集相关资料进行整理，并根据项目图纸、施工技术方案、施工进度文件、施工造价文件等计划项目的生产要素投入，估算施工项目生产费用的总支出，提出工程项目的总成本目标；并在总成本目标基础上细化界定施工项目分阶段、分子项目、分班组的细部成本；平衡总成本目标与细化的分成本目标形成施工项目成本计划。

施工项目成本计划编制依据包括：

（1）工程项目造价文件。工程项目造价文件是编制施工项目成本计划的基础，主要包括投标报价文件、企业定额、施工预算、企业的人材机内部价格、分包合同的价款等。

（2）工作分解结构。工作分解结构（Work Breakdown Structure，WBS）是以项目的可交付结果为导向而对项目任务进行的分组，它把项目整体任务分解成较小的、易于管理和控制的若干子任务或工作单元，并由此组织和定义了整个项目的工作范围；未列入工作分解结构的工作将排除在项目范围之外，不属于项目团队的工作。工作分解结构的每一个细分层次表示对项目可交付结构更细致的定义和描述。WBS 是项目管理众多工作中最有价值的工具之一，通过工作分解结构，项目团队得到完成项目的工作清单，从而为日后制订项目计划时工期估计、成本预算、人员分工、风险分析、采购需求等工作奠定基础。

但是项目的工作分解结构（WBS）与工程量清单分解结构常常不一致，其间存在着复杂的关系。例如工程量表中分别有 $300m^3$ 混凝土、$1000m^2$ 模板、30t 钢筋，而在项目分解结构表中它们分别隶属于不同的工作包，它们之间是多对多的关系，如图 8-8 所示，它们之间的关系又是工程估价系统与工期管理系统（网络计划）的连接点。如果能够解决好这些关系，就能解决工程估价系统与工期管理系统的集成化问题。

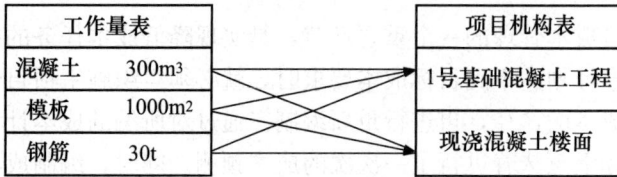

工作量表	
混凝土	300m³
模板	1000m²
钢筋	30t

项目机构表
1号基础混凝土工程
现浇混凝土楼面

图 8-8 不同工作包间多对多的关系

（3）项目的进度计划。工程项目的成本计划与进度计划是密不可分的。如果成本计划不依据进度计划制订，则无法体现项目成本的动态性，无法实现项目成本的动态计划与动态控制。

（4）可行性研究报告、生产要素的价格信息以及其他相关设计文件。

（二）项目成本计划编制的程序

编制成本计划的程序，根据项目的规模大小、管理要求不同而不同。大中型项目一般采用分级编制（WBS）的方式，即先由各部门提出成本计划，再由项目经理汇总编制全项目工程的成本计划；小型项目一般采用集中编制方式，即由项目经理部先编制各部门成本计划，再汇总编制全项目的成本计划。编制程序如图 8-9 所示。

（三）施工项目成本分解的方法

项目管理通常是以一个独立进行施工组织与管理的单项工程为对象，一个建设工程项目的实施过程都可以分解为许多小的工作，称为"工程分解"。例如一个工厂的建设称为一个"建设项目"；它又可分为若干个车间，每个车间称为一个"单项工程"；每个单项工程可分为若干个单位工程；每个单位工程可进一步分解为若干个"分部工程"；分部工程又可继续细

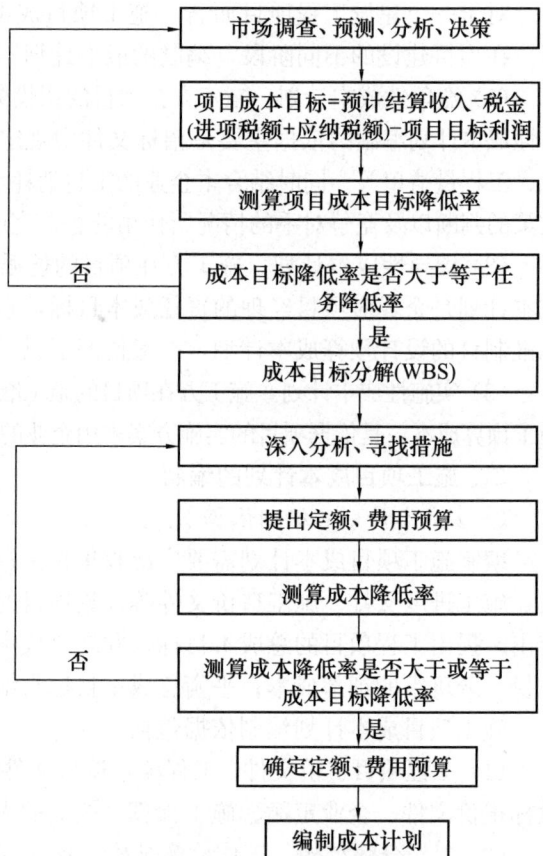

市场调查、预测、分析、决策

项目成本目标=预计结算收入-税金
(进项税额+应纳税额)-项目目标利润

测算项目成本目标降低率

成本目标降低率是否大于等于任务降低率

否

成本目标分解(WBS)

深入分析、寻找措施

提出定额、费用预算

测算成本降低率

测算成本降低率是否大于或等于成本目标降低率

否

确定定额、费用预算

编制成本计划

图 8-9 项目成本计划编制程序图

分为若干个"分项工程";分项工程即为工程项目最基本的作业单位,也称"作业项"。在项目成本控制中,一般都以作业项或者分项工程作为基本控制单元。工程项目分解体系如图 8-10 所示。

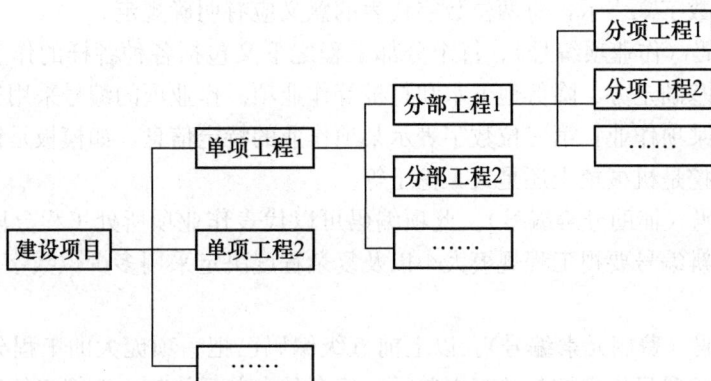

图 8-10　工程项目分解体系图

1. 工程项目成本分解原则

工程项目成本分解应按照实际工作经验和系统工作的方法、工程的特点、项目管理者的要求进行,其基本原则是:

(1)应在各层次上保证项目内容的完整性,不能遗漏任何必要的组成部分。

(2)一个项目单元只能从属于某一上层单元,不能同时属于两个上层单元。

(3)项目单元应能区分不同的责任者和不同的工作内容,应有较高的整体性和独立性。

(4)应考虑 WBS 与承包方式、合同结构的影响。

(5)能够符合项目目标管理的要求,方便地应用工期、质量、成本、合同、信息管理等手段。

(6)WBS 不能太多层次,以 4~6 层为宜。最低层次的工作包的单元成本不宜过大,工期不宜太长。

2. 工程项目成本分解基本方法

为了项目成本控制需要,应按一定的规则对每个作业项进行编号,这些编号称为"作业账号"。作业账号之下可按支出费用性质分为人工费、材料费、机械使用费和分包费等,每项费用也给予不同的编号。

不同公司作业账号的编号方法也不同,一般应遵循的原则是要满足业主对工程分解及投标报价合同的要求,如单价合同中业主已事先确定了其工程项目划分;同时也要考虑工程管理的方便,便于检查监督、查询统计和使用计算机进行数据处理等。

作业账号编号一般由若干级编码构成,通常采用数字或字母进行编码,以数字编码较为常见,一般编码采用六级制。

(1)一级编码(单项工程编号)。通常工程公司要承担许多工程项目,为了便于公司管理,要对每个独立进行施工组织与管理的工程项目(即单项工程)统一规定编号。例如,可以用 9802 代表 1998 年承担的第 2 项工程。在编码过程中也可根据需要加入代表工程项目性质、所处地区或合同类型的代码。

(2)二级编码(单位工程编号)。单位工程是单项工程的一级分解,单位工程编号可采用代号表示，例如，01 代表土建、02 代表设备安装等。

（3）三级编码（分部工程编号）。一项单位工程可划分为若干个分部工程，如单位土建工程可划分为土石方、砌筑、混凝土、木结构、金属结构、屋面和装饰工程等。分部工程编号也可采用两位数字来表示，每两位数字代表的意义应有明确规定。

（4）四级编码（作业项编号）。每个分部工程之下又包括各种各样的作业项，如土方工程有场地平整、基础土方、降低地下水和打桩等作业项。作业项的编号采用三位数字，一般前两位数字代表某项作业，第三位数字表示某项作业的特定信息，如模板是钢模、木模或塑料模板；土方开挖是机械挖土还是人工挖土等。

（5）五级编码（辅助分辨编号）。此项编码可以代表作业项所处工程分段、部位或种类等信息。辅助分辨编号要视工程规模大小以及复杂程度决定采用多少位数字表示，一般 2～3 位即可。

（6）六级编码（费用元素编号）。以上前五级编码已把一项庞大的工程分解为许多作业项，作业项已构成项目成本控制的基本单元；每个基本单元均有一个特定的编号。为了便于对每个作业项支出的费用进行分析，作业项支出的各项费用也需给予编码，一般只用一位数字，如 0 代表总费用、1 代表人工费、2 代表材料费、3 代表机械费、4 代表分包费等，这些标号称为费用元素编号。

按照以上的编号方法，就可以全面地将一项工程分解为一系列专业单元和费用支出单元。整个项目成本便化整为零，其成本控制就转化为对每个作业项的各项费用元素的控制。一个作业项上支出的特定费用就对应一个特定的编号，这个编号就是检查、记录、分析、控制和归档的一个"账号"，项目成本账号的构成如图 8-11 所示。

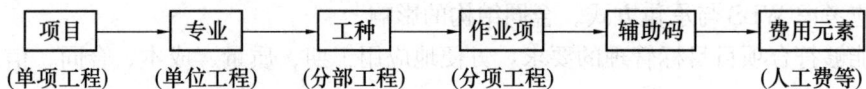

图 8-11　项目成本账号编码结构图

（四）成本计划的编制结果

1. 按子项目分解得到的成本计划表

在完成施工项目成本目标的分解后，则根据工程各分项费用支出计划汇总得到详细费用计划表，见表 8-2。

表 8-2　　　　　　　　　　　　　　分项工程成本计划表

分项工程编码	工程内容	计量单位	工程数量	计划成本	本分项总计

在编制费用支出计划时，要注意考虑整个项目总的预备费，注意考虑主要工程分项预留适当的不可预见费，规避由于编制过程中可能出现的个别单位工程和工程量表中某项内容工程量计算的较大偏差所带来的成本计划实施风险。

2. 时间—费用累计曲线

通过对施工成本按时间进行分解，在网络计划基础上，可获得项目进度计划的横道图，并在此基础上编制费用计划。其表示方法有两种：一种是在总的时标网络图上按月绘制成本计划图表；一种是利用时间—成本累积曲线（S形曲线）表示。

时间—费用累计曲线的绘制步骤如下。

（1）确定工程项目进度计划，编制进度设计的横道图。根据每单位时间内完成的实物工程量或投入的人力、物力和财力，计算单位时间（月或旬）的投资，在时标网络上按时间编制投资支出计划，如图8-12所示。

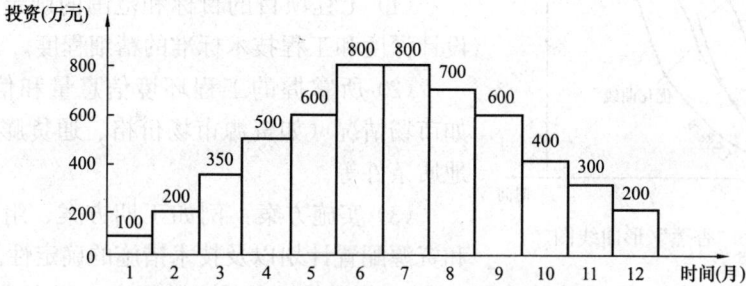

图8-12 按月编制的时标网络资金使用计划

（2）计算规定时间 t 计划累计完成的投资额，其计算方法为各单位时间计划完成的投资额累加求和，可按下式计算

$$Q_t = \sum_{n=1}^{t} q_n$$

式中 Q_t——某时间 t 计划累计完成投资源；

　　　q_n——单位时间 n 的计划完成投资额；

　　　t——某规定计划时刻。

（3）按各规定时间的 Q_t 值，绘制S形曲线，如图8-13所示。

S形曲线是以横坐标表示进度时间，纵坐标表示累计完成任务量，而绘制出一条按计划时间累计完成任务量的曲线，如图8-12所示。对于一个施工项目的网络计划，在理论上总是分为最早和最迟两种开始与完成时间的。因此，一般情况下，任何一个施工项目的网络计划，都可以绘制出两

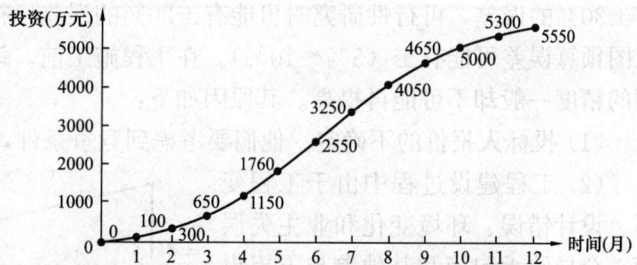

图8-13 时间投资累计曲线（S形曲线）

条曲线：其一是计划以各项工作的最早开始时间安排进度而绘制的S形曲线，称为ES曲线；其二是计划以各项工作的最迟开始时间安排进度而绘制的S形曲线，称为LS曲线。

两条S形曲线都是从计划的起始时刻开始到完成时刻结束，因此两条曲线是闭合的。一般情况除开始点和结束点外，ES曲线上的各点均落在LS曲线相应点的左侧，形成一个形如"香蕉"的曲线，故此称为"香蕉"形曲线，如图8-14所示。

在实际施工中，通常既不会按最早时间，也不会按最迟时间安排进度，因为这都会造成资源供应上的不均衡，比较理想的是两条曲线中间的"某一曲线"（如图8-14中的虚线），并且这条曲线最好通过资源优化来确定。在正常控制条件下，施工的进度和费用都不应超出

"香蕉"曲线的范围，否则应引起警惕和采用控制措施。

三、施工项目成本计划的精确度

工程项目成本计划的精确度影响到项目的正常进行，其精确度受许多因素的引导，主要与以下因素有关：

（1）工程项目的目标和范围的确定性、工程技术设计深度和工程技术标准的精细程度。

（2）所掌握的工程环境信息量和信息的准确性，如市场情况（如资源市场价格、通货膨胀、税率等）、地质条件等。

（3）实施方案，例如工期方案、组织方案、人员和资源配置计划以及技术措施的确定性。

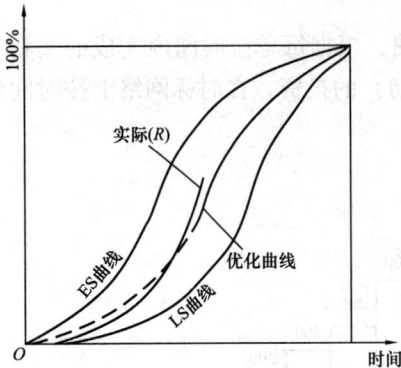

图 8-14　"香蕉"形曲线图

（4）所掌握的同类工程项目的历史资料、共用的项目成本数据库、国家或企业定额等的详细和精确程度。

（5）其他制约因素，例如环境、健康、安全保护标准，风险因素等。

计划成本的精确度完全依赖上述资料的可靠度、清晰度和精细程度。所以要进行大量的调查，同时应要求工程专业人员尽早地参与项目计划，并及早地拿出技术方案，尽可能详细地描述。但是业主常常对此缺乏理解，有时为了节约建设管理费（主要是咨询费），不愿意尽早地进行技术方案和其他计划的研究，却希望计划人员一开始就拿出 100％准确的成本计划值，并保持到最后。正如前面所述，这是不可能的。

在整个项目寿命期内，成本计划的准确性随着项目的进展而提高。与工程最终实际成本相比较，对于常见的项目（不包括特别新颖、风险大的项目），目标设计时的计划成本可能有±30％的误差，可行性研究时可能有±20％的误差，初步设计时可能有±15％的误差，施工图预算误差可能有±（5％～10％）。在工程施工前，设计再精细，说明再清楚，但成本计划的精度一般却不可能再提高。其原因如下：

（1）投标人报价的不确定。他们要考虑到竞争条件，企业的经营方针等。

（2）工程建设过程中由于工程变更、设计错误、环境变化和业主失误等，会导致承包商和其他参与方提出追加费用的要求（索赔）。

只有到工程结束，才能得到准确的成本值（见图 8-15）。

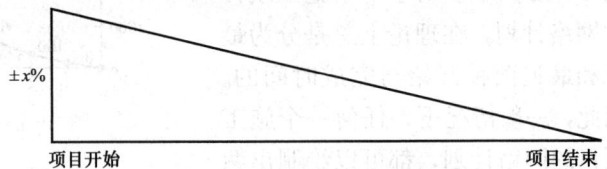

图 8-15　计划成本精确度的变化

第五节　施工项目成本控制、跟踪与诊断

施工项目成本控制是建筑工程在施工过程中，对工程成本形成进行预防、监督，及时纠正发生的偏差，使工程的成本支出限制在成本计划的范围内，以达到预期的成本目标。工程项目成本控制管理是企业取得效益的核心。要想提高经济效益，必须要求全员参与施工项目成本过程，通力合作，全程监控跟踪管理，并在跟踪过程中不断地进行施工项目成本的诊断

工作，对于影响工程成本的因素进行有效控制。

一、施工项目成本控制方法

（一）施工项目成本的过程控制

施工项目成本的过程控制方法主要通过施工过程中对影响成本的人、材、机等因素的有效指挥、配置来达到，具体方法如下：

1. 人工费的控制

人工费的控制实行"量价分离"的方法，将作业用工及零星用工按定额工日的一定比例综合确定用工数量与单价，通过劳务合同进行控制。在施工过程中，必须严格按合同核定劳务分包费用，严格控制支出，并每月预结一次，发现超支现象应及时分析原因。同时，在施工过程中，要加强预控管理，防止合同外用工现象的发生。

2. 材料费的控制

材料费的控制同样按照"量价分离"的方法来进行，通过对量和价两个方面的控制来达到。

（1）材料量的控制。材料量的控制必须根据现场的具体情况来确定。例如对于材料使用过程中的零星材料及部分小型工程用材，可采用包干控制由作业者包干控制；对于有消耗定额的材料，则可依据消耗定额制定发料限额，对材料使用进行控制；对于没有消耗定额却又对施工成本有重大影响的材料，则可依据施工的技术文件、进度文件等内容，制定材料的领用指标，以此控制材料的用量。

（2）材料价格的控制。材料价格的控制主要由材料采购部门负责控制。在材料采购过程中注意材料价格组成的综合性，材料价格应是材料原价、运杂费、运输损耗费、采购及保管费等构成的综合价格；注意材料价格的动态性，材料价格随着市场波动而波动，因而应根据市场信息价及时更新企业、项目的材料价格信息；注意对合同文件中允许调整的材料价格波动及时形成工程签证单。

3. 施工机械使用费的控制

根据工程实例统计，高层建筑地面以上部分的总费用中，垂直运输机械费用约占 6%～10%，因此在施工成本控制中对于施工机械使用费的控制非常有必要。对于施工机械使用费的控制应注意以下四点：

（1）根据工程的特点、施工条件、工程进度要求、企业的机械使用情况来综合考虑现场使用的施工机械的组合以及时间跨度，从而达到机械使用的经济性与均衡性。

（2）在现场使用中应尽量通过合理的调度，减少设备的闲置。

（3）做好现场设备的保养，以减少由于设备故障带来的设备停置损失。

（4）注意调动机械使用者以及辅助工作人员的积极性，通过人机的良好配合达到设备的有效使用。

同时，在选用工程项目成本过程控制方法时还应注意以下几点：

（1）事前计划的编制，施工前成本计划的细致程度与现场的符合程度对过程控制起到重要作用。

（2）施工过程中控制数据的收集与分析，通过过程数据的收集与分析发现现场成本执行过程中的问题，从而引导项目管理人员及时作出调整方案。

（3）事后对施工成本控制过程中发现的问题进行总结，在今后项目中予以改进。

（二）赢得值

赢得值法（Earned Value Management，EVM）作为一项先进的项目管理技术，最初是在美国国防部于 1967 年首次确定的。到目前为止，国际上先进的工程公司已普遍采用赢得值法进行工程项目费用、进度综合分析控制。用赢得值法进行费用、进度综合分析控制，基本参数有三项：已完工作预算费用、计划工作预算费用和已完工作实际费用。

1. 赢得值的三个基本参数

（1）已完工作预算费用（Budgeted Cost for Work Performed，BCWP），是指在某一时间已经完成的工作（或部分工作），以批准认可的预算为标准所需要的资金总额，由于业主正是根据这个值为承包人完成的工作量支付相应的费用，也就是承包人获得（挣得）的金额，故称赢得值或挣值。

$$已完工作预算费用(BCWP) = 已完成工作量 \times 预算(计划) 单价$$

（2）计划工作预算费用（Budgeted Cost for Work Scheduled，BCWS），即根据进度计划，在某一时刻应当完成的工作（或部分工作），以预算为标准所需要的资金总额。一般来说，除非合同有变更，BCWS 在工程实施过程中应保持不变。

$$计划工作预算费用(BCWS) = 计划工作量 \times 预算单价$$

（3）已完工作实际费用（Actual Cost for Performed，ACWP），即到某一时刻为止，已完成的工作所实际花费的金额。

$$已完工作实际费用(ACWP) = 已完成工作量 \times 实际单价$$

2. 赢得值法的四个评价指标

在这三个基本参数的基础上，可以确定赢得值法的四个评价指标，他们也都是时间的函数。

（1）费用偏差（Cost Variance，CV）。

$$费用偏差 CV = 已完工作预算费用(BCWP) - 已完工作实际费用(ACWP)$$

当费用偏差为负值时，即表示项目运行超出预算费用；当费用偏差为正值时，表示项目运行节支，实际费用没有超出预算费用；如果偏差等于零，则表明支出与预算相符。

（2）进度偏差（Schedule Variance，SV）。

$$进度偏差 SV = 已完工作预算费用(BCWP) - 计划工作预算费用(BCWS)$$

当进度偏差为负值时，表示进度延误，即实际进度落后于计划进度；当进度偏差为正值时，表示进度提前，即实际进度快于计划进度；如果偏差等于零，则表明实际进度与计划进度一致。

（3）费用绩效指数（CPI）。

$$费用绩效指数(CPI) = 已完工作预算费用(BCWP) / 已完工作实际费用(ACWP)$$

当费用绩效指数（CPI）<1 时，表示超支，即实际费用高于预算费用；当费用绩效指数（CPI）>1 时，表示节支，即实际费用低于预算费用。

（4）进度绩效指数（SPI）。

$$进度绩效指数(SPI) = 已完工作预算费用(BCWP) / 计划工作预算费用(BCWS)$$

当进度绩效指数（SPI）<1 时，表示进度延误，即实际进度比计划进度拖后；当进度绩效指数（SPI）>1 时，表示进度提前，即实际进度比计划进度快。

3. 赢得值法的应用

应用赢得值原理可以对成本和进度进行综合控制。

（1）赢得值法的优点。

1）可以形象地用S形曲线对进度表中各项活动的计划要求、实际支出与实际进展相比较，可以很直观地发现项目实施过程中费用和进度的差异，能对项目的实施情况进行客观地评估，很快发现项目在哪些方面出了问题，有利于查找问题的根源，并能判断这些问题对进度和费用产生影响的程度。

2）在项目的费用、进度综合控制中引入赢得值，可以克服以往进度、费用分开控制的缺点，使控制更加准确有效；可以使管理者对项目的进度和费用的发展趋势做出科学的预测。

3）便于分清责任。

（2）赢得值应用中存在的一些问题。

1）应用对象要有明确的能够度量的工程量和单位成本（或单价），但在工程中有许多工程活动是不符合这一要求的。

2）它仅适用于工程量变化的情况，而工程中不仅有工程量的变更，而且还会有质量、工作条件和难度的变化以及外界的不可抗力的影响。它们都会导致实际成本的变化。

3）在前锋期，许多已开始但未完成的分项工程的完成程度，以及已领用但未完全消耗的材料等量度的准确性，都会影响赢得值的分析结果。虽然对此可采用折算的办法，但人为要素对分析效果的影响较大，从而产生偏差。

【例 8-1】 某工程项目有 2000m² 缸砖面层地面施工任务，交由某分包商承担，计划于 6 个月内完成，计划的各工作项目单价和计划完成的工作量见表 8-3，该工程进行了 3 个月以后，发现某些工作项目实际完成的工作量及实际单价与原计划有偏差。

表 8-3　　　　　　　　　　项目工作量表

工作项目名称	平整场地	室内夯填土	垫层	缸砖面砂浆结合	踢脚
计划工作量（×100m²）	150	20	60	100	13.55
计划单价（元/单位）	16	46	450	1520	1620
已完成工作量（×100m²）	150	18	48	70	9.5
实际单价（元/单位）	16	46	450	1800	1650

试计算出至第三个月末时各工作的计划工作预算费用（BCWS）、已完工作预算费用（BCWP）、已完工作实际费用（ACWP），并分析费用局部偏差值、费用绩效指数 CPI、进度局部偏差值、进度绩效指数 SPI，以及费用累计偏差和进度累计偏差。

解　根据表 8-3，可将各数据列表计算，见表 8-4。

表 8-4　　　　　　　　　　项目偏差分析表

	计算方法	001	002	003	004	005	合计
（1）项目编码		001	002	003	004	005	合计
（2）项目名称	计算方法	平整场地	室内夯填土	垫层	缸砖面结合	踢脚	
（3）单位		100m²	100m²	100m²	100m²	100m²	100m²
（4）计划工作量	（4）	150	20	60	100	13.55	
（5）计划单价	（5）	16	46	450	1520	1620	
（6）计划工作预算费用（BCWS）	（6）=（4）×（5）	2400	920	27 000	152 000	21 951	204 271

（7）已完工作量	（7）	150	18	48	70	9.5	
（8）已完工作预算费用（BCWP）	（8）＝（7）×（5）	2400	828	21 600	106 400	15 300	146 618
（9）实际单价	（9）	16	46	450	1800	1650	
（10）已完工作实际费用（ACWP）	（10）＝（7）×（9）	2400	828	216 000	126 000	15 675	166 503
（11）费用局部偏差	（11）＝（8）－（10）	0	0	0	－196 00	－285	
（12）费用绩效指数（CPI）	（12）＝（8）/（10）	1.0	1.0	1.0	0.847	0.98	
（13）费用累计偏差	（13）＝∑（11）	-19 885					
（14）进度局部偏差	（14）＝（8）－（6）	0	－92	－5400	－45 600	－6561	
（15）进度绩效指数（SPI）	（15）＝（8）/（6）	1.0	0.90	0.8	0.70	0.70	
（16）进度累计偏差	（16）＝∑（14）	-57 653					

二、施工项目成本的跟踪与诊断

施工项目成本的跟踪与诊断是在特定的时点通过施工过程实际值与计划值的对比，得到项目成本偏差信息，从而进行项目成本计划的诊断与调整。

（一）成本跟踪分析的方法

在项目成本管理过程中，常用的成本跟踪分析的方法有横道图法、表格法、曲线法、因果分析图法、因素替换法等。

1. 横道图法

横道图法进行项目的成本分析，主要通过横道来反映项目的已完工作预算费用（BCWP）、计划工作预算费用（BCWS）和已完工作实际费用（ACWP）三项信息，利用横道直观的对比，准确体现项目的成本与进度偏差，如图 8-16 所示。横道图法最大的优点在于其表示的偏差信息的直观性，它能够准确表达出施工成本的绝对偏差，而且能一眼感受到偏差的严重性。但是由于这种方法反映的信息量少且无法进行计算机的批量处理，只适合于项目管理高层决策使用。

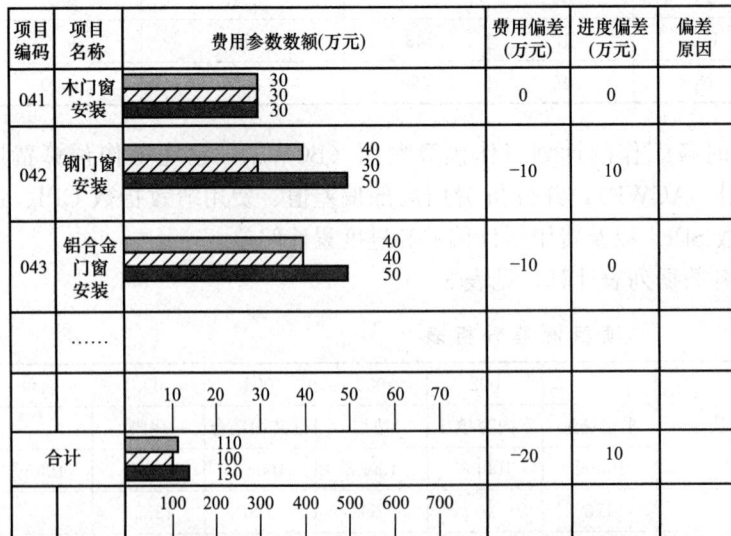

图 8-16　费用偏差分析横道图法

2. 表格法

表格法是利用表格体现项目成本的编码、项目成本名称、项目成本参数、项目成本偏差等信息，可通过计算机进行批量地数据处理，得到项目成本分析所需要的偏差数据。表格法最大的优点在于信息量大，便于计算机批量处理，见表 8-3。

3. 曲线法

在项目实施过程中，利用项目的计划工作预算费用（BCWS）、已完工作预算费用（BCWP）、已完工作实际费用（ACWP）所形成的三条 S 形曲线，可对项目当前的进度、费用偏差情况进行判断，同时可对项目成本情况进行预测，如图 8-17 所示。

在图 8-17 中

$$ACV = BAC - EAC$$
$$EAC = BAC/CPI$$
$$PC = BCWP/BAC$$

4. 比率法

比率法是指用两个以上的指标的比例进行分析的方法。它的基本特点是：先把对比分析的数值变成相对数，再观察其相互之间的关系。常用的比率法有以下几种：

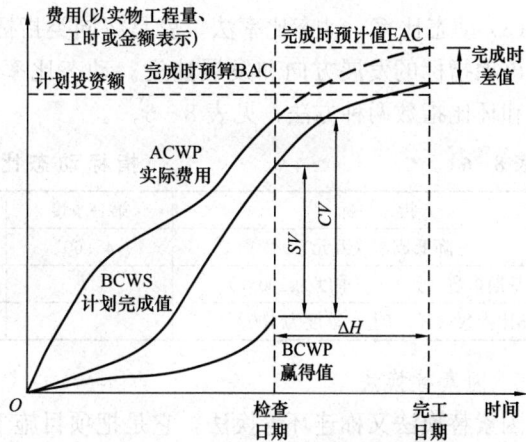

图 8-17　赢得值法评价曲线

BAC（Budget At Completion）—项目完工预算，指编计划时预计的项目完工费用；EAC（Estimate At Completion）—预测的项目完工估算，指计划执行过程中根据当前的进度、费用偏差情况预测的项目完工总费用

（1）相关比率。由于项目经济活动的各个方面是相互联系，相互依存，又相互影响的，因而将两个性质不同而又相关的指标加以对比，求出比率，并以此来考察项目成本控制的好坏。例如：产值和工资是两个不同的概念，但它们的关系又是投入与产出的关系。在一般情况下，都希望以最少的人工费支出完成最大的产值。因此，用产值工资率指标来考核人工费的支出水平，就很能说明问题。

（2）构成比率。又称比重分析法或结构对比分析法。通过构成比率，可以考察成本总量的构成情况以及各成本项目占成本总量的比重，同时也可看出量、本、利的比例关系（即预算成本、实际成本和降低成本的比例关系），从而为寻求降低成本的途径指明方向，见表 8-5。

表 8-5　　　　　　　　　　　　成本构成比例分析表　　　　　　　　　　　　万元

成本项目	预算成本		实际成本		降低成本		
	金额	比重	金额	比重	金额	占本项（%）	占总量（%）
1. 人工费	113.63	8.36	119.28	9.18	-5.92	-1.09	-0.44
2. 材料费	1006.56	74.23	939.67	72.32	66.89	6.65	4.93
3. 机械使用费	87.60	6.46	89.65	6.90	-2.05	-2.34	-0.15
4. 企业管理费和规费	148.21	10.95	150.71	11.6	-2.24	0.73	0.84

续表

成本项目	预算成本		实际成本		降低成本		
	金额	比重	金额	比重	金额	占本项（%）	占总量（%）
成本总量	1356.00	100.00	1299.31	100.00	56.68	4.18	4.18
量本利比例（%）	100.00	—	95.82	—	4.18	—	—

（3）动态比率。动态比率法，就是将同类指标不同时期的数值进行对比，求出比率，以分析该项指标的发展方向和发展速度。动态比率的计算，通常采用基期指数（或稳定比指数）和环比指数两种方法，见表 8-6。

表 8-6　　　　　　　　　　指 标 动 态 比 较 表

指　　标	第一季度	第二季度	第三季度	第四季度
降低成本（万元）	45.60	47.80	52.50	64.30
基期指数（%）（一季度为 100%）		104.82	115.13	141.01
环比指数（%）（上一季度为 100%）		104.82	109.63	122.48

5. 因素替换法

因素替换法又称连环置换法，它是把项目施工成本综合指标分解为各个项目联系的原始因素，以确定引起指标变动的各个因素的影响程度的一种成本费用分析方法。这种方法可用来衡量各种因素对成本影响程度的大小。对一些分项工程的费用，用因素差异分析法不仅可以确定实际值和计划值的差异，而且可确定差异影响因素以及它们各自的影响份额，因此可以用于责任分担。

因素替换法的计算步骤如下：

（1）确定分析对象，并计算出实际与目标数的差异。

（2）确定该指标是由哪几个因素组成的，并按其相互关系进行排序（排序规则：先实物量后价值量，先绝对值后相对值）。

（3）以目标数为基础，将各因素的目标数相乘，作为分析替代的基数。

（4）将各个因素的实际数按照上面的排列顺序进行替换计算，并将替换后的实际数保留下来。

（5）将每次替换计算所得的结果，与前一次的计算结果相比较，两者的差异即为该因素对成本的影响程度。

（6）各个因素的影响程度之和，应与分析对象的总差异相等。

【例 8-2】　商品混凝土目标成本 443 040 元，实际成本为 473 697 元，比目标成本增加 30 657 元，见表 8-7，试分析成本增加的原因。

表 8-7　　　　　　　　　　某项目商品混凝土差异表

项目	单位	目标	实际	差额
产量	m³	600	630	30
单价	元	710	730	20
损耗率	%	4	3	−1
成本	元	4 443 040	473 697	30 657

解　根据已知相关资料，逐步分析成本增加的原因，具体如下：

（1）分析对象是商品混凝土的成本，实际成本与目标成本的差额为 30 657 元，该指标是由产量、单价、损耗率三个因素组成的。

（2）第一次替代产量因素。

$$630 \times 710 \times 1.04 = 465\ 192\ （元）$$

第二次替代单价因素

$$630 \times 730 \times 1.04 = 478\ 296\ （元）$$

第三次替代损耗率因素

$$630 \times 730 \times 1.03 = 473\ 697\ （元）$$

（3）计算差额：

$$第一次差额 = 465\ 192 - 443\ 040 = 22\ 152\ （元）$$
$$第二次差额 = 478\ 296 - 465\ 192 = 13\ 104\ （元）$$
$$第三次差额 = 473\ 697 - 478\ 296 = -4599\ （元）$$

通过以上分析，可得出以下结论：

（1）商品混凝土产量增加使成本增加了 22 152 元。

（2）单价提高使成本增加了 13 104 元。

（3）损耗率下降使成本减少了 4599 元。

（4）各因素影响程度之和为 30 657 元（22 152 + 13 104 - 4599 = 30 657），与实际成本与目标成本总差额相等。

（二）成本偏差的原因与措施

在项目过程中，必然会遇到各种各样的因素对项目成本造成影响，这样的因素可能是有利因素也可能是不利因素。总体而言，作为项目经理，对这样的因素不管是有利的还是不利的，均应该有一定的预见能力和防御风险的能力，同时还应具有一定的应变能力，积极转化不利的因素带来的风险。

1. 成本超支的原因分析

经过对比分析，发现某一方面已经出现成本超支现象，则应将它提出来，作进一步分析。原因分析是成本责任分析和提出成本控制措施的基础，成本超支的原因有很多方面，一般如下：

（1）原成本计划不准确，对报价文件对项目风险的估计不足，造成报价过低。

（2）外部原因：上级、业主的干扰，阴雨天气，物价上涨，不可抗力因素等。

（3）内部实施管理中的问题：

1）成本责任不明确，实施者在实施过程中没有成本控制的主动性。

2）劳动效率低下，工人频繁调动，施工组织混乱。

3）施工计划与现场环境不符，造成现场组织管理失误。

（4）合同文件的准确度：

1）由于合同中文件中设计修改、增加工程内容所导致的工程量增加，工程成本上升。

2）合同文件中工程量清单不准确所带来的工程量偏差导致工程成本上升。

3）合同文件中有关风险免责条款的不准确或不清晰导致的风险事件发生时的工程成本上升。

2. 成本节约的原因分析

经过对比分析，发现某一方面已经出现成本节约现象，项目管理者同样应将它提出来，作进一步分析。成本节约的原因分析也可按成本超支的四大块进行分析，对于分析得到的经验应在后续项目管理中加以推广。

3. 降低成本的措施

对于在成本控制中发现的工程成本超支首先应分清责任，一般对于成本可分为施工方原因和非施工方原因造成的超支两部分。

（1）施工方原因造成的工程成本超支。对于施工方原因造成的工程成本偏差，施工项目管理者应通盘考虑已有偏差对项目成本的影响程度，结合项目的工期、质量、合同等因素，制定成本降低的措施。

1）寻找新的、更好的技术方案，采用符合合同要求而成本较低的材料。

2）条件允许情况下，对供应商进行重新筛选，或者通过和供应商的谈判达到共同赢利的目的。

3）改进施工工艺，在成本核算的基础上对施工工艺进行改进，尽量在不影响工程质量的前提下缩减工程施工成本。

4）改进施工组织方案，通过提高现场施工与管理的效率达到节约成本的目的。

5）尽量寻找索赔机会，力求通过工程索赔弥补工程成本的超支。

（2）非施工方原因造成的工程成本超支。对于非施工方原因造成的工程成本超支，则考虑通过工程索赔以弥补费用超支问题。通过工程索赔不仅可以得到成本超支部分的补偿，甚至可以通过工程索赔获得超支部分的超额利润。对于非施工方原因造成工程成本超支的索赔应注意：

1）工程索赔是在索赔事件发生后提出，但是对于工程成本超支的判断应在事前、事中、事后三个阶段进行，而不应该等到索赔事件完全发生后，对工程成本超支进行判断，仓促提出工程索赔。

2）提出工程索赔应依据施工现场的真实情况，结合包括施工项目的合同文件等内容做出，因此在索赔事件发生前应做好合同文件和现场条件的预测，在索赔时间发生后应及时根据合同文件做出索赔意向和索赔申请。

3）在向业主方进行非施工方原因造成工程成本超支索赔时，应注意索赔金额的计算，根据项目合同文件的要求适当加总除成本外的其他费用，例如税金、利润等。

（三）成本诊断案例

【例 8-3】　某项目，合同预算 3 亿元，预计工期 1 年，在工作到了 2005 年 5 月底时，成本数据见表 8-8。

表 8-8　　　　　　　　　　　　　　某项目成本数据　　　　　　　　　　　　　　万元

主要工作	竣工时间	预算费用	计划竣工比例（%）	实际完工比例（%）	实际花费
基础开挖	2005－03	1200	100	100	1500
基础回填	2005－04	1800	100	100	2000
裙楼施工	2005－05	3000	100	90	3500

续表

主要工作	竣工时间	预算费用	计划竣工比例（%）	实际完工比例（%）	实际花费
主体结构	2005 - 08	9000	0	0	
室外幕墙	2005 - 12	7800	0	0	
室内装修与机电安装	2005 - 12	6000	0	0	
室外机电管线	2006 - 01	600	0	0	
室外照明及绿化	2006 - 02	600	0	0	

　　根据以上的成本数据，项目经理作出了以下判断：在合同工期完成 25% 时，财务情况良好，只花费了 7000 万元。进度方面，3、4 月份按时完成了工作，但 5 月份工作有滞后。因此从 5 月底开始，拟通过施工组织调整，使得工期赶上计划。

　　项目经理的以上判断是否正确？请利用赢得值方法进行分析处理。

　　解　已知项目完工预算（BAC）为 30 000 万元。

$$已完工作预算费用（BCWS）= 1200 + 1800 + 3000 = 6000（万元）$$
$$已完工作实际费用（ACWP）= 1500 + 2000 + 3500 = 7000（万元）$$
$$计划工作预算费用（BCWP）= 1200 + 1800 + 3000 \times 90\% = 5700（万元）$$

由此可得：

$$费用偏差（CV）= BCWP - ACWP = 5700 - 7000 = -1300（万元）$$
$$进度偏差（SV）= BCWP - BCWS = 5700 - 6000 = -300（万元）$$
$$费用绩效指数（CPI）= BCWP/ACWP = 5700/7000 = 0.81$$
$$进度绩效指数（SPI）= BCWP/BCWS = 5700/6000 = 0.95$$
$$预测项目完工估算（EAC）= BAC/CPI = 30\ 000/0.81 = 37\ 037（万元）$$
$$剩余工作估算（ETC）= EAC - ACWP = 37\ 037 - 7000 = 30\ 037（万元）$$
$$预测项目完工时费用偏差（ACV）= BAC - EAC = 30\ 000 - 37\ 037 = -7037（万元）$$
$$任务完成百分比 PC = BCWP/BAC = 5700/30\ 000 = 19\%$$
$$成本消耗百分比 = ACWP/BAC = 7000/30\ 000 = 23.33\%$$

　　由此可得：该项目成本偏高，进度滞后，完工预算将超出总预算 7037 万元，实际已完成的工作只有总工程量的 19%，但实际成本却花了 23.33%。

　　从以上案例可看出，在项目的费用、进度综合控制中引入赢得值法，可以克服过去进度、费用分开控制的缺点。当发现费用超支时，很难立即知道是由于费用超出预算，还是由于进度提前；相反，当发现费用低于预算时，也很难立即知道是由于费用节省还是由于进度拖延。引入赢得值法即可定量地判断进度、费用的执行效果。

　　思　考　题

　　1. 简述建设工程项目总费用流的运动过程。

　　2. 建设工程项目总投资的费用构成包括哪些内容？

　　3. 简述建设工程项目的投资控制原理。

4. 简述建筑安装工程费用项目的组成。

5. 施工项目成本管理的基本要求有哪些？

6. 简述施工项目成本分解的原则。

7. 编制施工项目成本计划可以采用哪些方法？

8. 什么是赢得值？赢得值基本参数有哪些？评价指标有哪些？

9. 施工项目成本跟踪分析方法有哪些？

10. 举例说明施工项目成本偏差产生的原因及其采取的措施。

第九章　建设工程项目资源管理

第一节　概　　述

一、建设工程项目资源管理

资源就是一个工程项目建设过程中需要消耗的人力、材料、机械设备的总称。建设工程项目资源管理就是对影响项目实施的人力、材料、机械设备等要素所进行的管理，包括项目资源的计划、控制、配置和处置。那么项目资源会对项目造成什么影响呢？例如：某一建设工程项目中，由于工期紧张，项目经理决定加派现场施工人员，但是这样加派施工人员是否有上限呢？答案是肯定的。如果无限制地增加现场施工人员，首先项目上所能调动的施工人员有一个限制；其次是现场所能容纳的施工人员也有一个限制；再次，人员的调配也要对工作面、相邻工序、施工段划分的影响，以及原材料、机械设备供应等情况加以综合考虑。因此现场的人员调配并不是哪个项目管理人员的随意行为，而是综合了项目的各种信息所作出的综合决策，这就是项目的资源管理在发挥作用。

资源管理工作通常是依据项目的资源计划来进行的。项目的资源计划是项目的进度与现场使用资源的结合体，它可以分为资源导向型的计划和任务导向型的计划，分别体现项目管理人员在资源计划编制中的不同侧重点。资源为导向的计划体现项目管理人员以关键资源的保障作为作业进度计划安排的依据；任务为导向的计划则体现项目管理人员以作业任务的工期信息作为资源计划协调安排的依据。

二、建设工程项目资源计划编制的基础

（一）工作分解结构

项目团队的每一项工作都需要消耗一定种类、数量和质量的资源，为了确认项目团队为实现项目目标必须完成的各项工作，首先应该将项目整体工作自上而下逐级分解成具有逻辑性的任务并形成树状的工作分解结构图。工作分解结构（Work Breakdown Structure，WBS）是既定项目各项工作的结构图或说明，也是项目资源计划编制的主要依据之一。

（二）历史资料

历史资料是指过去完成的项目中同类项目的资源需求和使用情况。历史资料对项目团队确定资源计划有重要的参考作用。

（三）项目范围说明书

项目范围说明书确定了项目的目标以及项目团队应该做和不应该做的工作，包括对项目目标、可交付成果、技术标准和项目工作范围等内容的全面说明、描述及计划安排。根据对范围说明书的分析，可以进一步确定项目所需资源的数量、质量和范围。

（四）项目资源描述

项目资源描述是指对项目所需资源（人、设备、材料等）的种类、数量、质量、需求时间安排、每种资源的质量特性等的描述和说明。具体包括项目需要哪些种类的资源、项目所需资源的特性和用途是什么、项目什么时候需要这些资源等。这些信息都是在编制资源计划

时必须考虑的重要信息。

（五）组织决策

在项目资源计划的编制过程中，必须考虑到组织在人力资源、设备和材料的选用、获得资源的手段和方法等方面的方针和政策。组织决策体现了项目高级管理层在资源使用方面的态度和爱好，可以影响到人员招聘、物质和设备租用或采购，对确定如何使用资源起重要作用。

（六）建设工程项目进度计划

资源计划与项目进度计划息息相关，互相影响。资源的限制和资源的供应情况影响着项目进度，因此，编制项目进度计划时应考虑到资源的来源与供应情况；项目进度中每个阶段各项活动都需要相应种类和数量的资源投入，项目进度计划中规定了各活动的开始和结束时间，也就是规定了相应资源的投入时间和数量，因此，编制项目资源计划时应该以项目进度计划为基础和依据。

三、建设工程项目资源计划与项目三大目标之间的关系

建设工程项目资源计划与项目的工期、成本、质量三大目标是相互联系的。

（一）资源计划与工期目标的关系

（1）资源作为工程项目实施必不可少的前提和编制网络进度计划的限制条件，在安排其逻辑关系和各工程活动时就要考虑到资源的获得方式、投入量、限制条件和供应过程的影响，所以资源计划是进度控制的保证。此外，资源的供应状况和资源的技术状况还会影响项目的工作效率，进而影响到项目工期。

（2）项目的工期目标也影响着项目资源计划的编制以及项目资源的组织与供应。

（3）在特殊工程中，如大型工业建设项目，或者对特殊的资源，如成套生产设备，这些资源的生产和供应计划常常是整个项目进度计划的主体。

（4）资源计划与工期目标是互相影响的。资源的及时供应是项目顺利实施的前提条件，若资源得不到保障，工期计划考虑得再周密也不能实行。工期目标的急迫性也决定着资源计划制订的难度，以及资源计划实施的难度与可靠度要求等。

（二）资源计划与成本目标的关系

（1）资源计划是成本计划的前提条件和计算基础。

（2）资源费用占项目总费用的80%以上，资源消耗的节约是工程成本节约的主要途径。

（3）在工程项目中，常常由于不能经济地使用资源或获取更为廉价的资源造成成本增加，或由于资源采购未能符合规定要求，使材料报废，或采购超量、采购过早造成资金占用和仓管费的增加等。

（4）成本目标充裕程度也影响了项目资源计划的编制，其决定了项目资源的选用、供应、质量等级等因素；成本目标充裕程度同时也决定了项目资源计划编制的难度，成本目标越难实现，其资源计划的编制也越难。

（三）资源计划与质量目标的关系

资源的质量、技术标准直接决定工程的质量，所以资源管理与质量管理密切相关。由于资源对工期、成本、质量影响重大，资源的优化配置、供应和使用，对工程项目的经济效益具有很大的影响。

第二节　资源计划的编制方法

一、资源计划的编制方法

资源计划的编制是综合建设工程项目的施工组织设计、工程量清单、人材机供应情况以及业主的合同信息等所编制的用以指导项目资源供应计划的项目成本管理活动。资源计划主要分为劳动力计划、材料供应计划、机械设备计划。

（一）劳动力计划

劳动力计划是确定项目中劳动力召集、调配、使用的计划。它是成本计划中劳动力成本的计算依据。编制劳动力计划需要注意以下问题：

1. 劳动量的确定

工程项目中各专业工种的劳动量，主要根据项目的工程量清单、工程图纸以及施工单位的施工组织与技术来决定，但在确定劳动量的时候，应注意对工程量清单、工程图纸的核对以及施工组织合理性的审核，防止由于工程图纸瑕疵及施工组织不当给劳动量的确定带来风险。

2. 劳动效率的确定

劳动效率通常可用"产量/单位时间"或"工时消耗量/单位工作量"表示，它代表社会平均先进的劳动效率。在建筑工程中，劳动效率可以通过《劳动定额》或者企业内部劳动定额进行确定。但在实际应用时，应注意如环境、气候、地形、地质、工程特点、实施方案的特点、现场平面布置、劳动组合等对劳动效率的影响，对使用的劳动效率参数进行修改。

$$项目劳动力投入总工时 = \sum 工作量 / (产量 / 单位时间)$$
$$= \sum 工作量 \times 工时消耗 / 单位工作量 \qquad (9-1)$$

3. 劳动力投入量（劳动组合或投入强度）的确定

在确定每日班次及每班次劳动时间的情况下，劳动力投入量为

$$某活动劳动力投入量 = 劳动力投入总工时 \div (班次 / 日 \times 工时 / 班次 \times 活动持续时间)$$

$$或某活动劳动力投入量$$
$$= (工作量 \times 工时消耗量 / 单位工作量) \div (班次 / 日 \times 工时 / 班次$$
$$\times 活动持续时间) \qquad (9-2)$$

（二）材料供应计划

材料供应计划的基本目标是将适用的物品，按照正确的数量在正确的时间内供应到正确的地点，以保证工程顺利实施。要达到这个目标，必须在供应过程的各个环节进行准确的计划和有效的控制。材料供应通常包括以下步骤：

（1）作材料需求计划表，它包括材料说明、数量、质量、规格，并作需求时间曲线。

（2）筹划主要的供应活动。在施工进度计划编制的基础上，建立供应活动网络、装配网络，确定各供应活动时间安排，形成工期网络和供应子网络的互相联系、互相制约。

（3）市场调查。了解市场供应能力、供应条件、价格等，了解供应商名称、地址、联系

人。有时也可直接向供应商询价。

（4）采购订货。通过合同的形式委托供应任务，以保证正常供应。

（5）运输安排。

（6）进场及各种检验工作。

（7）安排仓储等事宜。

目前，尽管网络分析软件包中具有资源计划的功能，但由于资源的复杂性和多样性，这种计划功能的适用性不强，所以在实际工作中人们以手工编制资源供应计划的情况较多。

（三）机械设备供应计划

（1）生产设备通常是成套供应的，它是一个独立的系统，不仅要求各组成部分质量高，而且要保证系统的运行效率，达到预定的生产能力。

（2）为保证设备供应，有时要介入设备的生产过程，对其质量进行控制，而材料一般仅在现场作材质检验。

（3）要求设备供应商辅助安装、指导，协助解决安装中出现的问题。

（4）有时还要求设备供应商为用户培训操作人员。

（5）设备供应不仅包括设备系统，而且包括一定的零配件和辅助设备，还包括各种操作文件和设备生产的技术文件，以及相关软件，甚至包括设备运行的规章制度。

（6）设备在供应（或安装）后必须有一个保修期（缺陷责任期），供应方必须承担设备运行中的相关责任。

因此，设备供应过程更复杂，更具有系统性，常常需要一个更为复杂的子网络。

二、资源计划编制的基本工具

建设工程项目资源计划工具主要是一些统计和说明资源的图表，在此简要列举如下：

（一）资源计划矩阵

资源矩阵也称资源计划矩阵，它是项目工作分解结构的直接产品，即根据具体工作分解结构情况来对资源进行分析、汇总。资源矩阵能够清晰表示 WBS 的结果，解决 WBS 中无法解决的问题，见表 9-1。

表 9-1 资 源 计 划 矩 阵

工作分解结构	资源需求量					相关说明
（WBS）结果	资源 1	资源 2	…	资源 $N-1$	资源 N	
工作包 1						
工作包 2						
⋮						
工作包 $N-1$						
工作包 N						

（二）资源需求甘特图

资源需求甘特图也用来说明项目进展各个阶段资源的占用情况，但它比资源数据表更加直观、简洁，见表 9-2。

表 9 - 2 　　　　　　　　　　　　　　　　项目资源需求甘特图

资源需求种类	项目进度（各时间段资源需求）											
	T1	T2	T3	T4	T5	T6	T7	T8	T9	T10	…	Tn
资源 1												
资源 2												
资源 3												
⋮												
资源 $N-1$												
资源 N												

（三）资源数据表

资源数据表不同于资源计划矩阵，其主要表示的是在项目进行过程中，项目资源的使用和分配情况，而不是对项目所需资源进行的统计说明，见表 9-3。

表 9 - 3 　　　　　　　　　　　　　　　　项 目 资 源 数 据 表

资源需求种类	资源需求总量	项目进度（各时间段资源需求量）					相关说明
		时间 1	时间 2	…	时间 $N-1$	时间 N	
资源 1							
资源 2							
⋮							
资源 $N-1$							
资源 N							

（四）资源负荷图

资源负荷图是一种改进的甘特图。利用资源负荷图，可以体现活动的资源使用情况，以及是否超过它的限额，从而有利于管理人员对生产进行计划、控制与调整，如图 9-1 所示。

（五）资源累计需求曲线

资源累计需求曲线可以是预计曲线，也可以是实际消耗曲线，它是根据时间跨度将某资源的使用量进行汇总，根据资源曲线的形态以及资源的消耗上限，对资源的运行情况进行判断，从而作出资源控制调整的措施与计划，如图 9-2 所示。

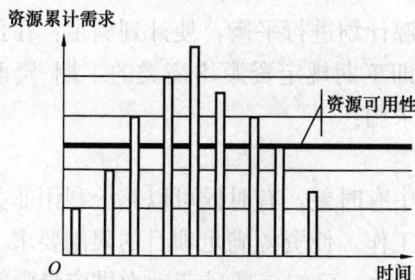

图 9 - 1　资源负荷图

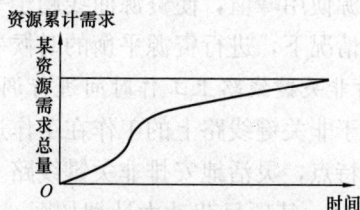

图 9 - 2　资源累计需求曲线

第三节　资源计划的优化

资源是指完成一项任务所需要耗费的人力、材料、机械设备、资金等。完成一项任务所需要的资源是不变的，是不可能通过资源的优化将其减少的。资源优化的目的只是想通过优化组合以实现收益（利润）最大化或成本（或损失）的最小化。

一、资源优化的影响因素

资源的种类很多，资源优化的内容也很多。在进行资源优化的时候，对于不同的资源，管理者应该区别对待。

（一）资源数量、价值量的影响

在进行资源优化的时候，管理者应注意首先对数量、价值量大的资源进行调整。因为数量、价值量大的资源对项目的影响程度也比较大。在进行资源筛查的时候，可以使用 ABC 分析法、鱼刺图法等对资源的重要等级进行评判。

（二）获得过程复杂程度的影响

有些资源的获得需要特别的审批或者需要从国外进行采购，这样的资源获得过程复杂、风险大，在优化过程中对于这样的资源应尽量避免对其进行改动。

（三）供应问题的影响

就项目所受资源影响程度而言，有的资源暂时短缺或者供应不及时对项目影响不大，有些则会造成重大影响，这就需要项目管理人员根据资源所保障的施工工作是否处于进度计划的关键线路、施工工作的工艺等方面对资源的供应风险进行判别，在进行资源优化过程中加以体现。

（四）进度计划的影响

在进行资源优化的时候应考虑对进度计划的影响。

(1) 在优化过程中，一般不改变原有进度计划的逻辑关系。

(2) 在优化过程中，一般不允许中断工作，应保证工作连续性。

(3) 在优化过程中，各资源的强度为常数，而且是合理的。

二、资源的平衡及限制

工程建设是一个不平衡的生产过程，它对资源的使用通常体现出不均衡的特点。由于生产的不确定性，对资源的供应需要根据生产的变化而发生改变。项目管理人员希望通过资源的优化，减少资源柱状图的高峰和低谷，使资源用量相对均衡，资源按照时间的分布符合优化目标。

在实际工作中，项目管理人员常需要对资源计划进行平衡，使计划满足：在预定工期条件下削减资源使用峰值，使资源曲线趋于平缓即工期规定资源均衡类的工期-资源优化。在不改变工期情况下，进行资源平衡的时候一般采用：

（一）对非关键线路上工作时间进行调整

由于处于非关键线路上的工作在工作过程中有时差，有时候可以充分利用非关键线路上工作的这个特点，灵活地安排非关键线路上的工作，使资源满足项目的限制要求。

【例 9 - 1】　某项目劳动力计划如图 9 - 3 所示。已知该项目劳动力供应量限额为 45 人，工作 E 可以在第 5～25 周之间实施。试对该项目的劳动力计划进行优化。

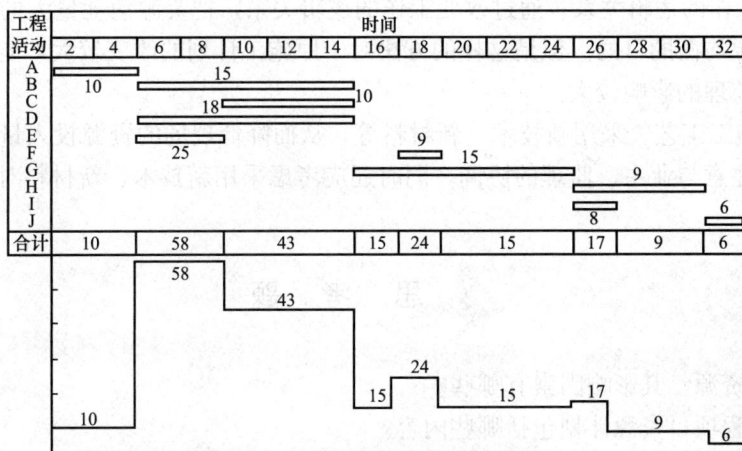

图 9-3　××项目劳动力投入图

解　依图 9-3 可知该项目在第 5～8 周这 4 周内资源超过限额要求。根据项目中劳动力投入量小于 45 人的限制条件，可将 E 工作调整至第 19～25 周内实施即可满足项目的劳动力投入条件。如将 E 工作调整至第 19～22 周进行，则新的项目劳动力平衡投入图如图 9-4 所示。

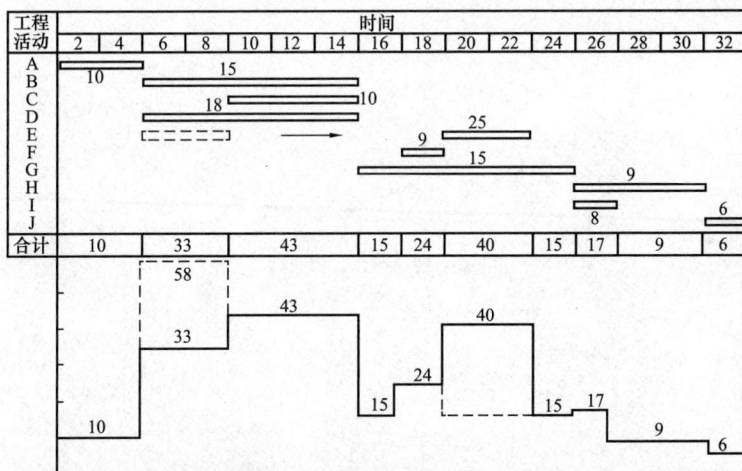

图 9-4　××项目劳动力平衡投入图

（二）对非关键线路上的工作持续时间进行调整

单纯的对非关键线路上的工作的开始时间进行调整，有时候是不能达到资源均衡的目的，可以通过对非关键线路上的工作持续时间进行调整。通过拉长非关键工作的工作持续时间使单位时间内非关键工作的资源投入量减少。当然这样对非关键工作持续时间的延长必须是在非关键工作的总时差以内，还必须是在非关键工作的施工技术所能够允许的情况下才能进行。

（三）其他办法

在对非关键工作的持续时间、开始时间调整均不能达到资源均衡的情况下，就应使用一些其他办法来进行资源的平衡工作。

（1）改变工作的逻辑关系。通过改变工作的逻辑关系，把资源消耗量大的项目进行交叉作业，达到资源均衡的目的。但是这样的方法对于原施工计划的改变较大，能否实施受施工工艺、业主、监理的影响较大。

（2）改变施工工艺。采用新技术、新材料等，从而降低现场的资源投入量。在使用此种方法时同样应注意与业主、监理的协调，同时还应考虑采用新技术、新材料对于项目施工成本的影响。

思 考 题

1. 什么是资源？其影响因素有哪些？
2. 建设工程项目资源计划包括哪些内容？
3. 建设工程项目资源平衡方法有哪些？
4. 资源计划与建设工程项目三大目标之间关系如何？

第十章　建设工程项目质量管理

第一节　概　　述

一、基本概念

（一）质量

质量（Quality）是指产品、体系或过程的一组固有特性满足顾客和其他相关方面要求的能力。它不仅指产品，也可以是某项活动或过程的工作质量，还可以是质量管理体系运行的质量。质量的关注点是一组固有的特性，而不是赋予的特性。对产品来说，例如水泥的化学成分、细度、凝结时间、强度是固有特性，而价格和交货期是赋予特性；对过程来说，固有特性是过程将输入转化为输出的能力；对质量管理体系来说，固有特性是实现质量方针和质量目标的能力。

（二）建设工程项目质量

1. 建设工程项目质量的定义

建设工程项目质量（Project Quality）是指工程产品满足规定要求和需要的能力，包括建筑工程产品实体和服务这两类特殊产品的质量。它是国家现行的有关法律、法规、技术标准、设计文件及工程合同中对工程的安全、使用、经济、美观等特性的综合要求。由于建设工程项目是在工程合同的限制性下完成的，因而建设工程项目的质量受合同条件的影响大。

建设工程项目质量的形成是一个有序的系统工程，其质量应包括如下工程建设各个阶段的质量及其相应的工作质量：

（1）建设工程项目决策质量。在可行性阶段，要对建设工程项目技术上、经济上和对国家及社会影响上进行论证并作多方案比较，从而推荐最佳方案，为设计提供依据。根据可行性研究报告作出的项目决策，对建设工程项目质量产生决定性影响，是其成败的关键。

（2）建设工程项目设计质量。可行性研究阶段提出的质量要求，要通过设计工作具体化。因为设计的质量决定着工程项目建成后的使用价值和功能，所以设计阶段是影响建设工程项目质量的决定性环节。为此，应对设计质量进行严格的监督和管理。

（3）建设工程项目施工质量。施工阶段根据设计图纸的要求实施，形成工程实体。施工阶段进行生产实践和生产与操作，易产生质量问题，它是质量控制工作量最大的阶段。因为所有与建设活动有关的单位都在此时参与质量形成的活动，所以施工阶段是质量控制的最重要阶段。

（4）建设工程项目维护、保修服务质量。在工程项目中，质量的概念主要包括工程质量和工作质量两个方面。工程质量是指工程的使用价值及其属性，是一个综合性的指标，体现符合项目任务书或合同中明确提出的，以及隐含的需要与要求的功能；工作质量是指项目建设参与各方为了保证建设项目质量所从事技术、组织工作的水平和完善程度，它反映了建设项目实施过程中产品质量的保证程度。

2. 建设工程项目质量的主要体现

从功能和使用价值角度来看，建设工程项目的质量体现如图 10-1 所示。

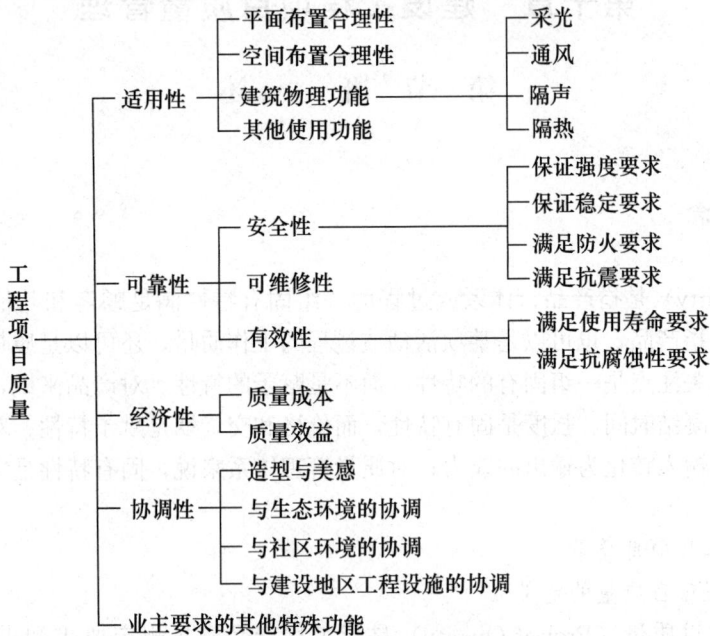

工程项目质量
- 适用性
  - 平面布置合理性
  - 空间布置合理性
  - 建筑物理功能
    - 采光
    - 通风
    - 隔声
    - 隔热
  - 其他使用功能
- 可靠性
  - 安全性
    - 保证强度要求
    - 保证稳定要求
    - 满足防火要求
    - 满足抗震要求
  - 可维修性
  - 有效性
    - 满足使用寿命要求
    - 满足抗腐蚀性要求
- 经济性
  - 质量成本
  - 质量效益
- 协调性
  - 造型与美感
  - 与生态环境的协调
  - 与社区环境的协调
  - 与建设地区工程设施的协调
- 业主要求的其他特殊功能

图 10-1　建设工程项目质量体现示意图

为了保证建设工程项目的质量，在项目运作过程中，深刻把握工程建设各个阶段的质量控制内涵，用发展的观点来看待工程建设的各个阶段，在工程建设中加以贯穿运用，显得十分重要。

（三）建设工程项目质量管理

1. 建设工程项目质量管理的定义

建设工程项目质量管理是指为保证提高建设工程项目质量而进行的策划和控制组织的协调活动。协调活动通常包括制定质量方针和质量目标，以及质量的策划、控制、保证和改进。它的目的是以尽可能低的成本，按既定的工期和质量标准完成建设项目。它的任务就在于建立和健全质量管理体系，用企业的工作质量来保证建设工程项目产品质量。

建设工程项目质量管理是综合性的工作，项目质量管理涉及所有的项目管理职能和过程，包括项目前期策划、项目计划、项目控制的质量，以及范围管理、工期管理、成本管理、组织管理、沟通管理、人力资源管理、风险管理、采购管理以及综合性管理等过程。

2. 建设工程项目质量管理的原则

（1）质量第一。在质量、进度、成本的三者关系中，认真贯彻"质量第一"的方针，而不能牺牲建设工程项目的质量，盲目去追求速度与效益。

（2）预防为主。现代质量管理的基本信条之一是：质量是规划、设计和建造出来的，而不是检查出来的。预防错误的成本通常比在检查中发现并纠正错误的成本少得多。

（3）用户满意。建设工程项目质量管理的目的是为项目的用户（顾客）和其他项目相关者提供高质量的工程和服务，实现项目目标，使用户满意。

（4）用数据说话。建设工程项目组织应收集各种以事实为根据的数据和资料，应用数理统计方法，对工程项目质量活动进行科学的分析，及时发现影响工程项目质量的因素，采取措施解决问题。同时项目管理者在质量管理决策时，要有可靠、充足的信息和数据，从而保证项目质量管理体系的正常运行。

二、质量管理的发展

（一）质量管理发展的三个阶段

"质量管理"作为20世纪的一门新兴科学，在全世界范围经过了几十年的发展，从显性需要到理论提高再到实践运用，质量管理作为一门科学也与其本身所提倡的"不断循环、持续改进"一样，在运用中得到了发展。质量管理的发展大体上经历了质量检验、统计质量控制、全面质量管理三个阶段。

1. 质量检验阶段（1940年以前）

在这段时期内，世界各国，尤其是经济发展活跃的一些国家，随着工业化的到来，普遍在工业界建立质量检验制度，形成了一支质量检验队伍，在产品加工过程中和出厂交付前进行质量检验把关。这种专职检验制度的建立比起工业化大生产之前的工人自我控制方法是先进多了，对保证产品质量、维护工厂信誉起了不少作用。

但是，这些专职检验工作毕竟是在产品已成为废品或次品的情况下进行的，有了专职检验员的把关，这些废、次品虽没流向社会，但工厂的损失却已成定局，所以，人们渴望能有一种方法可以科学地预防不合格品的形成，以减少经济损失。因此，质量管理就从质量检验阶段逐步发展到了统计质量控制阶段。

2. 统计质量控制阶段（1940—1960年）

在这一时期中，世界各国广泛地将数理统计方法运用于质量控制。早在1931年，美国休哈特、戴明等人已提出了抽样检验的概念，是他们首先把数理统计方法引入质量管理领域。第二次世界大战期间，美国国防部组织了统计质量控制的专门研究，明确规定了各种抽样检验的方案，以及如何采用控制图进行生产过程中的质量控制。1960年日本工业界引进并运用了统计质量控制，为以后日本工业的崛起打下了良好的基础。

这些统计质量控制主要是运用数理统计方法，使生产过程处于正常的受控状态下，从而，以较低的质量成本生产出较高质量的产品。

3. 全面质量管理阶段（1960年至今）

随着现代科学技术日新月异的发展，数以万计的高新尖产品相继问世，许多投资金额可观、规模很大、涉及人身安全的产品和项目纷纷在20世纪下半叶亮相登场，从而也促进了人们对质量管理概念的不断更新。随着现代化系统工程科学地应用于管理领域，质量管理被赋予更深刻的内涵，质量管理的活动也从单纯生产现场的加工过程向产品形成的前后、采购、销售、服务等全过程延伸；人类工效学的问世，也使人们对质量管理中全员参与、人员素质的重要作用有了更现代化的观念更新。以上各种关于质量管理概念和观念的更新，使得质量管理的发展从20世纪60年代起进入了第三个阶段——全面质量管理阶段。全面质量管理阶段的特点是针对不同企业的生产条件、工作环境及工作状态等多方面因素的变化，把组织管理、数理统计方法、现代科学技术、社会心理学、行为科学等综合运用于质量管理，对每一生产环节加以管理，做到全面运行、全面控制。通过改善和提高工作质量水平来保证产品质量；通过对产品形成和使用全过程的质量管理，全面保证产品质量。形成企业全员、全过程、全企业质量管理工作系统，建立质量体系以保证产品质量始终满足用户需求，使企业用最少的投入获取最佳效益。

（二）全面质量管理

全面质量管理是指一个组织以质量为中心，以全员参与为基础，目的在于通过顾客满意和本组织所有成员及社会受益而达到长期成功的管理途径。全面质量管理的核心是提高人的素质、增强质量意识、调动人的积极性，人人做好本职工作，通过抓好工作质量来保证和提高产品质量或服务质量。

全面质量管理的基本要求如下：

1. 全员的质量管理

产品质量是企业各方面、各部门、各环节全部工作的综合反映。任何一个人的工作质量都会对产品质量造成直接或间接的影响。全员质量管理，就是企业的全体人员，包括领导、生产一线工人、企业行政管理人员等各职能分工的人员均参加到质量管理中，人人均运用全面质量管理的理论和方法，自觉在建设项目控制过程中加以使用。

2. 全过程的质量管理

建设项目全过程质量管理，是指包括从项目决策阶段开始，直至施工完毕的全部有关过程的质量管理。在项目运作过程中，需要把项目的各个阶段有机地结合起来，把各个阶段的有关因素相联系形成一个综合性的质量体系，在管理过程中做到预防为主、防检结合。

3. 全企业的质量管理

全企业的质量管理，就是企业的各个部门都要参加质量管理，充分发挥各自的质量职能。在建设项目控制过程中，则要求全项目经理部不同职能分工的人员在项目过程中相互联系、相互作用，来保证项目的质量。

4. 全面质量管理方法

全面质量管理采用的方法是科学的、多种多样的。随着科学技术的不断发展，对产品质量、服务质量提出越来越高的要求，影响产品质量的因素也越来越复杂。既有物质的因素，又有人的因素；既有技术的因素，又有管理的因素；既有自然环境的因素，又有人们的心理因素；既有企业内部的因素，又有企业外部的因素。要把一系列因素系统地进行控制，就要求区别不同的影响因素，采用各种科学的管理方法，综合治理，才能真正做好全面质量管理。

全面质量管理工作程序的基本形式是 PDCA 管理循环。它通过计划（Plan）、实施（Do）、检查（Check）和处理（Action）四个阶段不断循环，在不断循环过程中不断完善企业的质量管理活动，如图 10-2 所示。

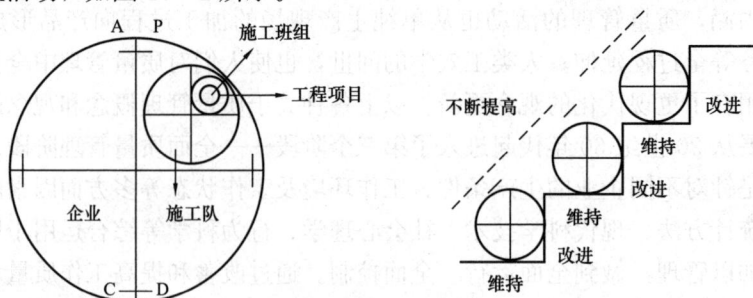

图 10-2 PDCA 循环

PDCA 循环的四个阶段如下：

第一阶段：计划阶段。主要任务是按照使用者的要求并根据本企业生产技术条件的实际可能，进行工程施工计划安排和编制各种有关措施。在这个阶段中要反复考虑计划中的 5W1H，即：

(1) 为什么要提出这样的计划、采取这样的措施，为什么要这样改进，回答采取措施的原因（Why）。

(2) 改进后要达到什么目的，有什么效果（What）。

(3) 改进措施在何处（哪道工序、哪个环节、哪个过程）执行（Where）。

(4) 计划和措施在什么时间执行和完成（When）。

(5) 由谁来执行和完成（Who）。

(6) 用什么方法怎样完成（How）。

第二阶段：实施阶段。主要任务是按照第一阶段制订的计划组织施工生产，并且要全面保证施工的工程质量符合国家标准要求。

第三阶段：检查阶段。主要任务是对已施工的工程执行情况进行检查和评定。

第四阶段：处理阶段。主要是按照使用单位的意见和检查阶段中的评定意见进行总结处理，凡属合理部分编成标准，以备将来再次执行。

经过这样一次循环，建设工程项目的质量会得到改进。但是，这个循环并没有因此结束，只要项目还在进行，PDCA 循环就要继续运作，不断改进，每一次的 PDCA 循环都会将项目的质量提升到一个新的台阶。

第二节　质量管理体系

一、ISO 9000 简介

（一）ISO 9000 标准

1. 产生和发展

国际标准化组织（International Organization for Standardization，ISO）为满足国际经济交往中质量保证活动的客观需要，在总结各国质量保证制度、经验的基础上，经过近 10 年的工作，于 1987 年 3 月发布了 ISO 9000 标准。ISO 9000 标准一问世，为各国带来了既具有统一术语又得到国际公认的质量管理和质量保证标准，从而，减少了名目繁多的国家标准和行业规定，同时，也减少了第二方审核，为此，引起了全球工业界的关注。

在国际上大量应用的过程中，ISO 9000 标准也暴露出一些问题。ISO/TC 176 委员会在认真总结各国 ISO 9000 标准应用情况的基础上，对 ISO 9000 标准进行了两次修订，1994 年进行了部分修订，后于 2000 年又进行了彻底修订，形成了 2000 版。之后随着国际贸易的迅速发展，ISO 标准又进行了几次修订。2005 年发布了 ISO 9000：2005 修订本，2008 年 10 月 31 日发布了 ISO 9001：2008 修订本，2009 年 11 月正式出版 ISO 9000：2009 版本，并于 2015 年 9 月正式出版 ISO9000：2015 版本。

2. 核心标准

ISO 9000 族标准包括：4 个核心标准（ISO 9000、IS0 9001、ISO 9004、ISO 19011），质量管理体系的指南包括：ISO10001、ISO10002、ISO10003、ISO10004、ISO10008、

ISO10012 和 ISO19011。质量管理体系技术支持指南包括：ISO10005、ISO10006、ISO10007、ISO10014、ISO10015、ISO10018 和 ISO10019。其中的 4 个核心标准是：

（1）ISO 9000：2015《质量管理体系—基础与术语》，表述质量管理体系基础知识，并规定质量管理体系术语。

（2）ISO 9001：2015《质量管理体系—要求》，规定质量管理体系要求，用于证实组织具有提供满足顾客和适用法规要求的产品的能力，目的在于增加顾客满意度。

（3）ISO 9004：2009《质量管理体系—业绩改进指南》，本标准关注改进一个组织的总体业绩与效率，并为组织可持续性管理提供指南。制定该标准的目的是促进组织业绩长期可持续性发展，并使顾客及其他相关方满意。

（4）ISO 19011：2011《质量和（或）环境管理体系审核指南》，该标准提供了质量管理体系和环境管理体系的指南。

（二）质量管理原则

在 2015 版 ISO 9000 族标准中共计 7 项质量管理原则（Quality Management Principles），这是在近年来质量管理理论和实践基础上提出来的，是组织领导做好质量管理工作必须遵循的准则。7 项质量管理原则已成为改进组织业绩的框架，可帮助组织持续成功。

1. 以顾客为关注焦点（Customer Focus）

组织依存于顾客。因此，组织应当理解顾客当前和未来的需求，满足顾客要求并争取超越顾客期望。

组织贯彻实施以顾客为关注焦点的质量管理原则，有助于掌握市场动向，提高市场占有率，提高企业经营效益。以顾客为中心不仅可以稳定老顾客，吸引新顾客，而且可以招来回头客。以顾客为关注焦点，就要切实了解顾客的需求，因此组织需要了解：

（1）了解顾客当前和未来的需求或期望；

（2）将顾客的需求或期望转化为顾客要求；

（3）将顾客要求传达到整个组织；

（4）加强与顾客联络；

（5）就有关顾客满意信息实施监视和测量；

（6）持续改进组织的过程和产品，使顾客满意。

2. 领导作用（Leadership）

强调领导作用的原则。因为质量管理体系是最高管理者推动的，质量方针和目标是领导组织策划的，组织机构和职能分配是领导确定的，资源配置和管理是领导决定安排的，顾客和相关方要求是领导确认的，企业环境和技术进步、质量体系改进和提高是领导决策的，所以领导者应将本组织的宗旨、方向和内部环境统一起来，并创造使员工能够充分参与实现组织目标的良好环境。领导者应该做到以下几点：

（1）考虑所有相关方的利益；

（2）明确了解组织的未来；

（3）确立协调一致的宗旨和方向；

（4）建立信任，消除忧虑；

（5）教育、培训员工；

（6）鼓舞和激励员工并承认员工的贡献。

3. 全员参与 (Engagement of People)

各级人员都是组织之本，只有他们充分参与，才能使他们的才干为组织带来收益。全员充分参与是组织良好运行的条件，当每个人的能力、才干得到充分发挥时，将会为组织带来最大的收益。

组织应用"全员参与"的原则，将会促使员工做到以下几点：：

(1) 了解自身贡献的重要性及其在组织中的角色；

(2) 接受所赋予的权力和职责，并解决各种问题；

(3) 每个人根据各自应承担的目标评估其业绩；

(4) 主动寻求提高其能力、知识和经验的机会；

(5) 自由地分享知识和经验；

(6) 为自己成为组织的一员而感到自豪；

(7) 为组织创造更好的形象。

4. 过程方法 (Process Approach)

过程方法是将活动和相关的资源作为过程进行管理，可以更高效地得到期望的结果。因为过程概念反映了从输入到输出的完整的质量概念，过程管理强调活动与资源结合，包含投入产出的概念。过程概念充分体现了 PDCA 循环改进质量管理活动的思想。应用"过程方法"原则，组织应当做到以下几点：

(1) 识别并确定为达到预期目标所需的过程；

(2) 明确职责和权限；

(3) 识别并确定过程间相互关联和相互作用关系；

(4) 评估过程风险及对相关方的影响。

5. 改进 (Improvement)

改进总体业绩应当是组织的一个永恒目标。改进的核心是提高有效性和效率，更好地实现组织的质量方针和目标，不断地满足顾客要求，提高组织自身的效益。组织应当做到以下几点：

(1) 使每个成员都将产品、过程和体系的持续改进作为目标；

(2) 为员工提供有关持续改进的方法和手段的培训；

(3) 根据明确的验收准则，评估、跟踪、发现改进机会，追求卓越；

(4) 提倡预防为主；

(5) 使用一套指导和跟踪改进的方法和目标；

(6) 识别并通报持续改进情况。

6. 循证决策 (Evidence-based Decision Making)

有效决策建立在数据和信息分析的基础上。基于事实的决策，要求组织做到以下几点：

(1) 测量并收集所需的数据和信息；

(2) 确保数据和信息充分、准确和可靠，并科学地加以分析；

(3) 为决策者提供所需的数据和信息；

(4) 基于事实分析，做出决策并采取措施。

7. 关系管理 (Relationship Management)

供方是产品和服务供应链上的第一环节，供方的过程是质量形成过程的组成部分。供方的质量影响产品和服务的质量，在组织的质量效益中包含有供方的贡献。因此，组织与供方之间相互依赖和分工协作关系日益增强，二者应携手并进，建立起潜在利益的合作伙伴关系，达到双方获利。组织应当做到以下几点：

（1）识别和选择关键供方；

（2）在权衡短期利益与长期利益基础上确立与供方的关系；

（3）与关键供方共享专门技术和资源；

（4）建立明确的、透明的沟通渠道；

（5）提倡双方共同开发和改进产品及过程；

（6）鼓励供方改进业绩。

上述七项质量管理原则是对现代科学的管理理论和实践的高度总结，也是 2015 版 ISO 9000 族标准的修订依据和指导思想。七项质量管理原则之间相互联系、相互影响，已被作为最高管理者为了领导组织改进业绩的基本管理原则。

二、建设工程项目质量体系

（一）建设工程项目质量体系要素

质量体系要素是构成质量体系的基本单元。质量体系是为了实施质量管理的组织结构、责任、程序、过程和资源，由若干个相互联系、相互作用的要素所构成。对于建筑企业和建筑工程项目，一般由三个层次 15 个体系要素组成（见表 10-1）。其中 7 个质量体系要素，具有直接质量管理职能，其他要素均是进行质量管理不可缺少的内容。

表 10-1　　建筑企业质量体系

序号	要素名称	备　注
1	管理职责	
2	质量体系原则	总体性要素
3	质量体系的财务考虑	
4	施工生产准备质量	
5	采购质量	基本过程要素
6	施工过程控制	
7	半成品质量检验与验证	
8	工程质量检验与验证	
9	工程质量事故控制和纠正措施	基本过程要素
10	回访与保修	
11	测量和实验设备的控制	
12	工程（产品）安全与责任	
13	质量文件和记录	基础性要素
14	统计方法的应用	
15	人员	

质量体系要素可分为三个层次。第一层次为总体性要素，由管理职责、质量体系原则和质量体系的财务考虑三个要素构成。这三个要素对质量体系的建立、实施和有效运转以及评价起着保障作用。第二层由施工生产准备质量、采购质量、施工过程控制、半成品质量检验

与验证、工程质量检验与验证、工程质量事故的控制和纠正措施、回访与保修七个要素构成，属于基本过程要素，是工程质量形成的主要环节。这七个要素具有直接质量管理职能。第三层由测量和实验设备的控制、工程（产品）安全与责任、质量文件和记录、统计方法的应用、人员五个要素构成，属于基础性要素，是实施总体性要素、基本过程要素的基础和保证。

以上三层质量体系要素中的第二层要素是具有直接质量管理职能的质量体系要素。这些要素可按施工工程特点和企业规模、施工生产方式，通过统筹规划、全面安排，分解、分配、落实到有关业务部门，形成部门的质量职责。再经部门分解落实到岗位或个人，形成岗位责任或个人质量责任。

（二）建设工程项目质量管理制度

1. 建设工程项目质量监督管理制度

（1）监督管理部门。

1）国务院建设行政主管部门对全国的建设工程质量实施统一监督管理。国务院铁路、交通、水利等有关部门按照国务院规定的职责分工，负责对全国的有关专业建设工程质量的监督管理。

2）县级以上地方人民政府建设行政主管部门对本行政区域内的建设工程质量实施监督管理。县级以上地方人民政府交通、水利等有关部门在各自的职责范围内，负责对本行政区域内的专业建设工程质量的监督管理。

（2）监督检查的内容。

1）国务院建设行政主管部门和国务院铁路、交通、水利等有关部门应当加强对有关建设工程质量的法律、法规和强制性标准执行情况的监督检查。

2）国务院发展计划部门按照国务院规定的职责，组织稽查特派员，对国家出资的重大建设项目实施监督检查。

3）国务院经济贸易主管部门按照国务院规定的职责，对国家重大技术改造项目实施监督检查。

4）县级以上地方人民政府建设行政主管部门和其他有关部门应当加强对有关建设工程质量的法律、法规和强制性标准执行情况的监督检查。

5）建设工程质量监督管理，可以由建设行政主管部门或者其他有关部门委托的建设工程质量监督机构具体实施。

2. 建设工程施工图设计文件审查制度

建设单位应当将施工图设计文件报县级以上人民政府主管部门或者其他有关部门审查。施工图设计文件未经审查批准，不得使用。

3. 建设工程竣工验收备案制度

建设单位应自工程竣工验收合格之日起15天内，将建设工程竣工验收报告和规划、公安消防、环保等部门出具的认可文件或者准许使用文件报建设主管部门或者其他有关部门备案。

建设行政主管部门或者其他有关部门发现建设单位在竣工验收过程中有违反国家有关建设工程质量管理规定行为的，责令停止使用，重新组织竣工验收。

4. 建设工程质量事故报告制度

建设工程发生质量事故，有关单位应当在24h内向当地建设行政主管部门和其他有关部门报告。对重大质量事故，事故发生地的建设行政主管部门和其他有关部门应当按照事故类别和等级向当地人民政府和上级建设行政主管部门和其他有关部门报告。

特别重大质量事故的调查程序按照国务院有关规定办理。

任何单位和个人对建设工程的质量事故、质量缺陷都有权检举、控告、投诉。

5. 建设工程质量检测制度

工程质量检测机构是对工程和建筑构件、制品以及建筑现场所用的有关材料、设备质量进行检测的法定单位，所出具的检测报告具有法定效力。当发生工程质量责任纠纷时，国家级检测机构出具的检查报告，在国内是最终裁定，在国外具有代表国家的性质。

工程质量检测机构的检查依据是国家、部门和地区颁发的有关建设工程的法规和技术标准。

（1）我国的工程质量检测体系是由国家级、省级、市（地区）级、县级检测机构所组成，国家建设工程质量检测中心是国家级的建设工程质量检测机构。省级的建设工程质量检测中心，由省级建设行政主管部门和技术监督管理部门共同审查认可。

（2）各级检测机构的工作权限。

1）国家检测中心受国务院建设行政主管部门的委托，有权对指定的国家重点工程进行检查复核，向国务院建设行政主管部门提出检测复核报告和建议。

2）各地检测机构有权对本地区正在施工的建筑工程所用的建筑材料、混凝土、砂浆和建筑构件等进行随机抽样检测，向本地建设行政主管部门和工程质量监督部门提出抽检报告和建议。

6. 建设工程质量保修制度

工程自办理交工验收手续后，在规定的期限内，因勘察设计、施工、材料等原因造成的工程质量缺陷，要由施工单位负责维修、更换。

工程质量缺陷是指工程不符合国家现行的有关技术标准、设计文件以及合同中对质量的要求。

7. 质量认证制度

质量认证制度是由可以充分信任的第三方证实某一经鉴定的产品或服务符合特定标准或规范性文件的制度。质量认证就是当第一方（供方）生产的产品第二方（需方）无法判定其质量时，由第三方站在中立的立场上，通过客观公正的方式来判定质量。

按照认证对象的不同，质量认证可以分为两大类，产品质量认证和质量体系认证。如果把工程项目作为一个整体产品来看，因它具有单件性和通过合同定制的特点，因此不能像一般市场产品那样对它进行认证，而只能对其形成过程的主体单位，即对从事工程项目勘察、设计、施工、监理、检测等单位的质量体系进行认证，以确认这些单位是否具有按标准规范要求保证工程项目质量的能力。

质量认证不实行终身制，质量认证证书的有效期一般为三年，期间认证机构对获证的单位还需进行定期和不定期的监督检查，在监督检查中如发现获证单位在质量管理中有较大、较严重的问题时，认证机构有权采取暂停认证、撤销认证及注销认证等处理方法，以保证质量认证的严肃性、连续性和有效性。

三、质量体系的建立和运行

（一）企业、建设项目建立和完善质量体系的目的

企业的基本任务是向社会提供符合用户需求的产品或服务。为了使企业生存、发展，企业设计生产的产品必然达到六个方面的目标：

（1）满足规定的需要和用途；

（2）满足用户对产品质量的要求和期望；

（3）符合有关标准和规范；

（4）符合社会有关安全、环境保护等方面的法令或条例的规定；

（5）产品物美价廉，具有竞争力；

（6）能使企业获得良好的经济效益。

为了达到上述目标，企业必须制定质量方针和提出具体的质量目标，并对产品的生产、售后服务等诸多环节进行控制。建设项目作为建筑企业产品的一个体现，在项目过程中如何执行企业的质量方针、质量目标，同时根据自身项目的特点进行一定的调整显得尤为关键。

（二）建筑企业建立质量体系的基本原则

建筑企业贯彻实施质量管理和质量体系标准，建立质量体系，一般应注意以下原则：

1. 适应环境的原则

企业面对的环境不同，这个环境包括自然环境、社会环境、合同环境等，这就要求建筑企业在建立质量体系的时候要考虑质量保证范围和质量保证程度，考虑企业环境与项目环境中的异同。

2. 实现企业目标的原则

建筑企业的目标与建设项目的总目标是一致的，因此在建筑企业质量体系建设时，在企业职能、项目职能划分、组织架构设置时均应考虑到两者之间的平衡，保证企业目标的实现。

3. 适应建筑工程特点的原则

不同的工程项目其主体结构形式、外部装饰水平和建筑最后要达到的使用功能要求都不可能完全一致，常常存在着或多或少甚至差别很大的要求，加之建筑施工的特殊性和翻修返工的艰巨性，这就要求在建立质量体系时，要充分考虑其建筑工程的特点，明确了解其施工中各工序应满足的质量要求，对各环节影响质量的因素控制的范围和程度要求，从而确定质量要素的项目、数量和要素采用程度，以保证稳定地实现工程质量特征及其相应要求。

4. 最低风险、最佳成本、最大利益原则

质量目标是以市场需求、社会制约、建筑设计及结构情况等使用条件确定的满足社会与用户需求的高度统一。即在保证实现企业目标的前提下，质量体系要使企业经营机制处于质量与成本的最佳组合，实现社会效益与企业效益的统一。质量体系标准要求企业建立质量体系时应设计出有效的质量体系，以满足顾客的需求和期望，并保护企业的利益。完善的质量体系是在考虑风险、成本和利益的基础上使质量最佳化及对质量加以控制的重要管理手段。

（三）建筑企业质量体系的特性

1. 系统性

建筑企业建立质量体系，应根据工程产品质量的产生、形成和实现的运行规律，把握项目与企业的关系，充分利用影响工程质量的技术、管理、人员、组织等因素，达到企业质量控制与项目质量控制的系统性和一致性。

2. 防范性

建立质量体系要突出预防为主的要求，开展每项质量活动之前，均需要订好计划，规定好程序和标准，使质量活动处于受控的状态。

3. 经济性

质量体系的建立与运行，既要满足用户的需要，也要考虑企业的利益，要圆满解决企业与用户双方的风险、费用和利益，使质量体系的效果最优化。即质量最佳化和质量经济性的高度统一。

4. 适用性

建立质量体系必须结合建筑企业、工程项目、施工工艺、施工地域等情况，选择与企业以及所从事领域相适应的保证制度。对于国际标准的质量体系应根据企业具体情况进行修改和调整，以适应企业和项目运作的要求。

四、质量管理统计分析方法

数据是进行质量管理的基础，"用数据说话"是科学判断的基础。用数理统计的方法，通过收集、整理质量数据，可以帮助分析、发现质量问题，以便及时采取对策措施，纠正和预防质量事故。

质量管理中常用的统计方法有七种：分层法、排列图法、因果分析图法、频数分布直方图法、控制图法、相关图法和统计调查表法。

1. 分层法

分层法又称分类法或分组法，就是将收集到的质量数据，按统计分析的需要，进行分类整理，使之系统化，以便于找到产生质量问题的原因，及时采取措施加以预防。

常用的分层标志有：

（1）按操作班组或操作者分层。

（2）按机械设备型号、功能分层。

（3）按工艺、操作方法分层。

（4）按原材料产地或等级分层。

（5）按时间顺序分层等。

分类可以从不同的管理角度进行，如按原材料、操作者、工艺方法和设备等。分层的目的在于使各层间的数据差异能突出地显示出来，因此在分层过程中应灵活根据收集数据的特点来进行，从不同角度分析产品存在的质量问题和影响因素。

2. 排列图法

排列图又叫主次因素分析图，是分析影响质量主要问题的方法。因其最先由意大利经济学家帕累托（Pareto）提出，故又称为帕累托图。帕累托认为 80% 的质量问题是由 20% 的因素引起的，另外 20% 的质量问题是由 80% 的因素引起的，即所谓的 80/20 法则。为了解决主要的质量问题，需要将注意力放在引起大多数质量问题的"关键少数"因素上，而不是陷入解决引起少数问题的"次要多数"因素中。通过帕累托分析法能迅速找出影响项目的主要因素，这样就可以集中精力解决项目质量问题。

排列图是由两个纵坐标、一个横坐标、几个直方形和一条曲线所组成。左侧的纵坐标是频数或件数，右侧的纵坐标是累计频率，横轴则是项目（或因素），按项目频数大小顺序在横轴上自左而右画长方形，其高度为频数，并根据右侧纵坐标，画出累计频率曲线，又称帕累托曲线。

（1）搜集整理数据。在质量管理中，排列图主要用来寻找影响质量的主要因素，因此应根据质量问题，运用随机抽样的原则检查、记录不合格点数，按各项目不合格点频数大小顺序排列成表，以全部不合格点数为总频数计算各项频率和累计频率。

例如：某建筑工程对房间粉刷质量不合格问题进行调查，统计数据见表 10 - 2。

表 10 - 2　　　　　　　　　　　粉刷质量不合格原因统计数量

粉刷不合格原因	出现数量（个）	粉刷不合格原因	出现数量（个）
起砂	78	空鼓	15
开裂	30	其他	5
不平	10		

首先根据以上统计数据，算出各不合格原因的频率和累计频率，见表 10 - 3。

表 10 - 3　　　　　　　　　　　粉刷质量不合格原因频数和频率

粉刷不合格原因	频数	累计频数	累计频率（%）
起砂	78	78	56.5
开裂	30	108	78.2
空鼓	15	123	89.1
不平	10	133	96.3
其他	5	138	100
合计	138		

注　粉刷不合格原因按各自频数从大到小排序。

（2）绘制排列图。

1）绘制横坐标。将横坐标按项目（因素）等分，并按频数由大到小从左到右顺序排列。

2）绘制纵坐标。左端的纵坐标表示频数，右端的纵坐标表示频率，要求总频数应对应于频率坐标的 100%。

3）绘制频数直方形。以频数为高度绘制各项目（因素）的直方形。

4）绘制累计频率折线。从横坐标左端开始，依次连接各项目右端点所对应的累计频率值，所得折线称为累计频率折线。

5）记录必要事项。如标题、搜集数据的方法和时间等。

绘制好的排列图如图 10 - 3 所示。

（3）排列图的观察与分析。通常根据累计百分数把质量问题的影响因素分成三类：

1）A 类：是影响产品质量的主要因素，累计百分数为 0～80%。

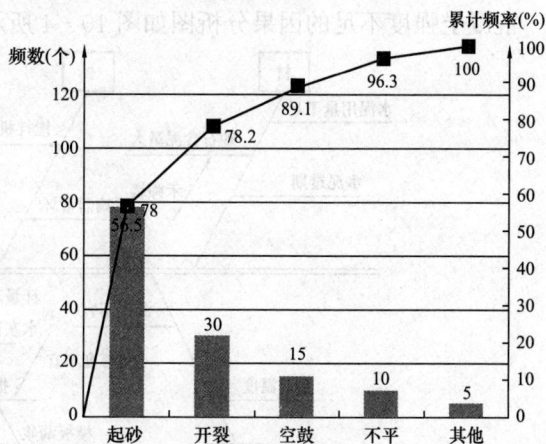

图 10 - 3　排列图

2) B类：为次要因素，累计百分数为80%～90%。

3) C类：为一般因素，累计百分数为90%～100%。

从图10-3中可以看出，本例中质量问题的主要因素是起砂、开裂，空鼓为次要因素，不平、其他为一般因素。

但在实际运用过程中应该注意，不可机械地按80%来确定主要问题，它只是根据"关键的少数、次要的多数"的原则，给以一定的划分范围。绘制排列图时应注意以下几个问题：

1) 左侧的纵坐标可以是件数、频数，也可以是金额，可以从不同的角度分析问题。

2) 要注意分层，主要因素不应超过3个，否则没有抓住主要矛盾。

3) 频数很少的项目归入"其他项"，以免横轴过长，"其他项"一定放在最后。

4) 效果检验，重新绘制排列图。针对A类因素采取措施后，为检查其效果，经过一段时间，需搜集数据重新绘制排列图，对新旧排列图的主次因素进行比较，来考量质量控制措施是否到位，取得预期效果。

（4）排列图的应用。排列图可以形象、直观地反映主次因素。其主要应用有：

1) 按不合格点的缺陷形式分类，可以分析并找出产生质量问题的薄弱环节。

2) 按生产工序分类，可以找出生产不合格品最多的关键工序。

3) 按生产班组或单位分类，可以分析比较各单位技术水平和质量管理水平。

4) 将采取提高质量措施前后的排列图对比，可以分析措施是否有效。

5) 此外还可以用于成本费用分析、安全问题分析等。

3. 因果分析图法

因果分析图又称特性要因图、鱼刺图、树枝图。这是一种逐步深入研究和讨论质量问题的图示方法。在工程实践中，任何一种质量问题的产生，往往是多种原因造成的。这些原因有大有小，把这些原因依照大小次序分别用主干、大枝、中枝和小枝图表示出来，便可一目了然地系统观察出产生质量问题的原因。运用因果分析图法可以快捷地分析影响质量的因素，但是在运用的时候就要求项目管理团队能够灵活地运用定性、定量的分析方法，为寻找质量问题提供依据。

混凝土强度不足的因果分析图如图10-4所示。

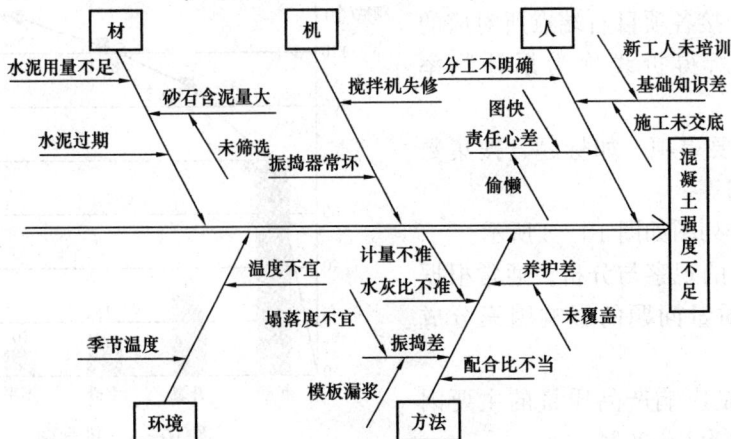

图10-4　混凝土强度不足的因果分析图

4．频数分布直方图法

（1）频数分布直方图控制原理。频数分布直方图又称质量分布图。它是将收集到的产品质量频数的分布状态用直方形来表示，根据直方的分布形状和与公差界限的距离来观察、探索质量分布规律，判断整个生产过程是否正常。

（2）直方图控制程序。

1）根据抽样数据，画出频数分布直方图。

2）若图形符合正常正态分布，并满足质量标准要求，则说明质量在控制范围内。

3）若图形出现异常现象，如双峰形、孤岛形、绝壁形、折齿形等，说明工序质量或生产过程存在质量问题。

4）进一步用排列图、因果分析图、相关图、鱼刺图等寻找存在质量问题的原因。

5）分析质量原因，采取措施，保证质量控制在有效范围内。

（3）直方图的绘制方法。

1）搜集整理数据。用随机抽样的方法抽取数据，一般要求数据在 50 个以上。

例如：随机抽取 35 个混凝土试块进行试验，混凝土设计要求 400 号，试验得到各试块强度见表 10-4。

表 10-4　　　　　　　　　　混凝土试块强度统计表

混凝土试块	强　　度	
	最大	最小
412，415，355，375，372	415	355
400，409，396，406，417	417	396
407，471，428，421，387	471	387
414，443，480，435，417	480	414
395，475，438，442，361	475	361
407，380，340，439，445	445	340
352，459，410，392，415	459	352

2）计算极差 R。极差 R 是数据中最大值和最小值之差，即

$$R = x_{max} - x_{min} = 480 - 340 = 140$$

3）确定组数 K、组距 h 和组限，绘制频数分布统计表。组数多少要按收集数据的多少来确定。当数据的总数为 50～100 时，可分为 8～12 组。组数用字母 K 表示，组距用字母 h 表示，组数和组距的关系式是

$$K = R/h$$

本例中，$K=7$，组距 $h=140/7=20$

确定数据分组区间：

第一组：下界＝x_{min}，上界＝$x_{min}+h$

第 n 组：下界＝第 $n-1$ 组上界，上界＝第 n 组下界＋$h(n=2,…,K)$

频数分布统计表见表 10-5。

表 10 - 5　　　　　　　　　　　　　**频 数 分 布 统 计 表**

组	组界限	频数	组	组界限	频数
1	340～360	3	5	420～440	5
2	360～380	4	6	440～460	4
3	380～400	5	7	460～480	3
4	400～420	11			

注　在界限值的数据归前一组。

4）绘制频数分布直方图。混凝土试块强度直方图如图 10 - 5 所示。

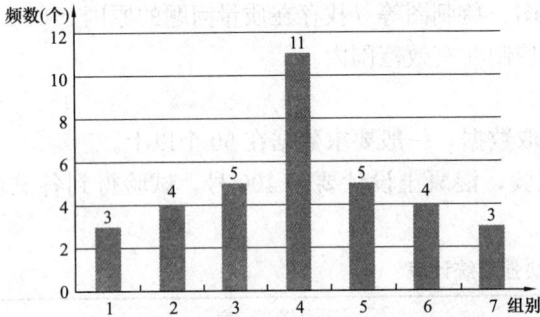

图 10 - 5　混凝土试块强度直方图

5）直方图的观察分析。直方图形象直观地反映了数据分布情况，通过对直方图的观察和分析可以看出生产是否稳定，质量控制是否正常。在实际运用直方图进行质量管理时，当工序处于稳定状态时，还需进一步将直方图与规格标准进行比较，以判断工序满足标准要求的程度。其主要是分析直方图的平均值与质量标准中心重合程度，比较分析直方图的分布范围同公差范围的关系，找出实际产品分布与实际要求标准的差异。

几种常见的直方图典型形状如图 10 - 6 所示。

正常型：又称为"对称型"。它的特点是中间高、两边低，并呈左右基本对称，说明相应工序处于稳定状态，如图 10 - 6（a）所示。

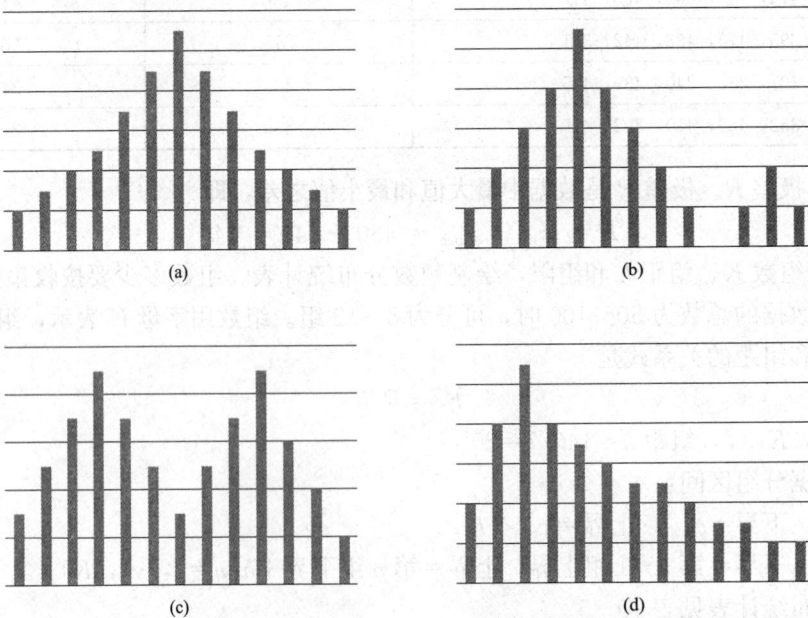

图 10 - 6　几种常见的直方图图形
（a）正常型；（b）孤岛型；（c）双峰型；（d）偏向型

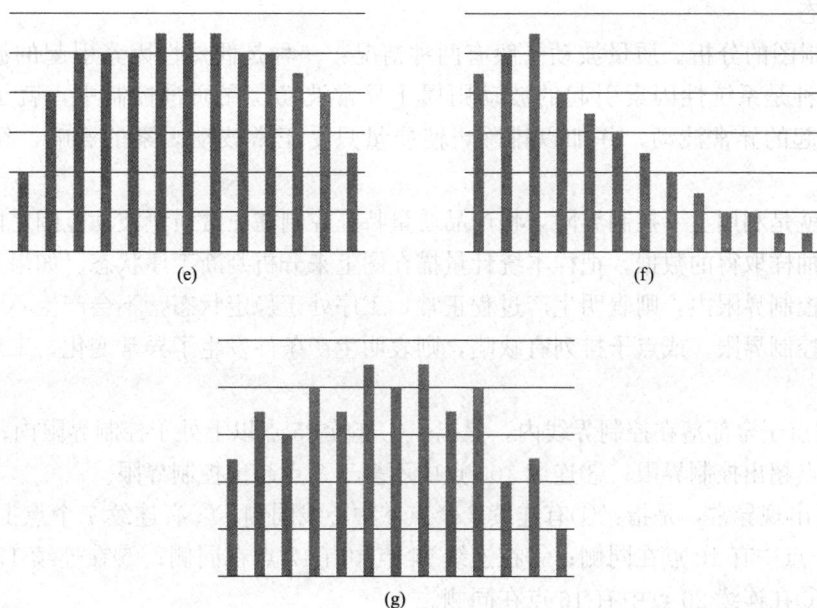

图 10-6　几种常见的直方图图形（续）

(e) 平顶型；(f) 陡壁型；(g) 锯齿型

孤岛型：在远离主分布中心的地方出现小的直方，形如孤岛，可能由于原材料发生变化，或者临时他人顶班作业造成，如图 10-6（b）所示。

双峰型：直方图出现两个中心，形成双峰状，可能由于用两种不同工艺或两台设备或两组工人进行生产，然后把两方面数据混在一起整理产生，如图 10-6（c）所示。

偏向型：直方图的顶峰偏向一侧，故又称偏坡型，可能是由于计数值或计量值只控制一侧界限或剔除了部分合格数据造成，如图 10-6（d）所示。

平顶型：在直方图顶部呈平顶状态，可能是由于多个母体数据混在一起造成的，或者在生产过程中有缓慢变化的因素在起作用造成，如图 10-6（e）所示。

陡壁型：直方图出现陡峭绝壁状态，可能是由于人为地剔除一些数据，进行不真实的统计造成的，如图 10-6（f）所示。

锯齿型：直方图出现参差不齐的形状，即频数不是在相邻区间减少，而是隔区间减少，形成了锯齿状，造成这种现象的原因不是生产上的问题，而主要是绘制直方图时分组过多或测量仪器精度不够而造成的，如图 10-6（g）所示。

5. 控制图法

控制图又称管理图，如图 10-7 所示，它是反映生产工序随时间变化而发生的质量变动的状态，即反映生产过程中各个阶段质量波动的图形。控制图可以用来区分质量波动的原因，判明生产工序是否

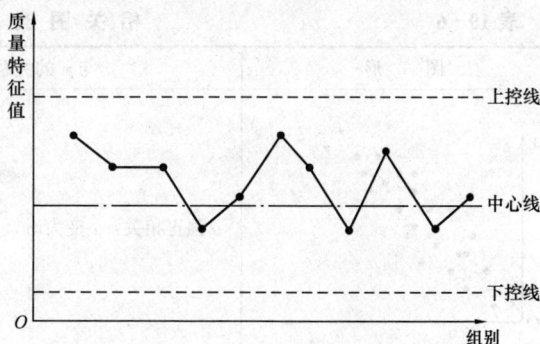

图 10-7　控制图示意

处于稳定状态。

（1）控制图的分析。质量波动一般有两种情况：一种是偶然性因素引起的波动称为正常波动；一种是系统性因素引起的波动则属于异常波动。在质量控制中，就是要查找系统性因素引起的异常波动，并加以排除，使质量只受正常波动因素的影响，符合正态分布的规律。

控制图就是利用上下控制界限，将产品质量特征控制在正常质量波动范围之内。通过在生产过程中抽样取得的数据，把样本统计量描在图上来分析判断工序状态。如果点子随机地落在上、下控制界限内，则表明生产过程正常，工序处于稳定状态，不会产生不合格品；如果点子超出控制界限，或点子排列有缺陷，则表明生产条件发生了异常变化，工序处于失控状态。

1）所谓点子全部落在控制界线内，是指：①连续 25 点以上处于控制界限内；②连续 35 点中仅有一点超出控制界限；③连续 100 点中不多于 2 点超出控制界限。

2）所谓出现异常，是指：①有连续 7 个点在中心线同侧；②有连续 7 个点上升或下降；③在连续 11 点中有 10 点在同侧；④在连续 14 点中有 12 点在同侧；⑤在连续 17 点中有 14 点在同侧；⑥在连续 20 点中有 16 点在同侧。

（2）控制图的作用。控制图的作用主要体现在以下两个方面：

1）工序分析，即分析生产过程是否稳定。为此，应随机连续收集数据，绘制控制图，观察数据点分布情况并判定工序状态。

2）工序控制，即控制工序质量状态。为此，要定时抽样取得数据，将其变为点子描在图上，发现并及时消除生产过程中的失调现象，预防不合格品的发生。

与前述的排列图、直方图法不同，控制图法反映的是一种动态的过程，是一种在生产过程中的跟踪动态控制，可以随时了解生产过程中质量的变化情况，及时采取措施，使生产处于稳定状态，起到预防出现废品的作用。

6. 相关图法

相关图又叫散布图，就是把两个变量之间的相关关系，用直角坐标系表示出来，借以观察判断两个质量特征之间的关系，通过控制容易测定的因素达到控制不易测定的因素的目的，以便对产品或工序进行有效的控制。

相关图典型状态的分析，见表 10-6。

表 10-6　　　　　　　　　　　　　　　**相 关 图 典 型 状 态**

图　　形	x 与 y 的关系	说　　明
	强正相关：x 变大时，y 也变大	x 变大时，y 也相应变大，且数据密集，线性关系较好

续表

图　形	x 与 y 的关系	说　明
	弱正相关：x 变大时，y 大致变大	必须进一步判断两者的相关关系
	强负相关：x 变大时，y 变小	x 变大时，y 也相应变小，且数据密集，线性关系较好
	弱负相关：x 变大时，y 大致变小	必须进一步判断两者的相关关系
	不相关：x 与 y 无任何关系	不必计算相关系数
	非线性相关：x 与 y 之间不是线性关系	x 与 y 需做某种的变换后再来判断。如都取其对数值，画对数值的散布图

7. 统计调查表法

统计调查表法又称调查分析法，是利用表格进行数据收集和统计的一种方法。这种方法在建设工程项目中有广泛的应用，使用方法简便，易于整理，结果直观，非常具有实用价值。这种表格没有固定的形式，可以根据需要自行设计，但应便于统计、分析。常用的统计分析表有：

（1）产品缺陷部位统计调查表。

（2）统计不合格项目的调查表。

（3）统计影响产品质量主要原因的调查表。

（4）统计质量检查评定用的调查表等。

第三节 建设工程项目质量计划

一、质量计划的概念

（一）质量计划

质量计划是针对某具体产品、项目或合同规定专门的质量措施、资源和活动顺序的文件，包括项目质量计划和专业质量计划。项目质量计划主要用于工程项目的质量保证，是施工企业质量体系文件之一，是质量手册的重要支持性文件，又是贯穿于质量体系几个层次文件系统的可操作性文件。

（二）建设工程项目质量计划

建设工程项目质量计划（Project Quality Planning，PQP）是指针对具体工程项目的要求，以及应重点控制的环节所编制的对设计、采购、项目实施、检验等质量环（Quality Loop）的质量控制方案。

工程项目质量计划按业主要求，以质量保证模式标准为基础，把工程项目作为一个系统，将所有影响工作质量的各个环节都加以控制，并以必要的手段、方法和合理的组织机构，明确的职责、权限和合格人员予以保证。此外，还应明确提出经济效益和社会效益的要求。

二、建设工程项目质量计划

（一）质量计划的制定依据

（1）质量方针。质量方针（Quality Policy）由组织的最高管理者正式发布的该组织总的质量宗旨和方向。它体现了该组织成员的质量意识和质量要求，是组织内部的行为准则，也体现了客户的期望和对客户的承诺。组织的质量方针可以被该组织的项目团队随时采用并运用于项目。例如某项目的质量方针是"为下一道工序提供的可交付成果无可挑剔"。

（2）质量目标。质量目标（Quality Objective）的定义是"在质量方面所追求的目的"。项目质量目标是落实质量方针的具体要求，并与质量方针一致。质量目标包括满足项目或产品要求所需的内容，并应是可测量的。

（3）标准和规则。标准是一个公认组织批准的文件，是为了能够普遍和重复使用，而为产品、过程或服务提供的准则、指导方针或特征，它们不是强制执行的。标准中若明确有强制性条文，则强制性条文是需要强制执行的。规则是规定产品、过程或服务特征的文件，包括使用的行政管理条例，是强制执行的。

（4）工程项目综合说明。工程项目综合说明描述工程项目的特点和工程项目运行管理的要求，工程建设过程中的主要技术问题，以及影响工程项目质量、工期和费用的因素等。

（5）工程项目的建设环境。工程项目的建设环境，包括项目组织的内部和外部环境。

（6）类似工程项目建设管理的经验教训。

（7）工程项目风险。

（8）其他过程的输出。

除以上所说依据外，其他知识领域的过程结果也可能成为质量计划的编制依据，如采购计划中可能包括了承包人的质量要求，而该质量要求应该在总体质量管理计划中有所反映。

（二）质量计划的结果

1. 质量管理计划

项目质量计划是实施项目的组织的质量体系在该项目上的具体体现，故项目的质量计划编制应与组织质量体系的要求相一致。质量计划应指出如何将这些通用的程序文件与具体项目所特有的要求结合起来，以实现规定的质量目标。质量计划的格式和详细程度与项目的复杂性及项目的复杂性及项目管理班子的管理水平相适应。

2. 实施说明

实施说明以非常专业的术语说明了各种问题的实际内容及其在质量控制过程中是如何测量的，包括相关的标准、规范、规程。对于质量计划中的一些特殊要求，附加实施说明，对其详细的操作程序、质量控制关键点、在质量检查中如何度量等问题进行说明。

3. 检查表

检查表是用以核实一系列必须采取的步骤是否已经得到实施的结构化工具，是一种用于对项目实施状况进行记录、分析、评价的工具。现在许多企业和大型项目上都有标准表格和质量计划执行体系。

4. 其他过程的输入

质量计划可为其他领域的进一步活动确定需求。

（三）质量计划的编制方法

在质量计划的制订过程中，会用到成本/效益分析方法、因果关系分析图、质量管理工作流程图、责任矩阵、统计方法、试验和设计方法等。

建设项目质量计划通常反映在项目实施计划、合同、项目手册、项目管理规范、投标文件中。

第四节　建设工程项目质量控制

一、概述

建设工程项目质量控制可定义为：为达到建设工程项目质量要求所采取的作业技术和活动。其质量要求主要表现为工程合同、设计文件、规范规定的质量标准。因此，工程质量控制也就是为了保证达到工程合同规定的质量标准而采取的一系列措施、手段和方法。工程项目质量是按照工程建设程序，经过工程建设系统各个阶段而逐步形成的。

（一）建设工程项目质量控制的特点

1. 影响质量的因素多

如设计、材料、机械、地形、地质、水文、气象、施工工艺、操作方法、技术措施、管理制度等，均直接影响施工项目的质量。

2. 容易产生质量变异

因建设项目施工不像工业产品生产，有固定的自动线和流水线，有规范化的生产工艺和完善的检测技术，有成套的生产设备和稳定的生产环境，有相同系列规格和相同功能的产品；同时，由于影响施工项目质量的偶然性因素和系统性因素都比较多，因此，很容易产生质量变异。

3. 质量检查不能解体、拆卸

施工项目产品建成后，不可能像某些工业产品那样，再拆卸或解体检查内在的质量，或重新更换零件。即使发现质量有问题，也不可能像工业产品那样实行"包换"或"退款"。

4. 质量要受投资、进度的制约

施工项目的质量受投资、进度的制约较大。如：一般情况下，投资大、进度慢，质量就好；反之，质量则差。因此，项目在施工中，还必须正确处理质量、投资、进度三者之间的关系，使其达到对立的统一。

（二）建设工程项目质量控制的职能与任务

建设工程项目质量控制，是一个由投入物质量控制到施工过程控制到产出物质量控制的全过程、全系统的控制过程。在控制过程中，影响工程质量控制的因素主要有五大方面，即4M1E——人（Man）、材料（Material）、机械（Machine）、方法（Method）和环境（Environment）。

为了保证工程质量，就要做好以下工作：

1. 以人的工作质量确保工程质量

人是建设项目中参与施工的组织者、指挥者和操作者。工程质量是工程中的"人"所创造的。为此，对工程项目质量的控制始终应"以人为本"，狠抓人的工作质量。

2. 严格控制投入品的质量

对于工程项目中采用的原材料、成品、半成品、构配件等的控制，主要是严格检查验收，正确合理的使用，建立管理台账，对投入品的收、发、储、运等各个环节的技术管理，避免混料和将不合格的原材料使用到工程上。

3. 全面控制施工过程，重点控制工序质量

任何一个工程项目都是由若干个分项、分部工程所组成，要确保整个工程项目的质量，达到整体优化的目的，就必须全面控制施工过程。对于施工过程所采用的施工方案进行充分论证，做到工艺合理；对于每一道工序质量都必须进行严格检查；对于特别关键的部位，还要专门设置工序检查点。

4. 贯彻"预防为主"的方针

"以预防为主，防患于未然"，把质量问题消灭于萌芽状态，这是现代化管理的观念。预防为主就是要加强对影响质量因素的控制，对投入品质量的控制；就要从对质量的事后检查把关，转向对质量的事前、事中控制；从对产品质量的检查，转向对工作质量的检查、对工序质量的检查、对中间产品的质量检查。

二、建设工程项目质量控制的方法

（一）工程质量评定验收

工程质量评定项目，一般划分为分项工程、分部工程和单位工程。由于各类工程内容、特点、规模、形式、形成的过程和管理方法不同，划分分项、分部和单位工程的方法也不一样，但目的和要求都是为了有利于质量管理和质量控制。

1. 计划文件的编制与审查

在工程项目中，应做好各种计划文件的编制及审核，包括：

(1) 建设工程前期的项目可行性研究。

(2) 项目的设计文件。

(3) 施工招投标阶段的施工招标文件、投标文件以及合同书。

(4) 施工阶段的施工组织设计设计、专项施工方案以及各分部分项工程的过程文件等。

2. 现场质量检验

(1) 建筑工程采用的主要材料、半成品、成品、建筑构配件、器具和设备应进行现场验收。凡涉及安全、功能的有关产品，应按各专业工程质量验收规范规定进行复验，并应经监理工程师（建设单位技术负责人）检查认可。

(2) 各工序应按施工技术标准进行质量控制，每道工序完成后，应进行检查。

(3) 相关各专业工种之间，应进行交接检验，并形成记录。未经监理工程师（建设单位技术负责人）检查认可，不得进行下道工序施工。

3. 建筑工程施工质量验收

建筑工程施工质量验收应按下列要求进行验收：

(1) 建筑工程施工质量应符合标准和相关专业验收规范的规定。

(2) 建筑工程施工应符合工程勘察、设计文件的要求。

(3) 参加工程施工质量验收的各方人员应具备规定的资格。

(4) 工程质量的验收均应在施工单位自行检查评定的基础上进行。

(5) 隐蔽工程在隐蔽前应由施工单位通知有关单位进行验收，并应形成验收文件。

(6) 涉及结构安全的试块、试件以及有关材料，应按规定进行见证取样检测。

(7) 检验批的质量应按主控项目和一般项目验收。

(8) 对涉及结构安全和使用功能的重要分部工程应进行抽样检测。

(9) 承担见证取样检测及有关结构安全检测的单位应具有相应资质。

(10) 工程的观感质量应由验收人员通过现场检查，并应共同确认。

4. 检验批的质量检验

检验批的质量检验，应根据检验项目的特点在下列抽样方案中进行选择：

(1) 计量、计数或计量—计数等抽样方案。

(2) 一次、二次或多次抽样方案。

(3) 根据生产连续性和生产控制稳定性情况，还可采用调整型抽样方案。

(4) 对重要的检验项目当可采用简易快速的检验方法时，可选用全数检验方案。

(5) 经实践检验有效的抽样方案。

（二）施工质量控制方法

1. 工序质量控制

工序质量包含两方面内容：一是工序活动条件的质量；二是工序活动效果的质量。工序质量的控制，就是对工序活动条件的质量控制和工序活动效果的质量控制，据此来达到整个施工过程的质量控制。一方面要控制工序活动条件的质量，即每道工序投入品的质量（即人、材料、机械、方法和环境的质量）是否符合要求；另一方面又要控制工序活动效果的质量，即每道工序施工完成的工程产品是否达到有关质量标准。

工序质量控制原理是采用数理统计方法，通过对工序一部分（子样）检验的数据，进行统计、分析，来判断整道工序的质量是否稳定、正常；若不稳定，产生异常情况必须及时采取对策和措施予以改善，从而实现对工序质量的控制。其控制包括实测、分析、判断三部分。

2. 现场进行质量检验的方法

现场进行质量检验的方法有目测法、实测法和实验法三种。

目测法可归纳为看、摸、敲、照四个字。看，就是通过观察，看施工顺序是否合理、工人操作是否正确、施工效果是否完好；摸，就是手感检查，主要用于装饰工程的某些检查项目，如水刷石、干黏石黏结牢固程度、地面有无起砂等，均可以通过手摸加以鉴别；敲，就是运用工具进行声感检查，如对贴面工程中的面砖、水磨石贴面等均应进行敲击检查，检查是否有空鼓；照，就是对于难以看到或光线较暗的部位，通过镜子反射或者灯光直接照射的方法进行检查。

实测法，就是通过实测数据与施工规范及质量标准所规定的允许偏差进行对照，来判别质量是否合格。实测检查法的手段，也可归纳为靠、吊、量、套四个字。靠，就是用直尺、塞尺检查墙面、地面、屋面的平整度；吊，就是用托线板以线坠吊线检查垂直度；量，就是用测量工具和计量仪表等检查断面尺寸、轴线、标高、湿度等的偏差；套，就是以方尺套方，辅以塞尺检查。如对阴阳角的方正、踢脚线的垂直度、预约构件的方正等项目的检查。对门窗口及构配件的对角线检查，也是套方的特殊手段。

实验法，是指必须通过试验手段，才能对质量进行判断的检查方法。如对桩或地基的静载试验来确定其承载力；对钢筋进行力学试验，检查钢筋是否达到现场使用。

思　考　题

1. 什么是全面质量管理？有哪些基本要求？
2. 什么是 PDCA 循环？简述其控制的基本原理。
3. 建设工程项目质量管理中常用的数理统计方法有哪些？
4. 为保证质量体系的有效运行，要做好哪些工作？
5. 影响建设工程项质量目标控制的因素有哪些？
6. 建设工程项目现场质量检验方法有哪些？

第十一章　建设工程项目健康、安全和环境管理

第一节　概　　述

由于建设工程项目的社会影响广，历史责任大，社会各方面对建设工程项目产生了许多新的要求，如 ISO 14000（国际标准—环境管理体系）、OHASA 18000 都要求在建设工程项目管理中有所体现。此外，法律还对劳动保护（健康）提出了相关要求。由此，在建设工程领域将其统称为建设工程项目的健康—安全—环境（简称 HSE）管理体系。

一、健康、安全和环境管理在现代建设工程项目管理中的地位

（一）健康、安全和环境管理体现了建设工程项目的社会责任和历史责任

早期的建设工程项目管理以质量、进度和成本管理为最主要内容，这主要是从项目参与者角度出发的。

HSE 管理体系的创立，是保护人类生存环境、保障人们身体健康和社会文明、保证社会和企业可持续发展的需要，是对建设工程项目更高层次的要求，体现了建设工程项目的社会责任和历史责任。

（二）HSE 管理已成为工程承包商（包括供应商）的基本责任

在现有的一些工程承包合同（如 FIDIC 工程施工合同）中，对工程质量，要求承包商提出质量管理体系，由业主的项目经理审查；而对环境保护，要求施工项目的废弃物排放必须低于法律和规范规定的较小值；对健康保护，要求必须按照建设工程项目所在地的法律要求保护劳务人员的健康。为此，可以将它们纳入统一的管理体系中，即采用 HSE 的管理体系进行建设工程项目管理。这些工作已经成为工程承包商（包括供应商）的基本责任。

（三）HSE 管理比传统目标管理具有更大的强制性

传统的三大目标是要求工程项目尽可能争取实现的，其对项目或企业的影响更多地体现在经济层面上。而在建设工程项目中 HSE 一旦出现问题，还会在社会与历史层面上对项目、企业造成不良影响，甚至会涉及重大的社会和法律问题，其后果更甚。因此，与建设工程项目的质量、进度和成本三大目标相比，HSE 目标具有更高的优先级，其管理具有更大的强制性。

（四）HSE 目标与传统的三大目标之间具有辩证关系

不可否认，推进 HSE 管理会带来工程费用的增加，会对工期产生一定的影响。一般地，要提高 HSE 管理水平必须以比较成熟的质量管理、进度管理和成本管理为基础。在我国目前许多建设工程项目的质量、成本、进度三大目标控制尚未成熟的情况下，要求推广 HSE 管理，常常难以如愿，但推行 HSE 管理将对整个项目管理水平和企业总目标的实现有很大的促进作用。

1. 降低建设工程项目的社会成本与环境成本

通过实施 HSE 管理体系，可以控制建设工程项目作业现场的各种粉尘、废水、废气、固体废弃物以及噪声、振动对环境的污染和危害，可以消除对外部的干扰，提高工作效率，

提高项目安全生产管理水平，保证项目顺利进行，可以直接或间接获得经济效益。

2. 实现以人为本的安全管理目标

人力资源的质量是提高生产力水平和促进经济增长的重要因素，而人力资源的质量是与工作环境的安全卫生状况密不可分的。职业安全卫生管理体系的建立，将成为保护和发展生产力的有效方法。改善劳动者的作业条件，提高劳动者身心健康和劳动效率，它将产生长期的积极效应，对社会发展和文明进步也能起到促进作用。

3. 提升企业的品牌和形象，增强企业的竞争力

市场中的竞争已不再仅仅是资本和技术的竞争，企业综合素质的高低将是开发市场的最重要的条件，而项目职业安全卫生则是反映企业品牌的重要指标，也是企业素质的重要标志。它有利于员工的身心健康，有利于培养和提高施工队伍的整体素质，促进企业提高综合管理水平，适应现代化施工的客观要求。

4. HSE 管理促进建设工程项目管理现代化

管理是项目运行的基础。全球经济一体化对现代化建设工程项目管理提出了更高的要求，必须建立系统、开放、高效的 HSE 管理体系以促进项目大系统的良好运作和整体管理水平的提高。

二、我国目前 HSE 管理中存在的问题

HSE 管理体现了建筑业的可持续发展的观念和人性化的管理特征。相对于国外将 HSE 管理作为第一目标、第一要务，我国的 HSE 管理水平则较为落后。体现在以下两大方面：

（一）HSE 的企业文化和管理环境尚未形成

HSE 的企业文化和管理环境尚未形成的主要原因如下：

1. 对 HSE 管理缺乏足够的认识

HSE 是一项综合的全过程的管理活动，应贯穿于从设计到施工，再到使用阶段。但有些企业对 HSE 管理缺乏足够的认识，单纯地认为 HSE 管理就是施工过程的管理，仅仅是承包商的任务，因此往往把 HSE 管理看作企业的一项负担，这就对 HSE 的推行产生了一定的阻碍。

2. HSE 管理技术支持手段的水平不高

作为 HSE 管理的技术支持手段的风险管理，大多凭经验而论，缺乏系统性和科学性，在我国的建筑业领域总体水平不高、成效不明显。

3. 环保意识不强，应急措施不够完善

相对于短期的经济效益，建设企业对长远的环境效益的重视程度不够，相应的配套软硬件设施跟不上。例如，尚无完善的施工人员安全培训机制，或是突发事故的应急措施不到位，另外，HSE 管理的硬件设施也比较落后等。而这些设施往往能够直接体现企业人性化的管理水平。

（二）缺少一套完整的 HSE 管理的制度和标准

目前我国的建筑业企业在建设工程项目管理中尚未建立一套关于健康、安全和环境管理的完整的 HSE 管理制度和标准，尚未形成完整的 HSE 管理体系以及保障体系。接轨国际惯例，将 HSE 管理水平作为评价或者是衡量建筑业企业的标准之一是发展的必然趋势。

以上原因都使得我国目前的建设工程项目 HSE 管理流于形式。虽然 HSE 管理的理念并非起源于建筑业，但是其先进的理念应该融入整个建筑业，体现其明显的特色，实现建筑

业的可持续发展以及人性化的管理。

三、建设工程项目 HSE 管理要求

（一）应从建设工程项目全寿命周期的角度强化 HSE 管理

"健康—安全—环境"管理体系必须包括工程的设计、施工、运营和拆除的各个方面，即不仅要保证产品和工程的设计，保证施工过程，而且要保证工程投产后的产品的生产、使用或服务的提供过程，以及工程最后拆除等各项工作，它们都要符合法律、规范、用户、业主和社会各方面对健康、安全和环境的要求。必须持续不断地对建设工程项目各个阶段可能出现的安全、环境和健康问题实施管理。否则，一旦在某个阶段出现安全问题、环境问题和健康问题，就会造成投资的巨大浪费，甚至造成建设工程项目的夭折。

（二）应全面统筹规划，落实项目安全、职业健康管理与环境保护方针

应按照安全、职业健康与环境保护管理体系的要求实施建设工程项目 HSE 管理，积极开展全过程的目标管理，全面综合规划、决策，落实项目安全、职业健康管理与环境保护方针，编制环境影响报告，落实建设工程项目的环境保护、安全保障以及职业健康保障措施。同时，应保证 HSE 管理与建设工程项目的进度、成本、质量和合同管理融为一体。

（三）应建立全面的责任体系

建设工程项目 HSE 管理是所有项目相关者的共同责任。项目 HSE 管理工作的有效实施，需要项目各参与单位和项目部全体人员参与，并要求项目各个环节的密切配合、成功协作。

（1）积极推行工程承包企业的 HSE 管理体系。

（2）项目部具体履行企业对项目 HSE 管理目标及其绩效改进的承诺。

（3）在建设工程项目组织内应建立 HSE 管理责任制，设置专职管理人员，明确其职责和权限，在项目经理领导下，具体负责项目 HSE 管理的组织与协调工作。

（4）对工程分包商和供应商，在相关合同中必须包含相关的 HSE 要求的条款，并对工程、供货、检验和运输的 HSE 要求作出明确的规定。在工程建设过程中应加强对分包商的指导与监督，将有关程序与要求通报供货方和承包方，以促使他们提供的产品或服务符合组织的要求。

（四）应符合法律的要求

HSE 管理涉及国家有关的法律法规、工程建设的相关强制性要求。国家有关项目安全、职业健康与环境保护管理的法律法规、工程建设强制性标准主要包括：《中华人民共和国建筑法》、《中华人民共和国劳动法》、《中华人民共和国环境保护法》、《中华人民共和国安全生产法》、《中华人民共和国消防法》、《中华人民共和国职业病防治法》、《建设工程安全生产管理条例》、《建设项目（工程）职业安全卫生预评价和管理》、《建设项目环境保护管理办法》、《建筑施工安全检查标准》（JGJ 59—1999）、《职业健康安全管理体系　规范》（GB/T 28001—2001）和《环境管理体系　要求及使用指南》（GB/T 24001—2004）等。建设工程项目 HSE 管理应按照上述相关法律法规开展工作。

第二节　建设工程项目健康、安全和环境管理体系

在现代工程中，HSE 管理虽然有着各自丰富的内容，有着相应的管理对象，但是健康、安全、环境管理具有高度的相关性。它们的管理过程和方法具有相同的特点，人们常常把它们

持续改进

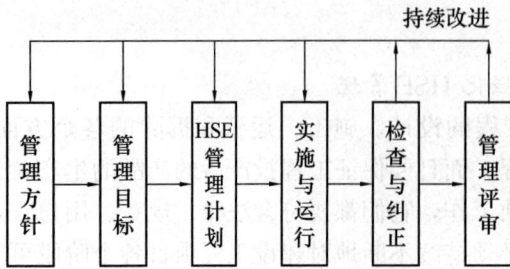

图 11-1　HSE 管理工作流程

综合起来。HSE 管理体系作为系统化、结构化、程序化的管理体系，它遵循 PDCA 管理模式并以文件支持相应的管理制度和管理办法，其工作过程如图 11-1 所示，主要包括 HSE 管理目标与计划的制订及其实施与管理评审。

一、HSE 管理目标与计划

（一）管理方针

（1）建设工程项目组织必须确定 HSE 管理的总方向和总原则，并形成文件，作为制定与评审环境目标和指标的框架，以便于项目组织成员理解和相关方获取。

（2）制定 HSE 方针是上层管理者的责任，表明上层组织对工程项目 HSE 管理的承诺。

（3）通常，HSE 管理必须坚持"安全第一，预防为主"的方针。

（二）管理目标

（1）按照管理方针中的承诺制定 HSE 目标。从总体上说，建设工程项目环境管理的目的是保护生态环境，减少污染，使社会经济发展与人类的生存环境相协调。

建设工程项目职业健康和安全管理的目的是保护产品生产者、使用者和其他相关人员（如工地及周边的员工、临时工作人员、合同方人员、访问者和其他有关部门人员）的职业健康、生命及财产安全，使他们面临的风险减少到最低限度，消除和避免造成健康和安全方面的危害，最终实现预防和控制工伤事故、职业病及其他损失的目标。

（2）HSE 管理目标主要依据环境因素、法律、工程合同和其他要求设立，应建立可测量的目标。如工程承包合同规定，承包商的环境管理目标通常要达到环境保护法所规定的和项目目标所要求的排放标准（两者中取小值，即较严格的数值）。

（3）组织内部各管理层次、各有关部门和岗位在一定时期内均应有相应的目标和指标，并用文本表示。

（三）HSE 管理计划

1. 组织结构和职责

（1）企业应指定项目经理承担相应的 HSE 任务，明确职责、权限，并为环境管理体系的实施提供各种必要的资源。

（2）项目经理负责现场环境管理工作的总体策划和部署，负责环境管理体系的建立、实施，并向最高管理者报告环境管理体系的运行情况。

（3）项目部应建立项目 HSE 管理的组织结构和责任矩阵。HSE 管理体系的有效实施必须依靠组织的所有部门承担相应的职责，通常 HSE 的管理组织与工程项目组织一致。

（4）制定相应制度和措施，明确环境保护和消防保安的管理责任。必须对各层次的任务、职责、权限作出明确规定，形成文件并予以传达。建立施工安全检查制度，应规定实施部门或人员的职责权限、检查对象、标准、方法和频次。

2. 控制点设置

（1）辨识危险源。对工程项目实施工作进行分类，区分项目的常规活动和项目的非常规活动，前者如正常的施工活动，后者如加班加点，抢修活动等。根据工程施工的特点和条件，对施工危险源进行充分的识别、风险评价和风险应对措施的制定。

采用适当的方法，根据对可预见的危险情况发生的可能性和后果的严重程度，评价已识别的全部施工危险源，按照风险评价结果，确定重大施工危险源。

（2）列出有重大影响的危险源，以作为控制的对象。重大影响的危险源是指可能对环境有重大影响的事件，或可能出现重大安全事故的隐患和紧急情况。应密切关注那些与重大施工危险源有关的活动、设施、设备的状态与人员的行为，并以清单的形式罗列。清单的内容一般包括危险源名称、性质、风险评价、可能的影响后果以及应采取的对策或措施。

3. 控制技术和管理措施

针对潜在的和发生的原因采取预防和纠正的措施，制订风险对策，评审风险对策的可靠性。

（1）应为实施、控制和改进项目 HSE 目标合理配置所需的资源，实施包括人力、物力、财力和技术等资源的专项计划。

（2）应建立并保持一套完整的管理工作程序，使之能有效确定潜在的事故或紧急情况，并在其发生前予以预防、避免、减少和消除可能伴随的环境影响，一旦紧急情况发生时立即作出响应。

（3）落实合同措施（描述监督、跟踪、诊断、处理、持续改进的整个控制过程）。项目部应按施工分包合同的约定，明确分包人应承担的安全责任和义务，检查、落实其安全防范措施的可靠性和有效性。同时，应对从事危险作业的人员办理人身意外伤害保险，并制订应急预案，落实救护渠道与措施，以保证在事故发生时及时组织实施。

（4）对重大的危险源分别制订应急处理预案。即在安全事故发生时组织实施，防止事故扩大，减少与之有关的伤害和损失。应急预案的内容应包括：应急救援的组织和人员安排；应急救援器材、设备与物资的配备及维护；作业场所发生安全事故时，对保护现场、组织抢救的安排；内部与外部联系的方法和渠道；预案演练计划；预案评审与修改的安排。

（5）制订或确认必要的专项施工方案，针对危险源制定防范预案并配备必要的防火、救护设施。制订安全防范计划、安全程序和制度以及安全作业指导书，对施工人员进行安全培训，并提供必需的劳动防护用品，对安全物资进行验收、标识、检查和防护；对临时用电、施工设施、设备及安全防护设施的配置、使用、维护和拆除等按规定进行检查和管理，确定重点防火部位，配置消防器材，实行动火分级审批，组织专人监控可能存在重大危险的部位、过程和活动，对重大施工危险源及安全生产的信息及时进行交流和沟通。

（6）应建立并保持有效的控制程序，保证所有文件的贯彻实施。

4. 管理体系文件

HSE 管理方针、目标和实施计划通常用管理体系文件表示。这些文件的特点是法律性、系统性、真实性、可操作性、不断完善性、符合性和体现方式的多样性。

（1）程序文件的编写。程序文件的一般格式为：目的和适用范围，引用的标准及文件，术语和定义，职责，工作程序，报告和记录的格式以及保存期限，相关文件等。

（2）作业文件的编制。作业文件是指管理手册、程序文件之外的文件，一般包括作业指导书（操作规程）、管理规定、监测活动准则及程序文件引用的表格。

HSE 管理体系重在运行和对 HSE 因素的有效控制，应避免文件过于烦琐，以利于建立良好的控制系统。

5. 重大建设工程项目的 HSE 管理

对重大建设工程项目进行 HSE 管理时，还需要开展技术研究、开发、攻关以及风险专项和论证等工作，在项目 HSE 计划中具体落实，并留有适当的组织、时间和资源保证。

二、HSE 管理体系的实施

（一）管理体系运行工作

管理体系运行是指按照已建立体系的要求，重点围绕培训意识和能力，通过信息交流、文件管理、执行控制程序、监测实施状态、采取纠正和预防措施以及跟踪记录等活动推进体系的运行工作，确保组织的方针、目标和计划在既定程序的控制下正常运行。一般包括如下活动：

1. 教育和培训

培养和增强各层次人员的 HSE 意识和能力，这是企业和项目部基本的法律责任。必须建立分级的 HSE 教育制度，实施公司、项目经理部和作业队三级 HSE 教育，应明确培训要求和应达到的效果，建立培训程序。对可能产生重大影响的工作，特别对需要特殊培训的工作岗位和人员要专门进行教育、培训，以保证他们能胜任所负担的工作，未经教育的人员不得上岗作业。同时，应做好对危险源及其风险规避的宣传与警示工作。

2. 做好交底工作

逐级开展 HSE 管理实施计划的交底工作，保证项目部人员和分包商等人员正确理解安全管理实施计划的内容和要求。安全技术交底应符合下列规定：

（1）单位工程开工前，项目经理部的技术负责人必须向有关人员进行安全技术交底。

（2）结构复杂的分部分项工程施工前，项目经理部的技术负责人应进行安全技术交底。

（3）项目经理部应保存安全技术交底记录。

3. 组织各部门的信息沟通

（1）确保与员工及其他相关方在职业健康安全信息方面的相互沟通。

（2）鼓励所有受组织运行影响的人员参与职业健康安全事务，对组织的职业健康安全方针和目标予以支持。

4. 加强运行控制

（1）项目部应更多采用预防措施，做到预防为主、防治结合。

（2）确保 HSE 管理体系文件得到充分理解并有效运行。应遵循的原则是：体系文件写到的要做到，做到的应有有效记录。

（3）根据实现职业健康安全的方针、目标、法规和其他要求的需要开展工作，使与风险有关的运行活动均处于受控状态。

项目部应制定并执行项目安全日常巡视检查和定期检查的制度，记录和保存检查的结果，对安全事故和不符合相关要求的情况进行处理。

5. 应急准备和响应

（1）在工程实施过程中应积极主动评价潜在的事故或紧急情况，识别应急响应需求，随时准备启动应急准备和响应计划，以预防和减少可能引发的病症和突发事件造成的伤害。

（2）当现场发生事故时，项目部应按照规定程序积极组织和参与救护管理，防止事故不良影响的扩大。

（二）检查和纠正措施

1. 监督和测量

持续不断地对组织的 HSE 绩效进行监督和测量，以保证 HSE 管理体系的有效运行，这既是对体系运行状况的监督手段，又是发现问题、及时采取纠正措施、实施有效运行控制的首要环节。

（1）应定期对项目 HSE 管理体系进行例行检查、监测和测量，分析不安全行为和影响健康、安全和环境的部位和危害程度。

（2）应采用随机抽样、现场观察和实地检测相结合的方法开展 HSE 检查，记录检测结果，及时纠正发现的违章指挥和操作行为，并要求在每次检查结束后及时编写 HSE 检查报告。

（3）对监测活动，在程序中应明确规定：如何进行例行监测，如何使用、维护、保管监测设备，如何记录和如何保管记录，如何参照标准进行评价以及何时向谁报告监测结果和发现的问题等。特别地，应对可能具有重大环境影响的关键运行活动进行监督和测量，保证监测活动按规定进行。

（4）对监测的内容，在文件中应明确要求：组织的 HSE 绩效（如采取污染预防措施收到的效果，节省资源和能源的效果，对重大环境因素控制的结果等），有关的运行控制（对运行加以控制，监测其执行程序及其运行结果是否偏离目标），目标、指标和环境管理方案的实现程度等，为组织评价环境管理体系的有效性提供充分的客观依据。

其中，施工安全检查的内容应包括：施工安全目标的实现程度，施工安全责任的落实情况；适用的法律法规、标准规范的遵守情况以及风险控制措施计划的落实情况。

2. 不良状况的纠正、处理与预防措施

应严格执行对不符合或违反 HSE 规定的事件的调查和处理程序，明确有关职责和权限，实施纠正和预防措施，减少产生环境影响，确保人员的健康安全，并防止问题的再次发生。

（1）对检查出的违反 HSE 规定的行为及时发出整改通知单，对责任单位、部门或人员要求限期纠正。

（2）分析不符合或违反 HSE 规定的事件的原因，并评价其问题的严重性。

（3）针对产生问题的原因采取相应的纠正与预防措施，以减少由此产生的影响。

（4）执行纠正措施，对不符合或违反的事件进行整改，并跟踪验证其有效性。

（5）进行深入的分析和调查，预防事故和不良事件的进一步发生。

（6）对已经出现的 HSE 事故处理，应按合同约定和相关法规组织事故的调查、分析和处理。程序如下：报告安全事故，事故处理，事故调查，编写调查报告。

3. 运行记录

HSE 管理体系的运行记录证实了体系处于有效的运行状态，它可以将体系及其相关要求形成文件。应建立对记录进行管理的程序，明确对环境管理的标识的要求。记录要求字迹清楚、标识明显、可追溯，在很大程度上要有法律证明效力。

4. 管理体系审核

（1）组织通过内部审核方案，持续评估组织的 HSE 管理体系的有效性、符合性，评价管理体系是否有效满足组织的职业健康安全目标。应制定、保持定期开展 HSE 管理体系内部审核的程序、方案和步骤。这是管理体系自我保证和自我监督的一种机制。

（2）审核程序和方案的目的是判定其是否满足符合性（即 HSE 管理体系是否符合相关工作的预定安排和规范要求）和有效性（即 HSE 管理体系是否得到正确实施和保持），并向管理者报告管理结果。

（3）应规定审核的具体内容和审核报告的要求，其中包括范围、频次、方法等。对审核方案的编制依据和内容要求，应立足于所涉及活动的重要性和以前审核的结果。

（三）管理评审

管理评审是由上层组织对 HSE 管理体系的系统评价，它可以判断管理体系对内部情况的变化和外部环境是否充分有效。同时，通过管理评审，可以评价管理体系是否完全实施和是否继续保持，管理方针是否继续合适，管理方案是否应随情况变化及时进行相应修订，由此决定是否对整个管理体系作出调整。

第三节　建设工程项目健康与安全管理

一、建设工程项目健康与安全管理概述

（一）与职业健康和安全管理相关的一些概念

1. 职业健康安全事故

职业健康安全事故即职业伤害事故与职业病。职业伤害事故是指因生产过程及工作原因或与其相关的其他原因造成的伤亡事故。职业病是指经诊断因从事接触有毒有害物质或不良环境的工作而造成急慢性疾病。

2. 企业职业健康管理

企业职业健康管理是为了有效控制工作场所内的员工、临时工作人员因受劳动条件及职业活动中存在的各种有害化学、物理、生物因素和在职业工作中产生的其他职业有害因素的影响而引发的职业健康问题，设立职业健康卫生管理机构，由各相关部门主要负责人组成，对企业的职业健康管理工作实施管理。企业职业健康管理工作包括配备和完善与职业健康有关的防护设施和用品；使劳动者的生理、心理健康得到保护；建立健全重要岗位的健康卫生管理制度和操作规程，制订职业病防治措施计划，定期对职业健康危害因素进行评价；定期组织对特种岗位作业人员、女职工及炊事人员进行体检等。

3. 安全生产和安全管理

安全生产是指使生产过程处于避免人身伤害、设备损坏及其他不可接受的损害风险（危险）的状态。而不可接受的损害风险（危险）则是指超出了法律、法规和规章的要求；超出了方针、目标和企业规定的其他要求；超出了人们普遍接受的（通常是隐含的）要求。

安全管理是指企业按照国家有关安全生产法规和本企业的安全生产规章制度，以直接消除生产过程中出现的人的不安全行为和物的不安全状态为目的的一种最基层的、具有终结性的安全管理活动。

4. 职业健康安全管理体系

职业健康安全管理体系是用系统论的理论和方法解决职业伤害事故、职业病和安全生产的问题，它应遵守现行职业健康法规和安全生产法规的承诺。2001 年 11 月 12 日，国家质量监督检验检疫总局正式颁布了《职业健康安全管理体系规范》，自 2002 年 1 月 1 日起实施，代码为 GB/T 28001—2001，属推荐性国家标准。2012 年 2 月 1 日后该标准由《职业健康安全管理体系要求》（GB/T 28001—2011）替代。

（二）建设工程项目职业健康和安全管理的意义

职业健康和安全管理可以有效预防和减少职业伤害事故、职业病和安全事故的发生，切实保护员工的身体健康、心理健康甚至生命安全，保障员工的利益，提高员工的工作积极

性。对企业而言，进行职业健康和安全管理可以提高企业职业健康安全绩效，进而提高企业的管理水平，为企业产生直接和间接的经济效益，在社会上树立企业良好的品质和形象。对社会而言，职业健康和安全管理体现了社会生产中以人为本的管理思想，在保障劳动者的身心健康和生命安全的基础上有效提高了社会生产水平，促进了社会安定、和谐、有序地发展。

对于建设工程项目而言，其工序多，影响面大，参与职工人数多，能否对建设工程项目实施有效的职业健康和安全管理，不仅关系项目本身能否安全顺利实施，而且关系多数人的身心健康和安全。此外，建设工程项目的职业健康和安全管理问题不是孤立存在的，而是与质量管理、环境管理密不可分，其影响面波及千家万户，甚至影响一个城市、一个国家的整体面貌。

二、建设单位的安全管理

（一）建设单位施工安全管理的重要性

建设单位是建筑市场的重要责任主体。建设单位按照法律法规规定拥有确定建设工程项目的规模、功能、外观，使用材料设备，选择勘察、设计、施工和工程监理单位等权利，在工程建设各个环节负责综合管理工作，居于主导地位，是工程建设过程和建设效果的负责方。所以，建设单位的行为在整个建设工程活动中是否规范，是影响建设工程安全生产的重要因素。

（二）建设单位的安全责任

（1）建设单位不得对施工单位提出不符合建设工程法律法规的要求，不得压缩工期。

（2）建设单位在编制工程概算时，应当确定建设工程安全作业环境及安全施工措施所需费用。

（3）建设单位不得明示或者暗示施工单位购买、租赁和使用不符合安全施工要求的安全防护用具、机械设备、施工机具及配件、消防设施和器材。

（4）建设单位在申请领取施工许可证时，应当提供建设工程有关安全施工措施的资料。

（5）建设单位应当将拆除工程发包给具有相应资质等级的施工单位。

（6）建设单位应当向施工单位提供相关资料。

建设单位应当向施工单位提供施工现场及毗邻区域内供水、排水、供电、供气、供热、通信、广播电视等地下管线资料，气象和水文观测资料，相邻建筑物、构筑物和地下工程的有关资料，并保证资料的真实、准确、完整。

（三）建设单位施工安全管理主要内容

（1）建立健全安全生产规章制度。

（2）提供有关资料并保证资料的真实性、准确性和完整性。

（3）必须严格遵守和执行法律法规和强制性标准。

（4）执行合同中约定的工期，不得随意压缩工期。

（5）提供建设工程安全生产费用。

（6）不得明示或者暗示施工单位购买、租赁、使用不符合安全施工要求的产品。

（7）办理施工许可证或开工报告时必须报送安全施工措施。

（8）加强拆除工程的管理。

（9）建立和落实安全管理制度。

（四）建设单位施工安全管理模式

建设单位通常可将建设工程项目施工安全管理委托工程咨询机构，由相关工程咨询机构进行监督管理，提供社会化、专门化的安全技术及管理服务。

三、施工单位的安全管理

（一）施工安全管理概述

1. 施工安全管理的原则要求

有效控制，科学管理，便利施工，全过程动态管理。

2. 施工安全管理的任务

（1）正确贯彻执行国家和地方的安全生产、劳动保护和环境卫生的法律法规、方针政策和技术标准、技术规范，使施工现场安全生产工作做到目标明确，组织、制度、措施落实，保障施工安全。

（2）建立完善施工现场的安全生产管理制度，制定本项目安全技术操作规程，编制有针对性的安全技术措施。

（3）组织安全教育，提高职工安全生产素质，促使职工掌握生产技术知识，遵章守纪地进行施工生产。

（4）运用现代管理和科学技术，选择并实施实现安全目标的具体方案，对本项目的安全目标的实现进行控制。

（5）按"四不放过"的原则对事故进行处理，并向政府有关安全管理部门汇报工作情况。

（二）施工安全管理主要内容

（1）建立健全安全生产管理机构和配备安全生产管理人员。

（2）建立健全安全生产管理体系和安全生产责任制。

（3）编制安全生产资金计划。

（4）编制和实施施工组织设计和专项施工方案的安全技术措施。

（5）抓好安全教育培训工作。

（6）开展安全检查。

（7）做好伤亡事故的调查和处理。

（8）开展施工现场的安全管理，即施工现场作业、设施设备和作业环境安全管理等。

（三）施工单位的安全管理制度

施工单位的安全管理制度主要包括：①安全生产责任制度。②安全生产许可证制度；住建部负责央企安全生产许可证管理，其他由省、自治区、直辖市建设主管部门负责。有效期3年，有效期满前3个月提请办理延期，有效期内无死亡事故，经原发证机关同意，不再审查。③安全生产教育培训制度；区别对待，加强管理人员、特种作业人员和企业员工的安全教育培训。④安全技术措施制度。⑤特种人员持证上岗制度。⑥专项施工方案专家论证制度。⑦危及施工安全工艺、设备、材料淘汰制度。⑧施工起重机械使用登记制度。⑨安全检查制度。⑩"三同时"制度。⑪安全预评价制度。⑫意外伤害保险制度。⑬安全事故应急救援制度。⑭生产安全事故报告制度。

（四）施工安全管理计划

1. 施工安全管理计划的原则

施工安全管理计划的原则包括：①目标导向原则；②预知预控原则；③全过程、全方位原则；④系统控制原则；⑤动态控制原则；⑥可操作性和针对性原则；⑦实效最优化原则；⑧持续改进原则。

2. 施工安全管理计划的基本内容

施工安全管理计划的基本内容包括：①项目安全管理目标；②项目安全管理组织机构和职责；③建筑施工现场危险源辨识和控制的技术与管理措施；④对从事危险环境下作业人员的教育培训计划；⑤对危险源及其风险规避的宣传与警示方式；⑥项目安全管理的主要措施。

3. 施工安全目标

项目经理部制订的安全目标必须与所在建筑企业的安全方针、安全目标协调一致，包括安全指标、管理指标等，这些指标应该可测量，且便于考核。

项目经理部制订的总安全目标，通常包括：①杜绝重大伤亡、设备、管线、消防和环境污染事故；②一般事故频率控制目标；③安全标准化工地创建目标；④文明工地创建目标；⑤遵循安全生产方面有关法律法规和技术标准规范，以及对员工和社会要求的承诺；⑥其他需满足的总体目标，如针对已识别和评价出的重大危险源指定的管控目标，根据项目具体情况确定的目标和指标。

4. 危险源识别、评价和控制计划

施工现场的危险源是指一个建设工程项目在施工过程中具有潜在能量和物质释放危险的、在一定的触发因素作用下可转化为事故的部位、区域、场所、空间、设备及其位置。

施工现场物态本质安全因素的识别的目的在于通过对整个建设工程项目施工安全进行系统的分析，界定出系统中的哪些部分、区域是危险源，其危险性质、危险程度、存在状况、危险源能量与物质转化为事故的转化过程规律、转化的条件、触发因素等，以便有效地控制能量和物质的转化，使危险源不至于转化为事故。

5. 施工现场安全生产保证计划

施工现场安全生产保证计划是指依据安全计划的结果和施工现场安全生产管理要求，规定项目经理部的安全目标、控制措施、资源和活动顺序的文件，用以描述建设工程项目施工现场安全生产管理各个要素及其相互作用，以文件形式使施工现场安全生产管理内容得到充分展示。它是项目经理部安全管理活动的指导性文件和具体行动计划。

（五）建设工程项目施工安全管理要素

1. 安全生产责任的划分

安全生产责任可划分为：①项目经理安全职责；②安全员安全职责；③作业队长安全职责；④班组长安全职责；⑤操作工人安全职责；⑥总承包人安全责任；⑦分包人安全生产责任。

2. 安全教育培训

安全教育培训的主要内容包括安全生产思想、安全知识、安全技能、安全规程标准、安全法规、劳动保护、环境保护和典型事例分析等。

施工现场安全教育的主要形式包括：新工人"三级安全教育"（公司进行安全生产基本知识、法规、法制教育，项目进行现场规章制度和遵章守纪教育，班组安全生产教育），变换工种安全教育，转场安全教育，特种作业安全教育，班前安全活动交底和每周安全活动等。

3. 安全技术措施管理

（1）安全技术措施审批管理。

一般工程安全技术措施（方案）由项目经理部项目工程师审核，项目经理部技术负责人审批，报公司项目管理部、安全管理部备案。

重要工程安全技术措施（方案）由项目经理部技术负责人审核，公司项目管理部、安全管理部复核，由公司技术发展部或公司总工程师委托技术人员审批并在公司项目管理部、安全管理部备案。

大型、特大工程安全技术措施（方案）由项目经理部技术负责人组织编制，报公司的技术发展部、项目管理部、安全管理部审核。按《条例》规定，深基坑工程、高大模板工程、地下暗挖工程等专项施工方案必须组织专家论证审查，经同意后方可实施。

（2）安全技术措施变更管理。施工过程中如发生设计变更，原定的安全技术措施也必须随着变更，否则不准施工。施工过程中确实需要修改拟定的安全技术措施时，必须经编制人同意，或者重新履行审批手续。

（3）安全技术交底。单位工程开工前，项目经理部的技术负责人必须将工程概况、施工方法、施工工艺、施工程序、安全技术措施，向承担施工的责任工长、作业队长、班组长和相关人员进行交底。结构复杂的分部分项工程施工前，项目经理部技术负责人应有针对性地进行全面、详细的安全技术交底。项目经理部应保存双方签字确认的安全技术交底记录。

安全技术交底的基本要求如下：

1）项目经理部必须实行逐级安全技术交底制度，纵向延伸到班组的全体作业人员。

2）技术交底必须具体、明确、针对性强。

3）技术交底的内容应包括分部分项工程施工中可能给作业人员带来的潜在隐含危险因素和存在的问题及其解决措施。

4）应优先采用新的安全技术措施。

5）应将工程概况、施工方法、施工程序、安全技术措施等向工长、班组长、作业人员进行详细交底。

6）定期向由两个以上作业队伍和多工种进行交叉施工的作业队伍进行书面交底。

7）保持书面安全技术交底等签字记录。

安全技术交底的主要内容包括以下五个方面：

1）本建设工程项目的施工作业特点和危险点；

2）针对危险点的具体预防措施；

3）安全注意事项；

4）相应的安全操作规程和标准；

5）发生事故后应及时采取的避难和急救措施。

4. 安全检查

（1）安全检查的内容。项目经理部应根据施工过程的特点和安全目标的要求，确定安全检查内容，主要包括：安全生产责任制度、安全生产保证计划、安全组织机构、安全保证措施、安全技术交底、安全教育、安全持证上岗、安全设施、安全标识、操作行为、违规管理和安全记录等。

（2）安全检查的方法。项目经理部安全检查的方法应采取随机抽样、现场观察、实地检测相结合，并记录检测结果。对现场管理人员的违章指挥和操作人员的违章作业行为应及时进行纠正。

5. 安全验收

（1）安全技术方案实施情况的验收；

（2）建设工程项目的安全技术方案由项目经理部技术负责人牵头组织验收；

（3）交叉作业施工的安全技术措施由区域责任工程师组织验收；

（4）分部分项工程安全技术措施由专业责任工程师组织验收；

（5）一次验收严重不合格的安全技术措施应重新组织验收；

（6）项目专职安全管理员要参与以上验收活动，并提出自己的具体意见和建议，对需重新组织验收的项目要督促有关人员尽快整改。

第四节 建设工程项目环境管理

一、概述

（一）建设工程项目环境管理的内涵

1. 建设工程项目对环境的影响以及与环境的交互作用

自 20 世纪中叶以来，环境危机被列为全球性问题，这些危机的根源与建设工程项目有着一定的联系，例如，工业化与城市化迅猛发展造成资源的浪费以及环境的污染等，建设工程项目已逐渐成为影响环境的重要源头之一。项目建设与运行中排放的废水、废气和废弃物无论是对大气、水体还是人类自己本身都带来了巨大的隐患。而环境也同样影响着建设工程项目的开展。因为一个建设工程项目对环境有很大的依赖性，如自然环境、人文环境等。因此，项目与环境之间是相互制约、相互协调的交互关系，只有促进环境与人类协调发展，才能推动历史的车轮向前。

2. 广义的环境管理

通过对建设工程项目的环境系统分析可知，环境系统的结构是复杂的，涉及面很广。因此广义的环境管理除狭义环境管理概念范畴外，还涉及与政府、与周边的沟通，涉及法律问题、市场问题等。

3. 狭义的环境管理

建设工程项目 HSE 管理中所指的环境主要是指在项目的建设和运营过程中对自然和生态环境的保护，以及按照法律法规、各级主管部门和企业的要求，保护和改善作业现场的环境，同时控制和减少现场的各种粉尘、废水、废气、固体废弃物、噪声和振动等对环境的污染和危害。

（二）加强建设工程项目环境管理的意义

1. 贯彻国家的节能环保总方针，促进经济健康发展

建筑业是资源和能源的消耗大户。目前很多建筑工地上，无论是水泥、混凝土还是自来水的用量，均存在很大程度的浪费。另外，建筑垃圾的处理问题也很严重。因此作为国民经济支柱的建筑业应该积极贯彻国家的宏观政策，以促进经济的健康发展。

2. 规范建筑市场行为，确保建筑业可持续发展

环境作为人类赖以生存的必要条件对人类的生存与发展起着关键作用。为了实现环境管理目标，建设工程项目环境管理从施工管理、环境保护技术、材料供给以及资源和能源的合理利用等方面应提出了明确的要求，这将会促进产业的合理调整，推动建筑业法律法规的制定，规范整个建筑市场的秩序，有利于实现建筑业的可持续发展。

3. 承担社会责任，塑造企业形象

市场经济体制是一个自由开放、竞争激烈、促进社会资源合理分配的制度。企业是市场的主体，又是产生环境问题的主要原因。建筑业企业的形象已经不再局限于简单追求其产品质量的好坏，更重要的是关注其所体现的社会责任感。加强建设工程项目环境管理就是履行社会责任的一项重要工作，应促进企业环境与经济的协调持续发展，使企业走向良性和长期发展的道路。

（三）建设工程项目环境管理的主要环节

建设工程项目环境管理体现的是全方位的管理，整个管理流程包括了从开始识别环境因素到最后整个环境管理体系的审核，应该注重系统把握，由专业的管理人员负责管理。在整个管理体系的流程中应包括以下几个重要的环节：

1. 环境因素的及时识别与评价

识别环境因素时要考虑到"三种状态"（正常、异常、紧急），"三种时态"（过去、现在、将来），向大气排放、向水体排放，废弃物处理，土地污染，原材料和自然资源的利用以及其他当地环境问题。

2. 提出环境管理方案

根据建设工程项目组织的环境目标与指标提出相应的环境管理方案。组织在制订一个执行方案后，还应制订必要的备选方案以确保环境保护上的无漏洞管理。在方案中应明确表达为了实现环境管理的目标和方针，各部门应承担的相应职责及其管理的方法和规划的时间。

3. 运行控制与跟踪反馈

环境管理方案一旦实施，组织就应当确保环境管理目标与方针的准确落实。凡偏离方针目标运行的，应启动相应的控制程序予以纠正。一旦发现有潜在的事故或危险，要结合管理方案提前采取防御措施，并对其进行跟踪反馈。

4. 监测与审核

需对环境管理体系进行定期的监测以确保管理体系有效而顺利地运行。针对所监测的环境管理方案的落实情况、有关的运行绩效等情况进行记录，并结合相关的法律法规以及所制订的目标来评价与审核整个管理体系是否已达到使整个管理过程持续有效的目的。

二、我国建设工程项目环境评价制度

我国自 2003 年 9 月 1 日开始实施《中华人民共和国环境影响评价法》起，建设工程项目须根据其对环境影响程度编制环境影响评价文件。该评价文件分为三类，包括环境影响报告书、环境影响报告表、环境影响登记表。国家相关主管部门根据所提交的评价文件对建设工程项目进行分类管理。评价文件应由具有相应环境影响评价资质的机构围绕规定的内容（如建设工程项目的概况、周边环境的描述、对环境将产生的影响的预测等）分析并提出具体的技术与组织措施，分析环境影响的经济损益，编写或按格式填写最终结论，并将结论报相关的行政主管部门进行审批。最后在项目建设实施时，对照环境影响评价文件采取恰当的保护措施或改进措施并备案。

总之，我国建设工程项目环境影响评价体系可以归纳为以下几点：

(1) 根据规定，在项目总投资中必须明确保证有关环境保护设施建设的投资情况。

(2) 只有环境影响报告批准后，计划部门才可批准建设工程项目设计任务书。

(3) 依法进行严格的环境影响评价，提出环境影响评价报告。评价建设工程项目对环境的影响时，其工作内容应包括对环境的污染、对生态的影响和对人文景观的影响等。根据建设工程项目环境影响报告和总体环保规划，全面制订并实施建设工程项目范围内的环境保护计划，有效控制污染物及废弃物的排放，并进行有效治理；保护生态环境，防止因工程建设和投产后引起的生态变化与扰民，防止水土流失，以及进行绿化规划等。同时，应注重分析项目对环境的影响和污染，制定防治措施，报经上级主管部门批准。

(4) 所有的新建、改建、扩建和技术改造项目以及开发项目都必须实现"三同时"，即污染治理的设施与主体工程同时设计、同时施工、同时投产运行。

通过对建设工程项目环境影响的评价，帮助制定相应的预防和应急措施，来确保工程项目环境管理在整个建设过程中有效地实施。

三、规划设计阶段的环境管理

建设工程项目环境管理的宗旨在于防止建设工程项目产生新污染和破坏生态环境，以达到保护环境的目的。鉴于建设工程项目的阶段性与复杂性，为了使建设工程项目的环境管理落到实处，整个管理流程应该平行于项目实施的各阶段并且融入其中。在项目的规划设计阶段，建设工程项目环境管理的主要目标是在源头上最大程度地对资源和环境进行规划设计以便合理利用。为了避免盲目地、空洞地追求该目标，应结合工程设计要求，制定匹配的指标和管理措施，并且反映在规划设计文件中。

在项目的规划和项目建议书阶段，应依据《中华人民共和国环境影响评价法》编写环境影响评价文件，介绍建设工程项目的环境概况，并对环境产生的影响作出预测、评价分析，同时提出相应的保护措施，论证并且结合经济损益分析提出相应的环境影响监测意见，最后上报相关的行政主管部分进行审批。此阶段的环境管理主要体现在对建设工程项目环境影响的评价上，通过开展评价，有利于对在项目建设施工运营中可能发生的对环境的影响进行预防与控制。

在项目的设计阶段，根据项目建议书阶段编制的环境影响评价文件对环境产生影响的因素进行仔细地考虑。另外设计和规划过程中还应严格遵守国家法律法规中关于环境保护的相应的规定。现代工程设计中关于环境保护的基本要求如下：

(1) 设计必须严格执行有关环境管理的法律、法规和工程建设强制性标准，应充分考虑环境影响因素，防止因设计不当导致环境问题的发生。

(2) 设计应考虑施工安全操作和防护的需要，对涉及施工安全的重点部位和环节，在设计文件中应明确注明，并对防范生产安全事故提出指导意见。

(3) 采用新结构、新材料、新工艺的建设工程和特殊结构的项目，应在设计中提出保障施工作业人员安全和预防生产安全事故的措施、建议。

(4) 对设计人员加强环境教育，提高其环境保护意识和职业道德。

四、施工阶段的环境管理

（一）施工阶段的建设工程项目环境管理的必要性与困难

1. 建设工程项目施工阶段环境管理的必要性

施工阶段是建设工程项目环境保护管理的关键阶段。项目施工阶段一般时间都比较长，工序复杂，很多的环境问题都集中在施工现场。因此，要结合项目自身的特点，对建设工程项目施工阶段的现场环境管理工作给予高度的重视，确保项目"三同时"制度的实施，促进其经济效益与环境效益双赢局面的形成。其必要性具体表现为：

（1）施工阶段现场环境管理是施工正常开展的保障。一个美观整洁、道路畅通、材料放置有序、施工组织有条不紊的施工现场环境对施工进度的影响越来越大。

（2）施工阶段现场环境管理是现代化施工的必然趋势。随着科学技术的进步，各式各样的机具器械推陈出新，施工现场作为堆放的主要场所，其管理水平的高低对施工技术的应用效果产生很大的影响。

（3）施工阶段现场环境管理可推动"以人为本"管理方针的贯彻落实。作为一个劳动密集型较高的产业，"以人为本"的管理方针越来越受到政府、企业以及社会各界的重视。而为施工现场人员提供一个良好的施工作业环境是落实方针目标的重要举措。良好的作业环境需要有个完善的现场环境管理体系作后盾，而恶劣的环境必然会带来现场人员的心理疲倦，甚至产生危险事故的隐患。

（4）施工现场环境管理是社会和谐发展的必然要求。环境与人类不应该是此消彼长的，只有共同向前、和谐发展才能推动社会文明进步。显然，当前作为最大污染源之一的施工现场，只有通过一套完善的管理措施才能达到保护环境的目的。

2. 建设工程项目施工阶段环境管理的困难

实际操作中，建设工程项目的施工对城市造成的污染依然很严重。如粉尘的笼罩、噪声的干扰以及建筑垃圾的不合理处理等均阻碍了社会的和谐发展。其中，主要原因是施工单位与建设单位主观上对环境保护的意识不强，导致"建设项目需要配套建设的环境保护设施，必须与主体工程同时设计、同时施工、同时投产使用"的"三同时"制度的贯彻落实不够彻底。这就要求无论是施工单位还是建设单位都不应该将环境管理仅仅作为一种形式，停留在投标时利于中标且造价上可增加取费的思路上。客观上，我国的环境监督力度不够，同时对于工程建设施工中提高环境保护意识和能力的宣传还不够到位。另外，与国际上发达国家相比，我国的环保技术措施还比较落后，进而影响了对现场环境的监测与防治。

（二）施工现场环境管理的基本要求

《中华人民共和国建筑法》、《中华人民共和国环境保护法》和《建设项目环境保护管理条例》等法律法规中均对工程项目的环境保护提出相应的规定。因此要严格执行以上相关的法律法规和标准规范，建立项目施工管理的检查、监督和责任约束机制。对施工中可能产生的污水、烟尘、噪声、强光、有毒有害气体、固体废弃物、火灾、爆炸和其他灾害等有害于环境的因素，实行信息跟踪、预防预报、明确责任、制定措施和严格控制的方针，以消除或降低对施工现场及周边环境（包括人员、建筑、管线、道路、文物、古迹、江河、空气、动物、植物等）的影响或损害。

（三）施工现场环境管理的主要内容

（1）项目经理部应在施工前了解经过施工现场的地下管线，标出位置，加以保护。施工时发现文物、古迹、爆炸物、电缆等，应当停止施工，保护现场，及时向有关部门报告，按照规定处理后继续施工。

（2）项目经理部应对施工现场的环境因素进行分析，对可能产生污水、废气、噪声、固体废弃物等的污染源采取措施，进行控制。

1）建筑垃圾和渣土应堆放在指定地点并定期进行清理。高处施工产生的垃圾应采取相应措施清理搬运。

2）装载建筑材料、垃圾或渣土的车辆，应采取防止尘土飞扬、洒落或流溢的有效措施。根据施工现场的需要还应设置机动车辆冲洗设施并对冲洗污水进行处理。

3）应按规定有效地处理有毒、有害物质。禁止将有毒、有害废弃物作为土方回填。除有符合规定的装置外，不得在施工现场熔化沥青和焚烧油毡、油漆及其他可产生有毒有害烟尘和恶臭气味的废弃物。

4）施工现场应设置畅通的排水沟渠系统，保持场地道路的干燥坚实。施工现场的泥浆和污水未经处理不得直接外排。

5）有条件时，可对施工现场进行绿化布置。

（3）项目经理部应依据施工条件和施工总平面图、施工方案和施工进度计划的要求，综合考虑节能、安全、防火、防爆、防污染等因素，认真进行所负责区域场地平面的规划、设计、布置、使用和管理。

1）现场的主要机械设备，脚手架，密封式安全网和围挡，模具，施工临时道路和水、电、气管线，施工材料制品堆场及仓库，土方及建筑垃圾堆放区，变配电间，消火栓，警卫室，现场的办公、生产和生活临时设施等的布置，均应符合施工平面图的要求，并根据现场条件合理进行动态调整。

2）现场入口处的醒目位置，应公示下列内容：工程概况牌，安全纪律牌，防火须知牌，安全无重大事故牌，安全生产、文明施工牌，施工总平面图，项目经理部组织架构及主要管理体制人员名单图。

3）施工现场必须设立门卫，根据需要设置警卫，负责施工现场保卫工作，采取必要的保卫措施。主要管理人员应在施工现场佩戴证明其身份的标识。

（4）项目经理部应做好现场文明施工工作，促进施工阶段环境保护。文明施工是施工企业管理水平的最直观体现，即要求施工场地整洁卫生，施工现场组织有序。文明施工的提出不仅可以加速提高施工企业的管理效率，推动建设施工的标准化管理，还能适应建筑业的发展趋势。文明施工管理的内容包括了施工现场的场容管理、现场机械管理、文化与卫生等全方位管理。

1）现场文明施工的一般要求。文明施工可以保持施工现场良好的作业环境、卫生环境和工作秩序。其一般包含以下几点要求：

a）规范施工现场的场容，保持作业环境的整洁卫生。

b）科学组织施工，使生产有序进行。

c）减少施工对周围居民和环境的影响，保证职工的安全和身心健康。

d）管理责任明确，奖惩分明。

e）定期检查管理实施程度。

2）施工现场的场容管理。建筑业的不断发展要求不断提高施工现场管理水平。施工现场的场容管理作为施工现场管理的重要方面，无论是政府各部门还是施工企业本身，都应该越来越重视场容管理。施工现场的场容管理包含的内容很广，但应建立在施工平面图设计的合理安排和物料器具定位管理标准化的基础上。其基本要求为：

　　a) 施工中需要停水、停电、封路而影响环境时，必须经有关部门批准，事先告示。

　　b) 在行人、车辆通过的地方施工，应当设置沟、井、坎、覆盖物和标志。

　　c) 对现场人流、物流、安全、保卫、遵纪守法等提出公告或公示要求。

　　d) 对管理对象（不同的分包人）划定责任区和公共区。

　　e) 及时清理现场，整理、整顿、清扫、清洁等。

　　f) 施工机械应当按照施工总平面布置图规定的位置和线路设置。

　　g) 应保证施工现场道路畅通，排水系统处于良好的使用状态；保持场容场貌的整洁。

　　（5）必须按照有关安全法规、规范对各单项工程组织安全验收。建设工程项目环境保护设施竣工验收，应当与主体工程竣工验收同时进行。项目配套建设的环境保护设施必须与主体工程同时投入试运行。项目经理部应对环境保护设施的运行和建设项目对环境的影响情况进行监测。

五、运营和结束阶段的环境管理

　　建设工程项目运营管理和结束阶段的环境管理越来越受到重视，但它仍然是一个薄弱环节。通常建筑物在运营阶段消耗的能量大，而且在工程拆除过程中制造的建筑垃圾和大量的粉尘都给资源和环境带来不小的问题。因此在运营管理过程中应该重视建筑节能，可以通过采用新型材料、改进技术、利用节能设备等方法和措施来实现。而且在建设工程项目拆除过程中要重视对建筑垃圾的处理。而这些环境管理目标的实现程度需要通过一系列量化的指标来评判。同时，项目经理部应对环境保护设施运行情况和建设项目对环境的影响程度进行监测，为了保证监测结果的可靠性，还应该对监测和测量设备进行定期校准和维护。在项目运营与拆除阶段的主要工作如下：

　　（一）评价项目环境目标与指标的实现程度

　　首先，企业应组织内部各管理层次、各部门和各岗位的人员制订环境保护的阶段性目标与指标，要求这些目标和指标与组织环境管理方针相呼应，成为整个工程环境管理的骨架。其次，必须围绕以上目标和指标落实各项技术、组织、经济措施。当建设工程项目竣工投入运行后，需要对量化后的项目环境目标与指标的落实程度进行检测分析，若发现实际措施偏离原目标、指标的，应及时予以纠正调整。

　　（二）监控与测量设备的定期校准和维护

　　对建设工程项目环境管理情况进行监控与测量，这是对整个管理体系的运行进行监督的重要手段。其监控与测量内容包括了组织环境保护管理措施运行的成效、实施程度、目标与指标的落实情况等。同时在监测过程中，还应该明确监控与测量的办法和时间，如何校准、维护监测与测量设备，以及如何对测量结果进行记录、评价和汇报等。

　　（三）运营与结束阶段的环境保护

　　建设工程项目竣工投产后以及拆除阶段，要注重对自然环境指标的监测，如大气、水体等周边环境资源，必须确保污染排放限制在国家规定的标准范围内。同时，应该向审批该建设项目环境影响报告书（表）的环境保护行政主管部门、申请需要与此项目配套建设的环境保护设施的竣工验收。在整个管理活动中要及时监测、及时记录、及时响应，以便于采取有效的应急或预防措施，并要保证整个管理过程的连贯性。

思 考 题

1. 如何理解"HSE 管理体现了建设工程项目的社会责任和历史责任"？
2. 将 HSE 管理水平作为评价工程承包企业的标准之一是必然趋势，为什么？
3. 简述建设工程项目 HSE 管理体系的内容。
4. 简述 HSE 与传统的三大目标（质量、成本、工期）之间的辩证关系。
5. 简述建设工程项目对环境的影响及其与环境的交互作用。

第十二章　建设工程项目信息管理

第一节　信息与建设工程项目信息管理

工程项目管理是为了控制投资成本、确保工程建设进度、保障工程质量，依照特定的理论和方法，辅以所需的人力、物力、财力，对项目进行全程跟踪、反馈、调整，从而实现项目目标。工程项目管理具有涉及面广、工作量大、制约性强、信息量大等特点，在传统的工程项目管理过程中易产生企业内部信息共享程度低、信息传递不流畅、工作效率低下、很难保证材料消耗的时效性等问题，这些都阻碍着工程项目的顺利实施。随着工程项目规模越来越大、建筑结构越来越复杂、建造技术要求越来越高，传统的工程项目管理已难以适应工程项目的建设和发展，这就需要管理模式、技术和方法的创新。工程项目管理信息化为问题的解决提供了可能，它不仅提高了工程项目管理的现代化程度，而且大大提高了管理工作的绩效。虽然工程项目管理信息化在我国起步较晚，但随着经济全球化的浪潮席卷全世界，越来越多的中国建筑企业认识到如果不加大力度推动信息化在工程项目管理中的应用，管理效率将很难提高，中国建筑企业将难以与国外的企业开展竞争。从当前形势来看，建设工程项目管理信息化发展是我国建筑企业发展的必由之路。

一、建设项目中的信息

（一）信息的定义

信息通常是指用口头、书面或电子的方式传输的知识、新闻或情报。信息的表达形式主要有声音、文字、数字和图像。

（二）信息的分类

建设项目中的信息很多，一个稍大的项目结束后，作为信息载体的资料就汗牛充栋，许多项目管理人员整天就是与纸张和电子文件打交道。这些信息依据不同标准划分如下：

1. 按照信息的内容属性划分

（1）组织类信息。

组织类信息是指与建设工程项目组织直接有关的信息，主要包括编码信息、单位组织信息、项目组织信息、项目管理组织信息。

（2）管理类信息。

管理类信息是指与建设工程项目过程管理相关的信息，主要包括进度控制信息、合同管理信息、风险管理信息、安全管理信息。

（3）经济类信息。

经济类信息是指与建设工程项目投资控制有关的信息，包括投资控制信息、工作量控制信息。

（4）技术类信息。

技术类信息是指建设工程项目在建设过程中涉及的技术信息，主要包括前期技术信息、设计技术信息、质量控制信息、材料设备技术信息、施工技术信息、竣工验收技术信息。

2. 按照建设工程项目的目标划分

（1）投资控制信息。

投资控制信息是指与投资控制直接有关的信息。如各种估算指标，类似工程造价、物价指数，设计概算、概算定额，施工图预算、预算定额，工程项目投资估算，合同价组成，投资目标体系，计划工程量、已完工程量、单位时间付款报表、工程量变化表、人工、材料调差表，索赔费用表，投资偏差、已完工程结算，竣工决算、施工阶段的支付账单，原材料价格、机械设备台班费、人工费、运杂费等。

（2）质量控制信息。

质量控制信息是指建设工程项目质量有关的信息，如国家有关的质量法规、政策及质量标准、项目建设标准，质量目标体系和质量目标的分解，质量控制工作流程、质量控制的工作制度、质量控制的方法，质量控制的风险分析，质量抽样检查的数据，各个环节工作的质量（工程项目决策的质量、设计的质量、施工的质量），质量事故记录和处理报告等。

（3）进度控制信息。

进度控制信息是指与进度相关的信息，如施工定额，项目总进度计划、进度目标分解、项目年度计划、工程总网络计划和子网络计划、计划进度与实际进度偏差，网络计划的优化、网络计划的调整情况，进度控制的工作流程、进度控制的工作制度、进度控制的风险分析等。

（4）合同管理信息。

合同管理信息是指建设工程项目相关的各种合同信息，如工程招投标文件，工程建设施工承包合同、物资设备供应合同、咨询和监理合同，合同的指标分解体系，合同签订、变更、执行情况，合同的索赔等。

3. 按照建设工程项目信息的来源划分

（1）项目内部信息。

项目内部信息是指建设工程项目各个阶段、各个环节、各有关单位发生的信息总体。内部信息取自建设工程项目本身，如工程概况、设计文件、施工方案、合同结构、合同管理制度，信息资料的编码系统、信息目录表，会议制度，监理班子的组织，项目投资目标、项目质量目标、项目进度目标等。

（2）项目外部信息。

来自项目外部环境的信息称为外部信息。如国家有关的政策及法规，国内及国际市场的原材料及设备价格、市场变化，物价指数，类似工程造价、进度，投标单位的实力、投标单位的信誉、毗邻单位情况，新技术、新材料、新方法，国际环境的变化，资金市场变化等。

4. 按照信息的稳定程度划分

（1）固定信息。

固定信息是指在一定时间内相对稳定不变的信息，包括标准信息、计划信息和查询信息。标准信息主要指各种定额和标准，如施工定额、原材料消耗定额、生产作业计划标准、设备和工具的耗损程度等；计划信息反映在计划期内已定任务的各项指标情况；查询信息主要指国家和行业颁发的技术标准、不变价格、监理工作制度、监理工程师的人事卡片等。

（2）流动信息。

流动信息是指不断变化的动态信息。如项目实施阶段的质量、投资及进度的统计信息；

反映在某一时刻，项目建设的实际进程及计划完成情况；项目实施阶段的原材料实际消耗量、机械台班数、人工工日数等。

（三）信息的基本要求

信息必须符合管理的需要，要有助于建设项目管理系统的运行，不能造成信息泛滥和污染。一般它必须符合如下基本要求：

1. 适用性、专业对口

不同的项目管理职能人员、不同专业的项目参加者，在不同时间，对不同工作任务，有不同的信息要求。信息首先要专业对口，按专业的需要提供和流动。

2. 准确性、可靠性、反映实际情况

信息必须符合实际应用的需要，符合目标要求，这是开展正确、有效管理的前提。其中包含两方面的含义：

（1）各种工程文件、报表、报告要实事求是，反映客观事实。

（2）各种计划、指令、决策要以实际情况为基础。

不反映实际情况的信息容易造成决策、计划、控制的失误，进而影响建设项目目标。

3. 及时性

信息应满足接受者的需要，严格按规定时间提出并分发。只有及时提供信息，才能实现及时反馈，管理者也才能及时地控制建设项目的实施过程。信息一旦过时，会错失决策良机，造成不应有的损失。

4. 简单明了，便于理解

信息要让使用者易于了解情况，分析问题。所以信息的表达形式应符合人们日常接收信息的习惯，而且对于不同的人，应有不同的表达形式。例如，对于不懂专业，不懂项目管理的业主，宜采用更直观明了的表达形式，如模型、表格、图形、文字描述等。

5. 共享性

信息的共享能够提高管理效率，消除组织中的信息孤岛现象。

二、建设工程项目信息管理

（一）建设工程项目信息管理的内涵

建设工程项目的信息管理就是对建设工程项目的信息进行获取、存储、存档、处理和交流的总称。

信息管理作为建设项目管理的一项重要职能，通常在项目组织中要设置信息管理人员。现在一些大型工程项目或项目型的企业均设有信息中心。但信息管理又是一项十分普遍的、基本的项目管理工作，是每一个参与项目的组织成员或职能人员的一项常规工作，即他们都要担负收集、提供、传递信息的任务。

（二）建设工程项目信息管理的意义

建设工程项目信息管理是为建设项目的总目标服务的，旨在通过有效的项目信息传输的组织和控制，为项目建设的增值服务，并通过有效的信息沟通保证项目管理系统高效率地运行，确保项目成功。

建设工程项目信息沟通的具体作用如下：

（1）使上层决策者能及时准确地获得决策时所需的信息。

（2）实现项目组织成员之间高度协调。

（3）能有效地控制和指挥项目的实施。

（4）让外界和上层组织了解建设项目实施状况，更有效地获得各方面对项目实施的支持。

（5）实现信息资源的共享，消除信息孤岛现象，防止信息的堵塞。

（三）建设工程项目信息管理的任务

项目经理部承担着建设工程项目信息管理的任务，它是整个项目的信息中心，负责收集建设项目实施情况的信息，作各种信息处理工作，并向上级、向外界提供各种信息，其信息管理的主要任务如下：

（1）建立项目信息流的组织和信息管理系统，设计项目实施和项目管理中的信息和信息流。

1）按照建设项目实施过程、项目组织、项目管理组织和工作过程建立项目的信息流程；

2）按照建设项目各方和环境组织的信息需求，确定与外界的信息沟通；

3）制定建设项目信息的收集、整理、分析、反馈和传递等规章制度；

4）组织建设项目基本情况的信息，并使之系统化、文件化，编制项目手册，制定项目信息分类和编码规则与结构，如资料的格式、内容、数据结构要求。

（2）在建设项目实施过程中通过各种渠道收集信息，如现场调查问询、观察、试验，通过阅读报纸、杂志和书籍等。

（3）项目信息的加工与处理。

1）对信息进行数据处理、分析与评估，确保信息的真实、准确、完整和安全。

2）编制项目报告。

（4）项目信息的传递，向相关方提供信息，保证信息传递渠道畅通。

（5）信息的储存和文档管理工作。

三、国内外建设项目信息管理发展现状

（一）国外建设工程项目信息管理发展现状

国外在建设工程项目信息管理方面的研究已有三十多年历史，在建设项目全生命周期中的投资、进度和质量目标控制等都有完整的理论、方法和系列化的软件产品，其信息化方面的经验值得我国借鉴。

1. 美国

美国建设工程项目信息管理的发展离不开本国的政策支持。早在20世纪80年，美国军方为了提高工作效率、降低项目建设成本，发动了CALS运动也就是所谓的"无纸化"运动。这场运动的要点是针对项目的全生命周期（策划、报价、设计、施工、提交、结算等阶段）中的各个环节，用电子文档代替纸质文档。CALS实现项目信息的及时共享，从而不仅可以提高工作效率，还可以降低成本。据报道，实施CALS项目后，项目平均成本降低30%。

20世纪90年代末，受政府资助的美国建筑业研究所（CII）提出了FIAPP（Fully Integrated and Automated Project Processes），其目的是通过对信息技术的应用，实现对项目全生命周期数据管理，以满足业主、设计方、建造方以及买主的需求。FIAPP项目拓展了CAD技术，把3D、CAD与建筑活动相结合，开展能展示整个建造过程的4D虚拟模型的研究。

2003 年，全美国斯坦福 CIFE（Center for Integrated Facility Engineering）开发了基于 IFC 标准的 4D 产品模型系统，该系统支持建设工程项目实施的各阶段的数据交换与共享，实现了项目信息的集成化管理。该系统还可以通过虚拟技术实现产品模型的 3D 可视化以及 4D 施工过程模拟。CIFE 将 4D 概念应用于整个 AEC 领域中，应用先进的计算设备与交互工具，构建一个全数字交互工作室（Interactive Room），使建设工程项目各参与方能够实时地开展协同工作，为项目全生命周期管理奠定了基础。

目前，美国许多知名的工程公司都已通过信息化手段为企业构建了强大的业务基础数据库和建设工程项目信息管理系统，为企业的可持续发展和精细化管理打下了坚实的基础。在这些成功运用建设工程项目管理信息化的公司中，最具代表性的有 ABB 鲁玛斯集团、柏克德公司、雅克博斯集团等。这些知名公司的关键成功因素成为各国同类企业研究学习的榜样。在信息化管理软件的研发上，美国处于领头羊地位，比较著名的公司有 Auto desk 和 Bentley system，它们都致力于开发基于 IFC 的建筑信息模型 BIM（Building Information Modeling）和建设工程项目全生命周期管理 BLM（Building Life cycle Management）的信息化操作软件，在工程实践中得到广泛应用。

2. 欧洲

自 20 世纪 80 年代后期起，欧盟投入巨资组织了 ESPRIT，ESPRIT 是欧洲一个跨多领域、跨多学科的研发项目小组，创建这个小组的目的是通过对信息技术的研究，帮助欧洲更好迎接信息社会的到来。

德、法在建设工程项目信息管理发展中实施的举措包括：通过颁布通用的标准和发展通用的数据基础设施，保障参与建设的各方能够无障碍地实现资料共享交流；利用数码相机和信息传送技术对现场施工情况进行适时动态跟踪管理；施工现场人员采取绿卡认证的管理方式等。

英国对于建设工程项目信息管理的研究集中于大学的研究机构，如利物浦大学、剑桥大学等。目前在英国 AEC 行业广泛应用的 BIW 是基于网络的供应链集成通信平台，使用该平台用户可以从被动地接受信息转变为按需索取，从而提高了信息利用的效率和准确性。

3. 日本

与我国相比，日本建设工程项目信息管理较为系统，其行业标准规定也比较统一。日本大力推进建设工程项目全生命周期信息化系统 CALS/EC（Continuous Acquisition and Life cycle Support/Electronic Commerce），其特点是：项目全生命周期的所有电子化信息均存储在开放的数据库中以便于信息的共享，同时利用因特网进行信息的提交、接收和利用。以实现降低成本、提升质量、提高效率和增强企业竞争力的目的。参与日本国家重点建设工程项目的设计方、施工总承包或者分包商，必须符合建设 CALS/EC 的规程。

（二）国内建设工程项目信息管理发展现状与存在不足

据悉，我国建筑业信息化率仅约 0.027%，与国际建筑业信息化率 0.3% 的平均水平相比，差距高达 11 倍。《全国施工企业信息化建设现状与发展趋势调查报告》（2009）指出：我国大中型建筑业企业约 20% 开展了信息化工作，达到对企业管理辅助应用水平的比例为 39%；61% 企业处于办公文字处理和简单工具软件的应用水平，整体信息化管理水平很低。

虽然国内的信息化步伐逐年加快，许多建筑企业先后引入了建设项目信息管理的概念，不少企业引进或自行开发了信息管理系统。不过我们还处在起步阶段，信息化应用模式的开创、信息技术人才的培养、信息化意识培育等方面都存在着许多局限与不足。

1. 信息化应用的模式尚需改进

当前国内的建设项目信息管理在具体工程项目中的应用模式主要是直接购买和自行开发两种。

第一种模式缩短了信息技术投入应用的时间，但是这些比较成熟的应用模式与国内项目企业的发展尚不匹配，同时价格十分昂贵。

第二种模式需要很长的研发时间，同时不同的单位开发出来的系统有着不同的管理模式和数据标准，容易导致在不同项目中应用时不能与多方共享数据，不能很好地进行沟通，形成信息孤岛；目前信息技术租用服务模式在国外十分流行，也比较成熟，PM—ASP 服务供应商负责提供完全开发好的项目管理信息化系统，其收费标准主要取决于租用时间、用户数、项目数、数据占用空间大小等，这为我国建筑信息化发展带来新的思路。

2. 信息化人才匮乏，复合型人才紧缺

信息化人才是工程项目管理开展信息化建设的前提，这类人才是典型的复合型人才，能够从系统、全面的观点看待问题，在企业实现信息化的过程中，能够策划并实施各种方案，为企业谋福利。但目前建设行业信息化人才存在诸多问题：

（1）企业缺少运用信息技术的专业人才，信息技术操作人员的计算机专业水平相对偏低。

（2）人才培养过于单一，长期以来我国人才培养将计算机知识和管理知识割裂开来，培养的人才往往偏向单一，缺乏复合型人才。

（3）信息管理人员素质不高，技能不强，数量不足，结构也不够合理。

3. 信息化意识不足，政府和企业缺乏对信息化的认识

对于建设工程项目信息管理的认识，从各级政府到建筑施工企业，再到企业员工都存在着不足。各级政府对建设工程项目信息管理重视不够、认识不足、支持力度不够；企业的项目管理信息化意识不强，很多大型企业尚未意识到建设工程项目管理信息化的重要性，认为管理的软件过于昂贵，短时间内是不会给企业带来效益，只会加重企业的负担；企业员工信息化意识不足，他们并未充分认识到工程项目管理信息化的重要作用。

经过二十多年的实践和探索，国内的建设工程项目信息管理有了一定的发展。但应用信息化技术对建设工程项目进行主动和有效管理的水平仍然很低，不能保障工程项目建设过程中资料的有效收集分析，以及项目建设的规范推进，建设工程项目运营维护和科学化管理与国外相比均有很大的差距。由此，今后应努力做好项目管理信息化方面的工作，建立项目信息管理系统并提供基于互联网的项目管理和信息交流。这既满足了与国际接轨的需要，也符合建设工程项目管理的要求。

第二节　建设工程项目管理信息系统

一、建设工程项目管理信息系统概述

建设工程项目管理信息系统是基于计算机项目管理的信息系统，主要用于项目的目标控制。项目管理信息系统是由项目的信息、信息流通和信息处理等各方面综合而成的，它包括项目过程中信息管理的组织（人员）、相关的管理规章、管理工作流程、软件、信息管理方

法（如储存方法、沟通方法、处理方法）以及各种信息和信息的载体等。

建设工程项目管理信息系统的应用，主要是采用计算机手段进行项目管理有关数据的收集、记录、存储、过滤，并把数据处理的结果提供给项目管理成员。它是建设项目进展的跟踪和控制系统，也是信息流的跟踪系统。

建设工程项目管理信息系统有一般信息系统所具有的特性。它的总体模式如图 12-1 所示。

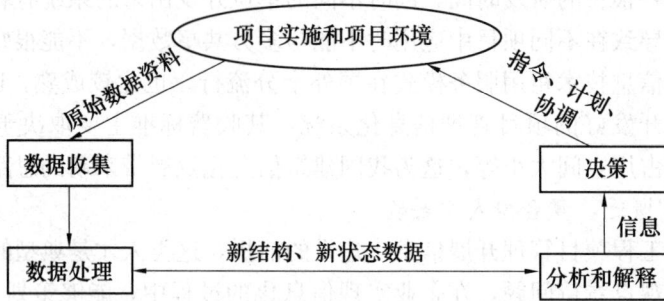

图 12-1　建设工程项目管理信息系统总体模式

建设工程项目管理信息系统主要功能包括投资控制、成本控制、进度控制和合同管理。

二、建设工程项目管理信息系统的建立过程

建设工程项目管理信息系统必须经过专门的策划和设计，并在建设工程项目实施中控制它的运行。建设工程项目管理信息系统的设计应考虑项目组织及业主的需要。

管理信息系统是在项目组织模式、项目实施流程和项目管理流程基础上建立的，它们之间互相联系又互相影响。它的建立要确定以下几个基本问题。

（一）信息的需要

按照建设工程项目组织结构和相关者范围分析，确定项目相关者的信息和沟通需求，即通过调查确定信息系统的输出。

（1）分析项目相关方，以及社会其他方面在项目过程的各个阶段的信息需求，并考虑如何及时地将信息提供给他们。特别应该注意向项目上层组织和投资者提供所需要的信息和可能的信息渠道，以帮助他们决策、计划和控制。

（2）项目组织的各个层次和各个职能部门的信息需求是按照他在组织系统中的职责、权力和任务设计的，即他要完成他的工作，行使他的权力应需要哪些信息，当然他的职责还包括他对其他方面提供信息。

（3）不同层次的管理者对信息的内容、精度、综合性有不同的要求。

（二）信息的收集和加工

（1）信息的收集。在项目实施过程中，每天都要产生大量的数据，如记工单、领料单、任务单、图纸、报告、指令、信件等，必须确定这些原始数据记录的负责人；明确这些资料、数据的内容、结构、准确程度以及获得这些原始数据、资料的渠道。由责任人对原始资料的收集、整理，并对它们的正确性和及时性负责。通常由专业班组的班组长、记工员、核算员、材料管理员、分包商、秘书等承担这个任务。

对工作包和工程活动，需要收集如下数据或信息：

1）实际执行的数据，包括活动开始或结束的实际时间。

2）使用或投入的实际资源和成本等。

3）反映质量状况的数据。

4）有关建设项目范围、进度计划和预算变更的信息。

（2）信息的加工和处理过程。原始资料面广量大，表达方式多种多样，必须经过信息加工才能符合管理需要，满足不同层次项目管理者的需求。

信息加工的概念很广，包括：

1）一般的信息处理方法，如排序、分类、合并、插入、删除等。

2）数学处理方法，如数学计算、数值分析、数理统计等。

3）逻辑判断方法，包括评价原始资料的置信度、来源的可靠性、数值的准确性，进行项目诊断和风险分析等。

（3）原始资料经过整理后形成不同层次的报告，必须建立规范化的项目报告体系。

（三）编制索引和存储，建立文档系统

许多信息作为工程项目的历史资料和实施情况的证明，不仅在项目实施过程中要被经常使用，有些还要作为工程资料持续保存到项目结束，而有些则要长期保存。这就要求必须按不同的使用和储存要求，将数据和资料储存于一定的信息载体上，做到既安全可靠，又使用方便。为此，要建立项目文档系统，将所有信息分解、编目。

1. 建设工程项目中信息的存档方式

（1）文档组织形式。

集中管理，即在项目或企业中建立信息中心，集中储存资料。

分散管理，由项目组织收集各方面资料，由项目经理部的各个部门保管资料。

（2）监督要求。

监督要求包括对外公开和不对外公开两种。

（3）保存期。

保存期限包括长期保存、非长期保存。有些信息暂时有效，有些则在整个项目期有效，有些信息要长期保存，如竣工图等必须一直在工程的运行期中保存。

2. 信息载体

（1）纸张，如各种图纸、各种说明书、合同、信件、表格等。

（2）磁盘、磁带，以及其他电子文件。

（3）照片，微型胶片，X光片。

（4）其他，如录像带、电视唱片、光盘等。

3. 选用信息载体如下几方面因素的影响：

（1）随着科学技术的发展，新的信息载体不断涌现，不同的载体有不同的介质技术和信息存取技术要求。

（2）项目信息系统运行成本的限制。不同的信息载体需要不同的投资，运行成本也不相同。在符合管理要求的前提下，尽可能降低信息系统运行成本，是信息系统设计的目标之一。

（3）信息系统运行速度要求。例如，气象、地震预防、国防、宇航之类的工程项目要求信息系统运行速度快，因此必须采用相应的信息载体和处理、传输手段。

（4）特殊要求。例如，合同、备忘录、工程项目变更指令、会谈纪要等必须以书面形式，由双方或一方签署才有法律证明效力。

（5）信息处理技术、传递技术和费用的限制。

（四）信息的使用和传递渠道

信息的传递（流通）是信息系统的最主要特征之一，即指令信息流通到需要的地方。信息传递的特点是仅传输信息的内容，而保持信息结构不变。在项目管理中，要设计好信息的传递路径，按不同的要求选择快速的，误差小的，成本低的传输方式。

1. 使用的目的

（1）决策，如各种计划、批准文件、修改指令，运行执行指令等。

（2）证明，如描述工程的质量、工期、成本实施情况的各种信息。

2. 信息的使用权限

对不同的项目参加者和项目管理人员，应明确规定其不同的信息使用和修改权限，权限混淆容易造成混乱。通常须具体规定，有某一方面（专业）的信息权限和综合（全部）信息权限，以及查询权、使用权、修改权等。

（五）责任落实

信息收集和保存，及传递过程中组织责任的落实。必须由专门人员对上述信息管理负责，并将此作为项目管理系统的一部分。

三、项目管理信息系统的总体结构和信息流通

建设工程项目管理信息系统是为建设工程项目的计划和控制服务的，并在项目的计划和控制过程中运行，因此它是在项目管理组织、项目工作流程和项目管理工作流程基础上进行设计的，并全面反映它们之间的信息流。对项目管理组织、项目工作流程和项目管理流程的研究是建立管理信息系统的基础。项目管理信息系统的有效运行要求信息标准化、工作程序化和管理规范化。

项目管理信息系统可以从以下角度进行总体描述。

（一）项目管理信息系统的总体结构

项目管理信息系统的总体结构描述了项目管理信息的子系统构成。例如，某项目管理信息系统由合同管理子系统、物资管理子系统、财会管理子系统、成本管理子系统、工程设计管理子系统、质量管理子系统、组织管理子系统、计划管理子系统、文档管理子系统等构成，如图 12 - 2 所示。

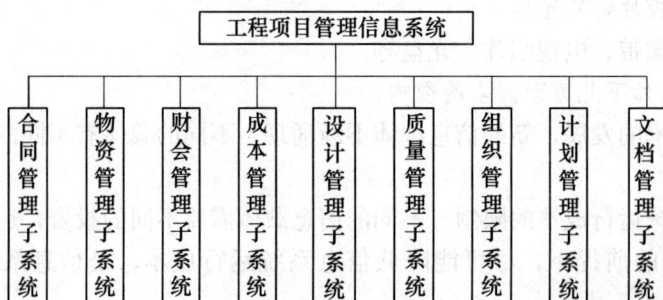

图 12 - 2 某工程项目管理信息系统总体结构

（二）项目参加者之间的信息流通

项目的信息流就是信息在项目参加者之间的流通。它通常与项目的组织模式相似。在信息系统中，每个参加者均为信息系统网络上的一个节点。他们都负责具体信息的收集（输入），传递（输出）和信息处理工作。项目管理者要具体设计这些信息的内容、结构、传递时间和精确程序等。

例如，在项目实施过程中，业主需要如下信息：

（1）项目实施情况月报，包括工程质量、成本、进度总报告；

（2）项目成本和支出报表，一般按分部工程和承包商制作成本和支出报表；

（3）供审批用的各种设计方案、计划、施工方案、施工图纸、建筑模型等；

（4）决策前所需要的专门信息、建议等；

（5）各种法律、规定、规范，以及其他与项目实施有关的资料等。

业主提供的信息有：

（1）各种指令，如变更工程、修改设计、变更施工顺序、选择承（分）包商等；

（2）审批各种计划、设计方案、施工方案等；

（3）向投资者或董事会提交工程建设项目实施情况报告等。

项目经理通常需要的信息有：

（1）各项目管理职能人员的工作情况报表、汇报、报告、工程问题请示；

（2）业主的各种口头和书面的指令，各种批准文件；

（3）项目环境的各种信息；

（4）工程各承包商、供应商的各种工程情况报告、汇报、工程问题的请示。

项目经理通常提供的信息有：

（1）向业主提交各种工程报表、报告；

（2）向业主提出决策用的信息和建议；

（3）向社会其他方面提交工程文件。这些文件通常是按法律必须提供的，或为审批用的；

（4）向项目管理职能人员和专业承包商下达各种指令，答复各种请示，落实项目计划，协调各方面工作等。

（三）项目管理职能之间的信息流通

项目管理系统是一个非常复杂的系统。它由许多子系统构成，可以建立各个项目管理信息子系统。例如，在计划管理工作流程中，可以认为它不仅是一个工作流程，而且反映了一个管理信息的流程，反映了各个管理职能之间的信息关系。每个节点不仅表示各个项目管理职能工作，而且代表着一定的信息处理过程，每一个箭头不仅表示管理职能工作顺序，而且还表示一定的信息流通过程。

按照管理职能划分，可以建立各个项目管理信息子系统。如成本管理信息系统、合同管理信息系统、质量管理信息系统、材料管理信息系统等。它是为专门的职能工作服务的，用来解决专门信息的流通问题。它们共同构成项目管理系统。

例如，成本计划可由图 12-3 表示。

又如，某合同分析工作的信息流程可由图 12-4 表示。

在此，必须对各种信息的结构、内容、负责人、载体以及完成时间等作专门的设计和

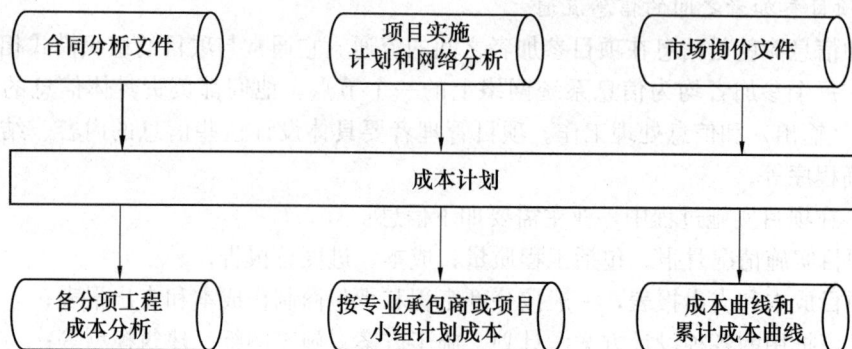

图 12-3 成本计划信息流通过程

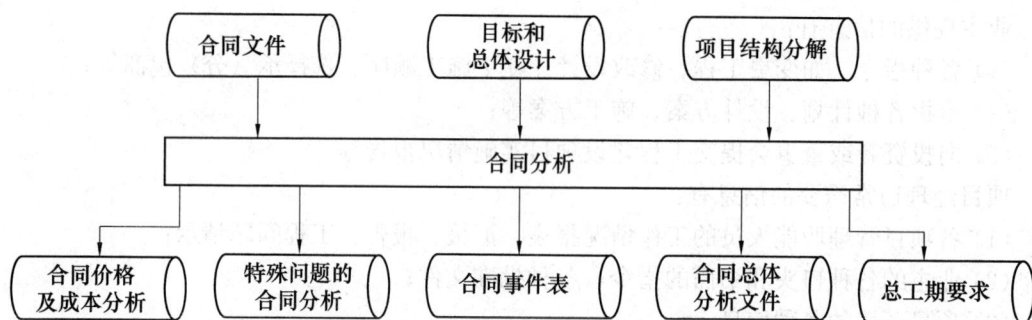

图 12-4 合同分析信息流通过程

规定。

（四）项目实施过程的信息流通

项目过程中的工作程序既可表示项目的工作流，又可以从一个侧面表示项目的信息流。它涵盖了各工作阶段的信息输入、输出和处理过程及信息的内容、结构、要求、负责人等。按照项目生命期过程，项目管理还可以划分为可行性研究子系统、计划管理信息子系统、控制管理信息子系统等。

第三节　现代信息技术在建设工程项目管理中的应用

一、现代信息技术对建设工程项目管理的影响

现代信息技术正突飞猛进地发展，特别是以 BIM 技术为特征的"互联网＋"正对建设工程管理行业业态产生着深远的影响，信息技术使得信息流通高度网络化。这不仅表现在项目内部，而且还表现在项目与企业及其职能部门之间、参与工程项目的各个企业之间，以及项目与社会环境之间。例如：

企业和施工现场可以通过互联网直接进行项目的监督和控制；

总项目部和各个子项目可以通过互联网直接进行信息沟通；

企业财务部门直接可以通过计算机查阅项目的成本和支出，查阅项目采购订货单；

子项目负责人可以直接查阅库存材料状况等。

以上情况形成了如图 12-5 所示的网状信息流通。

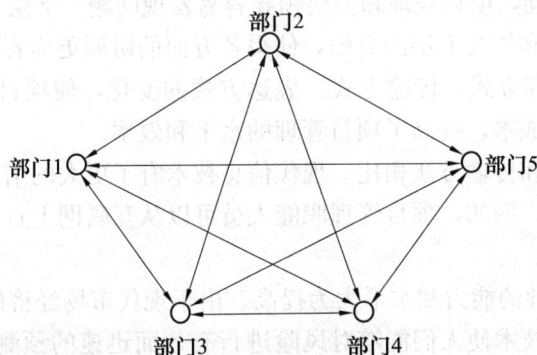

图 12-5　网状信息流通

现代信息技术对当代项目管理产生了极大的促进作用，同时又应看到它给人们的行为也带来了很大的冲击。对受其影响的人们必须作全面的研究，以使人们的管理理念、管理方法和管理手段更好地适应现代工程的特殊要求。

（一）现代信息技术对建设工程项目管理的促进作用

（1）现代信息技术的应用对项目组织、组织行为和人们的管理理念都产生了很大的影响，如 BIM 技术的出现。BIM（Building Information Modeling）技术是近十年来在 CAD 技术基础上发展起来的一种多维（三维、四维、五维、n 维）模型信息集成技术。

现在人们可以在群体项目和企业多项目上，甚至全球范围内的项目群上进行物流组织和供应链管理，在全球范围内进行资源优化组合等。这些都是通过现代信息技术实现的，或以现代信息技术为基础的。

面对知识经济的挑战，它要求项目：

1）以高新技术来武装传统工艺，进而实现工业化；

2）项目管理上全面转向信息化；

3）多用知识化的资源来缓解工艺工业化对资源的需求；

4）走科技与经济相结合的道路，进而达到全寿命周期的项目管理最佳经济效益值。

因此，只有建立学习型组织，才能顺应时代潮流，满足需求，迎接挑战，而学习型组织和知识管理必须依靠完备的信息系统。

（2）现代信息技术加快了项目管理系统中的信息反馈速度和系统的反应速度，人们能够及时地查询工程的进展情况，进而能适时地发现问题，及时做出正确决策。

大量文档、资料、工程技术、经验的积累和应用，项目组织越来越被看作是基于知识的组织，知识管理能力被认为是其获得竞争力的重要手段。知识管理流程包括了知识获取、知识存储、知识共享和知识创新等四个步骤，实现知识共享是知识管理的重要目标。基于网络共享平台的知识管理的实施，关键在于建立知识共享机制并推动广大员工积极参与。

（3）随着信息的可靠性和项目的透明度增加，人们可以直接查询和使用其他部门的信息，能够了解企业和项目的全貌。这样不仅可以减少信息的加工和处理工作，而且能避免信息在传输过程中的失真现象，为项目实施提供高质量的信息服务。

（4）许多复杂的优化方法可以在工程项目管理中应用，如在大型项目的资源供应上可以采用现代物流管理的方法。

（5）总目标容易贯彻，项目经理和上层领导容易发现问题。下层管理人员和执行人员也能更快、更容易地了解和领会上层的意图，使得各方面的协调更为容易。

（6）由于信息的储存方式、传输方式、表达方式的变化，使项目的信息管理更加快捷，从而降低了项目管理的成本，提高了项目管理的水平和效率。

与传统的信息处理和传输方法相比，现代信息技术有了更大的信息容量，人们信息来源的宽度和广度大大增加。例如，项目管理职能人员可以从互联网上直接查询最新的工程招标信息、原材料市场行情。

（7）使项目风险管理的能力和水平大为提高。由于现代市场经济的特点，工程项目的风险越来越大。现代信息技术使人们能够对风险进行有效而迅速的预测、分析、防范和控制。现代信息技术给风险管理提供了很好的方法、手段和工具。

（8）现代信息技术使人们能够更科学、方便地进行如下类型的项目管理：

1）大型的、特大型的、特别复杂的项目，以及群体项目；

2）多项目的管理，即一个企业同时管理许多项目；

3）远程项目，如国际投资项目、国际工程等。

（二）现代信息技术应用于项目管理所带来的问题

现代信息技术虽然加快了工程项目中信息的传输速度，使人们的沟通更为快捷，但可能会带来如下问题：

（1）按照传统的组织原则，许多网络状的信息流通（如对其他部门信息的查询）不能作为正式的沟通，只能当作非正式沟通。而这种沟通对项目管理影响深远，会削弱正式信息沟通方式的效用。

（2）在一些特殊情况下，这种信息沟通容易造成各个部门各行其是，造成总体协调的困难和行为的离散。

（3）容易造成信息污染。

1）由于现代通信技术的发展，人们可以简单快捷地获取大量信息，这使得人们在建立管理系统时容易忽视传统的信息加工和传输手段，这会造成上层领导被无价值的、琐碎的信息包围，同时又未能得到决策所需要的信息。每个项目组织成员在项目过程中收到的信息量和信息处理的工作量大幅度增加，人们被埋在一大堆文件、报告、报表以及各种预测数据中，信息超负荷，容易导致信息消化不良。

2）如果项目中出现问题、危机或风险，随着信息的传递会蔓延开来，造成恐慌。若此时由各部门自行处理，会造成行为的离散，加大了项目经理采取措施解决问题的难度，甚至无法控制局面。

3）人们获取的信息量增加，会干扰其对上层指令、方针、政策和意图的理解，容易造成执行上的不协调。

（4）由于现代通信技术的发展，人们可以更多地依赖计算机在办公室获取信息，忽视了面对面的沟通，使项目管理的过程和工作环境不再人性化。这会使项目的组织关系冷漠，影响项目组织行为，上层也很难获得项目的软信息。

（5）现代信息技术的应用对项目组织要求越来越高，不仅要有有效的、规范化的项目管理系统，而且更需要人们的自律和诚实守信，团队精神不可或缺。

二、信息技术在建设工程项目管理中的应用

（一）计算机技术在建设工程项目管理中的应用

计算机的广泛应用是项目管理现代化的主要标志之一。在国外的一些大型承包企业、工程项目管理公司、咨询公司，计算机已广泛应用于项目管理的可行性研究、计划、实施控制等各个阶段，应用于成本管理、合同管理、进度控制、风险管理、工程经济分析、信息管理和索赔管理等各个方面。它已成为日常项目管理工作和辅助决策不可缺少的工具。它在项目管理中有如下作用：

（1）可以大量并快速地储存、处理和传输信息，使项目管理信息系统能够高速有效地运行。

（2）能够进行复杂的计算工作，如网络分析、资源和成本的优化、线性规划等。

（3）通过计算机能够促使一些现代化的管理手段和方法在项目中卓有成效地应用，如系统控制方法、预测决策方法、模拟技术等。

（4）使项目管理高效率、高精确度、低费用，减少管理人员数目，使管理人员有更多的时间从事更有价值、更重要的而计算机不能取代的工作。

（5）计算机网络技术的应用，实现了项目参加者之间、项目与社会各方面、项目的各个管理部门、项目与子项目之间的联网。

（二）BIM技术在建设工程项目管理中的应用

1. BIM的概念

现在，项目管理系统的集成化是计算机应用研究和开发的重点之一。建筑信息模型（Building Information Modeling，简称BIM）是以建筑工程项目的各项相关的信息数据为基础，建立建筑模型，通过数字信息仿真模拟建筑物所具有的真实信息。BIM不是简单地将数字信息进行集成，而是一种数字信息的应用，可以用于设计、建造、管理的数字化方法。采用BIM技术可使整个建设工程项目在决策、设计、施工和运营等阶段都能够有效地实现节约成本和提高效率。

2. BIM技术应用的意义

基于计算机技术和现代信息技术的BIM具有非常广泛的意义，它的实现需要满足以下三个方面的条件：

（1）使业主和承包商、设计单位、项目管理单位在统一的系统平台上实现信息无障碍沟通。

（2）使建设工程项目全生命周期（从设计到施工准备，到施工、竣工和运营）的信息沟通无障碍。

（3）建设工程项目的各个管理职能之间的信息处理和流通过程无障碍。

集成化管理能够提高建设工程项目管理的系统效率，大大提升项目管理的水平，但同时对项目管理系统的要求也越来越高，因为它需要高度规范化的项目管理。

3. 发展BIM技术的政策环境

2011年5月，住建部发布《2011-2015建筑业信息化发展纲要》，明确指出在施工阶段开展BIM技术的研究与应用，推进BIM设计阶段向施工和运维阶段应用延伸，降低信息传递过程中的衰减；研究基于BIM4D技术的项目管理信息系统在大型复杂建设工程项目施工过程中的应用，实现对项目全生命周期有效的可视化管理等。

2012年1月，住建部"关于印发2012年工程建设标准规范制订修订计划的通知"宣告了中国BIM技术标准制定工作的正式启动，其中包含五项信息技术相关标准：《建筑工程信息模型应用统一标准》、《建筑工程信息模型存储标准》、《建筑工程设计信息模型交付标准》、《建筑工程设计信息模型分类和编码标准》、《制造工业工程设计信息模型应用标准》。

国家及各地方政府BIM标准及相关政策相继出台，为BIM技术在国内的快速发展奠定了良好的环境基础，2015年6月由住房和城乡建设部发布《关于推进建筑信息模型应用的指导意见》，该意见也是第一个国家层面的关于BIM技术应用的指导性文件，充分肯定了BIM技术应用的重要意义。

《中国建筑施工行业信息化发展报告（2015）BIM技术深度应用与发展》指出：基于BIM技术在我国建筑施工行业的应用已逐渐步入注重应用价值的深度应用阶段，并呈现出模拟仿真技术与项目管理、云计算、大数据等先进信息技术集成应用的特点，正在向多阶段、集成化、多角度、协同化、普及化应用五大方向发展。

4. BIM技术在项目全生命期各阶段的应用

（1）在项目决策阶段应用

项目决策阶段包括建设意图的酝酿、前期调查研究、编写项目建议书、编制项目可行性研究报告等诸多内容。在此阶段，在项目可行性研究报告中需要有依据的评价项目各种性能的合理性，才能作出科学的决策。通过BIM技术可以进行可视化、环境分析（包括景观分析、日照分析、风环境分析、噪声分析）、温度分析、声学计算等，有利于对新项目作出科学的论断。

（2）在项目设计阶段的应用

BIM技术的开发首先应用于设计，对设计单位来说，BIM技术采用三维数字技术实现了可视化设计。它不仅实现了图纸和构件的模块化，并且有功能强大的族和库的支持，设计人员可以方便地进行模型搭建。

BIM技术作为一个信息共享平台，将建筑设计与结构设计联合使用，利用建筑软件通过输入各部位材料、尺寸等信息进行三维建模，以后不需要再建。结构设计可以在三维模型上添加计算所需的各类参数进行结构计算，省去了重复建模的过程。同时，如果需要对原有模型进行修改，与之相应的结构也会随着进行相应调整。BIM的碰撞检查功能可以将设计中的重叠的构件进行自动检查，保证模型准确无误。

通常结构设计和建筑设计完成后需要对建筑物进行给排水、热力、电力管线的设计，这些管线的设计需要进行重复工作，并且管线与管线之间容易出现交叉、不通现象，使得施工人员在施工过程中才能发现此类问题，影响施工进度。通过BIM技术，可以将管线设计融入已建好的模型当中，不仅免去大量重复的建模工作，更重要的是可以进行管线间及管线内部的碰撞检查，管线的接头、重复、位置、标高等不必要的错误在设计阶段即可发现，方便施工单位按图施工。

（3）在项目施工阶段的应用

1）设计与施工紧密衔接

常见的建设工程项目设计和施工是由设计单位和施工单位分别完成的，为保证两个单位的有效衔接，施工前设计单位对施工单位和监理单位进行设计交底环节，设计人员将对工程设计的意图、施工重点难点、关键工程、材料选用及四新技术等问题进行详细说明。此外，施工单位需要根据设计图纸的分析结果进行具体施工。我国明确规定施工单位必须按照设计图纸进行，但有时施工人员看错图纸或者对细节部分理解不深等原因，常会导致施工与设计不符的情况发生。利用 BIM 技术，施工单位可以与设计单位进行资源共享，施工前可以直接看见需要施工的部位的三维模型，再与设计图纸相结合，大大降低错误率。

2）项目过程动态管理

人、材、机的管理方面：施工前施工单位需要提前制订材料采购计划（甲方供应材料除外），利用 BIM 技术，可以在共享的模型上调取材料的使用量，根据进度计划，准确把握进货量和进货时间，避免材料堆积和不足，达到零库存，也同样可以根据模型数据合理安排施工机械设备和作业人员。

进度和成本的控制方面：施工单位将施工的具体进度数据定义到已有的信息模型，可以直观显示形象进度，同时也可得到根据形象进度计算的施工成本，利用这些数据与计划进行比较，实现动态控制。

资料管理方面：将工程中涉及的材料进场检验、材料检验试验报告、变更通知单、变更文件、索赔、隐蔽工程验收等资料与 BIM 共享数据库进行关联，保证资料完整性，并且还能做到过程资料与构件、施工进度一一对应，查找使用简单方便。

3）便于施工交底

施工前，施工单位技术负责人需要对项目的参与人员进行施工交底工作，可以利用 BIM 技术以 3D 的形式很直观、高效地进行展示，且对复杂结构、关键部位的展示效果更加明显。另外，还可以对施工过程进行仿真模拟，将重要施工过程通过动画的方式展示，使施工过程一目了然。

4）管线碰撞检查

施工中可以调取管线模型对给排水、热力管线进行碰撞检查，有利于结构复杂、线路多的结构施工。

除以上方面，建筑施工企业应用 BIM 技术，还可以实现项目计划、安全、合同等方面协同管理和控制，实现项目的集成化、动态化和可视化。

（4）在项目运营阶段的应用

建设工程项目在运营阶段管理的目标是维持项目的使用功能，控制项目运营费用。利用 BIM 技术可以进行实现数字化管理。比如，利用 BIM 技术可以合理布置监控摄像头的位置，科学进行安防；利用 BIM 技术可以进行建筑和设施维护；当发生火灾等灾害时，可以利用 BIM 技术科学地指导人员快速疏散并开展营救。

（三）虚拟现实技术在建设工程项目管理中的应用

虚拟现实技术是一种集合于人工智能、计算机图形学、人机接口、多媒体、计算机网络及电子、机械、视听等多种技术为一体高新技术。虚拟建造技术为建设工程项目管理新形势下的创新找到了突破口。采用虚拟建造技术进行项目管理，公司管理层能随时了解现场信息，及时、准确地下达指令，减少了沟通的成本，实现集约化管理，提高了工作效率和管理水平，有效地节约项目管理费用。

三、信息技术在装配式建筑建造管理中的应用

随着我国经济社会发展的转型升级，特别是城镇化战略的加速推进，建筑业在改善人民居住环境、提升生活质量中的地位凸显。但是我国的建造模式较为"粗放"，生态环境破坏严重、资源利用率低、安全事故频发、建筑质量差等诸多深层次突出问题，严重制约建筑业可持续健康发展，传统的发展模式和建造方式越来越难以为继，亟须转变生产方式。从国外发达国家走过的道路来看，随着全社会生产力发展水平的不断提高，房屋建造必然要走向集成集约、产业高效、绿色低碳的道路上来。发达国家装配式建筑比重一般高达到 $60\%\sim70\%$ 以上。国外的实践表明，装配式建筑优点显著，代表了当代先进建造技术的发展趋势，当前我国大力发展装配式建筑正当其时。

装配式建筑是指用工厂加工制作的部品部件代替部分传统现场手工作业内容，并在工程现场通过可靠连接方式装配而成的建筑，包括装配式混凝土结构、钢结构、木结构以及混合结构建筑等。随着可持续发展观念的深化，建筑工业化与装配式建筑重新成为建筑业的热点。但过去由于技术和管理层面因素的影响，装配式建筑在我国并未得到普及推广，随着近年来构件生产工艺和施工技术的发展，技术层面的问题得以解决，但诸如构件的运输、存储、项目进度控制，建设工程项目生命周期内各阶段工程信息传递不畅等问题依旧没有得到改善，管理层面的问题已经成为制约装配式建筑普及发展的一个关键因素。

装配式建筑建造过程信息管理需要高度的"集成性"，传统的建设工程项目管理满足不了装配式建筑的管理需求，而信息技术最大特点就是信息的"集成"。唯有以 BIM 技术为代表的建筑信息化手段的应用才能串联起装配式建筑设计、生产、施工、装修和管理全过程，才能够加强工业化住宅产业链整合不同参与主体间的协同水平，为项目从概念到拆除的全生命周期内的决策提供可靠依据。

BIM 等信息化技术对装配式建筑产业链的整合，不仅仅局限于产业链整合中的信息整合，更重要的是，装配式建筑产业链上的各个行为主体可以把 BIM 技术作为信息载体，以该载体为基础促进项目各方的利益平衡，以促进质量、安全、进度为基础不断加强产业链纵向管理流程整合。结合建筑工业化的基本特点和 BIM 技术的使用特征，提出以下三种基于BIM 技术的装配式建筑产业链整合实现路径。

（1）基于 BIM 的装配式建筑产业链全寿命周期过程协同路径。

过程协同是装配式建筑产业链多方主体实施目标协同的载体，其基础是信息协同。首先，在 BIM 中建立项目过程与相应信息的联系，确定过程信息协同的双向或多向信息传导与反馈方式。然后建立基于 BIM 的装配式建筑全生命周期过程协同的总体模型，对建设工程项目的全生命周期及各个过程进行建模，对不同产业链组织形式下的全生命周期内各主体的相互交互、协调适应关系进行分析，消除项目过程中的各种非增值过程，使项目过程总体达到最优。

（2）基于 BIM 的装配式建筑产业链多主体目标协同路径。

装配式建筑项目的进度、成本、质量和资源多目标协同是 BIM 在产业链整合中应用的重要内容。按照进度、成本、质量和资源子系统协同的信息要求，明确实现上述子系统所需的装配式建筑项目全寿命周期的信息流及参与主体，根据以上目标提出相应的"信息—参与主体—目标"协调模型，建立基于 BIM 的单目标多方协同机制。考虑到多个单目标之间的耦合关系，可以采用多目标优化的方法来实现项目目标系统协同度的提升，对装配式建筑项目多目标协调度进行优化，从而实现装配式建筑产业链多主体的目标协同。

（3）基于 BIM 和 RFID 的装配式建筑产业链多主体项目协同路径。

BIM 和 RFID 在信息采集管理方面优势互补，建立基于 BIM 和 RFID 的信息管理模型有利于装配式建筑的全寿命周期管理。以 WEB 技术和移动信息处理载体为实施载体，根据产业链参与主体和项目管理业务流程的关系，建立基于 BIM 和 RFID 的装配式建筑项目多方协同实施过程模型，实现"业务——信息——参与主体"之间"信息采集——信息处理——信息应用"的全面整合，为实现装配式建筑项目全生命周期内的多主体、多阶段实时协同提供现实基础。

第四节 常用建设工程项目管理应用软件介绍

建设工程项目管理中的应用软件非常之多，国际市场上已商品化的就有几百个，另外还有大量的研究者和应用者自己开发的软件。

一、以网络技术为核心的建设项目管理软件包

网络技术软件包是建设工程项目管理中开发和应用最早的软件，是对建设项目进行计划和控制过程中最重要的软件，目前在技术上已相当成熟，应用也十分广泛。12 届国际项目管理学术会议上仍有 90％以上的专家一致认为网络技术使用于 PC 机具有新的意义。许多软件包，被称为"项目管理软件包"，尽管功能有些增加，但实质上都属于这一类。如 P3、Project2008、ARTMIS、PLUSEINS，OPEN PLALN，ASSURE 以及我国的梦龙软件等。这一类软件包的主要功能包括以下几个方面：

（一）项目的定义

项目的定义即对项目的总体和各个细节进行定义，通常包括：

（1）项目总体定义，包含项目名称、代码、地点、企业名称、开始时间、限定结束时间、备注等。

（2）计划时间单位和日历的定义，一般工程项目可以以小时、日、周、月作为计划单位。

项目的各种工期、成本、资源等计划和控制都可以定义日历。定义日历即标明了可以正常工作的时间段，或不可以使用的节假日。例如，我国春节放假，而在不同年份，春节的公历日期不同；又如，因为天气原因，一年当中某些时间段不宜进行现场施工；在国际工程中不同国家的项目参加者节假日是不同的。因此，在一个项目中可能要定义多套日历。

（3）工程活动及其持续时间的定义。工程活动是网络的基本单元。有的软件包容许的工程活动数量有限制，有的则没有限制。

（二）工期计划和控制

工期计划和控制是软件包最主要的功能，主要工作如下：

（1）网络计算，即计算各工程活动的各个时间参数，包括最早开始和结束时间，最迟开始和结束时间，总时差和自由时差，报告关键线路。

（2）在最低层网络分析的基础上计算各个里程碑事件，各上层工作包、任务、子项目的时间参数。

（3）工程活动开始后，可以将各个活动的实际开始时间及完成程度输入，软件包可以计算已开始，但未结束活动的持续时间，并自动调整网络，计算各活动、任务、子项目、项目的完成程度，进行"计划——实际"工期对比分析，自动报告工期拖延。

（4）在项目执行过程中可以进行后期进度模拟，即预测最后进度状况。

（三）成本计划和控制

成本计划和控制的对象可以分为工程活动、工作包、任务、子项目、项目及各个成本项目。

在工期分析后，可以编制成本计划，包括统计计算各成本对象、成本项目在各时间段上的计划成本值，以及各计划期末的累计值。可以作"时间—计划"成本曲线和项目的计划成本模型（S形曲线）。也可以按月、季、年统计成本。

在工程过程中，按照实际施工进度可以计算实际成本完成程度和"计划—实际"成本偏差量，进行"实际—计划"成本对比；可以预测项目结束时的成本状态；还可以进行项目现金流量计算。但是，在国外项目管理实践中这种成本计划和控制的功能用得较少，人们常用专业的成本管理软件。

（四）资源计划与控制

这方面的功能与成本计划和控制功能相似，其计划和控制的对象是所定义的各种资源。此外还有：

（1）资源的优化，按用户定义的资源优先次序进行。优化主要考虑活动的优先次序、活动持续时间长短、自由时差和总时差的大小等。

（2）可以输入实际资源的使用情况，进行资源的计划和实际对比。

（3）资源计划可以选择采用不同的分配模式，如平均分配、正态分配、梯形分配等。

（五）输出功能

成熟的、商品化的项目管理软件包都有极强的输出功能，输出形式多种多样，包括：有标准格式，用户也可自己定义；用户可以自己选择和限定输出内容；可以在不同的输出设备，不同的地方、不同的联网计算机上输出。输出内容包括以下五个方面。

（1）项目结构图及表。项目结构分解是项目管理的重要方法。软件包一般通过所定义的最基层的工程活动，以及编码识别生成上层工作包、任务、子项目等，编排打印出项目结构图或子结构图及相应的结构表。

（2）网络图。可以输出整个项目的网络或用户定义的子网络，以及上层次的网络。

（3）横道图。可以带逻辑关系或不带逻辑关系，可以是全项目的横道图或用户自己限定的部分活动的横道图；也可输出时标网络，以及横道图与工期表的结合形式。

（4）工程活动、工期表及逻辑关系表、日历表、错误提示等各种基本情况。

（5）成本和资源计划和控制的结果。例如：

1）成本和资源计划表。

2）成本和资源使用计划图（直方图）及表。

3）成本（资源）累计曲线，及其计划和实际的对比图及表。

（六）其他功能

（1）可以一次性完整地输入另一个项目的全部信息，拼接成一个大网络。这样可以进行多项目管理。

（2）可以对已完的项目进行统计、分析、计算，以得到并保存该项目的特征信息。

（3）文字的编辑功能，可以对项目作各种说明，备注。

（4）与其他系统（如操作系统）有良好的信息接口。

（5）可以选择多种语言状态。这在软件安装时可以选择屏幕所提示的语言。

二、专用的工具软件

专用的工具软件给项目管理者提供了专业方面的功能，以满足某些专门的需要。许多单位自己研究、开发和应用的软件大多数属于这一类。这方面的软件开发、使用的范围较广，应用前景良好。

（一）合同管理软件

合同管理软件采用系统方法将项目管理的一些事务性工作串接起来，具有较强的事务管理功能，如：

（1）进行合同管理，对各类合同、费用项目、物资、来往信函、图纸、变更文件、工程量清单等进行编码和登录，即进行文档管理。

（2）核算管理，包括费用预算、费用调整、进度款中保留金和其他应扣费用的扣留、进度款审查、发票与支付管理。

（3）变更管理，包括变更权限的设置、变更通知、变更文件生成、变更费用处理、批准变更。

（4）图纸管理，包括图纸登记、编辑图集、记录图纸分发和修改情况、设计审查跟踪。

（5）文件管理，如来往文件的登记存档，会议纪要和送审文件的处理、跟踪和修改。

（6）材料物资的分类、到货、领用管理。

（7）其他，如现场日报、来访记录、现场作业记录的管理等。

（二）风险分析

例如，蒙特卡洛模拟分析，决策树的绘制、分析和计算，风险状态图的绘制。

（三）项目评估软件

例如，工程项目财务评价软件，项目实施状况评价软件，项目后评估软件。

（四）文档管理

文档管理在项目中应用较多，使用频率很高，主要是索引的功能，用于对合同文件、信件、图纸、会谈纪要和变更文件等各种工程资料进行储存、存档、查询等。有时它可以与扫描仪、光盘合用，进行大量图像文件储存，可以直接查阅原文件内容。

（五）项目后勤管理

这主要用来解决建设工程项目所需资源的安排。例如，模板统计、钢筋放样及统计、材料统计、材料采购、运输、库存管理，现场临时设施安排及平面布置，以及运筹学方面的一些应用软件，如线性规划软件等。

（六）成本结算、预算和成本控制软件

前述软件包中的成本管理是将计算好的成本分配到工程活动上，在此则是按照成本项目进行工程预算和控制。这必须与项目的专业特点相结合，没有通用的项目程序。

（七）工程师应用软件

这属于一些专业软件，如绘图软件及一些专业的设计软件。在国际工程中，设计单位提出的设计文件比较粗略，许多施工详图必须由承包商设计，因此必须使用这方面的专用软件，如各种专业用 CAD 软件和 BIM 建模软件。BIM 核心建模软件主要分为四个派别：

（1）Autodesk 公司的 Revit 建筑、结构和机电系列，在民用建筑市场借助 AutoCAD 的天然优势，有相当不错的市场表现。

（2）Bentley 建筑、结构和设备系列，Bentley 产品在工厂设计（石油、化工、电力、医药等）和基础设施（道路、桥梁、市政、水利等）领域具有无可争辩的优势。

（3）2007 年 Nemetschek 收购 Graphisoft 以后，ArchiCAD、AllPLAN、VectorWorks 三个产品就被归到同一个门派里面了，其中国内同行最熟悉的是 ArchiCAD，属于一个面向全球市场的产品，应该可以说是最早的一个具有市场影响力的 BIM 核心建模软件，但是在中国由于其专业配套的功能（仅限于建筑专业）与多专业一体的设计院体制不匹配，很难实现业务突破。Nemetschek 的另外两个产品，AllPLAN 主要市场在德语区，VectorWorks 则是其在美国市场使用的产品名称。

（4）Dassault 公司的 CATIA 是全球最高端的机械设计制造软件，在航空、航天、汽车等领域具有接近垄断的市场地位，应用到工程建设行业无论是对复杂形体还是超大规模建筑，其建模能力、表现能力和信息管理能力都比传统的建筑类软件有明显优势，而与工程建设行业的项目特点和人员特点的对接问题则是其不足之处。Digital Project 是 Gery Technology 公司在 CATIA 基础上开发的一个面向工程建设行业的应用软件（二次开发软件），其本质还是 CATIA，如同天正的本质是 AutoCAD 一样。

（八）其他专用软件

如库存管理软件、现场管理软件、质量管理软件、索赔管理软件等。

三、工作岗位软件

这些软件通常与项目管理的专门工作无关，作为日常工作和信息处理的工具，仅在日常工作中起辅助作用，但它使用频繁，能大大地提高管理者的工作效率和工作质量。目前，这些软件在我国的使用也很普遍。经调查，95％以上的专家认为这类软件可以改善并提高项目小组的工作效率。

（1）文本处理软件。

（2）表处理软件。这主要用作各种统计、运算工作。在成本管理中经常用到这种软件。

（3）制图软件。这是通用的制图软件。在项目管理中，97％的专家认同该软件。

（4）数据库软件。数据库软件有两种：

1）象 DBASE 这样的数据库语言。

2）专用的数据库，如已完工程成本数据库、工程定额数据库等。实质上它属于特殊功能的软件。

（5）集约化的工作岗位软件，包括上述各种功能。现在在它已形成一个功能十分完备的集成化的办公自动化系统（OA），为现代办公提供十分强大的功能，满足事务管理、人员管理、物资管理和文件管理的需要。具体功能如下：

1）个人办公，如文字处理、个人邮箱、日程安排、名片管理等。

2）文件管理，包括收文管理、发文管理、签报管理、简报管理等。

3）公共信息管理，包括公告栏、电子论坛、留言板、电子刊物等。

4）事务管理，包括会议管理、车辆管理、活动安排管理、接待管理、计划总结、固定资产管理。

5）档案管理，包括档案管理、公文查阅。

6）部门事务管理。

办公自动化系统不仅可以实现无纸化办公，而且在网络系统上，实现网上办公、网络会议、可视电话会议、文件的异地会签等。它已经由过去以文件管理、事务管理为主的功能发展到工作流程管理，进一步向知识管理发展。更进一步地实现它与工程项目管理系统的集成。

四、计算机辅助项目管理教学软件

这种软件主要用于对新的项目管理者进行培训，90％以上的项目管理专家对这一类软件作模拟教学的应用和发展前景评价很高。其中包括：

（1）项目管理软件包使用的教学软件。一般每个软件包都有相应的教学软件，以对购买者进行教学培训。它有软件操作的各种提示。

（2）模拟决策系统。

（3）训练专家系统，它应用于许多领域。例如，可以模拟各种环境状况，提供各种方案，让学生进行对策研究，综合评判。

五、计算机联网软件

计算机之间的联网不仅能达到信息的远距离传输，加强远程控制，提高信息的流通和系统的反馈速度，增强项目信息的共享程度和项目实施状况的透明度，而且还能通过联网进行多项目网络的拼接，实现用 PC 机进行大项目、多项目管理。这在近几年发展迅速，并发挥着巨大的作用。包括：

（1）通信软件。

（2）局域网和广域网。许多项目管理软件包都有网络版，可以联网使用。

（3）电子邮件（E-mail）。许多项目管理软件包都有直接收发电子邮件的功能。

现在企业内或项目总部各部门之间，总部和项目之间，办公室和现场之间均可以通过网络进行信息流通。实际工程施工现场的信息可以通过手机在现场直接采集，进入网络系统。

计算机网络系统能够使企业的各个职能管理部门、大型建设工程项目、企业所管理的所有项目形成一个有机的管理系统，为项目管理的集成化提供了良好的信息共享平台。

思 考 题

1. 试述建设工程项目信息的表现方式。
2. 简述建设工程项目信息管理的主要任务。
3. 简述建设工程项目管理信息系统的总体结构。
4. 简述信息技术对建设工程项目管理的促进作用。
5. 举例说明建设工程项目管理软件的常见功能。
6. 目前 BIM 技术在推广过程中遇到的阻碍有哪些？
7. BIM 技术解决了装配式建筑建造管理过程中的哪些关键性问题？

第十三章 工 程 建 设 监 理

第一节 工程建设监理概述

一、工程建设监理概念

工程建设监理是指工程监理单位受建设单位委托，根据法律法规、工程建设标准、勘察设计文件及合同，在施工阶段对建设工程项目质量、造价、进度进行目标控制，对合同、信息进行管理，对工程建设相关方的关系进行协调，并履行建设工程项目安全生产管理法定职责的服务活动。

工程建设监理单位从事监理活动，是一种高智能的有偿技术服务，应当遵循守法、诚信、公正、科学的准则。

二、我国实施建设监理制度的必要性

（一）实行建设监理是发展生产力的需要

实施建设监理制度，是由专业化的工程监理企业，接受建设单位的委托，代表建设单位监督管理工程建设。首先，使原来由建设单位自行管理工程建设的小生产方式向专业化、社会化的管理方式迈进了一大步；其次，强化了建设单位方面的监督管理。再次，工程监理企业不承包工程，而只是代表建设单位，以专业化、社会化方式强化和延伸了建设单位对工程实施过程的监督管理职能；而且，工程监理企业是以独立的地位，按照工程合同行事，维护建设单位和施工单位双方的合法权益，从而形成了三方相互制约的建设格局。

（二）实行建设监理制度是发展市场经济的需要

改革开放以来，我国经济形势发生巨大变化，随着社会主义市场经济发展和完善，呈现了建设投资多元化，投资使用有偿化和承包主体市场化的发展趋势。为了建立社会主义市场经济秩序，遏制工程建设活动随意性，加强项目建设全过程控制，必须实行工程建设监理体制。

（三）实行建设监理制度，是对外开放、加强国际合作、与国际惯例接轨的需要

改革开放以来，我国大量引进外资进行建设。三资工程一般按国际惯例实行建设监理制度。我们也大力发展对外工程承包事业，在国外承包工程，也要实行监理制度。我们如果不实行监理制度，便不能适应吸引外资的要求，也不能适应国际工程承包的需要。

三、我国工程建设监理的产生与发展

从新中国成立直至 20 世纪 80 年代，我国固定资产投资基本上是由国家统一安排计划（包括具体的项目计划），并进行统一财政拨款。在当时经济基础薄弱、建设投资和物资短缺的条件下，这种方式对于国家集中有限的财力、物力、人力进行经济建设，迅速建立我国的工业体系和国民经济体系起到了积极作用。

80 年代，我国进入了改革开放的新时期，国务院决定在基本建设和建筑业领域采取一些重大的改革措施，例如，投资有偿使用（即"拨改贷"）、投资包干责任制、投资主体多元化、工程招标投标制等。在这种情况下，改革传统的建设工程项目管理模式，已经势在必行。否则，难以适应我国经济发展和改革开放新形势的要求。

通过对我国几十年建设工程项目管理实践的反思和总结，并对国外工程管理制度与管理方法进行了考察，国务院认识到建设单位的工程项目管理是一项专门的学问，建设单位的工程项目管理应当走专业化、社会化的道路，且需要一大批专门的机构和人才予以配套。由此，建设部于 1988 年发布了"关于开展建设监理工作的通知"，明确提出要建立建设监理制度。建设监理制度作为工程建设领域的一项改革举措，旨在改变陈旧的工程管理模式，建立专业化、社会化的建设监理机构，协助建设单位做好项目管理工作，以提高建设水平和投资效益。工程建设监理制于 1988 年开始试点，5 年后逐步推开，1997 年《中华人民共和国建筑法》（以下简称《建筑法》）以法律制度的形式作出规定，国家推行工程建设监理制度，从而使工程建设监理在全国范围内进入全面推行阶段。

我国的工程建设监理与世界发达国家相比虽然起步较晚，但由于适应了社会主义市场经济的需要，二十几年来飞速发展。目前全国已有 30 多个地区和国务院的 36 个工业、交通等部门都在推行工程建设监理，已成立近 1200 家监理单位，累计实施的工程规模达 4000 多亿元。实行监理的工程在质量、工期和投资的控制方面都取得了好的效果，工程建设监理制度也在慢慢成熟。总的来看，我国工程建设监理的产生与发展经历了以下几个阶段。

（一）准备阶段（1984—1988 年）

改革开放、建立社会主义市场经济体制为工程建设监理的产生和发展奠定了理论和思想基础。1984 年 10 月《中共中央关于经济体制改革的决定》明确指出：为了发展商品经济，建立统一市场，必须改变政府职能，实行政企职能分开原则，并简政放权。国务院也多次指出，政府要把对微观管理的行政干预转到"规划、协调、监督、服务"上来，为改革工程建设管理体制指明了方向。1984 年 12 月，全国基本建设管理体制改革会议对我国的传统管理体制进行了深刻分析，并明确指出必须进行改革，同时指出了改革的方向，为我国实施建设监理进行了思想和理论准备。

（二）试点阶段（1988—1993 年）

1988 年 7 月 25 日建设部发出《关于开展建设监理工作的通知》，首先在八省二市开始试点，并逐步扩展到全国 28 个省市进行试点，同时制定了一系列监理法规，如"建设监理暂行规定"、"工程建设监理单位资质管理试行办法"、"监理工程师资格考试和注册试行办法"。与此同时选择了一些具备培养监理工程师资格的院校，从理论上进行监理工程师培训。经过五年试点，据有关资料统计，所受监理项目在质量、投资和工期方面都得到有效控制，因此受到建设单位、施工单位和社会各界的赞誉。

（三）推广阶段（1994—1996 年）

在五年试点的基础上，1994 年建设监理在全国正式推广。全国范围内成立了"中国建设监理协会"，并在第一次年会上总结和交流了全国建设监理工作取得的成就以及经验教训，为我国工程建设监理发展方向提出了建议。1994 年 8 月全国工程建设监理工程师培训工作会议在青岛召开，提出了培养工程建设监理工程师的方向。全国很多省市针对各地区的不同情况，制定了一系列地方工程建设监理细则，工程建设监理在中央到地方各个层面受到普遍重视，我国的工程建设监理正在稳步发展。

（四）立法阶段（1997 年以后）

1997 年 11 月 1 日第八届全国人大常委会第 28 次会议通过了《中华人民共和国建筑法》，明确规定国家推行工程建设监理制度，并授权国务院可以规定实行强制监理的范围。

这标志着我国工程监理已进入法制化健康发展的轨道。国内重点项目，如青藏铁路、西气东输、南水北调、奥运工程、西部大开发等项目都必须实行监理。

四、专业化、社会化的建设监理单位的主要形式

专业化、社会化的建设监理单位主要形式有：①专门提供监理服务的建设监理公司或建设监理事务所；②从事工程建设技术和管理的工程咨询公司；③设计或科研单位组织相对独立和固定的监理班子，承接监理业务，但设计单位一般不能承担由自己设计的工程的监理业务。

五、我国工程建设监理的法律责任

建设工程项目在施工过程及竣工验收交付使用后出现工程质量问题及安全事故或隐患应由施工单位承担责任，监理单位代表建设单位对施工质量、安全实施监理并对施工质量、安全承担相应的监理责任，监理单位存在以下过错造成工程质量事故，由此引发安全事故的应与质量、安全事故责任主体承担连带责任。

（1）违章指挥或发出错误指令；

（2）将不合格产品按照合格签字；

（3）与施工单位等串通，弄虚作假。

（一）监理的民事责任

监理服务（或监理工作）的义务标准包括谨慎义务和勤勉义务。否则可能引起经济赔偿。

（二）监理的刑事责任

工程监理单位在监理服务过程中存在重大过错，可能涉及刑法第 134 条的重大责任事故罪、第 135 条的重大劳动安全事故罪、第 137 条的工程重大安全事故罪。

六、我国目前工程建设监理存在的主要问题

我国目前工程监理存在的主要问题体现在工程层面与行业层面。在工程层面主要是建设单位的授权程度不够（尤其是投资控制方面的授权）、直接干预过多以及工程监理单位因自身人员的业务水平不够等原因而造成的现场控制力不足和服务水平不高。在行业层面主要体现在工程监理企业业务单一，全方位的管理服务能力不足，专业人才尤其是复合型人才缺乏。具体表现于法规及标准不完善、监管体系不健全、监理的资质资格制度不够合理、监理单位的竞争力不够、诚信机制缺失等方面。

因此我国目前应加快和完善工程监理的法制化建设，进行企业资质等级及人员资格的注册制度等的行业监管的改革，以促进工程监理企业专业化、多元化的发展。

第二节　工程建设监理的性质和内容

一、工程建设监理的范围

工程建设监理是以工程建设活动为对象的，它包括工程项目活动的全过程监理，也可以是工程项目活动的某一阶段的监理，如设计阶段监理、施工阶段监理。工程建设监理的实施范围大致包括下面几类：①大中型工程项目；②市政、公用工程项目；③政府投资兴建和开发的办公楼，社会发展事业项目及住宅工程项目；④外资、中外合资、赔款、捐款建设的工程项目。

二、工程建设监理的行政监管

工程建设监理工作由国家有关职能部门统一规划、归口和分层管理。

国家发改委和住建部共同负责推进建设监理事业的发展，住建部归口管理全国建设监理工作。省、自治区、直辖市人民政府建设行政主管部门，或国务院所属的工业、交通等部门归口管理本行政区域或本部门工程建设监理工作。

管理的内容包括分层制定有关监理法规，对工程建设监理单位资质的管理，对工程建设监理工程师资格考试和注册管理以及对工程建设监理工作的管理。

三、工程建设监理的依据

根据《建筑法》的规定，进行建设项目监理主要依据包括：①法律和行政法规；②技术标准；③设计文件；④合同，包括施工合同、采购合同、委托监理合同和其他相关合同。

四、工程建设监理招投标管理

工程建设监理招投标的特点有：①招标人选择中标人的原则是基于能力（知识、技能和经验）的选择；②报价的选择居于次要的地位；③邀请招标较多投标人较少（3～5 家），公开招标投标人较多，需要更多的补偿，事半功倍。

工程建设监理的招标程序：

工程建设监理招标一般包括：招标准备；发出招标公告或投标邀请书；组织资格审查；编制和发售招标文件；组织现场踏勘；召开投标预备会；编制和递交投标文件；开标、评标和定标；签订建设工程监理合同等程序。

五、工程建设监理的特点和性质

（一）建设项目监理的特点

（1）强制推行监理制度；

（2）市场准入采取企业资质和人员资格的双重控制；

（3）监理服务对象具有单一性，即只为建设单位服务；

（4）监理具有监督功能，除了对施工单位的工程建设行为进行有效监督外，也包括对建设单位不当建设行为进行监督。

（二）建设项目监理的性质

1. 服务性

社会监理单位是知识密集型的高智能服务性组织，以自身的科学知识和专业经验为建设单位提供工程建设监理服务。

2. 公正性和独立性

工程监理单位在工程建设监理中具有组织协调的职能，同时是合同管理的主要承担者，具有调解各有关各方之间的权益矛盾，维护合同双方合法权益的职能。为使这些职能得以实施，它必须坚持其公正性，在人事上和经济上保持独立，以独立性为公正性的前提。所以在监理工程师职业道德中明确规定了监理工程师不得参与政府部门、建设单位、承建单位、材料供应等单位涉及本项目的经济活动。

3. 科学性

科学性是社会监理单位区别于其他一般性服务机构的重要特征，也是其赖以生存的重要条件。监理单位有一批既懂专业、管理、经济和法律知识，又有丰富实践经验的高素质人才，同时具有现代化的监测仪器、设备，能发现和处理工程实施过程中存在的管理和技术问题，并能用科学的方法和手段加以解决。

六、工程建设监理的准则

（一）守法

守法即依法监理。监理单位只能在核定的业务范围内开展工作。建设项目监理合同一经双方签订，即具有一定的法律约束力，不得故意或无故违背自己的承诺。

（二）诚信

诚信即忠诚老实，讲信用。要实事求是，认真履行监理合同规定的义务和职责。

（三）公正

公正即在处理监理中矛盾时对委托方和监理方一碗水端平。

（四）科学

科学即依据科学方案，运用科学手段，采取科学方法，进行符合科学规律的监理。

七、施工阶段建设监理的内容

（一）目标控制

任何建设工程项目都有投资、质量、进度三大目标，这三大目标构成了建设工程项目目标系统。工程监理单位受建设单位委托，需要协调处理三大目标之间的关系，确定与分解三大目标，并采取有效措施控制三大目标。

1. 分析论证建设工程项目总目标，应遵循的基本原则

（1）确保建设工程项目质量目标符合工程建设强制性标准。工程建设强制性标准是有关人民生命财产安全、人体健康、环境保护和公众利益的技术要求，在追求项目质量、造价和进度三大目标间最佳匹配关系时，应确保质量目标符合工程建设强制性标准。

（2）定性分析与定量分析相结合。在建设工程项目目标系统中，质量目标通常采用定性分析方法，而造价、进度目标可采用定量分析方法。对于某一建设工程项目而言，采用不同的质量标准，会有不同的工程造价和工期，需要采用定性分析与定量分析相结合的方法综合论证项目三大目标。

（3）不同建设工程项目三大目标可具有不同的优先等级。项目质量、造价、进度三大目标的优先顺序并非固定不变。由于每一个建设工程项目的建设背景、复杂程度、投资方及利益相关者需求等不同，决定了三大目标的重要性顺序不同。有的项目工期要求紧迫，有的项目资金紧张等，从而决定了三大目标在不同建设工程项目中具有不同的优先等级。

总之，建设工程项目三大目标之间密切联系、相互制约，需要应用多目标决策、多级梯阶、动态规划等理论统筹考虑、分析论证，努力在"质量优、投资省、工期短"之间寻求最佳匹配。

2. 三大目标控制任务

（1）建设工程项目质量控制任务。

建设工程项目质量控制，就是通过采取有效措施，在满足工程造价和进度要求的前提下，实现预定的工程质量目标。

项目监理机构在建设工程项目施工阶段质量控制的主要任务是通过对施工投入、施工和安装过程、施工产出品（分项工程、分部工程、单位工程、单项工程等）进行全过程控制，以及对施工单位及其人员的资格、材料和设备、施工机械和机具、施工方案和方法、施工环境实施全面控制，以期按标准实现预定的施工质量目标。

为完成施工阶段质量控制任务，项目监理机构需要做好以下工作：协助建设单位做好施工现场准备工作，为施工单位提交合格的施工现场；审查确认施工总包单位及分包单位资格；检查工程材料、构配件、设备质量；检查施工机械和机具质量；审查施工组织设计和施工方案；检查施工单位的现场质量管理体系和管理环境；控制施工工艺过程质量；验收分部分项工程和隐蔽工程；处置工程质量问题、质量缺陷；协助处理工程质量事故；审核工程竣工图，组织工程预验收；参加工程竣工验收等。

（2）建设工程项目投资控制任务。

建设工程项目投资控制，就是通过采取有效措施，在满足工程质量和进度要求的前提下，力求使工程实际投资不超过预定投资目标。

项目监理机构在建设工程项目施工阶段投资控制的主要任务是通过工程计量、工程付款控制、工程变更费用控制、预防并处理好费用索赔、挖掘降低工程造价潜力等使工程实际费用支出不超过计划投资。

为完成施工阶段投资控制任务，项目监理机构需要做好以下工作：协助建设单位制定施工阶段资金使用计划，严格进行工程计量和付款控制，做到不多付、不少付、不重复付；严格控制工程变更，力求减少工程变更费用；研究确定预防费用索赔的措施，以避免、减少施工索赔；及时处理施工索赔，并协助建设单位进行反索赔；协助建设单位按期提交合格施工现场，保质、保量、适时、适地提供由建设单位负责提供的工程材料和设备；审核施工单位提交的工程结算文件等。

（3）建设工程项目进度控制任务。

建设工程项目进度控制，就是通过采取有效措施，在满足工程质量和投资要求的前提下，力求使工程实际工期不超过计划工期目标。

项目监理机构在建设工程项目施工阶段进度控制的主要任务是通过完善项目控制性进度计划、审查施工单位提交的进度计划、做好施工进度动态控制工作、协调各相关单位之间的关系、预防并处理好工期索赔，力求实际施工进度满足计划施工进度的要求。

为完成施工阶段进度控制任务，项目监理机构需要做好以下工作：完善项目控制性进度计划；审查施工单位提交的施工进度计划；协助建设单位编制和实施由建设单位负责供应的材料和设备供应进度计划；组织进度协调会议，协调有关各方关系；跟踪检查实际施工进度；研究制定预防工期索赔的措施，做好工程延期审批工作等。

（二）合同管理

建设工程项目实施过程中会涉及许多合同，如勘察设计合同、施工合同、监理合同、咨询合同、材料设备采购合同等。合同管理是在市场经济体制下组织建设工程项目实施的基本手段，也是项目监理机构控制项目质量、造价、进度三大目标的重要手段。

完整的建设工程项目施工合同管理应包括施工招标的策划与实施；合同计价方式及合同文本的选择；合同谈判及合同条件的确定；合同协议书的签署；合同履行检查；合同变更、违约及纠纷的处理；合同订立和履行的总结评价等。

（三）信息管理

建设工程项目信息管理是指对建设工程项目信息的收集、加工、整理、存储、传递、应用等一系列工作的总称。信息管理是建设工程项目监理的重要手段之一，及时掌握准确、完整的信息，可以使监理工程师耳聪目明，更加卓有成效地完成建设工程项目监理与相关服务工作。信息管理工作的好坏，将直接影响建设监理与相关服务工作的成败。

在建设工程项目施工阶段，项目监理机构应从下列方面收集信息：

（1）建设工程项目施工现场的地质、水文、测量、气象等数据；地上、地下管线，地下洞室，地上既有建筑物、构筑物及树木、道路，建筑红线，水、电、气管道的引入标志；地质勘察报告、地形测量图及标桩等环境信息。

（2）施工机构组成及进场人员资格；施工现场质量及安全生产保证体系；施工组织设计及（专项）施工方案、施工进度计划；分包单位资格等信息。

（3）进场设备的规格型号、保修记录；工程材料、构配件、设备的进场、保管、使用等信息。

（4）施工项目管理机构管理程序；施工单位内部工程质量、成本、进度控制及安全生产管理的措施及实施效果；工序交接制度；事故处理程序；应急预案等信息。

（5）施工中需要执行的国家、行业或地方工程建设标准；施工合同履行情况。

（6）施工过程中发生的工程数据，如地基验槽及处理记录；工序交接检查记录；隐蔽工程检查验收记录；分部分项工程检查验收记录等。

（7）工程材料、构配件、设备质量证明资料及现场测试报告。

（8）设备安装试运行及测试信息，如电气接地电阻、绝缘电阻测试，管道通水、通气、通风试验，电梯施工试验，消防报警、自动喷淋系统联动试验等信息。

（9）工程索赔相关信息，如索赔处理程序、索赔处理依据、索赔证据等。

（四）组织协调

建设工程项目监理目标的实现，需要监理工程师扎实的专业知识和对建设工程项目监理程序的有效执行。此外，还需要监理工程师有较强的组织协调能力。通过组织协调，能够使影响建设监理目标实现的各方主体有机配合、协同一致，促进建设监理目标的实现。

从系统工程角度看，项目监理机构组织协调内容可分为系统内部（项目监理机构）协调和系统外部协调两大类，系统外部协调又分为系统近外层协调和系统远外层协调。近外层和远外层的主要区别是，建设单位与近外层关联单位之间有合同关系，与远外层关联单位之间没有合同关系。包括：项目监理机构内部的协调、项目监理机构与建设单位的协调、项目监理机构与施工单位的协调、项目监理机构与设计单位的协调。

监理工程师对工程质量、造价、进度目标的控制，以及履行建设工程项目安全生产管理的法定职责，都是通过施工单位的工作来实现的，因此，做好与施工单位的协调工作是监理工程师组织协调工作的重要内容。

与施工单位的协调应注意以下问题：

（1）坚持原则，实事求是，严格按规范、规程办事，讲究科学态度。监理工程师应强调各方面利益的一致性和建设工程项目总目标；应鼓励施工单位向其汇报项目实施状况、实施结果和遇到的困难和意见，以寻求对项目目标控制的有效解决办法。双方了解得越多越深刻，建设监理工作中的对抗和争执就越少。

（2）协调不仅是方法、技术问题，更多的是语言艺术、感情交流和用权适度问题。有时尽管协调意见是正确的，但由于方式或表达不妥，反而会激化矛盾。高超的协调能力则往往能起到事半功倍的效果，令各方面都满意。

与施工单位的协调工作内容主要有：

（1）与施工项目经理关系的协调。施工项目经理及工地工程师最希望监理工程师能够公平、通情达理，指令明确而不含糊，并且能及时答复所询问的问题。监理工程师既要懂得坚持原则，又善于理解施工项目经理的意见，工作方法灵活，能够随时提出或愿意接受变通办法解决问题。

（2）施工进度和质量问题的协调。由于工程施工进度和质量的影响因素错综复杂，因而施工进度和质量问题的协调工作也十分复杂。监理工程师应采用科学的进度和质量控制方法，设计合理的奖罚机制及组织现场协调会议等协调工程施工进度和质量问题。

（3）对施工单位违约行为的处理。在工程施工过程中，监理工程师对施工单位的某些违约行为进行处理是一件需要慎重而又难免的事情。当发现施工单位采用不适当的方法进行施工，或采用不符合质量要求的材料时，监理工程师除立即制止外，还需要采取相应的处理措施。遇到这种情况，监理工程师需要在其权限范围内采用恰当的方式及时做出协调处理。

（4）施工合同争议的协调。对于工程施工合同争议，监理工程师应首先采用协商解决方式，协调建设单位与施工单位的关系。协商不成时，才由合同当事人申请调解，甚至申请仲裁或诉讼。遇到非常棘手的合同争议时，不妨暂时搁置等待时机，另谋良策。

（5）对分包单位的管理。监理工程师虽然不直接与分包合同发生关系，但可对分包合同中的工程质量、进度进行直接跟踪监控，然后通过总承包单位进行调控、纠偏。分包单位在施工中发生的问题，由总承包单位负责协调处理。分包合同履行中发生的索赔问题，一般应由总承包单位负责，涉及总包合同中建设单位的义务和责任时，由总承包单位通过项目监理机构向建设单位提出索赔，由项目监理机构进行协调。

八、工程建设监理的主要方法

（一）巡视：主要针对质量和安全

巡视是监理人员针对现场施工质量和施工单位安全生产管理情况进行的检查工作，监理人员通过巡视检查，能够及时发现施工过程中出现的各类质量、安全问题，对不符合要求的情况及时要求施工单位进行纠正并督促整改，使问题消灭在萌芽状态。巡视对于实现建设工程项目目标，加强安全生产管理等起着重要作用。具体体现在以下几个方面：

（1）观察、检查施工单位的施工准备情况；

（2）观察、检查包括施工工序、施工工艺、施工人员、施工材料、施工机械、周边环境等在内的施工情况；

（3）观察、检查施工过程中的质量问题、质量缺陷并及时采取相应措施；

（4）观察、检查施工现场存在的各类生产安全事故隐患并及时采取相应措施；

（5）观察、检查并解决其他相关问题。

监理人员在巡视检查时，应主要关注施工质量、安全生产两个方面情况：

1. 施工质量方面

（1）天气情况是否适合施工作业，如不适合，是否已采取相应措施；

（2）施工人员作业情况，是否按照工程设计文件、工程建设标准和批准的施工组织设计（专项）施工方案施工；

（3）使用的工程材料、设备和构配件是否已检测合格；

（4）施工单位主要管理人员到岗履职情况，特别是施工质量管理人员是否到位；

（5）施工机具、设备的工作状态，周边环境是否有异常情况等。

2. 安全生产方面

（1）施工单位安全生产管理人员到岗履职情况、特种作业人员持证情况；

（2）施工组织设计中的安全技术措施和专项施工方案落实情况；

（3）安全生产、文明施工制度、措施落实情况；

（4）危险性较大分部分项工程施工情况，重点关注是否按方案施工；

（5）大型起重机械和自升式架设设施运行情况；

（6）施工临时用电情况；

（7）其他安全防护措施是否到位，工人违章情况；

（8）施工现场存在的事故隐患，以及按照项目监理机构的指令整改实施情况；

（9）项目监理机构签发的工程暂停令执行情况等。

（二）平行检验：包括实体量测和材料检验等

平行检验是项目监理机构在施工单位自检的同时，按照有关规定、建设工程项目监理合同约定对同一检验项目进行的检测试验活动。平行检验的内容包括工程实体量测（检查、试验、检测）和材料检验等内容，平行检验是项目监理机构控制项目质量的重要手段之一。

项目监理机构首先应依据建设工程项目监理合同编制符合工程特点的平行检验方案，明确平行检验的方法、范围、内容、频率等，并设计各平行检验记录表式。建设工程项目监理实施过程中，应根据平行检验方案的规定和要求，开展平行检验工作。对平行检验不符合规范、标准的检验项目，应分析原因后按照相关规定进行处理。

负责平行检验的监理人员应根据经审批的平行检验方案，对工程实体、原材料等进行平行检验。平行检验的方法包括量测、检测、试验等，在平行检验的同时，记录相关数据，分析平行检验结果、检测报告结论等，提出相应的建议和措施。

监理文件资料管理人员应将平行检验方面的文件资料等单独整理、归档。平行检验的资料是竣工验收资料的重要组成部分。

（三）旁站：关键部位、关键工序

旁站是指项目监理机构对工程的关键部位或关键工序的施工质量进行的监督活动。关键部位、关键工序应根据工程类别、特点及有关规定确定。

项目监理机构在编制监理规划时，应制订旁站方案，明确旁站的范围、内容、程序和旁站人员职责等。旁站方案是监理人员在充分了解工程特点及监控重点的基础上，确定必须加以重点控制的关键工序、特殊工序，并以此制定的旁站作业指导方案。现场监理人员必须按此执行并根据方案的要求，有针对性地进行检查，将可能发生的工程质量问题和隐患加以消除。

旁站应在总监理工程师的指导下，由现场监理人员负责具体实施。在旁站实施前，项目监理机构应根据旁站方案和相关的施工验收规范，对旁站人员进行技术交底。

监理人员实施旁站时，发现施工单位有违反工程建设强制性标准行为的，有权责令施工单位立即整改；发现其施工活动已经或者可能危及工程质量的，应当及时向监理工程师或者总监理工程师报告，由总监理工程师下达局部暂停施工指令或者采取其他应急措施。

旁站记录是监理工程师或者总监理工程师依法行使有关签字权的重要依据。对于需要旁站的关键部位、关键工序施工，凡没有实施旁站或者没有旁站记录的，专业监理工程师或者总监理工程师不得在相应文件上签字。在工程竣工验收后，工程监理单位应当将旁站记录存档备查。

项目监理机构应按照规定的关键部位、关键工序实施旁站。建设单位要求项目监理机构超出规定的范围实施旁站的，应当另行支付监理费用。

（四）见证取样：取样、封样、送检

项目监理机构应根据工程的特点和具体情况，制定工程见证取样送检工作制度，将材料进场报验、见证取样送检的范围、工作程序、见证人员和取样人员的职责、取样方法等内容纳入监理实施细则，并可召开见证取样工作专题会议，要求工程参建各方在施工中必须严格按制定的工作程序执行。

此外，工程监理工作还有一个方法：会议，包括开工前的工地第一次会议，施工期间每周的协调会，即例会（主要是检查上周工作，布置本周工作），以及视需要而召开的专题会议。

九、工程建设监理的工作用表

（1）施工单位用表（A类表），包括：①工程开工/复工报审表（A1）；②施工组织设计报审表（A2）；③分包单位资格报审表（A3）；④报验申请表（A4）；⑤工程款支付申请表（A5）；⑥监理工程师通知回复单（A6）；⑦工程临时延期申请表（A7）；⑧费用索赔申请表（A8）；⑨工程材料/设备报审表（A9）；⑩工程竣工报验单（A10）。

（2）监理单位用表（B类表），包括：①监理工程师通知单（B1）；②工程暂停令（B2）；③工程款支付证书（B3）；④工程临时延期审批表（B4）；⑤工程最终延期审批表（B5）；⑥费用索赔审批表（B6）。

（3）各方单位用表（C类表），包括：①监理工作联系单（C1）；②工程变更单（C2）。

十、工程建设监理的程序

工程建设监理一般按照以下程序进行：

（1）编制工程建设监理规划；

（2）按照工程建设进度，分专业编制工程建设监理细则；

（3）按照建设监理细则进行建设监理；

（4）参与工程竣工预验收，签署建设监理意见；

（5）建设监理业务完成后，向项目法人提交工程建设监理档案、资料。

十一、监理大纲

监理大纲是社会监理单位为了获得监理任务，在投标前由监理单位编制的项目监理方案性文件，工程监理单位在工程施工监理项目招标过程中为承揽到工程监理业务而编写的监理技术性方案文件。根据各方面的技术标准、规范的规定，结合实际，阐述对该工程监理招标文件的理解，提出工程监理工作的目标，制定相应的监理措施。写明实施的监理程序和方法，明确完成时限、分析监理重难点等。它是投标书的重要组成部分。

监理大纲一般具有以下几个特点：

（1）总体计划性、规划性：不具有实际操作性，以指导性为主。

（2）指导性：技术及管理的初步方案。

（3）全面性：内容相对具体，涉及全过程。

（4）展示性：展示监理业务水平、企业管理能力。

（5）编制一次性：修改完善受到开标时间的限制。

第三节　工程建设监理实施

一、工程建设监理实施的程序

对项目可以全过程实施监理，也可以分阶段实施监理，一般应按照下列步骤进行：

（一）签订建设监理合同

1. 建设监理合同

指建设单位委托监理单位承担监理任务，依法签订的合同。该合同签订后对双方都有法律约束力，因此必须全面履行合同中规定的义务。其内容包括：标准条件、词语定义、适用语言法规、业主的义务、监理单位的权利、业主的权利、监理单位责任、业主责任、合同生效、变更和终止、监理酬金、风险处理等。

2. 监理服务费用

工程建设监理有关规定指出"工程建设监理是有偿的服务活动。酬金及计提办法，由监理单位与建设单位依据所委托的监理内容和工作深度协商确定，并写入监理委托合同。"

（二）确定项目总监理工程师、监理人员，监理组织

1. 项目总监理工程师

总监理工程师是监理单位派驻项目的全权负责人，对内向监理单位负责，对外向项目法人负责，因此总监理工程师必须由业务水平高、管理经验丰富、有良好职业道德，并已取得监理工程师执业资格证书和注册证书的监理工程师担任。总监工程师有如下职责：

（1）保持与业主的密切联系，搞清建设意图和对监理的要求。

（2）主持制定项目的"监理规划"。

（3）负责组织项目的监理班子，明确相应职责分工，主持制定监理工作运行制度。

（4）审查各专业监理工程师编制的监理实施细则。

（5）主持设计单位和施工总包单位的选择，审核和确定选择分包单位。

（6）负责组织项目实施中的有关方面的综合协调工作。

（7）审核签署工程开工令、停工令、复工令及工程款支付申请。

（8）主持处理工程中发生的重大质量事故、责任事故和安全事故。

（9）主持处理合同履行中的重大争议和纠纷，组织处理重大索赔。

（10）组织单项工程、分期交工工程和项目竣工验收，并签署相应的质检报告和验收报告。

（11）主持审核工程的结算书。

（12）定期、不定期地向业主提交项目实施情况报告。

（13）主持项目组织的工作例会。

（14）审核并签署项目竣工资料。

（15）主持编写项目监理工作总结报告。

2. 其他监理人员的配置

根据工程规模、技术复杂程序和专业需要，在监理项目中应配置相应的专业监理工程师或管理人员，包括结构、测量、材料、给排水、采暖通风、电气安装、预算等专业人员，其职责根据工作情况由总监理工程师确定。

3. 项目监理的组织机构

工程建设监理组织机构大体上有以下几种形式：

(1) 按项目组成分解设立监理机构；

(2) 按建设阶段分解设立监理机构；

(3) 按监理职能分解设立监理机构；

(4) 矩阵制监理机构。

(三) 制定监理规划、监理实施细则

建设监理单位在确定了项目总监理工程师后，由总监理工程师制定项目监理规划，并由专业监理工程师针对项目具体情况制定监理实施细则。

1. 监理规划

由项目总监理工程师主持，根据业主对项目监理的要求，在详细阅读并掌握监理项目有关资料的基础上，结合监理条件编制开展项目监理工作的指导性文件。其文件内容包括：工程概况、监理范围和监理目标、主要监理措施、监理组织、监理工作制度等。

2. 监理实施细则

在监理规划指导下，落实各专业监理责任，并由专业监理工程师针对项目具体情况制定可具体实施和操作的业务文件。其内容可根据不同的监理阶段制定，要求具体、详细，以利于监理工作的开展、实施和检查。

(四) 监理工作规范化

应根据监理规划和监理实施细则的要求，规范化地开展监理工作，具体体现在：

(1) 按一定顺序开展监理工作；

(2) 监理工作职责分工明确，每个人都按严格的职责要求开展工作；

(3) 监理工作有明确的工作目标，每个目标都有明确具体的要求。

(五) 监理工作总结

监理工作完成之后应进行总结，一般包括以下内容：

(1) 向项目法人提交的总结。包括监理合同履行情况陈述、监理业务或监理目标完成情况评价、监理工作总结说明等。

(2) 向监理公司提交的总结。包括监理工作经验、监理工作建议等。

(六) 监理业务手册

《建设工程监理业务工作手册》依据《中华人民共和国建筑法》、《中华人民共和国合同法》、《建设工程质量管理条例》、中华人民共和国国家标准《建设工程监理规范》（GB 50319—2013）和《建设工程文件归档规范》（GB 50328—2014）等国家和地方有关法律、法规、规定进行编制。编制的原则是在符合上述各类规定的基础上，结合监理公司多年来的实践经验，对监理技术业务管理的深度与规范化提出更高要求。

《建设工程监理业务工作手册》针对以施工阶段为主的监理全过程的主要工作内容做了明确的规定，具有较强的实用性和可操作性。它既是公司监理人员执行监理任务的指南，又是公司检查各项目监理部监理工作质量的依据。它是监理工作的总结性文件，需要同竣工图一样缴存于城市建设档案馆。

监理业务手册主要有以下四个部分，第一部分为监理工作有关规定，第二部分为监理资料收集、整理要求，第三部分为档案馆归档资料，第四部分为城建档案归档整理中的注意事项。

二、编制监理规划及监理实施细则

监理规划是项目监理机构全面开展工程建设监理工作的指导性文件。监理实施细则是在监理规划的基础上，根据有关规定、监理工作需要针对某一专业或某一方面的工作而编制的操作性文件。监理规划和监理实施细则的内容全面具体，而且需要按程序报批后才能实施。

（一）监理规划

1. 监理规划编写依据

（1）工程建设法律法规和标准。

1）国家层面工程建设有关法律、法规及政策。无论在任何地区或任何部门进行工程建设，都必须遵守国家层面的工程建设相关法律法规及政策。

2）工程所在地或所属部门颁布的工程建设相关法规、规章及政策。建设工程项目必然是在某一地区实施的，有时也由某一部门归口管理，这就要求工程建设必须遵守工程所在地或所属部门颁布的工程建设相关法规、规章及政策。

3）工程建设标准。工程建设必须遵守相关标准、规范及规程等工程建设技术标准和管理标准。

（2）建设工程项目外部环境调查研究资料。

1）自然条件方面的资料。包括：建设工程项目所在地点的地质、水文、气象、地形以及自然灾害发生情况等方面的资料。

2）社会和经济条件方面的资料。包括：建设工程项目所在地人文环境、社会治安、建筑市场状况、相关单位（政府主管部门、勘察和设计单位、施工单位、材料设备供应单位、工程咨询和工程监理单位）、基础设施（交通设施、通信设施、公用设施、能源设施）、金融市场情况等方面的资料。

（3）政府批准的工程建设文件。

政府发展改革部门批准的可行性研究报告、立项批文。政府规划土地、环保等部门确定的规划条件、土地使用条件、环境保护要求、市管理规定。

（4）工程建设监理合同文件。

工程建设监理合同的相关条款和内容是编写监理规划的重要依据，主要包括：监理工作范围和内容，监理与相关服务依据，工程监理单位的义务和责任，建设单位的义务和责任等。

工程建设监理投标书是工程建设监理合同文件的重要组成部分，工程监理单位在监理大纲中明确的内容，主要包括项目监理组织计划，拟投入主要监理人员，工程质量、投资、进度控制方案，安全生产管理的监理工作，信息管理和合同管理方案，与工程建设相关单位之间关系的协调方法等，均是监理规划的编制依据。

（5）建设工程项目合同。

在编写监理规划时，也要考虑建设工程项目合同（特别是施工合同）中关于建设单位和施工单位义务和责任的内容，以及建设单位对于工程监理单位的授权。

（6）建设单位的合理要求。

工程监理单位应竭诚为客户服务，在不超出合同职责范围的前提下，工程监理单位应最大限度地满足建设单位的合理要求。

（7）工程实施过程中输出的有关工程信息。

这主要包括：方案设计、初步设计、施工图设计、工程实施状况、工程招标投标情况、重大工程变更、外部环境变化等。

2．监理规划编写要求

（1）监理规划的基本构成内容应当力求统一。

监理规划在总体内容组成上应力求做到统一，这是监理工作规范化、制度化、科学化的要求。

监理规划基本构成内容主要取决于工程监理制度对于工程监理单位的基本要求。根据工程建设监理的基本内涵，工程监理单位受建设单位委托，需要控制建设工程项目质量、投资、进度三大目标，需要进行合同管理和信息管理，协调有关单位间的关系，还需要履行安全生产管理的法定职责。工程监理单位的上述基本工作内容决定了监理规划的基本构成内容，而且由于监理规划对于项目监理机构全面开展监理工作的指导性作用，对整个监理工作的组织、控制及相应的方法和措施的规划等也成为监理规划必不可少的内容。为此，监理规划的基本构成内容应包括：项目监理组织及人员岗位职责，监理工作制度，工程质量、投资、进度控制，安全生产管理的监理工作，合同与信息管理，组织协调等。

（2）监理规划的内容应具有针对性、指导性和可操作性。

监理规划作为指导项目监理机构全面开展监理工作的纲领性文件，其内容应具有很强的针对性、指导性和可操作性。每个项目的监理规划既要考虑项目自身特点，也要根据项目监理机构的实际状况，在监理规划中应明确规定项目监理机构在工程实施过程中各个阶段的工作内容、工作人员、工作时间和地点、工作的具体方式方法等。只有这样，监理规划才能起到有效的指导作用，真正成为项目监理机构进行各项工作的依据。监理规划只要能够对有效实施工程建设监理做好指导工作，使项目监理机构能圆满完成所承担的工程建设监理任务，就是一个合格的监理规划。

（3）监理规划应由总监理工程师组织编制。

总监理工程师应组织编制监理规划。当然，真正要编制一份合格的监理规划，还要充分调动整个项目监理机构中专业监理工程师的积极性，广泛征求各专业监理工程师和其他监理人员的意见，并吸收水平较高的专业监理工程师共同参与编写。

监理规划的编写还应听取建设单位的意见，以便能最大限度满足其合理要求，使监理工作得到有关各方的理解和支持，为进一步做好监理服务奠定基础。

（4）监理规划应把握工程项目运行脉搏。

监理规划是针对具体工程项目编写的，而工程项目的动态性决定了监理规划的具体可变性。监理规划要把握工程项目运行脉搏，是指其可能随着工程进展进行不断的补充、修改和完善。在工程项目运行过程中，内外因素和条件不可避免地要发生变化，造成工程实际情况偏离划，往往需要调整计划乃至目标，这就可能造成监理规划在内容上也要进行相应调整。

（5）监理规划应有利于工程建设监理合同的履行。

监理规划是针对特定的一个工程的监理范围和内容来编写的，而工程建设监理范围和内容是由工程监理合同来明确的。项目监理机构应充分了解工程监理合同中建设单位、工程监理单位的义务和责任，对完成工程监理合同目标控制任务的主要影响因素进行分析，制定具体的措施和方法，确保工程监理合同的履行。

（6）监理规划的表达方式应当标准化、格式化。

监理规划的内容需要选择最有效的方式和方法来表示，图、表和简单的文字说明应当作为基本方法。规范化、标准化是科学管理的标志之一。所以，编写监理规划应当采用什么表格、图示以及哪些内容需要采用简单的文字说明应当作出统一规定。

（7）监理规划的编制应充分考虑时效性。

监理规划应在签订工程建设监理合同及收到工程设计文件后由总监理工程师组织编制，并应在召开第一次工地会议7天前报建设单位。监理规划报送前还应由监理单位技术负责人审核签字，因此，监理规划的编写还要留出必要的审查和修改时间。为此，应当对监理规划的编写时间事先作出明确规定，以免编写时间过长，从而耽误监理规划对监理工作的指导，使监理工作陷于被动和无序。

（8）监理规划经审核批准后方可实施。

监理规划在编写完成后需进行审核并经批准。监理单位的技术管理部门是内部审核单位，技术负责人应当签认，同时，还应当按工程监理合同约定提交给建设单位，由建设单位确认。

3. 监理规划主要内容

监理规划的内容包括：工程概况；监理工作的范围、内容、目标；监理工作依据；监理组织形式、人员配备及进退场计划、监理人员岗位职责；监理工作制度；工程质量控制；工程造价控制；工程进度控制；安全生产管理的监理工作；合同与信息管理；组织协调；监理工作设施。

（二）监理实施细则

1. 监理实施细则编写依据

（1）已批准的工程建设监理规划；

（2）与专业工程相关的标准、设计文件和技术资料；

（3）施工组织设计、（专项）施工方案。

监理实施细则在编制过程中，还可以融入工程监理单位的规章制度和经认证发布的质量体系，以达到监理内容的全面、完整，有效提高工程建设监理自身的工作质量。

2. 监理实施细则编写要求

采用新材料、新工艺、新技术、新设备的工程，以及专业性较强、危险性较大的分部分项工程，应编制监理实施细则。对于工程规模较小、技术较为简单且有成熟监理经验和施工技术措施落实的情况下，可以不必编制监理实施细则。

监理实施细则应符合监理规划的要求，并应结合工程专业特点，做到详细具体、具有可操作性。监理实施细则可随工程进展编制，但应在相应工程开始由专业监理工程师编制完成，并经总监理工程师审批后实施。可根据建设工程项目实际情况及项目监理机构工作需要增加其他内容。当工程发生变化导致监理实施细则所确定的工作流程、方法和措施需要调整时，专业监理工程师应对监理实施细则进行补充、修改。

从监理实施细则目的角度，监理实施细则应满足以下三方面要求：

（1）内容全面。监理工作包括"三控两管一协调"与安全生产管理的监理过程，监理实施细则作为指导监理工作的操作性文件应涵盖这些内容。在编制监理实施细则前，专业监理工程师应依据工程建设监理合同和监理规划确定的监理范围和内容，结合需要编制监理实施细则的专业工程特点，针对工程质量、造价、进度主要影响因素以及安全生产管理的监理工作的要求，制定内容细致、翔实的监理实施细则，确保监理目标的实现。

（2）针对性强。独特性是工程项目的本质特征之一，没有两个完全一样的项目。因此，监理实施细则应在相关依据的基础上，结合工程项目实际建设条件、环境、技术、设计、功能等进行编制，确保监理实施细则的针对性。为此，在编制监理实施细则前，各专业监理工程师应组织本专业监理人员熟悉本专业的设计文件、施工图纸和施工方案，应结合工程特点，分析本专业监理工作的难点、重点及其主要影响因素，制定有针对性的组织、技术、经济和合同措施。同时，在监理工作实施过程中，监理实施细则要根据实际情况进行补充、修改和完善。

（3）可操作性强。监理实施细则应有详细、明确的控制目标值、全面的监理工作计划以及可行的操作方法、措施。

3. 监理实施细则主要内容

监理实施细则应包含的内容：专业工程特点、监理工作流程、监理工作控制要点，以及监理工作方法及措施。

（1）专业工程特点。专业工程特点是指需要编制监理实施细则的工程专业特点，而不是简单的工程概述。专业工程特点应从专业工程施工的重点和难点、施工范围和施工顺序、施工工艺、施工工序等内容进行有针对性的阐述，应体现工程施工的特殊性、技术的复杂性，与其他专业的交叉和衔接以及各种环境约束条件。

除了专业工程外，新材料、新工艺、新技术以及对工程质量、投资、进度应加以重点控制等特殊要求也需要在监理实施细则中体现。

（2）监理工作流程。监理工作流程是结合工程相应专业制定的具有可操作性和可实施性的流程图。不仅涉及最终产品的检查验收，更多地涉及施工中各个环节及中间产品的监督检查与验收。

监理工作涉及的流程包括：开工审核工作流程、施工质量控制流程、进度控制流程、造价（工程量计量）控制流程、安全生产和文明施工监理流程、测量监理流程、施工组织设计审核工作流程、分包单位资格审核流程、建筑材料审核流程、技术审核流程、工程质量问题处理审核流程、旁站检查工作流程、隐蔽工程验收流程、工程变更处理流程、信息资料管理流程等。

（3）监理工作控制要点。监理工作控制要点及目标值是对监理工作流程中工作内容的增加和补充，应将流程图设置的相关监理控制点和判断点进行详细而全面的描述。将监理工作目标和检查点的控制指标、数据和频率等阐明清楚。

（4）监理工作方法及措施。监理规划中的方法是针对工程总体概括要求的方法和措施，监理实施细则中的监理工作方法和措施是针对专业工程而言，应更具体、更具有可操作性和可实施性。

1）监理工作方法。监理工程师通过旁站、巡视、见证取样、平行检测等监理方法，对专业工程作全面监控，对每一个专业工程的监理实施细则而言，其工作方法必须加以详尽阐明。

除上述四种常规方法外，监理工程师还可采用指令文件、监理通知、支付控制手段等方法实施监理。

2）监理工作措施。各专业工程的控制目标要有相应的监理措施以保证控制目标的实现。根据措施实施内容不同，可将监理工作措施分为技术措施、经济措施、组织措施和合同措施。

三、工程建设监理的投资控制

监理投资控制是三大控制之一，投资控制的任务，主要是在建设前期进行可行性研究，协助业主正确地进行投资决策，审核好投资总额的估算；在设计阶段对设计方案、设计标准、总概算（或修正总概算）和概（预）算进行审查；在建设准备阶段协助确定标底和合同价；在施工阶段审核设计变更，核实已完工程量，进行工程进度款签证和控制索赔；在工程竣工阶段审核工程结算。

其中，在设计阶段、施工招标阶段和施工阶段，监理投资控制包括以下内容：

（一）设计阶段投资控制

（1）建立健全投资控制系统，完善职责分工及有关制度，落实责任。

（2）审查技术经济指标、进行技术经济的多方案比较，选择经济性好的设计方案。

（3）在保障工程安全可靠、适用的条件下，进行限额设计。

（4）设计过程中实施跟踪检查，主要审核不同方案的经济比较和设计概算编制。包括：

1）各种依据是否正确。如造价指标、预算成本指标等。

2）工程量计算是否正确，有无漏算、重算和计算错误。

3）各分部分项套用定额单价是否准确，暂估价是否合理。

4）编制的补充定额取值是否合理、各种取费项目是否符合规定等。

（二）施工招标阶段投资控制

投资控制的主要内容是合理地确定标底和合同价。合同价计价形式如图 13-1 所示。

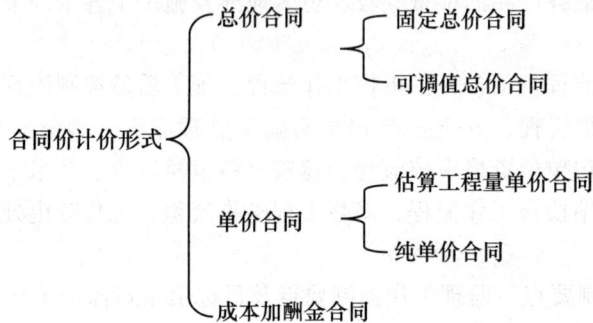

图 13-1　合同价计价形式

建设工程项目施工招标标底是招标人对工程投资的预测价格。通过编制标底让招标人对工程造价心中有数，避免盲目决策。标底是评议投标报价的尺度，是选择适合本工程建设中标人的重要参考依据。

（1）标底编制原则。

1）标底编制应遵守国家有关法律、法规和行业规章，兼顾国家、招标人和投标人的利益；

2）标底应符合市场经济环境，反映社会平均先进工效和管理水平；

3）标底应体现工期要求，反映承包商为提前工期而采取施工措施时增加的人员、材料和设备的投入；

4）标底应体现招标人的质量要求，标底的编制要体现优质优价；

5）标底应体现招标人对材料采购方式的要求，考虑材料市场价格变化因素；

6）标底应体现工程自然地理条件和施工条件因素；

7）标底应体现工程量大小因素；

8）标底编制必须在初步设计批准后进行，原则上标底不应突破批准的初步设计概算或修正概算；

9）一个招标项目只能编制一个标底。

（2）标底编制依据。

1）招标文件，包括商务条款、技术条款、图纸以及招标人对已发出的招标文件进行澄清、修改或补充的书面资料等；

2）现场查勘资料；

3）批准的初步设计概算或修正概算；

4）国家及地区办法的现行建筑、安装工程定额及取费标准；

5）设备及材料市场价格；

6）施工组织设计或施工规划；

7）其他有关资料。

（三）施工阶段投资控制

（1）建立健全投资控制系统，完善职责分工及有关制度，落实责任；

（2）熟悉设计图纸、设计要求、标底计算书等，明确工程费用最易突破的部分和环节，明确投资控制重点；

（3）预测工程风险及可能发生索赔的诱因，制定防范性对策；

（4）按合同规定的条件和要求监督各项事前准备工作，避免索赔事件的发生；

（5）在施工过程中及时答复施工单位提出的问题及配合要求，主动协调各方关系，避免造成索赔条件；

（6）对工程变更、设计修改要严格把关，事前一定要进行技术经济合理性预测分析；

（7）严格经济性签证，凡涉及经济费用支出的各种签证，项目总监理工程师签批后方能生效；

（8）在工程实施过程中，按合同规定及时对已完成工程计量进行验算，及时向对方支付进度款，避免违约事件的发生；

（9）及时掌握国家调价动态；

（10）定期向有关各方报告工程投资动态情况；

（11）对投资进行动态控制，定期或不定期地进行工程费用分析，并提出控制工程费用的方案和措施；

（12）审核施工单位提交的工程结算书；

（13）公正地处理施工单位提出的索赔。

四、工程建设监理的质量控制

建筑产品一次性的生产特点和先交易后生产的交易方式决定了建设单位是建筑产品生产的总组织者、集成者和决策者的地位；因此，工程项目质量控制的主体是建设单位，建设单位需要依托社会化、专业化的工程项目管理咨询服务。建设工程项目在施工过程中的质量责任主体是施工单位。监理单位对施工过程的工程质量进行监督和监管并承担相应的监理责任。建设工程项目质量的固有特性表现为功能质量的适用性，寿命质量的安全性、经济性，艺术质量的文化性以及环境质量的适宜性。

（一）项目质量管理

1. 建设工程项目质量的影响因素

影响建筑工程质量的主要因素是人、材料、机械、方法和环境方面。

（1）施工监理首先要考虑到对人的因素的控制，因为人是施工过程的主体，工程质量的形成受到所有参加工程项目施工的工程技术管理人员、操作人员、服务人员共同作用，他们是形成工程质量的主要因素。

（2）材料（包括原材料、成品、半成品、构配件）是工程施工的物质条件，材料质量是工程质量的基础，材料质量不符合要求，工程质量也就不可能符合标准。所以加强材料的质量监控，是提高工程质量的重要保证。

（3）合理选择机械的类型、数量、参数，合理使用机械设备，正确操作，这也是不可忽视的质量控制环节。

（4）施工过程中，由于施工方案考虑不周而拖延进度、影响质量、增加投资的情况并不鲜见。因此，制定和审核施工方案时，监理人员必须结合工程实际，从技术、管理、工艺、组织、操作、经济等方面进行全面分析、综合考虑，以保证方案有利于提高质量、加快进度、降低成本。

（5）此外，监理人员还应重视施工的环境因素。环境因素对工程质量的影响具有复杂而多变的特点，如气象条件就变化万千，温度、湿度、大风、暴雨、酷暑、严寒都直接影响工程质量。

2. 建设工程项目质量控制任务目标

质量控制的任务目标表现为对项目的质量进行全过程、全方面的系统控制、管理。相关监理人员在项目策划阶段对项目提出需要，规划设计阶段描述需要，建设施工阶段对施工过程进行监控施工，竣工验收阶段进行验收备案工作。

3. 建设工程项目质量管理方式

构建有效监督和激励各参与方的质量行为的项目质量控制系统，实施全方面全过程的系统质量监控。以工程监理为依托，通过知识和经验，健全建设单位质量监控的组织体系和提高建设单位的质量监控能力。

4. 建设工程项目质量控制途径

质量控制的主要途径包括组织措施、事前预控、过程监控、质量验收。具体方法见表 13-1。

表 13-1　　　　　　　　　　　质量控制的主要途径

途径	方法
组织措施	构建质量控制系统、健全质量管理制度
事前预控	监控工程采购、审查质量计划
过程监控	旁站监理、施工质量监督检查
质量验收	施工过程质量验收、竣工验收

（二）建设工程项目质量目标的过程监控

1. 监控方法

（1）现场旁站监理巡视检查。

（2）审核质量报告、报表，包括作业方案、检查记录等。

（3）通过监理工程师发送工作指令；带强制性，施工单位需依指令要求执行，如属指令错误，由监理单位承担责任。

（4）对承包商的质量管理提出要求。不带强制性，施工单位参考执行，自主决策，后果自担。

2. 监控内容

过程监控是在事前预控的基础上延伸出对施工过程的工序质量控制。主要内容包括：①作业者持证上岗；②作业程序与方法；③技术复核；④设计变更；⑤见证取样送检；⑥隐蔽工程验收；⑦质量事故处理等。

3. 监控措施

（1）质量管理综合考评制度：主要是政府层面的相关措施包括诚信机制的建立。

（2）质量管理奖惩激励制度：主要是业主层面采取的经济措施。

（3）质量管理监理工作的总协调制度。

五、工程建设监理的进度控制

（一）进度控制管理

进度控制管理的主要内容是施工组织规划与施工组织设计的构建，二者的主要区别见表 13-2。

表 13-2 施工组织规划与施工组织设计的区别

	施工组织规划	施工组织设计
编制对象	建设项目（群体工程）	工程项目（单位工程）
性质作用	战略性、纲领性、轮廓性、控制性	实施性、指导性
编制主体	业主方、工程总承包方	施工总承包方
技术路线	总目标为导向，注重组织方案	工程实施为目的，技术方案为先

1. 施工组织规划原理

工程项目施工组织设计是对拟建工程项目在技术和组织、时间和空间、人力和物力等方面所做的全面合理的安排，是监理人员根据业主对工程项目的各项要求确定的经济、合理、有效的施工方案，切实可行的施工进度，合理有效的技术组织措施和资源组织优化，以及合理布置施工现场空间。因此只有通过合理的施工组织设计才能对工程项目的施工进行合理、科学、经济的规划，以保证建设工程项目能够连续、均衡、协调地进行施工，满足项目对质量、工期和投资等各方面的要求。

（1）遵循程序。施工组织规划要求监理人员针对不同的工作阶段需要遵循各自的程序。

1）建设程序。建设程序如图 13-2 所示。

2）施工程序。包括施工展开程序、施工流向和作业工艺流程等。遵循原则为先地下、后地上；先主体、后装修；先土建、后安装。

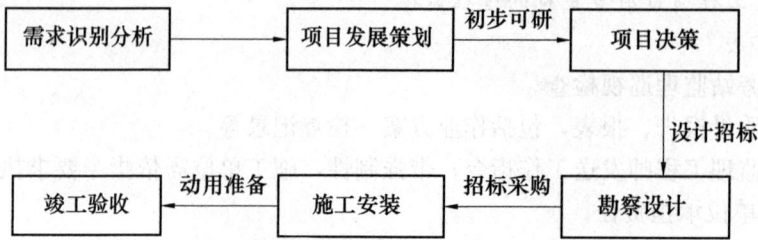

图 13-2 建设程序

3) 工作程序。工作程序如图 13-3 所示。

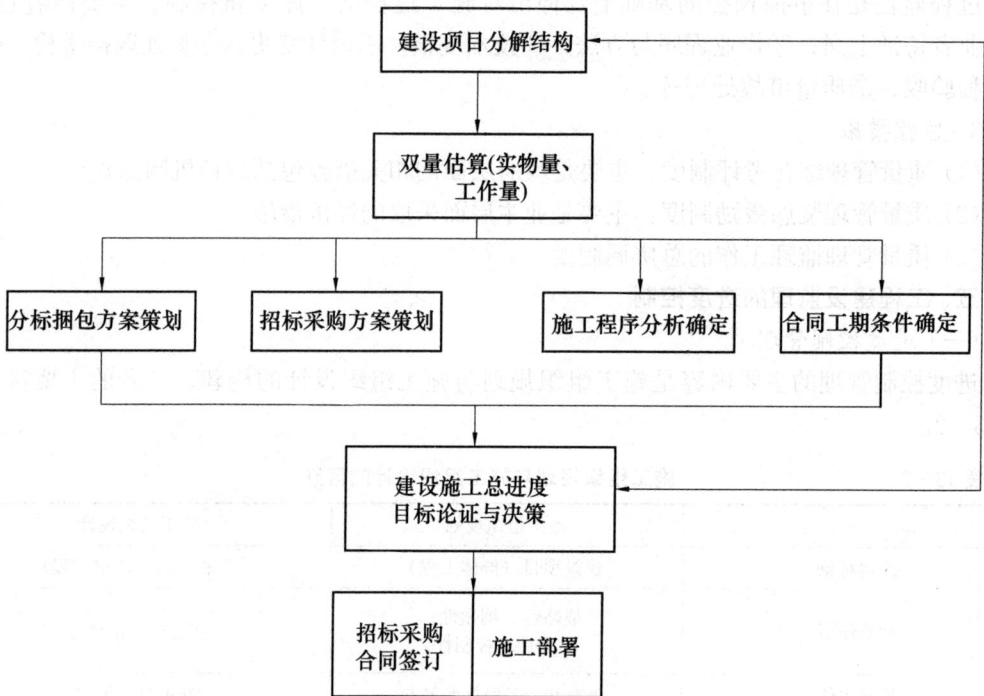

图 13-3 工作程序

（2）统筹规划。监理人员需要进行施工条件任务，施工质量、工期与效益，施工空间、环境与安全的统筹。

1）施工条件与施工任务的统筹，包括现场条件、资金条件、资源条件、法规条件。

2）施工质量、工期、效益的统筹，包括工期影响质量和效益以及在质量保证前提下，求速度、讲效益。

3）施工空间、环境、安全的统筹，包括施工用地、平面布置、文明施工、安全保障。

（3）平行搭接。平行搭接为工程项目组织实施的一种管理形式，就是由固定组织的工人在若干个工作性质相同的施工环境中依次连续地工作的一种施工组织方法。工程施工中，可以采用依次施工、平行施工和搭接施工等组织方式。对于相同的施工对象，当采用不同的作业组织方法时，其效果也各不相同。

（4）均衡连续。均衡连续措施主要是降低施工的集中度，合理控制施工规模，减少供电供水管网容量，减少现场监管人员的数量，编制施工组织总设计的指导原则。

（二）进度控制目标的过程监控

（1）监理对进度计划控制的内容包括：①编制工作细则；②审核施工计划；③下达开工指令；④监督计划实施；⑤组织现场协调；⑥签发支付凭证；⑦审批工程延期；⑧报告进度情况。

（2）监理对进度计划的审核包括：①是否符合工期目标和合同要求；②施工程序是否符合工艺的要求；③人、材、机等保障条件是否满足；④是否符合资金、图纸、场地要求等；⑤质量安全的考虑和措施是否充分；⑥主要工程项目有无遗漏。

（3）监理对进度计划偏差的处置。建设工程项目在施工过程中出现进度偏差时，监理单位要注意工程延误和工程延期的判断，工程延误是指承包人原因引起，由施工单位自行修改，监理进行跟踪监督。工程延期是指非承包人原因所致，可批准延期，延期部分可并入合同工期，并获得工期索赔。

监理单位对工程延误的责任和处理应首先明确延误责任是否是施工单位，处理结果视情况可以采取拒签付款凭证；核算施工单位的误期损失赔偿；工期延误严重情况下可依据施工合同取消施工单位的承包资格。

六、工程建设监理对成本及工期优化分析

通过合理有效的监理工作能对施工成本及工期起到优化作用，如图 13-4 和图 13-5 所示分析。

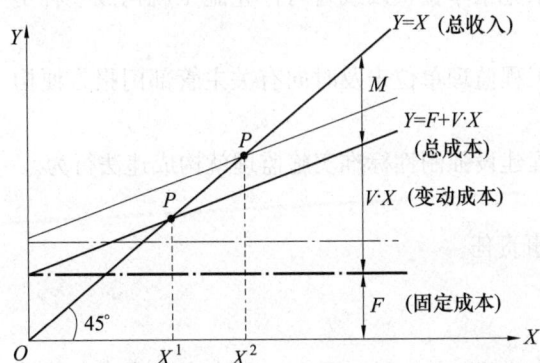

图 13-4　成本优化

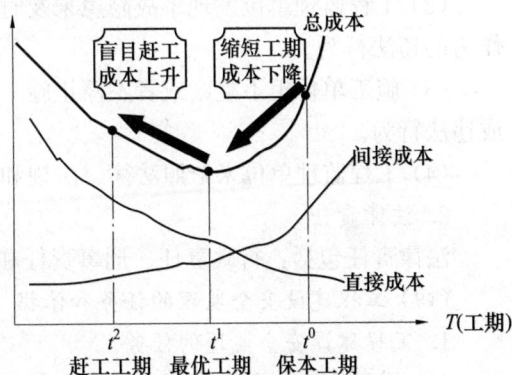

图 13-5　工期优化

将施工过程中发生的全部费用划分为固定成本和变动成本，在监理工作中对于成本控制和成本决策具有重要作用。它是成本控制的前提条件。固定成本是维持生产的能力所必需的费用，在一定期间和一定工程量范围内，固定成本发生的成本额不受工程量增减变动的影响。要降低单位工程量固定费用，只有通过提高劳动生产率，增加企业总工程量数量并降低固定成本的绝对值入手。变动成本是指随工程量增减而正比例变动的费用，如直接用于工程的材料费，降低变动成本只能是从降低单位分项工程的消耗定额入手。监理工程师通过有效的管理控制便能使成本得到优化。

工程成本是随着工期的长短而变化的。通常直接成本（人工、材料、机械费、现场经费等）是随着工期的缩短而增加的。当工期缩短到极限值 t^2 时，即在技术上不能再压缩，直接费达到最高，而间接成本（企业管理费、财务费用）则随着工期的缩短而降低。仅从降低间

接成本角度出发，工期越短越有利。显然，工期与成本之间的关系是上述两种关系的叠加，当达到最优工期 t^1 时意味着总成本最小。可见监理工程师在对工期进行合理安排的同时能够对成本起到明显的优化作用。

七、工程建设安全监理

（一）工程建设安全监理概述

安全监理是社会化、专业化的工程监理单位受建设单位（或业主）的委托和授权，依据法律、法规、已批准的工程项目建设文件、监理合同及其他建设工程项目合同对项目建设实施阶段安全生产的监督管理。

安全监理是工程建设监理的重要组成部分，也是建设工程项目安全生产管理的重要保障。安全监理的实施，是提高施工现场安全管理水平的有效方法，也是建设工程项目管理体制改革中加强安全管理、控制重大伤亡事故的一种新模式。

（二）监理单位的安全责任

监理单位的安全责任制度包括：①安全技术措施审查制度；②专项施工方案审查制度；③安全隐患处理制度；④严重安全隐患报告制度；⑤执法法律法规与标准监理制度。

（三）工程监理单位及监理工程师的法律责任

1. 违法行为

（1）工程监理单位未对施工组织设计中的安全技术措施或者专项施工方案进行审查就构成违法行为。

（2）工程监理单位发现事故隐患未及时要求施工单位整改或暂时停止施工就构成一种不作为的违法行为。

（3）施工单位拒不整改或者不停止施工，工程监理单位未及时向有关主管部门报告便构成违法行为。

（4）工程监理单位未依照法律、法规和工程建设强制性标准实施监理就构成违法行为。

2. 法律责任

法律责任包括：行政责任、刑事责任和民事责任。

（四）工程建设安全监理的任务和依据

1. 工程建设安全监理的任务

（1）贯彻执行"安全第一，预防为主，综合治理"的方针，国家、地方安全生产、劳动保护、消防等法律法规，以及建设行政主管部门安全生产的规章和标准；

（2）督促施工单位落实安全生产组织保证体系，建立健全安全生产管理体系和安全生产责任制；

（3）督促施工单位对工人进行安全生产教育及分部分项工程的安全技术交底；

（4）审查施工组织设计的安全技术措施、专项施工方案；

（5）检查并督促施工单位落实分部分项工程或各工序、关键部位的安全防护措施；

（6）监督检查施工现场的消防安全工作；

（7）监督检查施工现场文明施工；

（8）组织安全综合检查、评价，提出处理意见并限期整改；

（9）发现违章冒险作业的责令其停止作业，发现严重安全事故隐患的责令其停工整改；

（10）施工单位拒不整改或不停止施工，应及时报有关管理部门。

2. 工程建设安全监理的依据与范围

(1) 工程建设安全监理的依据包括：①安全监理委托合同；②国家安全生产法律、法规、政策；③劳动保护、环境保护、消防等的法律法规与标准；④建设行业安全生产规章、规范性文件、安全技术规范等；⑤设计的施工说明书；⑥经过审核、审批的施工组织设计、专项施工方案的安全技术措施。

(2) 工程建设安全监理的范围。

1) 依据《建筑法》，国家强制安全监理的主要项目，如国家重点建设工程项目，大中型公用事业工程，成片开发建设的住宅小区工程，利用外国政府或者国际组织贷款、援助资金的工程，国家规定必须实行监理的其他工程。

2) 地方政府规定必须实行安全监理的建设工程项目。

3) 建设单位委托安全监理的建设工程项目。

3. 工程建设安全监理的程序

(1) 审查施工单位的资质和安全生产许可证；

(2) 协助建设单位拟定安全生产责任书；

(3) 施工准备阶段的安全监理；

(4) 施工展开阶段的安全监理；

(5) 竣工验收阶段的安全监理。

4. 工程建设安全监理中的一些其他问题

工程建设安全监理中的其他问题包括安全监理业务委托、安全监理取费和监理工程师安全监督职责等。

(五) 工程建设安全监理的展望与建议

明确监理的安全职业权限，针对监理的错误指令承担相应的民事责任、行政责任、刑事责任。

(1) 在安全生产管理方面，如果监理履行了监理程序，即不再承担安全事故的责任。

(2) 不承担与施工安全没有直接关联的事故责任，如施工交通问题、工人食宿问题、工人安全教育问题等引发的安全事故责任。

(3) 修改监理报告制度，不超越监理合同委托职责而向主管部门报告。

思 考 题

1. 试述我国实施工程建设监理的必要性。
2. 简述施工阶段建设监理的内容。
3. 总监工程师有哪些职责？
4. 试述工程建设监理实施的程序。
5. 监理组织在施工阶段投资控制的主要工作有哪些？
6. 简述工程建设监理的准则。
7. 什么是建设监理合同？其内容包括哪些？
8. 简述工程建设安全监理的任务和依据。

参 考 文 献

[1] 成虎. 工程全寿命期管理[M]. 北京：中国建筑工业出版社，2011.

[2] 成虎，陈群. 工程项目管理[M]. 4 版. 北京：中国建筑工业出版社，2015.

[3] 成虎. 建筑工程合同管理与索赔[M]. 北京：中国建筑工业出版社，2006.

[4] 成虎. 工程管理概论[M]. 2 版. 北京：中国建筑工业出版社，2011.

[5] 陈群. 工程项目管理 [M]. 大连：东北财经大学出版社，2008.

[6] 陈群. 高速公路工程全寿命周期项目管理[M]. 厦门：厦门大学出版社，2009.

[7] 乐云，李永奎. 工程项目前期策划[M]. 北京：中国建筑工业出版社，2011.

[8] 丛培经. 施工项目管理概论（修订版）[M]. 北京：中国建筑工业出版社，2001.

[9] 丛培经. 工程项目管理[M]. 3 版. 北京：中国建筑工业出版社，2006.

[10] 邓铁军. 工程建设项目管理[M]. 2 版. 武汉：武汉理工大学出版社，2009.

[11] 格雷戈里 T. 豪根（美）. 项目计划与进度管理[M]. 北京广联达慧中软件技术有限公司译. 北京：机械工业出版社，2005.

[12] 工程网络计划技术规程（JGJ/T 121—1999）

[13] 乐云. 工程项目管理[M]. 武汉：武汉理工大学出版社，2008.

[14] 李金海. 项目质量管理[M]. 天津：南开大学出版社，2006.

[15] 李世蓉，邓铁军. 工程建设项目管理 [M]. 武汉：武汉理工大学出版社，2007.

[16] 李忠富. 建筑施工组织与管理[M]. 北京：机械工业出版社，2007.

[17] 林知炎，陈建国. 工程项目管理[M]. 北京：中国建筑工业出版社，1998.

[18] 迈克. 菲尔德（英），劳里. 凯勒（英）. 项目管理[M]. 严勇，贺丽娜译. 大连：东北财经大学出版社，2000.

[19] 戚安邦. 项目成本管理[M]. 天津：南开大学出版社，2006.

[20] 蔡雪峰. 建筑工程施工组织管理[M]. 北京：高等教育出版社，2002.

[21] 全国一级建造师执业资格考试用书编写委员会. 建设工程项目管理[M]. 4 版. 北京：中国建筑工业出版社，2014.

[22] 全国一级建造师执业资格考试用书编写委员会. 建设工程法规及相关知识[M]. 4 版. 北京：中国建筑工业出版社，2015.

[23] 任宏. 建设工程管理概论[M]. 武汉：武汉理工大学出版社，2008.

[24] 沈建明. 项目风险管理[M]. 北京：机械工业出版社，2003.

[25] 宋淑启，杨奎清，冯美军，王有志. 现代项目管理理论与方法[M]. 北京：中国水利水电出版社，2006.

[26] 田金信. 建设项目管理[M]. 北京：高等教育出版社，2002.

[27] 席相霖，许成绩，彭明. 项目管理软件 project2000 使用大全[M]. 北京：中国建筑工业出版社，2001.

[28] 王卓甫. 工程项目风险管理——理论、方法与应用[M]. 北京：中国水利水电出版社，2003.

[29] 吴伟民. 建筑工程施工组织与管理[M]. 北京：中国水利水电出版社，2006.

[30] 任宏. 巨项目管理[M]. 北京：科学出版社，2012.

[31] 曹吉鸣. 工程施工组织与管理[M]. 北京：中国建筑工业出版社，2012.

[32] 何继善，王孟钧，王青娥. 中国工程管理现状与发展[M]. 北京：高等教育出版社，2013.

[33] 李忠富. 建筑施工组织与管理［M］. 北京：机械工业出版社，2013.

[34] 丁士昭. 工程项目管理［M］. 2 版. 北京：中国建筑工业出版社，2014.

[35] 严玲，尹贻林. 工程计价学［M］. 北京：机械工业出版社，2014.

[36] 克莱门斯（美），吉多（美）. 成功的项目管理［M］. 5 版. 张金成，杨坤译. 北京：电子工业出版社，2012.

[37] 中国建设监理协会. 建设工程监理概论［M］. 4 版. 北京：中国建筑工业出版社，2013.